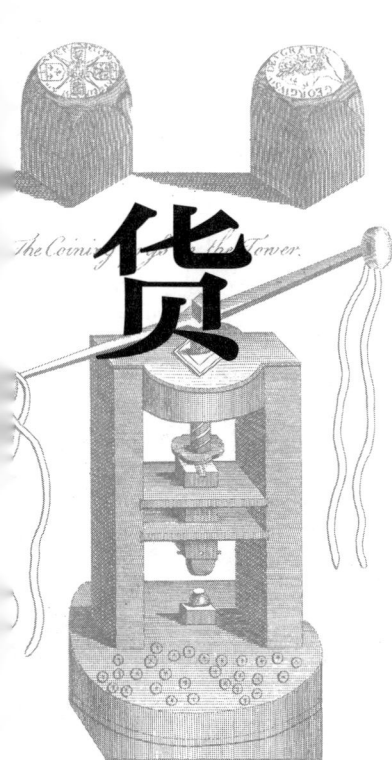

Being an account of the gold and silver monies and monetary standards of Europe and America, together with an Examination of the effects of Currency and Exchange Phenomena on Commercial and National Progress and Well-being

# 货币

# 大历史

[英]威廉·阿瑟·肖 著　张杰 译

## 金融霸权与大国兴衰六百年

# 1252—1894

## THE HISTORY OF CURRENCY

中国出版集团公司
华文出版社

### 图书在版编目（CIP）数据

货币大历史 /（英）威廉·阿瑟·肖著；张杰译
. -- 北京 : 华文出版社, 2020.4
（华文全球史）
ISBN 978-7-5075-5281-2

Ⅰ.①货⋯ Ⅱ.①威⋯ ②张⋯ Ⅲ.①货币史—世界
Ⅳ.①F821.9

中国版本图书馆CIP数据核字(2020)第042778号

### 货币大历史

作　　者：[英]威廉·阿瑟·肖
译　　者：张杰
选题策划：盛世华章
插图供应：029—85504182
责任编辑：董云梅
出版发行：华文出版社
社　　址：北京市西城区广外大街305号8区2号楼
邮政编码：100055
网　　址：http://www.hwcbs.com.cn
电　　话：总编室010—58336239
　　　　　发行部010—58336212
经　　销：新华书店
印　　刷：三河市国英印务有限公司
开　　本：710×1000　1/16
印　　张：33
字　　数：460千字
版　　次：2020年4月第1版
印　　次：2020年4月第1次印刷
标准书号：ISBN 978-7-5075-5281-2
定　　价：128.00元

版权所有　侵权必究

# 出版前言

随着中国开放的大门越开越大,关注世界各国尤其是西方国家文明的源流、发展和未来已经成为当下世界史研究的一个热点,为了成系统地推出一套强调"史源性"且在现有世界史出版物中具有拾遗补阙价值的作品,我们经过认真论证,推出了"华文全球史"系列,首次出版约为一百个品种。

"华文全球史"系列从书目选择到人名地名的规范,从书稿中图片的采用到译者的确定,都有比较严格的遴选规定、编审要求和成稿检查,目的就是要奉献给读者一套具有学术性、权威性的高质量的世界史系列图书。

书目的选择。本系列图书重视世界史学科建设,视角宽阔,层级明晰,数量均衡,有所突出。计划出版的华文全球史中,既有通史,也有专题史,还有回忆录,基本上是世界历史著作中的上乘之作,填补了国内同类作品出版的空白。

人名地名规范。本系列图书中人名地名,译名规范,重视专业性。同时,在人名翻译方面,我们坚持"姓名皆全"的原则,加大考据力度,从而实现了有姓必有名,有名必有姓,方便了读者的使用。另外,在注释方面,书中既有原书注,完整地保留了原著中的注释;也有译者注,体现了译者的研究性成果。

书中的插图。本系列图书的一个重要特征是书中都有功能性插图,这些插图全方位、多层次、宽视角反映当时重大历史事件,或与事件的场景密切相关,涉及政治、军事、经济、社会、外交、人物、地理、民俗、生活等方面的绘画作品与摄影作品。功能性插图与文字结合，赋予文字视觉的艺术，增加了文字的内涵。

译者的确定。本系列图书的翻译主要凭借的是一个以大学教师为主的翻译团队，团队中不乏知名教授和相关领域的资深人士。他们治学严谨，译笔优美，为确保质量奉献良多。

"华文全球史"系列作为一套具有较高学术价值的优秀的世界历史丛书，对增加读者的知识，开阔读者的视野，具有积极的意义。同时要看到，一方面很多西方历史学家的观点符合事实，另一方面不少西方历史学家的观点是错误的，对于这些，我们希望读者不要不加分析地全盘接受或全盘否定，而是要批判地吸收外国文化中有益的东西。

华文出版社

2019年8月

# 序 言

创作本书有两个目的：第一个目的也是最重要的目的是，通过历史实践的检验说明本质性问题；第二个目的是为研究历史的学生提供一本重要的初级学习手册，以便他们了解自13世纪起的欧洲国家货币史。

关于第二个目的，这里几乎不需要赘述。对货币史详尽、连贯的研究是应用经济学的重要组成部分。然而，欧洲每一所大学都忽视了货币史的学习，对货币史的忽略甚至令人惊讶和遗憾。这种遗憾只能归结于缺少学习的动力和可供参考的学习手册。

关于第一个目的，没有哪个历史领域的研究方法像经济史的研究方法一样充满科学性，比如经济史研究方法中的比较法和预测法。在经济史中，与其他领域相比，要想研究货币领域就非常有必要研究其他时代和国家的经验，从而得出有用的结论，总结出更富智慧的经验。历史对于19世纪复本位制重要问题的研究结论十分明确，具有压倒性和决定性优势。毋庸置疑，任何与历史事实相悖的理论都站不住脚。

从中世纪到18世纪末，欧洲各国的货币体系实际上采用了复本位制。事实上，在中世纪，欧洲没有与货币相关的法律法规，也没有任何与货币供应相关的理论或调节货币供应的实践。中世纪欧洲的货币复本位制与我们现在理解的货币复本位制有一定的区别。

法定货币的概念是现代才出现的。货币法律观念的演变与立法者对货币设想的变化是同步的。由于缺乏货币的法律观念，欧洲经历了几个世纪的痛苦时期。在所有法学体系中，在法定货币成为议会立法主题以前，货币的铸造权属于君主，货币的发展历史可以追溯到国家议会发布的公告中。几个世纪以来，关于货币的公告一直由君主发布，其中涉及禁止出口贵金属、从本国土地上驱逐外国货币，或者再次允许外国货币流通，并且在允许外国货币在本国流通的情况下，对外国货币兑换本国货币按规定收取一定的兑换手续费。在关于货币的公告中，欧洲国家既没有将金币和银币等金属货币区分开来并规定哪种货币为法定货币，也没有规定金银货币的兑换比率。一个国家除了货币，没有金银等金属的概念。金银两种金属已经成为流通货币和交换媒介。实际上，金银在市场中流通，国家要做的是将金银继续保留在市场中。只有犹太人和意大利人知道金银交易可以带来的利益，了解不同国家现行金银兑换比率差异的作用，并且利用不同国家金银兑换比率的差异获得利润。于是，立法者改变了货币兑换手续费，渐渐规定货币之间的兑换比率，这成为法定货币概念形成的基础。与此同时，为保护某一特定类别货币，在兑换某一特定货币时，立法者增加了一些限制政策，以阻止针对某一特定货币进行金银交易的套利行为。立法者的限制政策是货币法律的第一次发展。自始至终，在13世纪到18世纪的欧洲，黄金和白银实际上都被当作贸易中介。无论是金币还是银币，都没有被国家宣布为法定货币或限制使用的货币。

货币法律在实践运用中的最终结果是货币体系发展成现代单本位制货币体系。这一体系是有效预防金银经营造成货币流失的独立存在的货币体系。直到18世纪末，英格兰才出现单本位制的货币制度，抛弃了因无知带来不幸的货币复本位制的最后残余。经过近一个世纪的进一步检验，法兰西的货币体系才达到与英格兰同等的发展水平。

在英格兰摆脱中世纪货币制度时，法兰西开始改革其货币体系。然而，在改革正在进行时，法兰西货币体系的改革停顿下来。改变货币体系的旧王权被推翻，法兰西宣布货币单位为明确的和不可改变的，并且废除了铸币税。法兰西政府于1803年制定的关于货币的法律成就了许多事情。但法兰西没有进一步实施有关货币改革的法律，只是依照颁布的法令，对中世纪的货币体系进行了限制。金银复本位制的实施一直是法兰西中世纪货币制度的祸根。就货币制度而言，法兰西在1726年实行的货币制度与其在1803年实行的货币制度没有区别。在两种情况下，法兰西均采用复本位制货币制度。第一种情况是复本位制获得法律上的承认且货币的管辖权属于法兰西王室。第二种情况是在法律上，由直接的立法机构或议会制定货币制度。认为1803年的法律为法兰西创造了一个新的天堂般的货币体系的想法是无比荒谬的。法兰西的货币制度是十分古老、充满危险和隐患的货币体系的延续，其根源在于法兰西深陷中世纪货币复本位制的无知和惯例中。

显然，1803年的法兰西没有关于复本位制的概念，实施复本位制的法兰西没有利用复本位制为人类谋求利益的想法。复本位制是学术界的观念，孕育了后世的需求、希望和恐惧。现代复本位制理论几乎是历史上唯一一个不是在实践成功的基础上总结的理论，它是在实践失败的基础上发展出的理论。复本位制理论不是依赖被证实的历史事实，而是依赖伪造的和明显受到指责的资料。无论怎样的话语都不能表达出对复本位制理论提出者的强烈谴责。复本位制理论纯粹是凭空想象出来的，它试图从理论上为经过五个世纪实践已经被证明是失败的事实提供辩护，并且试图从理论上为已经被证明除了抛弃，没有其他解决办法的问题正名。

历史事实已经否定了复本位制，这一定会使许多认真的人沮丧。如果不是对当前形势下所有其他补救方法感到绝望，复本位制就不会是现在的情形了。显然，我们没有寄希望于补救复本位制。但如果要发现一个真正可能补救复本位制的办法，那么第一步只能是抛弃错误的和不可能的事情。

17世纪的货币问题和现今货币问题的区别在于，虽然历史和国家的发展具有连续性，但需求和环境发生了变化。套利交易为中世纪立法者带来的危险在于这种行为损害了国家的利益。套利交易不仅削减了一个国家的黄金储备，还打击了一个国家的实际货币，甚至使国内贸易无法进行。因此，中世纪的立法者试图通过判处套利者监禁或死刑震慑套利交易者，以阻止货币流失。

目前，各国内部货币的安全和供应是由单本位制的货币体系或者发行纸币保障的。与采用复本位制时相反，现在贵金属贸易是自由的，并且按照正确的国际贸易理论，金银会自发从一片土地流向另一片土地。到目前为止，货币问题已经发生了变化，变成了固定的国际交换体系的演变问题。与此同时，复本位制理论扩大其理论范围。然而，无论在哪个范围，无论是广义还是狭义的范围，研究、理解和判断虚假谎言的复本位制理论的唯一资料是欧洲过去五个世纪的实践经验。

我有必要对此进行更详细的解释。

（一）对学习货币和货币本位制的学生来说，目前将不会再面临金属货币的单位、标准重量和包含的贵金属重量不断减少的困难。这主要由三个因素造成：第一，合金化处理的实践。第二，政府的竞争和欺诈行为。第三，货币单位的自然性质实际上允许其被任意操纵。譬如，英格兰的先令（shilling）和法兰西的苏（Sou）的贬值程度大不相同，但这两种货币都是古罗马金币苏勒德斯（solidus）的衍生货币。法兰西的里弗尔（livre）和意大利的里拉（lire）都是古罗马重量单位磅（libra）的衍生货币。

（二）更大的困难是术语的混乱。在通常情况下，人们很难通过给定的货币名称判断这一名称代表哪种特定货币，或者人们从给定的名称确定是哪种货币，但无法确定货币的流通使用时间。例如，在法兰西货币史上，术语"弗罗林"（florins）在文献记载中有多种拼写方法，并且代表多种货币。实际上，弗罗林这一代币名词的使用相当模糊，如有时弗罗林相当于法兰西的旧银币或硬币，或者通常所说的钱币。术语的模糊使用或许可以解释下文中遇到的一些难题。在佛罗伦萨首次正式铸造金币前七十多年，弗罗林在法兰西历史中就被提到了。

在货币兑换比率方面，不同国家官方的兑换比率存在巨大的差异和分歧。官方宣布的兑换比率可能具有双重属性：第一重属性是商业属性，如官方按公开市场的黄金和白银的购买价格计算货币之间的兑换比率。第二重属性是法律属性，官方通过法律条款规定不同金属货币的购买力和发行数量，从而确定不同金属货币之间的兑换比率。根据不同货币的购买力来确定不同货币之间的兑换比率相对简单，但直到18世纪初，人们才能根据金银货币的购买力准确地计算货币间的兑换比率。商业汇率是一个叫阿道夫·索特贝尔的人提出来的。根据汉堡交易所和伦敦市场的汇率，阿道夫·索特贝尔计算了商业汇率。1830年5月4日，塞缪尔·德卢森纳·英厄姆向美国参议院提交的

塞缪尔·德卢森纳·英厄姆

商业汇率报告与同一天约翰·怀特提交的报告①相互矛盾，我认为塞缪尔·德卢森纳·英厄姆制定的商业汇率更不可信。

关于法定兑换比率，各个地区差异很大，我带着极度的不安敲下兑换比率的数字。不同国家官方计算方法的不同是造成法定兑换比率差异的主要原因。有的国家根据货币的发行价或铸币金属的购买价②确定货币之间的兑换比率，有的国家根据货币的纯金属含量或总金属含量计算③货币之间的兑换比率。事实上，几乎没有任何两种官方计算方法是一致的。造成官方计算方法不一致的原因必须归咎于法兰西铸币当局在1640年的官方文件中采用了不一致的货币兑换比率的计算方法。从英格兰的艾萨克·牛顿爵士、法兰西的米拉波伯爵奥诺雷·加里布埃尔·里

艾萨克·牛顿爵士

---

① 见《1878年美国国际货币会议报告》，第583页、第647页。——原注
② 无论是否有铸币税或者补贴。——原注
③ 无论货币中是否包含金银以外的其他合金。——原注

夏尔·亚历山大·德·卡洛纳

凯蒂和夏尔·亚历山大·德·卡洛纳、美国的罗伯特·莫里斯和亚历山大·汉密尔顿等人的经验和陈述来看，计算欧洲不同货币之间的兑换比率在任何时候都很困难。

目前，货币史的研究范围完全局限于金属货币的历史和标准。货币史的相关研究没有提及任何国家的纸币发行经历，甚至没有提及美国和奥地利的纸币发行经历。纸币作为一个货币主体，必须作为重要事物单独对待。对奥地利货币的叙述可以在附录五中找到。受奥地利最近货币改革，以及印度和美国货币最近发展的影响，德意志无论表达什么意见，都成为没有观点的傀儡。我仅限于简单地陈述事实。

看到官方使用过的一份研究货币史的参考目录时，我很难克服羞辱感。与18世纪产生的宏大、扎实和渊博的作品相比，现在，官方对待货币史的态度显得短视、怠慢，并且认为货币史毫无价值。这种观念令我非常不安。没有阿道夫·索特贝尔了不起的工作，现在计算不同货币之间兑换比率的工作会变得异常艰难，甚至连对简单的贵重金属之间兑换关系的陈述都无法涉及。另外，当今无法产生和奥托马尔·豪普特创作的与货币相关的历史著作类似的作品。目前，关于货币史的文献是浅薄、短视的，并且具有争议性，甚至到了令人厌恶的程度。

在一系列关于货币的政府报告和相关研究著作中，《美国铸币报告》和1892年奥匈帝国发布的《奥地利-匈牙利君主政体的问题统计表》值得特别提及，因为与其他政府报告相比，这两份报告有用、有益并且有效，具有无法估量的价值。

我要特别感谢历史记载副保管人亨利·麦克斯韦尔·莱特，他为我提供了附录中货币专门记录、财政记录和其他参考资料。

这部著作主要用于历史研究，部分内容由我妹妹埃德娜·肖编写。对此，我向她表示衷心的感谢。

# 目 录

## 第1章 从开始铸造金币到发现美洲（1252—1492） ……… 001
- 第1节 佛罗伦萨的弗罗林金币 ……… 004
- 第2节 威尼斯的贸易 ……… 008
- 第3节 德意志金币的起源 ……… 011
- 第4节 法兰西的金币 ……… 014
- 第5节 西班牙和英格兰的金币 ……… 018
- 第6节 欧洲货币史第一阶段的特点 ……… 020
- 第7节 货币贬值的过程 ……… 023
- 第8节 意大利的货币实践 ……… 025
- 第9节 1345年佛罗伦萨的货币混乱 ……… 026
- 第10节 1345年佛罗伦萨的货币政策 ……… 029
- 第11节 西班牙的货币政策 ……… 032
- 第12节 德意志的货币政策 ……… 038
- 第13节 法兰西的货币政策 ……… 046
- 第14节 银价变动 ……… 048

| 第 15 节 | 1420 年法兰西议会的行动 | 053 |
| --- | --- | --- |
| 第 16 节 | 英格兰：1344 年铸币 | 058 |
| 第 17 节 | 贵族币的铸造 | 061 |
| 第 18 节 | 1360 年英格兰和法兰西的货币政策 | 065 |
| 第 19 节 | 1378 年的英格兰 | 066 |
| 第 20 节 | 1381 年的货币调查 | 067 |
| 第 21 节 | 1414 年的货币重铸 | 073 |
| 第 22 节 | 英格兰国王亨利六世的货币困境 | 076 |
| 第 23 节 | 欧洲金属货币史第一阶段总结 | 078 |

## 第 2 章 从发现美洲到新世界金属对欧洲货币影响的第一阶段结束（1493—1660） ...... 079

| 第 1 节 | 贵金属的生产 | 081 |
| --- | --- | --- |
| 第 2 节 | 1493 年到 1548 年期间的特征 | 083 |
| 第 3 节 | 16 世纪尼德兰的货币状况 | 088 |
| 第 4 节 | 16 世纪的套利行为 | 089 |
| 第 5 节 | 尼德兰的货币法令 | 094 |
| 第 6 节 | 尼德兰联省共和国的法令 | 095 |
| 第 7 节 | 美洲金属对法兰西的影响 | 104 |
| 第 8 节 | 1575 年法兰西的铸币调查 | 108 |
| 第 9 节 | 1577 年法兰西的货币改革 | 110 |
| 第 10 节 | 法兰西 1640 年的改革 | 115 |
| 第 11 节 | 16 世纪到 17 世纪佛罗伦萨的货币政策 | 116 |
| 第 12 节 | 16 世纪到 17 世纪神圣罗马帝国的货币状况 | 119 |

第 13 节　神圣罗马帝国三大铸币法令 …………………………… 122

第 14 节　1580 年神圣罗马帝国的货币混乱 …………………… 124

第 15 节　德意志的劣币危机 …………………………………… 127

第 16 节　1619 年汉堡银行成立 ………………………………… 130

第 17 节　17 世纪西班牙的作用 ………………………………… 131

第 18 节　西班牙对贵金属外流的消极态度 …………………… 134

第 19 节　1500 年到 1660 年英格兰金银铸币 ………………… 137

第 20 节　托马斯·沃尔西的铸币管理政策 …………………… 140

第 21 节　1537 年英格兰和尼德兰的货币兑换比率 …………… 144

第 22 节　1544 年英格兰的货币政策 …………………………… 146

第 23 节　都铎王朝的货币贬值 ………………………………… 147

第 24 节　伊丽莎白一世重铸货币 ……………………………… 152

第 25 节　伊丽莎白一世最后一次修订货币公告 ……………… 154

第 26 节　清教徒的经济学 ……………………………………… 156

第 27 节　索尔兹伯里伯爵罗伯特·塞西尔对货币的看法 …… 161

第 28 节　1611 年英格兰的动荡 ………………………………… 162

第 29 节　1619 年英格兰的措施 ………………………………… 163

第 30 节　1622 年英格兰的危机 ………………………………… 165

第 31 节　詹姆斯一世时期货币的价值 ………………………… 169

第 32 节　查理一世时期的货币状况 …………………………… 170

第 33 节　罗伯特·斯通对铸币厂的看法 ……………………… 174

第 34 节　货币史第二阶段的简要总结 ………………………… 176

# 第3章 从新世界金属对欧洲货币影响的第一阶段结束到现在（1660—1894） · 179

- 第1节　1660年到1893年贵金属的产量 · 179
- 第2节　铸币法的广泛影响 · 182
- 第3节　现代货币体系的演变 · 190
- 第4节　贵金属的自由贸易 · 192
- 第5节　17世纪法兰西的货币改革 · 195
- 第6节　1726年法兰西的货币改革 · 197
- 第7节　1785年法兰西的货币改革 · 200
- 第8节　1785年夏尔·亚历山大·德·卡洛纳的货币政策 · 203
- 第9节　法兰西革命时期的货币立法 · 203
- 第10节　1803年法兰西货币的改革 · 208
- 第11节　法兰西金银兑换比率的变化过程 · 210
- 第12节　1803年到1875年法兰西复本位制的经验 · 211
- 第13节　拉丁货币联盟 · 221
- 第14节　19世纪德意志的货币状况 · 226
- 第15节　津纳标准 · 227
- 第16节　德意志货币兑换公约标准 · 230
- 第17节　德意志南部和普鲁士的货币体系 · 233
- 第18节　1837年的慕尼黑会议 · 235
- 第19节　1857年的维也纳会议 · 241
- 第20节　德意志：1860年到1870年的改革尝试 · 244
- 第21节　德意志：1871年的新帝国货币体系 · 246

| 第 22 节 | 17 世纪英格兰的货币状况 | 251 |
| 第 23 节 | 1690 年英格兰货币的输出 | 254 |
| 第 24 节 | 1696 年英格兰重铸货币 | 257 |
| 第 25 节 | 1698 年英格兰确定的兑换比率的影响 | 260 |
| 第 26 节 | 1717 年艾萨克·牛顿爵士的报告 | 263 |
| 第 27 节 | 1760 年大不列颠王国的货币状况 | 265 |
| 第 28 节 | 1774 年大不列颠的铸币状况 | 266 |
| 第 29 节 | 1774 年大不列颠重铸货币 | 269 |
| 第 30 节 | 1798 年大不列颠政府的法令 | 271 |
| 第 31 节 | 英国对银行的管制 | 272 |
| 第 32 节 | 1816 年英国的法令 | 274 |
| 第 33 节 | 1816 年到 1893 年英国的铸币状况 | 275 |
| 第 34 节 | 美国的货币制度 | 279 |
| 第 35 节 | 1782 年罗伯特·莫里斯的方案 | 279 |
| 第 36 节 | 1785 年托马斯·杰斐逊的报告 | 281 |
| 第 37 节 | 1791 年亚历山大·汉密尔顿的报告 | 283 |
| 第 38 节 | 1792 年美国的货币方案 | 284 |
| 第 39 节 | 1820 年美国的黄金外流 | 287 |
| 第 40 节 | 1834 年美国的货币法令 | 289 |
| 第 41 节 | 1873 年到 1874 年美国的货币法律 | 296 |
| 第 42 节 | 理查德·布兰德法令和谢尔曼法令 | 297 |
| 第 43 节 | 1793 年到 1893 年美国的货币状况 | 300 |
| 第 44 节 | 1816 年荷兰的货币状况 | 306 |

| 第 45 节 | 1872 年荷兰的货币状况 | 308 |
| 第 46 节 | 葡萄牙的货币状况 | 310 |
| 第 47 节 | 1867 年的国际货币会议 | 312 |
| 第 48 节 | 1868 年的国际货币会议 | 313 |
| 第 49 节 | 白银的贬值 | 315 |
| 第 50 节 | 1881 年的国际货币会议 | 317 |
| 第 51 节 | 英国的金银委员会 | 320 |
| 第 52 节 | 委员会报告的异议 | 323 |
| 第 53 节 | 布鲁塞尔国际货币会议 | 324 |
| 第 54 节 | 布鲁塞尔国际货币会议闭幕 | 329 |
| 第 55 节 | 英属印度的金本位制 | 332 |
| 第 56 节 | 印度的货币状况 | 334 |

附录 1　商业活跃和独立时期的佛罗伦萨的货币体系 …………… 341

附录 2　威尼斯的货币体系 ………………………………………… 351

附录 3　西班牙的货币体系 ………………………………………… 361

附录 4　尼德兰的货币体系 ………………………………………… 398

附录 5　德意志的货币体系 ………………………………………… 413

附录 6　法兰西的货币体系 ………………………………………… 453

译名对照表 …………………………………………………………… 494

# 第 1 章

# 从开始铸造金币到发现美洲（1252—1492）

欧洲货币史始于13世纪的意大利半岛，起点是金币被重新引入西方国家，其标志是1252年，佛罗伦萨铸造弗罗林金币。实际上，罗马帝国灭亡一百多年后，自公元7世纪起，金币就不在西欧使用了。中世纪，欧洲国家的货币体系完全建立在白银的基础上。实际上，中世纪，欧洲国

弗罗林金币

家将货币体系建立在银本位制基础上,并且不再使用金币的真实性有待商榷,但这对研究当时欧洲国家的货币制度不会产生实质性影响。例如,8世纪到13世纪中叶,在西班牙,摩尔人保持罗马帝国使用黄金铸币的传统,但这对信奉基督教的西班牙的货币体系没有产生实质性影响。在北方蛮族入侵前,罗马帝国已经逐渐走向衰落。罗马帝国的城市在遭到入侵并沦陷后,地中海另一端的东罗马帝国所在地拜占庭很好地传承了罗马帝国的货币体系,并且传承了几个世纪。事实上,在货币法令中,法兰克国王查理曼大帝沿袭了东罗马帝国的

摩尔人

查理曼大帝

货币制度。查理曼大帝的货币制度经过适当演化发展，成为现代欧洲所有国家货币体系的基础。此外，在欧洲中世纪早期几个世纪的黑暗岁月中，中欧民族几乎忘记了所有的铸造技艺，但在任何时期和任何地方，中欧都可以找到拜占庭金币的身影。

然而，尽管欧洲只有拜占庭传承了罗马帝国使用金币的习俗，但现代世界的货币史起源于13世纪意大利的小型商业邦国，而不是7世纪的拜占庭。在佛罗伦萨铸造金币弗罗林以前，中欧没有任何能独立铸造金币的国家。譬如，从撒克逊人统治时期到英格兰国王亨利三世统治时期，英格兰的货币体系完全以白银为基础。在无数种类的货币和多样化的货

繁荣的威尼斯

币名称下,银铸货币是英格兰王国的流通货币。在法兰克人的帝国中,与英格兰银铸货币具有相同意义的货币是银币迪纳厄斯,查理曼大帝将银币制度作为统治体系的重要组成部分。直到14世纪,法兰西王国和神圣罗马帝国仍然采用银币制度。最后,在意大利众多小邦国中,每个国家都有独立的铸币厂。直到佛罗伦萨和威尼斯的商业繁荣起来时,铸币厂才开始铸造金币。八个世纪甚至更长时间以来,欧洲民族想要改变现代世界进程、重建欧洲民族的文明,但对影响文明最有效的因素——黄金的商业用途竟一无所知。

## 第1节　佛罗伦萨的弗罗林金币

将黄金重新引入货币体系或者重铸金币的原因可以在十字军东征史或意大利政治混乱产生的多个小型独立邦国的商业发展中找到答案。新产生的小型独立邦国刚刚实现了独立自主生存,就以旺盛的精力投入发展东西方贸易之中。佛罗伦萨、威尼斯、比萨和热那亚带头品尝东西方贸易产生的果实。此时,佛罗伦萨处于最繁荣时期。它已经征服了主要对手比萨和锡耶纳,在繁荣的商业和活跃的贸易中,享受着和平的生活。于是,1252年,在当地商人的建议下,佛罗伦萨执政者决定铸造弗罗林金币。

按理来说,铸造弗罗林金币的想法只能来自东方的拜占庭。但奇怪的是,引入金币首先是由于十字军东征。1212年,来自西西里岛的腓特烈二世当选为神圣罗马帝国皇帝。六年后的1218年,神圣罗马帝国皇帝腓特烈二世领导了第五次十字军东征。从十字军东征归来到驾崩这段时间,或许是为了想要与拥有奢华宫廷的东方国家竞争,神圣罗马帝国皇帝腓特烈二世发行了奥古斯都金币。神圣罗马帝国皇帝腓特烈二世发行的西西里岛货币是佛罗伦萨发行的弗罗林的直接源头,如果不是因为佛罗伦萨弗罗林金币制作精美,得到

神圣罗马皇帝腓特烈二世时期发行的金币

广泛流通,取得了良好的声誉,并且消除了人们关于弗罗林金币前身的记忆,那么神圣罗马帝国皇帝腓特烈二世发行的金币很可能会开创一个光辉的新时代。

热那亚金币被认为和1252年铸造的弗罗林是同一年发行的。五年后的1257年,英格兰国王亨利三世仿造弗罗林,铸造了自己的金币便士。二十多年后的1284年10月31日,乔瓦尼·丹多洛总督领导下的威尼斯共和国政府紧随佛罗伦萨,设立了金币铸币厂。

推动货币铸造产生重大变革需要同时具备两个必不可少的条件,但13世纪的人知之甚少。首先,意大利境内各城市共和国的对外贸易必须有深远的发展,以致需要一种比银更具价值的中间物作为交换中介。其次,贸易发达地区还必须是能开采利用黄金或拥有黄金储量的地区,从而能为意大利境内的铸币厂铸造金币提供足够的黄金,满足意大利人的

威尼斯金币

佛兰德斯伯爵鲍德温九世

铸币需求。奇怪的是，这两个条件都是通过十字军东征实现的。众所周知，货币铸造的巨大变革推动了地中海地区贸易加速发展，但黄金货币的铸造对金属供应的影响迄今还没有人能明确指出来。1203年，第四次十字军东征期间，佛兰德斯伯爵鲍德温九世坐上拜占庭拉丁帝国皇位。威尼斯共和国为佛兰德斯伯爵鲍德温九世击败拜占庭帝国提供了帮助。作为回报，威尼斯共和国获得了拜占庭帝国八分之三的领土。于是，威尼斯共和国获得了伯罗奔尼撒半岛和爱琴海的一系列岛屿，并且通过控

君士坦丁堡

制君士坦丁堡获得黑海实际控制权。威尼斯共和国通过控制黑海，垄断了欧洲对印度的陆上贸易。

## 第2节　威尼斯的贸易

占领拜占庭帝国八分之三的领土后，威尼斯共和国从被占领的城市中掠取了一大笔黄金。当时，欧洲唯一的黄金产地是克里米亚。威尼斯共和国控制的殖民地之间的贸易发展要求更高价值的货币作为交易媒介。威尼斯贸易的发展及对黄金的需求结合在一起产生的结果是无法压制的。在拜占庭拉丁帝国统治期间，威尼斯共和国及其友好城市实际上成为欧洲唯一的商人。

因此，意大利多个城市共和国采用金币制度标志着欧洲进入商业扩张时代，可以说，与17世纪的荷兰或当今的英国一样，意大利多个城市共和国处于商业扩张时代。

我们关注的不是贸易扩张带来的影响,而是在贸易高速扩张时代意大利多个城市共和国对金币的需求。

在欧洲贸易体系中,威尼斯是东方香料和北方羊毛交易的中转地。14世纪,在欧洲国家中,英格兰王国盛产羊毛,佛兰德斯是纺织工业的故乡,德意志的汉萨同盟和逐渐成形的法兰西王国先后采用了新的货币。如果能将新的货币被逐渐接受的故事书写出来,那么这部著作将成为货币史和商业史最具启发性的一部著作。

事实上,我们只有零散的、记录并不清晰的资料。

由于位于地中海和欧洲北方之间,在欧洲货币体系变革过程中,德意志起到了重要的推动作用。1326年到1350年,德意志第一批仿造自意大利城市共和国建造的金币铸造厂开始衰落。神圣罗马帝国皇帝路易四

神圣罗马帝国皇帝路易四世

世下令发行两种金币：第一种是1328年前发行的直接模仿佛罗伦萨弗罗林的金币。第二种是1328年后不久发行的模仿法兰西国王腓力六世下令发行的金埃居的仿制品。

英格兰国王爱德华三世被神圣罗马帝国皇帝路易四世任命为莱茵河左岸总督和皇帝的副官，拥有铸造金币和银币的权利。于是，1337年冬，爱德华三世在鲁汶城堡度过，并且在安特卫普铸造了大量金币和银币。1339年，来自巴伐利亚的神圣罗马帝国皇帝路易四世评估了科隆大主教于利希的瓦尔拉姆、布拉班特公爵约翰三世、埃诺伯爵威廉二世和荷兰

爱德华三世

布拉班特公爵约翰三世

伯爵威廉四世发行的金币价值后,授予盖尔德雷斯公爵赖因霍尔德二世铸造金币的权利。1340年,神圣罗马帝国皇帝路易四世授予自由城市吕贝克铸造金币的权利,但他明确规定,吕贝克铸造的金币重量和价值个能超过弗罗林金币。

## 第3节 德意志金币的起源

十六年后的1356年,神圣罗马帝国皇帝查理四世发布《金玺诏书》,赐予神圣罗马帝国七位选帝侯自由铸造金币的权力。随后,一位接一位的诸侯，一座接一座的自由城市均被授予铸造金币的权利。甚至1372年，在授予迫切希望获得金币铸造权的纽伦堡伯爵弗雷德里克金币铸造权时，神圣罗马帝国皇帝查理四世规定其铸造的金币古尔登应该具有和"古尔登或佛罗伦萨弗罗林"同样的质地和重量。

在吕贝克的案例中，与金币交易有关的直接书面证据在德意志的档案中仍然存在。1226年，神圣罗马帝国皇帝腓特烈二世首次授予吕贝克银币铸造特权。但直到一个多世纪后，即1340年11月28日，来自巴伐利亚的神圣罗马帝国皇帝路易四世才在发布的诏书中承认了诸侯国及自由

神圣罗马帝国皇帝查理四世

城市铸造金币的权利，并且规定铸造出来的金币的黄金含量不能高于佛罗伦萨弗罗林金币的黄金含量，其价值也不能高于弗罗林的价值。1341年9月8日，吕贝克铸币厂从荷兰聚特芬一位叫雅各布·格雷尔的人手中第一次购买到黄金，购买的黄金重量按吕贝克重量单位计算，铸造四马克一洛特八芬尼吕贝克货币的金属重量需要支付的价格是二十四克拉的苏德勒斯。在其他方面，1341年米迦勒节，相关当局将总重量为五十马克二盎司三点五安格尔的金属运送到铸币厂，运送到铸币厂的金属包含的黄金纯度从十五克拉到二十三克拉不等。运送的金属到达铸币厂后，提炼出了重量为四十六马克一盎司七安格尔的纯金，并且被铸造成总重量为四十七马克五盎司十安格尔的三千一百九十九枚货币，折合成吕贝克重量单位马克，相当于重量为六十七点零八马克的黄金。铸造的货币于1342年2月18日发行，货币的一面是佛罗伦萨的百合花，另一边是施洗者圣约翰的头像——这种货币的两面都直接模仿弗罗林。随后几年，吕贝克铸币厂发行的货币总数为：

| 年份 | 发行货币总数 | 折算成马克为 |
| --- | --- | --- |
| 1342 | 24,783 弗罗林 | 67.26 |
| 1342 | 25,483 弗罗林① | 67.11 |
| 1343 | 30,436 弗罗林 | 67.11 |
| 1344 | 32,590 弗罗林 | 67.11 |

德意志早期发行的金古尔登或多或少模仿了弗罗林的风格，货币中黄金含量并不固定，直到14世纪最后二十五年，德意志货币才开始维持一个稳定而统一的面值。

---

① 原文是5,483弗罗林，但译者根据相关资料及前后年份每次发行的货币总量推算，应该为25,483弗罗林。表格中两个1342年表示1342年发行了两次货币。

## 第4节 法兰西的金币

与德意志的情况一样,法兰西第一次铸造金币的时间只能大致估计,不能精准确定具体时间,但出于实际目的,法兰西金币的黄金含量十分稳定。人们普遍认为,1254年,法兰西国王路易九世,或称"圣路易"开始铸造法兰西金币。法兰西王国发行金币的原因与1248年路易九世领导的第七次十字军东征有关。然而,现有文献证明这种观点是错误的。早在1180年,佛罗伦萨弗罗林就被提及,而且不是含糊不清的记载,而是相当明确地说明了弗罗林的重量标准和价值。除非佛罗伦萨金

法兰西国王路易九世

神圣罗马帝国皇帝亨利六世

币弗罗林的首次铸币记录不可信，否则法兰西金币只是佛罗伦萨弗罗林金币的仿制品。提供参考资料的同一份文献还指出，不但1180年，神圣罗马帝国皇帝腓特烈一世下令铸造没有价值的小皇室币，而且早在神圣罗马帝国皇帝腓特烈二世的父亲亨利六世统治时期，神圣罗马帝国当局就下令铸造小皇室币。相关文献提到的类似情况还有法兰西国王路易九世发行的两种或多种金币。早在1226年，路易九世铸造的两种金币就出现了：一种金币明显模仿了弗罗林的铸造风格，另一种金币模仿了帕维永金币的风格。然而，可以肯定的是，当时，法兰西仿效富裕的拜占庭和意大利铸造金币，仅仅是为了炫耀。然而，在商业方面，金币没有被广泛使用。例如，1226年铸造的十三枚弗罗林金币，有十二枚被作为礼物送给法兰西王国的十二位贵族，第十三枚金币被送给法兰西国王路易九世本人，"你要知道，这是世界上最美丽的货币，也是雕刻得最精美的货币"。此时，金币的价值完全是钱币学的价值，而不是商业或金融的价值。直到法兰西国王路易九世统治后期，即1265年左右，法兰西王国才有人注意到，货币不但具有钱币学上的欣赏价值，而且可能具有商业价值。就金属货币发挥作用的角度而言，法兰西货币史的真正起点是腓力四世在1295年铸造的图尔格罗斯金币，而不是路易九世及其前任君主铸造的没有实用价值的货币。后来，腓力四世在公告中提及图尔格罗斯的价值，腓力四世铸造的一枚图尔格罗斯金币的价值是路易九世铸

腓力四世

造的一枚小皇室币价值的两倍。腓力四世在公告中说:"在小皇室币之后,我们以自己的名义铸造金币,铸造的每枚金币重量相当于70%的一巴黎马克,并且以相当于巴黎的十一索尔迪的价值发行。与此同时,我们停止铸造过去没有使用价值的小皇室币。"1295年起,法兰西铸币厂铸造的金币成了欧洲货币史上最重要的货币。

1357年,佛兰德斯伯爵路易二世下令铸造当地第一批金币。他下令发行的两种金币都直接模仿法兰西的金币:狮子金币仿制自法兰西国王腓力四世下令发行的法兰西埃居,莫顿币仿制自法兰西的同名货币。在法兰西,记载佛兰德斯伯爵路易二世下令发行金币的同一份原始材料也记载了1356年到1377年荷兰伯爵威廉五世下令发行金币的历史信息。荷

佛兰德斯伯爵路易二世

兰伯爵威廉五世追求时尚，热衷于铸造金币。在其统治时期，他下令发行了六种类型的金币。其中，两种类型的金币模仿了法兰西的莫顿币，最后一种金币源自广泛使用的弗罗林金币。

## 第5节　西班牙和英格兰的金币

西班牙铸造的第一批金币与佛兰德斯铸造第一批金币始于同一时期，也来自同一来源，并且都由基督教权贵铸造。身为贵族后裔的阿方索十一世是西班牙卡斯蒂尔王国国王，1312年到1350年在位。阿方索

阿方索十一世

阿拉贡国王佩德罗四世

十一世发明了按模块计算金币价值的方法。与此同时，1336年到1387年在位，被称为"讲究礼仪者佩德罗"的西班牙阿拉贡国王佩德罗四世，在发行弗罗林金币时直接模仿佛罗伦萨弗罗林的铸造风格，尽管佩德罗四世后来铸造的金币比弗罗林的铸造风格新颖。

最后，不得不提英格兰铸造金币的历史。在欧洲货币史中，英格兰货币史拥有重要的地位。显然，英格兰铸造金币受到欧洲大陆货币变革的影响。比较容易确定的是英格兰第一位下令发行金币的国王是亨利三世。1257年，英格兰国王亨利三世下令铸造纯金便士，一枚纯金便士的重量相当于当时两枚银币的重量，并且当时流通价值相当于二十便士。

毫无疑问，英格兰铸造的金币受到法兰西国王路易九世的启发。与法兰西一样，英格兰发行金币似乎为时尚早，因为当时，欧洲没有一个国家拥有充足的贵金属储备，也没有足够活跃的贸易活动要求国家储备充足的贵金属，甚至实际发行的金币根本不能获取商业利益。只有发达、活跃或者大规模的贸易才需要增加交换媒介的价值。在发行金币方面，英格兰与法兰西情况类似。在商业史和货币史上，路易九世的前任国王们第一次铸造金币的目的与腓力四世在1295年铸造一定数量金币的目的有明显区别。在亨利三世发行第一批金币后将近九十年，英格兰没有再铸造金币。英格兰国王爱德华三世将黄金作为货币和商业领域的引导者。因此，英格兰实际发行金币的时间是1344年，而不是1257年。英格兰国王发行金币的目的明确。1257年，亨利三世下令发行金币的时机是不成熟的。这次发行金币只是国王之间相互竞争和炫耀的行为，而不是出于商业需要。但在随后的一个世纪里，北欧的商业迅速发展，发行金币逐渐成为可能，也成为必然。随着贸易的发展，与英格兰进行商业贸易的国家一个接一个地采用金币作为交换媒介，并且从中获利。英格兰发行金币的时间应该比德意志晚十六年，比佛兰德斯早一两年。在一定程度上，这证明英格兰拥有发达的贸易体系，并且与外界保持密切的商业关系。实际上，大规模采用金币纯粹是贸易自然增长的结果，是变革性事件。虽然没有文字记载，但采用金币对欧洲文明的影响比文艺复兴或宗教改革对欧洲文明的影响更大。

## 第6节　欧洲货币史第一阶段的特点

因此，14世纪大致可以被视为欧洲采用货币复本位制的开端。粗略地讲，欧洲货币史第一阶段是从欧洲开始采用货币复本位制到1492年发现美洲之间近两个世纪欧洲所有金属货币的变革。欧洲货币史第一阶

克里斯托弗·哥伦布发现美洲

段,欧洲货币制度演变的过程十分清晰明确。当时,组成欧洲的几个主要国家的货币制度基本相似。简而言之,欧洲货币制度演变的过程是:第一,商业扩张时期。此时,各国需要越来越多的货币,并且这种情况推动了物价上涨。第二,贵金属产量停滞不前的时期。为拥有贵金属,各国需要展开竞争。第三,金银兑换比率不断变化的时期。此时,各国需要不断调整金银兑换比率。从广义上说,引发金银兑换比率变化的原因可以划分为两类:第一类是只考虑贵金属供应量变化而导致贵金属市场价格变动。第二类是由于国际竞争和糟糕、狡诈的法规,欧洲各国为制作货币的原料金属进行的恶性争夺。

就金属价格的自然变动而言,当时明显是金属生产不足及产量相对较少的时期。1300年到1500年的二百年间,欧洲的黄金主要来自与亚洲东部的贸易,以及非洲东海岸和非洲北部内陆新发现的黄金。白银主要来源于德意志的矿场。随后,15世纪发现美洲对匈牙利、特兰西瓦尼亚、萨克森和波希米亚具有十分重要的意义，部分原因是这些地区紧跟贸易扩张的时代潮流，阻止了金属货币价值下降，而金属货币价值下降可能彻底毁灭欧洲文明。此时，贵金属的总产量甚至无法推测出来。这一时期快结束时，即英格兰国王亨利七世统治时期，英格兰的金银铸币总额大概不超过三百万马克。即使1492年，欧洲各国两种金属的总储量估计不超过三千三百四十万马克。独立的货币数字不足以让我们知道在如此小的货币基础上能进行多大规模的商业活动，也不足以让我们知道通过票据等权宜之法向金属货币提供援助的货币数额。因此，为判断这一时期货币的价值是下降、保持平稳还是上升，我们只能采用贵金属的价格和铸币厂的记录作为判断依据。

英格兰国王亨利七世

## 第7节 货币贬值的过程

欧洲货币史第一阶段始于1308年,在法兰西,一马克黄金被铸造成四十四里弗尔货币,一马克银被铸造为两里弗尔十九索尔迪货币。1475年,欧洲货币史第一阶段结束或即将结束时,一马克黄金被铸造成一百一十八里弗尔十索尔迪货币,一马克白银被铸造成十里弗尔货币。

1386年,在德意志,一马克黄金被铸造为六十六古尔登,一古尔登重二十三克拉。1495年,一马克黄金被铸造为七十一又三分之一古尔登,一古尔登重十八点五克拉,一马克黄金贬值了34.36%。1312年,在西班牙,一马克白银被铸造成一百三十马拉维迪货币。1474年,一马克白银被铸造成二千二百一十马拉维迪货币币。然而,考虑到货币中贵金

马拉维迪币

属的纯度，金属货币在各种复杂情形影响下不可避免地发生了贬值。但官方随意做出的贬值决定对金属自然增值没有任何意义。英格兰最早的金币重一百二十八又七分之四格令，并且铸造金币时，需要征收六先令八便士的铸币税。1489年，一枚金币的重量由最早的一百二十八又七分之四格令下降到八十格令，同样在铸造时需要缴纳六先令八便士的税，这说明一枚金币的价值贬值了37%。与此同时，一枚银币便士的重量从二十二金衡格令下降到十二金衡格令，价值贬值了45.45%。如果不考虑官方随意贬值等原因，那么将近两百年间，金属货币平均贬值大约40%。

货币贬值程度不需要在统计方面进行费力的计算。14世纪到15世纪，组成欧洲商业圈的所有国家在其立法史上都清晰地保留了货币贬值的证据。官方以糟糕和明显的方式限制货币增值。正由于在欧洲各国的立法中普遍限制货币的增值，欧洲各国检验和评估了欧洲最早的货币复本位制存在的问题。在许多方面，欧洲各国政府面临着比现代世界更困难的问题。譬如，在任何时间点，没有什么东西能比白银和黄金的兑换比率获得更公平和更普遍的认可。此时，在西班牙摩尔人居住地区，白银与黄金的兑换比率为7∶1或8∶1，但在基督教统治的卡斯蒂尔王国，白银与黄金的兑换比率为12∶1。1474年，英格兰的白银与黄金的兑换比率为11.15∶1，德意志的为11.12∶1，法兰西的为11∶1，意大利的为10.58∶1，西班牙的为9.82∶1。

在欧洲，金银兑换比率处于混乱状态。如果混乱的兑换比率被允许不受阻碍并持续不断地发展，那么将会自然形成金银兑换的套利交易，欧洲货币的价值会反复不断地波动，甚至可能会引发大规模破产。虽然为阻止金银混乱的兑换比率，欧洲各国历任统治者做出巨大努力，但在欧洲部分地区，混乱的兑换比率产生了不良的后果，这充分表现在中世纪时，政府对犹太人的金银套利行为感到心烦，因而憎恨犹太人。各国采取了一些带有时代特色的不完善、不科学的措施应对隐藏的、暗中为害的、造成大量浪费的犹太人金银兑换套利行为。金银输出被禁止，违者被处以死刑。惩罚措施不只停留在纸上的威胁，伦敦显赫商人们的金银套利行为被划分为四种类型。通过公告，本国货币与外国货币之间的兑换率被稳定下来，并且兑换货币的机构被限定在某些特定地点。当规定兑换率、只能在指定地点进行兑换的措施被证明无效时，货币就贬值了。突然间，金银兑换比率发生剧烈变化。更糟糕的是，防止金银套利的措施不但是防范性的，而且是主动攻击性的。14世纪到15世纪，统治者的愿望不但是保护自己国家的贵金属储备不被消耗，而且坚信在贵金属生产量不足以满足欧洲需求的情况下，可以采用任意精巧的制作工艺吸引邻国贵金属流向本国。为争夺黄金，人们采用野蛮、粗鲁、暴力、狡诈和不光彩的方式进行大规模的斗争。

## 第8节　意大利的货币实践

在外币兑换和金融方面，意大利人有着科学的知识和丰富的实践经验，这使意大利各邦国货币史在欧洲早期货币史中具有重要的地位。当欧洲北方国家刚形成商业雏形时，意大利已经拥有高度发达的商业和金融体系。我们要将簿记系统和票据的使用归功于意大利，更不用说意大利出现了典当和融资系统了。我们可以猜测，在欧洲的金融波动中，意大利仍保留了这些制度。在14世纪和15世纪，复本位制带来的金银兑换比率波动中，意大利收获了利用金银兑换比率波动赚取利润的果实，并且是长期以来最大的果实。反过来，欧洲货币兑换比率的波动对意大利也产生了影响，偶然会造成灾难性后果。由于佛罗伦萨和威尼斯在意大利半岛的商业邦国中的突出地位，我们选择以佛罗伦萨和威尼斯为例，简要介绍意大利货币史。附录一和附录二记载了佛罗伦萨和威尼斯的货币贬值过程及金属货币兑换比率的波动。对复本位制造成的兑换比率变动，佛罗伦萨史有一段生动的记录。

## 第9节　1345年佛罗伦萨的货币混乱

1326年到1350年，白银相对黄金的价值明显回升。由于佛罗伦萨确定的金银货币兑换比率与其他地方不同，白银价值上升的消息立刻传遍佛罗伦萨。根据1324年的法规，佛罗伦萨白银与黄金的兑换比率是13.62：1。但在法兰西，白银与黄金的兑换比率大约是12.6：1。二十年后的1344年，法兰西和英格兰的白银与黄金的兑换比率都不足11：1。佛罗伦萨白银兑换黄金比率过高使佛罗伦萨遭受惩罚，银币从佛罗伦萨的商品流通中消失了。佛罗伦萨历史学家乔瓦尼·维拉尼说，1345年，佛罗伦萨银币严重不足。除了夸特里尼，佛罗伦萨没有其他银币。银币全被熔化，并且被运送到其他国家。佛罗伦萨以外的地方，一枚含白银十一又二分之一盎司的合金货币价值超过了十二里拉，这引起从事羊毛贸易商

乔瓦尼·维拉尼

人的极大不满。从事羊毛贸易的商人担心收到国外支付的金币过多会引发金币贬值。由于从事羊毛贸易的商人是佛罗伦萨商业的强大力量,他们的不安导致1345年佛罗伦萨重铸货币。重铸货币应用了一些补救措施弥补以前的过错,主要说明如下:

根据法律:

| 1 金弗罗林 | = 29 索尔迪 |
| --- | --- |
| 其中 20 索尔迪 | = 1 里拉 |
| 因此,12 里拉相当于 1 弗罗林(在国外购买银,按磅计算的价格) | = 8 金弗罗林 8 索尔迪。 |
| | =26 里拉 8 索尔迪的银币。 |
| 1 金弗罗林在流通中相当于约 3 里拉 2 索尔迪的银币。 | |

1345年,佛罗伦萨的银币是夸特里尼和归尔浦币。佛罗伦萨的每枚银币含银十一点五盎司,并且按照一磅白银铸造一百六十七枚银币的标准进行铸造,一磅白银铸造的银币按照与三十里拉相同的价值发行。事实上,佛罗伦萨铸币厂购买用来铸造银币的一磅银的价格为二十里拉十七索尔迪六第纳尔。因此,国外白银的价格比佛罗伦萨的白银价值略高,大约高出五里拉。

根据佛罗伦萨货币中银的含量计算,也可以得出同样的结论。

国外白银价值高于佛罗伦萨本地白银价值导致佛罗伦萨银币消失。1345年8月19日,佛罗伦萨当局采取唯一的补救办法,发布法令决定重新铸造货币。根据法令,每枚银币含银十一又二分之一盎司的标准被保留下来,新铸造的格罗斯币价值增加到一百三十四枚格罗斯币兑换一磅白银。其中,一百三十二枚格罗斯币作为商业流通使用,两枚格罗斯币作为铸造货币的费用,每枚格罗斯币大约价值四索尔迪。

$$4 \times 132 = 528 \text{ 索尔迪}$$

（= 26里拉8索尔迪的银币）

我们清楚地看到，佛罗伦萨白银与国外白银价值相同。

奇怪的是，法令公布四天后，即1345年8月23日，为获得更多白银，佛罗伦萨当局小幅调整了金银兑换比率。佛罗伦萨当局调整了格罗斯币与磅的比例关系。按相同的重量标准磅计算白银重量，每磅白银从铸造一百三十四枚格罗斯币减少到铸造一百三十二枚格罗斯币，并且按照一百三十二枚格罗斯币含一磅白银的标准发行。

虽然佛罗伦萨小幅调整银币铸造标准，但由于佛罗伦萨的货币体系受到不同汇率变动的影响，1345年10月，佛罗伦萨当局不得不通过法令废除与国外不一致的金银兑换比率。接下来，按照与国外相同的金银兑换标准和金银价值，佛罗伦萨当局铸造了新货币，命名为新归尔浦币。每磅白银铸造一百四十二枚新归尔浦，其中一百四十枚新归尔浦用于商业流通，两枚新归尔浦留用支付铸币费。

$$140 \times 4 = 560 \text{ 索尔迪}$$

（=28里拉）

新的货币使佛罗伦萨在欧洲商业竞争中获得明显的优势，并且逆转了银币的流向，使白银再次流向佛罗伦萨。

### 第10节　1345年佛罗伦萨的货币政策

如果不是佛罗伦萨当局调整金银兑换比率和银行提高利率代表着两

种完全不同和独立的金融时期的货币政策，那么在许多方面，佛罗伦萨当局调整兑换比率和银行提高利率具有可比性。值得注意的是，佛罗伦萨对货币兑换比率的调整很快被法兰西和英格兰模仿。佛罗伦萨在1345年出台的法令主要代表佛罗伦萨从事商业交易阶级的意愿。如同当地金融家们宣称的，人们将从交易中获得个人利益，正如国家将恢复储备银一样。引自1345年出台的法令的序言中的原话，"由于佛罗伦萨的银币惊人地缺乏，并且为公民的生活带来诸多不便，满足不了人们的需求，因此佛罗伦萨的上层统治者考虑到大量工匠、商人和正直公民的需求，决定重新增加白银储备，并且与城市二十一个行会反复推选的精通货币知识并且性格谨慎的八个人进行商讨"。推选出来的八个人曾与佛罗伦萨铸币厂的官员及其他负责交易管理的官员进行多次商讨。商讨结果确定了新货币的兑换比率。

即使这样，佛罗伦萨当局的努力只是取得暂时的成功。1343年，银价开始上涨。佛罗伦萨以外地区的银价早已从二十七里拉十四索尔迪兑换一弗罗林上涨到十二里拉十五索尔迪兑换一弗罗林。根据1345年新铸币法的规定，佛罗伦萨将银价下调到低于二十六里拉十索尔迪兑换一弗罗林。结果是，佛罗伦萨的银币再次被商人们回收并熔化。银币流失到国外，并且从当地的商业流通中消失了。受到毛纺织品商人第二次鼓动，佛罗伦萨当局重新对货币兑换比率立法。

根据1347年的铸币法规，佛罗伦萨当局引入一种名为归尔浦格罗斯的新银币。新银币按一磅白银铸造一百一十七枚新银币的标准铸造。其中，一百一十一又五分之三枚新银币作为商业流通使用，铸币厂保留五又五分之二枚新银币作为储备。每枚新银币的含银量与以前每枚银币含银十一点五盎司的标准相同。但与以前不同的是，每枚新银币等价于五索尔迪，而不是等价于四索尔迪。

$$117 \times 5 = 585 \text{索尔迪}$$

（= 29里拉5索尔迪）

根据乔瓦尼·维拉尼给出的14世纪中叶外国白银价格计算，新银币折算成旧银币的价值远远超过了二十七里拉十四索尔迪。即使减掉铸币厂存储的白银，按实际用于商业流通的较低数额银币计算，商人们也有明显的利润空间。

$$111.6 \times 5 = 558 \text{索尔迪}$$

（= 27里拉18索尔迪）

事实上，从总体上看，1347年重铸货币的法令在人们眼中显得居心不良。在佛罗伦萨，当地羊毛商人不得不使用银币支付工资，他们在与国外的贸易中收到的是金币。佛罗伦萨商人们的兴趣是贬低银币等价物，打压银币等价物的价值符合佛罗伦萨商人的利益。这样，商人们可以支付更少，收获更多。商人们打压银价的方法只能是放弃每磅白银中铸币厂留存的白银，但放弃铸币厂留存的白银其实是货币贬值的开始。

让货币贬值不是1347年法令的真正意图。1347年法令更证实了佛罗伦萨当局重铸货币的唯一动机，即佛罗伦萨面临货币供应困境，需要更多银币。为获得白银，佛罗伦萨当局准备付出极大的努力。

很难说，1347年法令是银币消失的原因还是结果，但可以肯定的是，在接下来的一个世纪，银币在意大利半岛消失了。然而，金币的数额在15世纪一直持续增长。在米兰和佛罗伦萨的商业流通中，金银兑换比率一直稳定在一个较低的水平——1∶9.25。佛罗伦萨在1460年采用的铸币规则[①]，只能看作是对其在1345年和1347年铸币规则的简单重复。

---

① 见附录中佛罗伦萨银币表。——原注

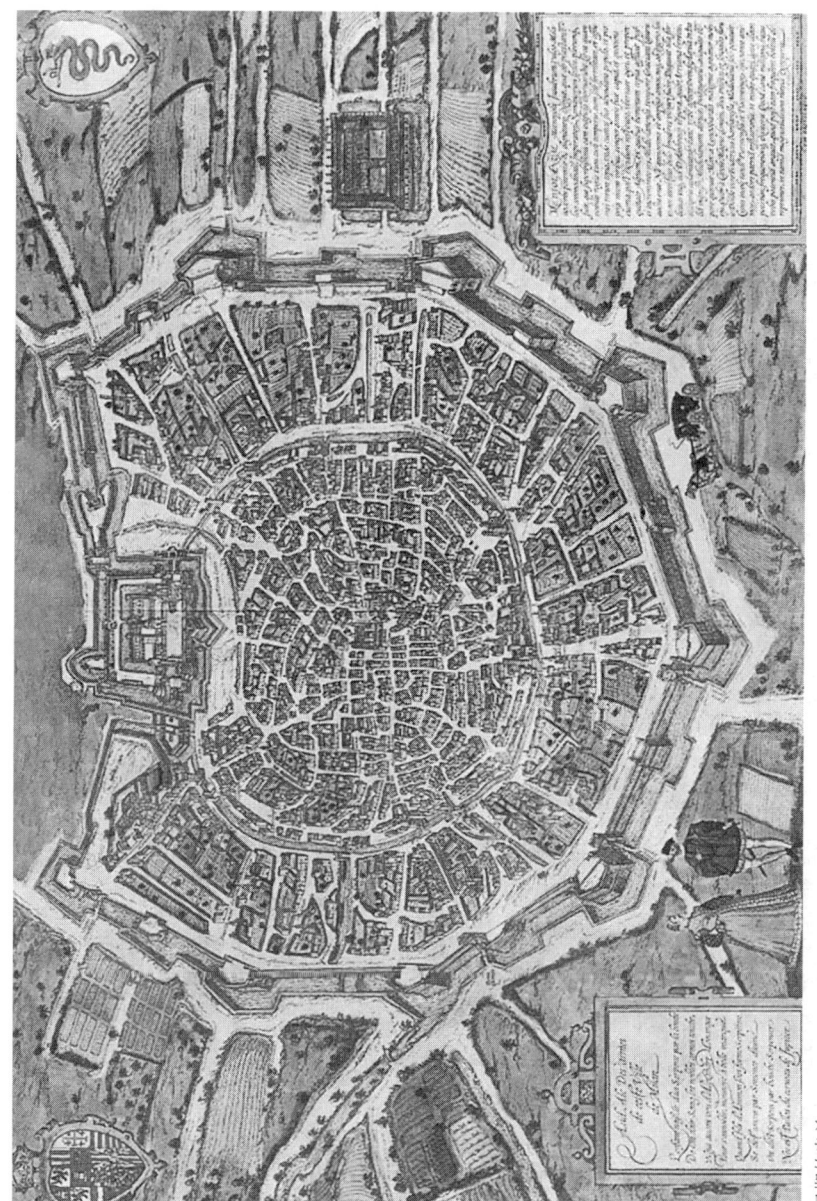

早期的米兰

## 第11节 西班牙的货币政策

在西班牙征服美洲前,货币史可以概括为一长串货币名称变更史,以及商人和各级议会支持或反对货币兑换比率的请愿史。1312年到1350年,阿方索十一世统治时期的卡斯蒂尔王国实行的货币兑换比率是一金制衡模黄金固定兑换一百比塞塔。1350年到1369年,阿方索十一世的继任者、卡斯蒂尔国王残暴的彼得统治时期,一金制衡模黄金固定兑换一千比塞塔。1369年到1379年,在卡斯蒂尔国王恩里克二世统治时期,卡斯蒂尔的一多卜拉金币兑换六十比塞塔。1390年到1406年,卡斯蒂尔国王狡诈的恩里克三世统治时期,一多卜拉金

残暴的彼得

恩里克二世

币兑换四十比塞塔。1406年到1454年,卡斯蒂尔国王胡安二世统治期间,一多卜拉金币兑换一百比塞塔。14世纪,西班牙的货币外流问题主要是由邻近的法兰西引起的。当时,法兰西王国不断发行劣质货币,导致西班牙消耗了大量财富。例如,1346年,阿拉贡国王佩罗德四世发行了特别许可证,要求按照与佛罗伦萨弗罗林同样的重量和纯度铸造金币。但阿拉贡国王佩罗德四世发现,弗罗林金币的铸造标准太高了。1349年,阿拉贡国王佩罗德四世不得不发布取消按佛罗伦萨弗罗林同等标准铸造金币的公告,并且要求阿拉贡王国铸造的金币与法兰西埃居拥有相同的铸造标准。在阿拉贡国王佩罗德四世的统治后期及其继任者

狡诈的恩里克三世

胡安二世

阿拉贡国王胡安一世统治早期，西班牙经历了严重的货币危机和困境，导致1371年，卡斯蒂尔国王恩里克二世在梅迪纳·德尔·坎波的议会上展开著名的货币缩减讨论。

1391年到1393年，西班牙颁布了一个综合性公告，规定降低流通中货币的价值并确定新的货币兑换规则。随后，1398年，西班牙又颁布新公告。这份新公告规定，除了金币，禁止其他外国货币在西班牙流通。禁止除金币外的外国货币在国内流通是常见的防止本国货币外流的手段，就像英格兰王国采取的政策一样。事实证明，禁止除金币外的外国货币在国内流通并不能有效阻止贵金属外流。1413年，西班牙再次禁止除金币外其他外国货币在西班牙流通，但在阻止贵金属外流方面，这一

卡斯蒂尔国王恩里克二世

禁令收效甚微。1442年，在巴利亚多利德召开的西班牙议会收到充满抱怨的请愿书，请愿书抱怨外国商人正在掏空西班牙的贵金属。当年，为调整本国货币与外国金币的兑换比率，西班牙发布了新法令。

根据新法令规定，一多卜拉金币兑换一百马拉维迪，阿拉贡的一金弗罗林兑换六十五马拉维迪。三十年多后的1473年，卡斯蒂尔国王恩里克四世在塞哥维亚颁布的法令中规定，一多卜拉和一金弗罗林分别兑换三百马拉维迪和二百马拉维迪。西班牙只有在成为天主教主权国家后，其内部混乱和不统一的

卡斯蒂尔国王恩里克四世

货币兑换比率才得到有效纠正。此时，欧洲发现了新世界。新世界的发现使西班牙在分配贵金属的储备方面发挥了重要作用。

## 第12节　德意志的货币政策

就本书关注的金银兑换比率而言，德意志货币变革包括了尼德兰金银兑换比率的变化。直到1552年，佛兰德斯退出神圣罗马帝国的货币体系，尼德兰的金银兑换才不包括在德意志的货币体系中。德意志贵金属价值的变动与西班牙、法兰西和英格兰的金属自然的、逐渐稳步升值的过程完全相同①。后面的表格中，银币价值的变动采用格罗申来说明，金币价值的变动用莱茵盾来说明。格罗申或莱茵盾不是标准的单位货币，也不是唯一流行的货币。它们是在德意志众多独立铸币厂铸造的、成功地从让后人感到困惑和眼花缭乱的货币品种中脱颖而出的货币，具有相对较好的声誉和更广泛的接受度。此外，由于将德意志所有货币面值加

莱茵盾

---

① 即货币随着金属重量和纯度降低贬值。——原注

起来，从中推断出货币的平均价值几乎是不可能完成的任务，因此这也是我们使用格罗申和莱茵盾说明的原因。

1375年，德意志铸造的金币规格与佛罗伦萨弗罗林十分接近。与佛罗伦萨的金币一样，德意志一枚金币的重量是五十三格令，货币的两面分别刻有佛罗伦萨的百合花和圣约翰的头像。在首次发行时，德意志金币被命名为金弗罗林。

然而，从第一天铸造货币开始，神圣罗马帝国境内不同政权或多或少改变了金币的类型、重量或贵金属的含量，这导致神圣罗马帝国的货币体系越来越混乱。1386年6月8日，为纠正混乱的货币体系，或者在一定程度上减少货币体系的混乱，在法兰克福、施派尔和沃尔姆斯三座城镇的带领下，莱茵河区域四大选帝侯国成立了货币联盟。科隆大主教弗里德里希·冯·萨尔韦登三世、特里尔大主教法尔肯施泰因的库诺二

法兰克福

铸有库诺二世的金币

世、美因茨大主教阿道夫和莱茵河的巴拉丁伯爵鲁珀特一世同意铸造标准相同的金币古尔登。根据货币联盟的协定,科隆铸造的货币为每科隆马克黄金铸造六十六枚古尔登,每枚古尔登包含二十二克拉六格令黄金和一克拉六格令的白银。1402年,美因茨的鲁珀特二世的铸币法令确定铸造金币古尔登的标准。

七年后的1409年,科隆大主教弗里德里希·冯·萨尔韦登三世、美因茨大主教约翰和特里尔大主教法尔肯施泰因的维尔纳三位在精神领域具有领导地位的选帝侯制定了与以往略有不同的新协定,目的是将每枚古尔登的黄金含量从二十二又二分之一克拉降低到二十二克拉。

1409年,新的货币兑换比率被施派尔、尼德兰和科隆正式接受。同一年,这一货币兑换比率被整个神圣罗马帝国广泛接受。

对铸造货币的标准,德意志各地诸侯进行了各种各样的修改。对此,本书不可能完全记录,在此仅作简要介绍。1419年,勃兰登堡选帝侯腓特烈一世下令铸造勃兰登堡古尔登。勃兰登堡古尔登按照每科隆马克黄金铸造六十六枚古尔登的标准进行铸造,每枚古尔登包含十九克拉黄金。因此,勃兰登堡古尔登的贵金属含量明显降低。三年后的1422

年，神圣罗马帝国皇帝西吉斯蒙德铸造货币时，标准为每马克黄金铸造六十六点五枚古尔登，一枚古尔登含黄金二十二克拉六格令。神圣罗马帝国皇帝西吉斯蒙德铸造的货币价值稍高于1409年为神圣罗马帝国普遍接受的价值。1428年到1429年，神圣罗马帝国皇帝西吉斯蒙德发布帝国法令，这项法令在1437年埃格尔和1438年纽伦堡召开的神圣罗马帝国议会正式通过。依据这项法令，每科隆马克的黄金被铸造成六十八枚古尔

神圣罗马帝国皇帝西吉斯蒙德

登，每古尔登的黄金含量被降到十九克拉。1442年，神圣罗马帝国皇帝腓特烈三世计划进一步改革，降低货币的含金量，建议每马克黄金铸造七十二枚货币，每枚货币含黄金十九克拉，但这项建议没有得到实施，原因可能是它夸大了货币的平均贬值程度，或者金属的增值程度。因此，西吉斯蒙德设定的货币金属含量标准实际上维持了六十年。

神圣罗马帝国皇帝腓特烈三世

然而，1495年到1497年，在沃尔姆斯召开的帝国议会上，货币的重量和金属纯度被小幅降低，每科隆马克的黄金铸造六十九又三分之一枚古尔登，一枚古尔登的含金量下降到十八克拉十格令。

因此，从总体来说，14世纪到15世纪，德意志金币价值的变动明显比较缓慢，甚至停滞下来。神圣罗马帝国内部各邦拥有多种多样种类的金币，这与英格兰的情况一致。因此，德意志和英格兰货币数量的均值恰好可以衡量这一时期黄金的自然增值或者说正常升值。①

1300年到1500年，白银价格的波动更剧烈，但白银价值的平均值或升值趋势与上面描述的黄金价值的趋势一致，也与英格兰的白银价值一致。在这一时期，德意志出现了各种面值的银币，使计算银币价值的平均值成为一项极端困难的工作。因此在附表中，在神圣罗马帝国流通领域广泛使用的格罗申银币被选作计算银币价值的平均值，这是计算银币价值平均数的最佳方法。格罗申银币的最初形式是在法兰西的图尔城铸造的图尔格罗斯币，每科隆马克白银被铸造成五十五又十分之一枚图尔格罗斯币，每枚图尔格罗斯币含银十五洛特六格令。1296年，图尔格罗斯币首次在德意志的波希米亚和迈森使用时，每科隆马克白银被铸造成六十三又二分之一枚图尔格罗斯币，每枚图尔格罗斯币的含银量降低到十五洛特。直到美洲被发现时，图尔格罗斯币衍生出多种货币。对此，附表和附录五中有详细的描述。对货币标准进行变革的主要时间点是1341年、1378年②、1390年、1412年和1444年③。

---

① 即当前金币中贵金属含量降低。——原注
② 1341年、1378年分别为神圣罗马帝国皇帝路易四世和查理四世尝试进行货币改革的时间。——原注
③ 1390年、1412年和1444年是萨克森公爵和迈森侯爵之间三次达成协议尝试进行货币改革的时间。——原注

### 1300年到1500年的德意志银币价值变化，用一格罗申的价值表示

| 时间（年） | 每科隆马克铸造的银币数 | 合金中银的含量 | | 等值（用20标准弗罗林来表示） | |
|---|---|---|---|---|---|
| | 银币数 | 洛特 | 格令 | 克罗伊茨 | 芬尼 |
| 1226（图尔格罗斯） | $55\frac{1}{10}$ | 15 | 6 | 21 | $\frac{216}{551}$ |
| 1296 | $63\frac{1}{2}$ | 15 | 0 | 17 | $2\frac{110}{127}$ |
| 1309 | $63\frac{1}{2}$ | 14 | 0 | 16 | $2\frac{18}{127}$ |
| 1324（迈森） | $64\frac{1}{2}$ | 15 | 0 | 17 | $1\frac{33}{48}$ |
| 1341 | 78 | 10 | 0 | 9 | $2\frac{6}{13}$ |
| 1350 | 91 | 14 | 0 | 11 | $2\frac{14}{91}$ |
| 1364 | $74\frac{1}{2}$ | 9 | 0 | 9 | $\frac{36}{149}$ |
| 1378 | 70 | 14 | 1 | 15 | $1\frac{1}{14}$ |
| 1380 | 72 | 13 | 0 | 13 | $2\frac{1}{6}$ |
| —（迈森） | 91 | 11 | 0 | 9 | $\frac{24}{91}$ |
| 1390 | 85 | 10 | 0 | 8 | $3\frac{5}{17}$ |
| —（迈森） | 90 | 9 | 0 | 7 | 2 |
| 1407 | $72\frac{40}{131}$ | 8 | 0 | 8 | $1\frac{57}{296}$ |

续 表

| | | | | | |
|---|---|---|---|---|---|
| 1412 | 82 | 4 | 0 | 3 | $2\frac{26}{41}$ |
| 1444 | 88 | 7 | 13 | 6 | $2\frac{43}{132}$ |
| — | 160 | 16 | 0 | 7 | 2 |
| 1459 | 101 | 5 | 9 | 4 | $\frac{34}{101}$ |
| 1470 | $100\frac{20}{307}$ | 5 | 0 | 3 | $2\frac{507}{512}$ |
| 1490 | 103 | 5 | 0 | 3 | $2\frac{58}{103}$ |

### 1300年到1500年的德意志金币价值变化,用一金古尔登(莱茵古尔登)的价值表示

| 时间（年） | 每科隆马克黄金铸造的金币数 | 合金中黄金的含量 | | 等值（用20弗罗林的铸造标准来表示） | | |
|---|---|---|---|---|---|---|
| | 金币数 | 克拉 | 格令 | 弗罗林 | 克罗伊茨 | 芬尼 |
| 1252（佛罗伦萨弗罗林） | $44\frac{3}{8}$ | 24 | 0 | 6 | 22 | $3\frac{405}{2911}$ |
| 1371 | 66 | 23 | 1 | 4 | 6 | $2\frac{434}{781}$ |
| 1386 | 66 | 22 | 6 | 4 | 1 | $1\frac{85}{781}$ |
| 1409 | 66 | 22 | 0 | 3 | 55 | $3\frac{517}{781}$ |
| 1419 | $64\frac{1}{2}$ | 19 | 0 | 3 | 28 | $1\frac{2851}{3053}$ |
| 1428 | 68 | 19 | 0 | 3 | 17 | $3\frac{18}{1207}$ |

续 表

| 1442 | 72 | 19 | 0 | 3 | 6 | $3\frac{14}{213}$ |
|---|---|---|---|---|---|---|
| 1477 | $69\frac{1}{3}$ | 18 | 10 | 3 | 3 | $2\frac{3104}{15194}$ |

## 第13节　法兰西的货币政策

与此同时，法兰西的白银与黄金的兑换比率以现代人看来不可思议的速度上涨。一个世纪内，这一比率猛涨了一百五十倍以上。以一个十年的时间为例：

| 1303 年 | 金银兑换比率为 | 1∶10.26 |
|---|---|---|
| 1305 年 | 金银兑换比率为 | 1∶15.90 |
| 1308 年 | 金银兑换比率为 | 1∶14.46 |
| 1310 年 | 金银兑换比率为 | 1∶15.64 |
| 1311 年 | 金银兑换比率为 | 1∶19.55 |
| 1313 年 | 金银兑换比率为 | 1∶14.37 |

研究早期法兰西金属货币面临极大的困难，主要是因为在铸币过程中，法兰西王国对金属货币的金属成分或含量随意做出较大改变。货币种类多种多样，并且铸造货币的金属或成分不断变化，使人们几乎不可能估算法兰西的货币价值与商品价格的波动关系，或者估算出黄金相对白银的价值。除了各国对贵金属的不断争夺，法兰西还因英格兰王国的入侵支离破碎。为筹集继续进行战争的资金，法兰西王国政府不得不屡次让货币贬值。货币贬值在1285年到1314年法兰西国王腓力四世统治时期及其后每一位国王统治时期持续发生。从腓力四世的统治时期到英

格兰侵略者最终被驱逐出法兰西时,法兰西的货币一直在贬值。譬如,1342年,在正常情况下,仅相当于四十一里弗尔十三索尔迪的一马克黄金的价值上涨到一百一十七里弗尔。然而,1360年,在正常情况下,相当于五里弗尔的一马克白银上涨到一百零二里弗尔。显然,试图确定金属价值及金银兑换比率时,我们必须忽略非正常的价值变动。金银兑换比率应该由金属和货币经历的历史时期自然形成。因此,如果消除由于政治事件造成的被迫或偶然的贬值,那么我们可以说,法兰西货币自然发展的历史同样体现了金属货币的升值倾向,法兰西金属货币升值的历史代表了其他欧洲国家的货币史。

### 1300年到1500年法兰西货币价值变动表

| 时间（年） | 每马克白银铸造的货币数 | | 每马克黄金铸造的货币数 | | |
|---|---|---|---|---|---|
| | 里弗尔（图尔铸造） | 索尔迪 | 里弗尔（图尔铸造） | 索尔迪 | 但尼尔 |
| 1309（腓力四世） | 2 | 19 | 44 | 0 | 0 |
| 1315 | 2 | 14 | 45 | 0 | 0 |
| 1343 | 3 | 4 | 43 | 6 | 8 |
| 1350 | 5 | 5 | 53 | 18 | 9 |
| 1361 | 5 | 0 | 60 | 0 | 0 |
| 1381 | 5 | 8 | 60 | 10 | 0 |
| 1422 | 7 | 0 | 76 | 5 | 0 |
| 1427 | 8 | 0 | 72 | 0 | 0 |
| 1429 | 7 | 0 | 77 | 10 | 0 |
| 1446 | 7 | 10 | 88 | 2 | 6 |
| 1456 | 8 | 10 | 100 | 0 | 0 |
| 1473 | 10 | 0 | 110 | 0 | 0 |
| 1475 | 10 | 0 | 118 | 10 | 0 |

在表格中，每一个时间点或日期标志着货币经历过一段时间的贬值后逐步恢复成强势货币的时间。在立法者心目中，货币能逐步恢复到强势货币，而这只能用人们基于接下来每个特定时间点对货币价值一般或正常兑换比率的估算解释。每当货币恢复到强势货币阶段时，如同法兰西国王路易九世在太平盛世时的做法一样，政府都会发布宣言，表达政府坚决维护强势货币的决心，并且规定货币铸造数量和用于流通的货币比例。因此，通过记录每一次货币回归到强势货币的时间点，我们可以消除政府在货币贬值周期中任意让货币贬值的行为的影响，并且得到金属价值自然变动的最终结果。

表中呈现的金属货币价值变动总体趋势一目了然。我们可以发现，法兰西金属货币变动的总体趋势与后面介绍的英格兰和德意志金属货币变动的总体趋势完全相似。由于国王任意贬值货币及大量独立的主教和附属封建领主私自铸造货币，在法兰西金属货币增值过程中，其产生的兑换比率问题无法像在英格兰那样得到很好的描述。但在众多问题中，有一点可以被简单指出。1294年，银币严重缺乏导致政府发布公告，要求民众将银块送到铸币厂，并且禁止贵金属的输出。由于这次公告没有起到期待的效果，1309年，政府进一步发布公告，禁止在法兰西流通英格兰银币和佛罗伦萨的金弗罗林，并且降低所有其他外国货币的兑换价值。类似的公告屡次发布，特别是在1328年。1344年，英格兰国王爱德华三世发行本国的金币后，法兰西民众对法兰西国家货币损耗的抱怨越来越严重。此后，法兰西货币产生双重摩擦：第一重摩擦为法兰西宣布的货币价值与法兰西货币在国外价值之间的差异引起的贸易摩擦；第二重摩擦为法兰西货币的金银兑换比率与其他国家的金银兑换比率不同产生的摩擦。

## 第14节　银价变动

1336年，法兰西瓦卢瓦王朝国王腓力六世规定金银兑换比率为1∶12，"使我们确定金银兑换比率的原因是，我们的人民在极度贫困和货币短

腓力六世

缺的情况下，可能可以更便捷地再次获得新的流通货币"。1339年，法兰西王国政府重新制定金银兑换比率，但事实证明，在改变市场兑换比率方面，强行确定金银兑换比率没有任何效果。1346年，腓力六世发现自己不得不默许市场上强劲货币带来的好处，并且暂时允许一枚法兰西皇家货币金王座在流通中相当于图尔铸造的三十索尔迪的价值。四年后的1350年，白银价格因一份公告改变。这份公告的内容是："由于长期将金银块交给铸币厂的兑换商，以及商人们已经不再将金银块交给铸币厂，并且每天都不向铸币厂提供金银，铸币厂的工作遇到了极大的阻碍。如果不采取补救办法，那么人们的利益会受到极大损害。因此，我们要求每马克白银运到铸币厂后,铸币厂除了按法律规定交付一百一十二索尔迪,还应该额外支付八索尔迪运费。"这份公告产生的直接后果是金币的囤积。因此,金币从市场上消失了。接下来的1351年,每马克黄金铸造的金币数量从五十枚变成五十四枚。

此时,法兰西不存在随意贬值货币的问题。法兰西王国政府仅仅试图保护本国货币不受市场兑换比率的影响,市场兑换比率的变化导致一种接一种货币退出流通,并且在法兰西流通的外国货币的价值明显与外国货币包含的贵金属的价值不成比例。1361年,铸币当局提供的证据表明,"人们滥用外国货币进行支付,支付了比外国货币实际价值更高的价格。譬如,譬如,佛兰德斯和布拉班特的莫顿币比法兰西的金法郎价值更高。然而,贵金属含量最高的一枚莫顿币的价值比一枚金法郎的价值低十八第纳尔。再如一种名为沙坦尔的银币,一枚沙坦尔的价值比一

法兰西的金法郎

法兰西国王查理五世

枚金法郎的价值低十六到十八第纳尔,一枚沙坦尔的实际价值不超过十第纳尔。1363年后,位于图尔的铸币厂宣布处于停滞状态,"由于外国商人的缘故,在很长一段时间内,人们已经习惯于为每马克黄金支付比法兰西王国采用每马克黄金铸造的货币更高的价格。"法兰西国王查理五世在其统治末期发现,法兰西充斥着从外国流进的低价值的劣币,本国良币已经被驱逐出法兰西的土地。1372年,法兰西国王查理五世寻求并得到了罗马教皇格里高利十一世的支持。教皇格里高利十一世开除伪造法兰西货币的法兰西周边国家君主的教籍,打击了法兰西邻国的政权。直到1391年,法兰西王国政府才采取适当的防范措施来改变金银兑换比率。此时,法兰西周边国家铸币

法兰西国王查理六世

厂铸造货币的金属比率已经发生变化。因此,法兰西王国政府采取的防范措施部分失效。由于极度缺乏小银币,1393年4月2日,法兰西国王查理六世宣布鼓励铸造小但尼尔。然而,1395年和1396年,抱怨货币损耗严重的声音再次出现。但九年后的1405年,法兰西国王查理六世发表的反对苏格兰、纳瓦拉、莱茵和尼德兰等地货币的宣言证实,抱怨似乎毫无用处,"在我们的王国中,流通的外国货币的价值超过了外国货币的实际价值,意味着我们的货币在与外国货币的竞争中已经处于劣势并遭到驱逐。我们铸造的金银货币埃居和但尼尔的价值已经严重下降"。

## 第15节　1420年法兰西议会的行动

1420年，法兰西议会在巴黎召开。法兰西货币贬值成为本次议会的主要关注事项，并且成为议会议题。1421年，根据议会建议，法兰西王国政府发布公告，确定铸币标准。铸币标准为每马克黄金铸造六十六金埃居，每马克白银铸造八十六又四分之一格罗斯银币，"据我们所知，过去一段时间里，我们国家的货币不断退出国内流通市场，缺少竞争力。这意味着原来大量存在的金币和银币大部分离开了法兰西，并且被运送到其他国家。法兰西王国与陌生人的贸易几乎停止了，生活中所有必需品都处在一个很高的价格水平"。1421年改革的结果是在法兰西国王查理七世随后的统治时期内才显现的，白银从其他地区被大量运送到

法兰西国王查理七世

法兰西。1436年,虽然法兰西再次出现抱怨之声,运输到法兰西的白银并没有被铸造成货币,银币也不能满足公众的需要,但此时,法兰西王国储备了充足的白银。此时,贵金属损耗严重的抱怨声已经停止。直到二十年后的1456年,法兰西王国政府才再次谴责外国货币,并且采取措施禁止外国货币流通。

法兰西货币史中混乱时期的终结应归功于驱逐英格兰侵略者,但毫无疑问,更简单自然的法则发挥了作用。法兰西国王路易十一统治时期开始时,货币价值变动的自然规则发挥了更重要的作用。相对于纯粹任意贬值造成的影响,分析自然规则对法兰西金属货币的影响显得更加容易。

法兰西国王路易十一

1461年，法兰西国王路易十一正式即位，此后法兰西货币史与尼德兰货币史有很多相似之处①。1470年，法兰西国王路易十一发现，通过正常的市场行为，外国货币的市场价值获得人们的认可，并且高于国内货币的价值。为调节货币兑换比率，法兰西王国发布了外国货币费率表，并且设置了三个月的过渡期。在过渡期内，外国货币在价值方面的优势得到法兰西政府的默认。过渡期结束后，外国货币显然不可能获得永久性费率减免。1473年1月4日，为防止货币外流，法兰西王国政府必须提升本国金银货币的价值②。虽然这样，法兰西货币外流的状况仍在持续。1475年，法兰西王国政府采取强化措施，进一步调整货币价值以阻止金币外流。十三年后的1488年4月24日，法兰西国王查理八世宣布对银币采取类似防范措施。

法兰西国王查理八世

① 见本书第二章。——原注
② 参见本书附录六"法兰西的货币体系"。——原注

在法兰西货币史第一阶段，法兰西国王查理八世采取的措施是法兰西政府最后一次采取防范性措施。在新大陆被发现及贵金属价值发生重大变动之前，法兰西没有留下更多防止货币外流措施的记录。

1300年到1500年欧洲金银兑换比率

| 时间(年) | 意大利 | | | 法兰西 | 英格兰 | 德意志 | | 西班牙 | 勃艮第 |
|---|---|---|---|---|---|---|---|---|---|
| | 佛罗伦萨 | 威尼斯 | 米兰 | | | A | B | | |
| 1252 | 10.75 | .. | .. | .. | .. | .. | .. | .. | .. |
| 1257 | .. | .. | .. | .. | 9.29 | .. | .. | .. | .. |
| 1284 | .. | 10.84 | .. | .. | .. | .. | .. | .. | .. |
| 1296 | 11.10 | .. | .. | .. | .. | .. | .. | .. | .. |
| 1303 | .. | .. | .. | .. | .. | .. | .. | .. | 12.1 |
| 1305 | 10.88 | .. | .. | .. | .. | .. | .. | .. | .. |
| 1308 | .. | .. | .. | .. | .. | .. | .. | .. | .. |
| 1315 | .. | .. | .. | .. | .. | .. | .. | .. | .. |
| 1324 | 13.62 | 13.99 | .. | .. | .. | .. | .. | .. | .. |
| 1338 | .. | .. | .. | 12.61 | .. | .. | .. | .. | .. |
| 1343 | .. | .. | .. | .. | .. | .. | .. | .. | .. |
| 1344 | .. | .. | .. | .. | 12.59 | .. | .. | .. | .. |
| 1344 | .. | .. | .. | .. | 11.04 | .. | .. | .. | .. |
| 1345 | 11.04 | .. | .. | .. | .. | .. | .. | .. | .. |
| 1346 | .. | .. | .. | 11.11 | 11.57 | 11.33 | .. | .. | .. |
| 1347 | 10.91 | .. | .. | .. | .. | .. | .. | .. | .. |
| 1348 | .. | .. | .. | .. | .. | .. | .. | .. | 12.1 |
| 1350 | .. | 14.44 | 10.59 | .. | .. | .. | .. | .. | .. |
| 1351 | .. | .. | .. | .. | .. | 12.3 吕贝克 | .. | .. | .. |
| 1353 | .. | .. | .. | .. | 11.15 | .. | .. | .. | .. |
| 1361 | .. | .. | .. | 12.0 | .. | .. | .. | .. | .. |

续 表

| | | | | | | | | |
|---|---|---|---|---|---|---|---|---|
| 1365 | .. | .. | .. | .. | .. | 11.37 | .. | .. | .. |
| 1375 | 10.77 | .. | .. | .. | .. | .. | 12.4 吕贝克 | .. | .. |
| 1379 | .. | 13.17 | .. | .. | .. | .. | .. | .. | .. |
| 1380 | .. | .. | .. | .. | .. | .. | .. | .. | .. |
| 1386 | .. | .. | .. | .. | .. | .. | 10.76 莱茵省 | .. | .. |
| 1391 | .. | .. | .. | 10.74 | .. | .. | .. | .. | .. |
| 1399 | .. | 11.69 | .. | .. | .. | .. | 11.16 | .. | .. |
| 1400 | .. | .. | 11.63 | .. | .. | .. | .. | .. | .. |
| 1402 | 10.58 | .. | .. | .. | .. | .. | .. | .. | .. |
| 1406 | .. | .. | .. | .. | .. | .. | 10.66 莱茵省 | .. | .. |
| 1411 | .. | .. | .. | .. | .. | .. | 12.0 吕贝克 | .. | .. |
| 1412 | .. | .. | .. | .. | 10.33 | .. | .. | .. | .. |
| 1417 | .. | 12.56 | .. | 10.67 | .. | .. | .. | .. | .. |
| 1421 | .. | .. | .. | 10.29 | .. | .. | .. | .. | .. |
| 1422 | 10.16 | .. | .. | .. | .. | .. | .. | .. | .. |
| 1427 | .. | .. | .. | 9.00 | .. | .. | .. | .. | .. |
| 1429 | .. | 11.04 | .. | .. | .. | .. | .. | .. | .. |
| 1432 | .. | .. | .. | 10.87 | .. | .. | .. | 5.822 | .. |
| 1435 | .. | .. | .. | 12.32 | .. | .. | .. | .. | .. |
| 1441 | .. | .. | .. | .. | .. | 11.12 | .. | .. | .. |
| 1443 | .. | 12.1 | .. | .. | .. | .. | .. | .. | .. |
| 1446 | .. | .. | .. | .. | .. | .. | .. | .. | .. |
| 1447 | .. | .. | .. | 11.44 | .. | .. | .. | .. | .. |
| 1450 | .. | .. | 10.965 | .. | .. | .. | .. | .. | .. |
| 1455 | .. | .. | .. | .. | .. | .. | 12.2 吕贝克 | .. | .. |

续 表

| 年份 | | | | | | | | | |
|---|---|---|---|---|---|---|---|---|---|
| 1456 | .. | .. | .. | 11.77 | .. | .. | .. | .. | .. |
| 1460 | 9.33 | .. | .. | .. | .. | .. | .. | .. | .. |
| 1462 | 9.37 | .. | .. | .. | .. | .. | .. | .. | .. |
| 1464 | 11.42 | .. | .. | .. | 11.15 | .. | .. | 9.824 | .. |
| 1471 | 10.58 | .. | .. | .. | .. | .. | .. | .. | .. |
| 1472 | .. | 11.13 | .. | .. | .. | .. | .. | .. | .. |
| 1474 | .. | 10.97 | .. | 11.00 | .. | .. | .. | .. | .. |
| 1475 | .. | .. | .. | .. | .. | .. | .. | 10.41 | .. |
| 1480 | 10.83 | .. | .. | .. | .. | .. | .. | 10.87 | .. |
| 1485 | 10.46 | .. | .. | .. | .. | .. | .. | .. | .. |
| 1486 | .. | .. | .. | .. | .. | .. | .. | 10.98 | .. |
| 1488 | .. | .. | .. | 11.83 | .. | .. | .. | .. | .. |
| 1495 | 10.46 | .. | .. | .. | .. | .. | .. | .. | .. |
| 1497 | .. | .. | .. | .. | .. | .. | .. | 10.01 | .. |
| 1500 | .. | .. | 10.975 | .. | .. | .. | .. | .. | .. |
| 1506 | .. | .. | .. | .. | .. | .. | .. | 10.262 | .. |

德意志-A，由吕贝克铸币厂购买两种金属的购买价格确定。

德意志-B，由铸币法令确定。

### 第16节 英格兰：1344年铸币

实际上，由于在与佛兰德斯的贸易中引进弗罗林，英格兰国王爱德华三世采用金币之前，英格兰已经感受到货币兑换带来损失造成的影响。1339年，在威斯敏斯特的议会上，有议员抱怨缺少货币。于是，两项避免货币兑换损失的补救措施被提了出来：第一项补救措施是每位商人每麻袋羊毛应该赚到四十先令或更多。第二项补救措施是国王和国王的议会应该考虑，允许法兰西金币埃居、佛罗伦萨金币弗罗林及其他优质金币和银便士等银币共同流通是否对英格兰有利,"但只规定银币价值在四十先令以下"。1343年前,不到四年的时间里,良币流出英格兰王国,劣币流入英格兰的速度很快。对此,英格兰王国议会深感不安。在1343年的威斯敏斯特议会上,关于货币问题争论结果的表述如下,"由于从佛兰德斯进口商品需要采用相对英格兰货币来说价值很高的弗罗林支付,因此在支付时,从佛兰德斯进口的所有商品产生了三分之一的损失,英格兰王国所有订单长期处于亏损状态"。因此,伦敦的部分金匠被召集起来,提炼每种金币包含的黄金,以便根据金币的真实价值估算纯金的价格。如果弗拉芒人①愿意,那么应该建议铸造一种用于在英格兰和佛兰德斯两地流通的纯金货币,两地流通的纯金货币的价值应该由国王和议会决定,其他所有

舞会上的弗拉芒人

---

① 佛兰德斯当地居民被称作弗拉芒人。——原注

由黄金铸造的货币的价值应该按黄金价格计算，并且所有白银铸造的货币的价值也要按黄金的价格来估算①。

最终，英格兰首次正式发行金币。1344年，一方面，为铸造三种金币，英格兰国王爱德华三世与佛罗伦萨的乔治·柯金和洛特·尼科林、金匠与工人签订契约，开始铸造金币。另一方面，爱德华三世铸造的三种金币中，其中一种金币在流通中价值相当于六先令，重量与佛罗伦萨的两枚小弗罗林相同。伦敦塔每铸造五十枚这种金币，需要使用一磅黄金。

在铸造金币的契约中，英格兰国王爱德华三世沿袭了在法兰西普遍认可的金银兑换比率，即白银和黄金的兑换比率为12.61：1。显然，这

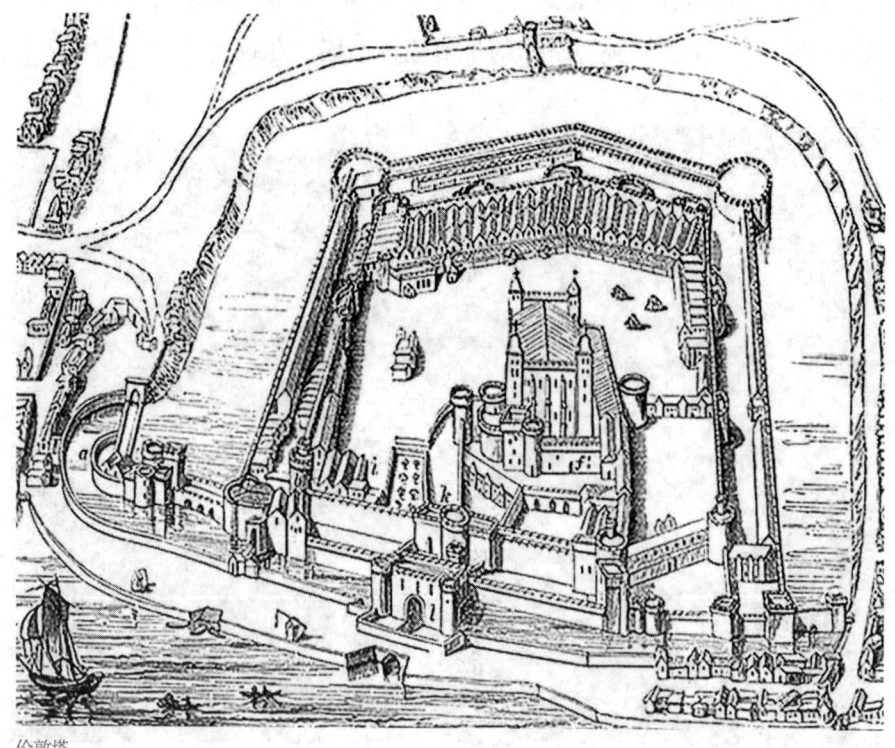

伦敦塔

① 除流通于佛兰德斯和英格兰的纯金货币外，其他货币价格均按照纯金价格估算。——原注

一金银兑换比率太高，爱德华三世很快体会到法兰西国王的感受。1327年到1350年，英格兰国王爱德华三世执政期间，法兰西瓦卢瓦王朝国王腓力六世铸造了比以往所有前任国王铸造货币种类加起来还多的新货币品种，但由于金银兑换比率过高，法兰西逐渐耗尽了良币。为诱使人们将金条带到铸币厂，法兰西国王腓力六世为带来金条的人免费铸造货币，但免费铸造货币的措施没有起到任何作用。直到法兰西国王腓力六世效仿英格兰，改变金银兑换比率，法兰西良币损耗的状况才得到改善。

英格兰人很快掌握了同样的事实。英格兰人发现，新金币估值过高。譬如，由于与白银价格比较估值过高，人们抵制使用新金币。因此，1344年7月9日，英格兰收回新金币，要求新金币只能作为纯金使用，并且为即将铸造的金币贵族币做出新规定。每磅黄金铸造三十九又二分之一枚贵族币，一枚贵族币的价值相当于六先令八便士。英格兰王国政府发布公告，使贵族币立即与银币共同流通，成为可支付货币。与此同时，人们直接采用黄金支付需要征收二十先令或更高的费用。

## 第17节　贵族币的铸造

通过英格兰王国政府的公告，在英格兰，白银与黄金的兑换比率从12.59∶1立刻下降到11.04∶1。政府试图通过公告确定货币兑换比率，这是法兰西王国、西班牙及英格兰王国为货币立法的共同特征。从确定货币兑换比率开始，在货币史上每个时期，我们可以明显感觉到，政府采取措施确定货币兑换比率是十分必要的。目前，我们只能隐约猜测到，确定货币兑换比率的过程必然带来冲突，但这是次要的。关键是，货币兑换比率出现变化是正常现象，并且是不可避免的，完全是政府迫于人们的需要做出的决定。在铸币问题上，英格兰政府也是这样的思路，一直是极度保守主义者。

### 1300年到1350年英格兰的金银货币变化表

| 银币 | | 金币 | | | | | |
|---|---|---|---|---|---|---|---|
| 时间（年） | 采用金衡格令衡量的银便士的重量 | 时间（年） | 货币 | 用格令衡量的重量 | 发行时官方宣布的价值 | | 以便士计算的一金衡格令黄金的价格 |
| | | | | | 先令 | 便士 | |
| 1300 | 22 | 1344年 | 弗罗林 | 108 | 6 | 0 | 0.6666 |
| 1344 | $20\frac{1}{4}$ | 1344年 | 贵族币 | $138\frac{6}{13}$ | 6 | 8 | 0.5777 |
| 1346 | 20 | 1346年 | … | $128\frac{4}{7}$ | 6 | 8 | 0.6222 |
| 1351 | 18 | 1353年 | … | 120 | 6 | 8 | 0.6666 |
| 1412 | 15 | 1414年 | … | 108 | 6 | 8 | 0.7407 |
| 1464 | 12 | 1460年 | … | 120 | 8 | 4 | 0.7500 |
| | | 1470年 | 天使币 | 80 | 6 | 8 | 1.0000 |

爱德华三世第一次发行金币时，每金衡格令黄金的价格为零点六七便士。按照这一价值，金币因估价过高而遭到英格兰民众的抵制。1344年，爱德华三世第二次发行金币时，每金衡格令黄金的价格降到零点五八便士。逐渐地，欧洲大陆的金银兑换比率发生了变化，并且开始对英格兰王国金银兑换比率产生影响。人们反过来发现，英格兰王国的黄金价值被低估了。仅仅两年后的1346年，每金衡格令黄金的价格上涨到零点六二便士，白银兑换黄金比率变成11.57∶1。对货币短缺的大声抱怨导致黄金价值变化，良币不断流出，每磅黄金打造出来的仅值八先令的卢森堡公国劣币卢森堡币流入英格兰王国。人们表达了强烈的不满，以至于英格兰议会请求英格兰国王爱德华三世紧急干预货币兑换比率。英格兰议会以伦巴第人为例，"伦巴第人以低于国家规定的价格购买英格兰的弗罗林金币"，并且请求"以低价购买英格兰弗罗林金币的人不

应该被允许买卖英格兰金币,也不应该与其签订任何合约。销售商品时,人们如果拒绝接受英格兰的货币,会收到什么货币呢?"答案是,根据与货币有关的规定,在没有任何协议的情况下,英格兰政府要求所有人在销售商品时收取金币,违反者处以监禁,并且在支付巨额赎金后才能获释。买卖双方达成协议时,应该根据买方的意愿支付金币或银币,在卖方认为合适的价格情况下完成交易。与此同时,英格兰王国颁布法令,禁止任何人将英格兰王国的良币带出英格兰或将劣币带入英格兰。

1344年,在英格兰,白银兑换黄金比率与法兰西的兑换比率相同,为12.59∶1。1346年,英格兰的白银与黄金的兑换比率变为11.04∶1。英格兰国王爱德华三世统治时期,英格兰金银兑换比率的变化立即影响到法兰西的货币。1350年到1364年在位的法兰西国王约翰二世在其即位第一

法兰西国王约翰二世

年，法兰西王国政府第一次恢复使用良币，白银与黄金的兑换比率从12.61∶1立即变为11.11∶1。法兰西金银兑换比率的变化反过来影响到英格兰贵金属价格。直到爱德华三世意识到金币估值过高导致白银外流时，他才发现，1350年到1353年三年间，自己通过对商人采取惩罚措施和吸引措施阻止银币外流的努力是徒劳无用的。因此，1353年，英格兰国王爱德华三世将每枚贵族币包含的黄金重量从一百二十八又七分之四金衡格令降到一百二十金衡格令。与此同时，银便士含银量大幅度降低，其含银量从二十金衡格令降到十八金衡格令。英格兰王国政府通过调整货币中贵金属的含量，使白银与黄金的兑换比率从1346年以来普遍认可的11.04∶1变为11.15∶1。

在英格兰，调整后的金银兑换比率达到阻止银币外流的目的。这从简单的历史事实可以得到证明，1414年前，调整后的金银兑换比率没有发生变化，并且这一比率维持了六十年以上。但从法兰西王国政府第一次恢复良币以来，从法兰西金银兑换比率的变化可以明显看出，调整后的英格兰金银兑换比率对法兰西产生了不利影响，甚至耗尽了法兰西的黄金。在法兰西国王约翰二世的统治时期，法兰西经历了两次货币贬值周期。1360年，受两次货币贬值及英格兰金银兑换比率的影响，法兰西王国不再拥有金币。1360年即将结束时，即1361年年初，法兰西国王约翰二世发布货币改革方案，宣布恢复良币或"强势"货币。在改革中，法兰西国王约翰二世根据英格兰的贵金属储备量确定了法兰西的金银兑换比率。

1353年，英格兰国王爱德华三世降低了英格兰金币和银币的贵金属含量，并且改变了金银兑换比率。当时，这项措施引发极大的不满。在一定程度上，这证明英格兰国王爱德华三世在考虑国家利益时，比普通民众更明智和正确。《纪事报》在报道中写道，货币价值降低使所有商品都变得昂贵，使工人和仆人开始承担更高的物价，并且要求获得更高的工资。

《纪事报》的暗讽没有任何依据,正如有的观点指出的,货币贬值是基础货币问题。调整货币中贵金属含量只不过是一项预防措施,以此阻止货币以无形、隐藏的方式外流。

## 第18节 1360年英格兰和法兰西的货币政策

从历史角度看,上述结果只能归咎于当时的欧洲货币体系。当时,欧洲的货币体系十分粗糙且不科学。除了让货币随意贬值,法兰西王国政府甚至通过巧妙设计诱导黄金流动的方法,改变金银兑换比率。相互对峙国家的货币兑换费用很不精确。此时,货币种类很多。只根据经验或粗略的平均数,人们根本不可能编制出当时货币价值通用表格,也不可能给出各种欧洲货币之间稳定的兑换比率。如果英格兰的货币体系只有单一的银币,那么,通过法令降低单位货币的金属含量或提高单一货币的面值,英格兰王国可以阻止英格兰货币因与外币价值相比被低估而造成的货币外流。如果英格兰只有金币,那么英格兰王国政府可以采取相同措施阻止货币外流。然而,金币和银币共同流通是必要的。在货币外流的情况下,英格兰王国不能只依靠将其中一种或两种货币的价值都降低到外国金币或银币的价值以下。与此同时,英格兰王国政府需设定两种金属在国内流通中的兑换比率。实际上,英格兰国内的金属兑换比率不会给熟悉欧洲大陆某些特定地区不同兑换比率的货币交换商带来任何利益。其他欧洲国家的货币体系也是如此。譬如,如果英格兰银币价值下降到需要英格兰政府采取措施禁止银币输出到欧洲大陆其他地区时,那么银币与贵族币仍然会一直保持12∶1的兑换比率,远远超过欧洲部分地区11∶1的兑换比率。与此同时,由于银币数量下降,与欧洲其他地区银币相比,英格兰银币的兑换费用仍然明显偏高。因此,银无疑仍会从英格兰流出。这是当时欧洲货币复本位制独有的、不可否认的缺陷和不足。我们必须牢记，当时欧洲货币的问题与现在困扰货币领域的问题完全不同。现今，贵金属流通是自然发生的，是国际贸易的指标、推动者和安全阀。14世纪时，贵金属自然流动的观点完全不可能出现。14世纪的统治者只有一个想法，即保持或增加国家的财富。他们这样做首先是为了军事目的，然后是为了贸易。14世纪欧洲统治者的见识受到各自统治的小规模领土的边界限制。14世纪时的统治者无法理解将整个欧洲货币体系视作一个完整的货币体系的观点，每位君主都为自己的世界或土地而战。在货币体系混乱时期，每位君主都找到现成的"武器"。14世纪，在欧洲任何一个十分粗糙和不统一的货币体系中，一种金属货币价值的任何变化都被视为对抗另一种金属的有用优势，作为强迫挤压另一种金属的手段。只要没有被允许不公平地贬值，一种金属就是可靠的。两种金属仅仅作为相互波动的支点，用来抵消两者价值波动产生的影响。中世纪的立法者无法理解当时发生的一系列事件的本质，包括货币面额的变化及货币兑换比率的变化。英格兰国王爱德华三世将英格兰货币贬低到低于竞争对手的面值后，不到三十年时间，欧洲货币兑换比率的变化对英格兰产生了影响，英格兰国王理查二世发现，英格兰的财富和货币被洗劫一空。

## 第19节 1378年的英格兰

1360年起，欧洲大陆的白银兑换黄金比率从12∶1逐渐下降。1425年前，在法兰西，白银与黄金的兑换比率低到9∶1。

法兰西金银货币兑换比率的变化完全是一个自发变化的过程。简单的原因是，1360年到1425年，法兰西的白银产量相对减少。白银与黄金的兑换比率从1360年的12∶1变为1380年的10.74∶1。1422年，这一兑换比率变为10.29∶1。

英格兰国王理查二世

此时,英格兰几乎同时爆发了一连串事件。1378年,英格兰民众对当地金币和银币的流出及国家存留的疲软货币表达了强烈的不满,"因此,如果补救措施没有迅速实施,那么每造一枚金币,国王的收益将不超过四先令。然而,国王本应该得到五先令"。

## 第20节　1381年的货币调查

三年后的1381年,法兰西国王将白银与黄金的兑换比率从12.1∶1降到10.74∶1。1381年法兰西议会会议期间,下议院向法兰西国王提交请愿书,抱怨法兰西缺乏财富,不能满足国内贸易的需要。法兰西的金币和银币被带到境外,剩下货币的真实价值只有票面价值的二分之一。法兰西的铸币厂没有铸造货币，法兰西需要的金属正大量流入苏格兰和爱尔兰。与此同时，英格兰铸币厂的官员在议会上向国王和议员们提交请愿书，抱怨没有英格兰王国铸造的货币。对此，铸币厂的官员们认为原因是：

（一）英格兰王国国外的金银货币比英格兰的货币更疲软，其主要原因是商人不能为了自身利益或国王的利益将金银带到英格兰。然而，如果要将黄金带回英格兰，那么只能通过个人旅行的方式。随后，带进英格兰的黄金会被卖给将黄金从英格兰转移出去的人。这为转移黄金的人带来了巨大利益，却损害了整个国家的利益。

（二）由于苏格兰银币重量很轻，因此，当人们发现英格兰银币成色好且重量足时，他们会将英格兰银币带到苏格兰。

（三）由于英格兰金币成色好且重量足，国外金币很轻，加来铸造的贵族币被带到佛兰德斯，英格兰贵族币被带到国外，输出金币的人获得巨额利润。

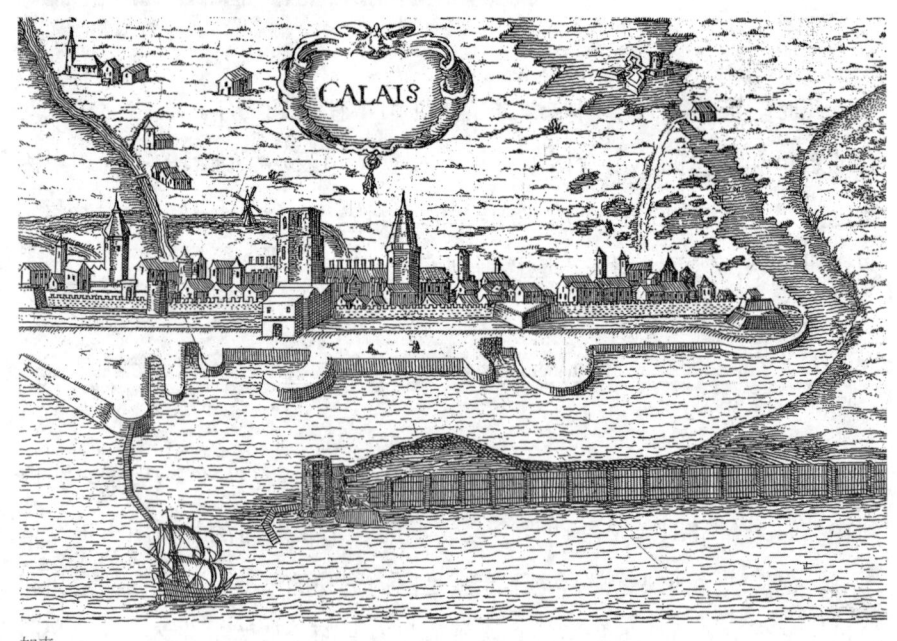

加来

（四）英格兰金币和银币的贵金属含量普遍被降低。除非英格兰快速采取补救措施，金币或银币中贵金属的重量本应该有一百马克，但实际没有超过九十马克。

因此，铸币厂的官员被召集到上议院接受审查，他们原来的职位由其他人接替。接替铸币厂官员职位的人大部分是普通金匠，这些金匠被称为专家。继任者陈述的多种铸币意见都被保存在议会记录中，代表了普通人的特殊利益。

以上是理查德·莱耶认为金币和银币没有被带到英格兰的原因。但事实上，英格兰王国的商品主要用于出口。在出口日常杂货、丝织品、毛皮等商品方面，英格兰王国花费太多。因此，理查德·莱耶提出，每个从国外进口商品到英格兰的商人都应该出口同等数量的英格兰产品，并且每位商人都不应该违背法令，带出金币或银币。

至于调查的第四条，即金银货币的重量不一致的问题，理查德·莱耶认为除非改变货币，否则无法补救。然而，以任何方式改变货币都会对上议院和下议院代表的利益群体产生损害。

对于调查的第五条，理查德·莱耶建议，鉴于佛兰德斯和苏格兰已经铸造了新货币，英格兰王国政府应当通过法令宣布，佛兰德斯、苏格兰及其他地区所有形式的货币都不应继续在英格兰流通。除了国王的铸币厂为了铸币使用的金块，任何人都不应该接收采用外国货币支付的款项。

金匠林肯也提出同样的观点，他反对输出金币和银币，并且建议每枚贵族币保持与原来相同的重量，但应有更高的价值。

对于调查的第一条，克莱恩说，英格兰消费外国商品的价值不会高于英格兰增长的出口商品的价值。无论货币升值还是贬值，货币都会留在英格兰境内。此外，购买任何英格兰商品的支付款项不应在佛兰德斯或国外其他地方兑换或者采用信用凭证支付。

约翰·胡建议发布法令，反对使用金币或银币，并按重量接收货币。

后来，人们陈述的观点十分宝贵且很有趣。理查德·艾尔斯伯里认为，只要对英格兰出口的商品进行适当管制，即允许进口的外国商品的价值不大于本国出口商品的价值，英格兰的货币就会留在国内，并且还会吸引大量外国货币。

此外，理查德·艾尔斯伯里认为，作为权宜之计，每户每年一便士的税金不应向教皇上缴，而应向英格兰政府上缴。教皇收取的不应该是货币，而是商品，并且应该完全禁止个人在不同国家携带金银展开交易。违反者将遭受处罚……

对于黄金含量减少引发的金币疲软，理查德·艾尔斯伯里认为，除了由接收金币者按金币中黄金的重量确定金币的价值，并且根据人们认可的金币价值发布相应公告外，没有其他补救办法。

理查德·艾尔斯伯里还认为，除非改变货币，否则金币和银币不可能形成稳定的兑换比率，但他又不敢提出改变货币的建议，因为改变货币可能带来其他损害。

由于佛兰德斯和苏格兰当局发行了新货币，理查德·艾尔斯伯里建议，英格兰王国政府应当通过法令禁止苏格兰及其他外国货币在英格兰流通。因此，英格兰应该不存在外国货币。除了依据金银价值为国王铸币使用，在支付中，所有人都不应该接受外国货币。根据当时的法规，任何人都不能输出黄金或白银。

通过收集到的相关资料，理查德·艾尔斯伯里进一步建议，被铸造成四十五枚贵族币的一磅黄金①，应该被铸造成四十八枚贵族币，并且在流通中，每枚新铸造的贵族币与以前的每枚贵族币价值相同。

理查德·艾尔斯伯里的最后建议是降低英格兰白银与黄金的兑换比率。他建议兑换比率降到略高于11∶1，这比法兰西普遍认可的兑换比率

---

① 因在铸币过程中裁剪和损耗的缘故，一磅黄金被估值为四十五枚贵族币。——原注

萨福克伯爵迈克尔·德·拉·波尔的盾形纹章

要高。然而,英格兰国王理查二世的政府并没有采取与事实证据相符的措施,也没有改变兑换比率,他的政府满足于采取无用的禁止输出黄金或白银的措施。四年后的1385年,货币问题再次成为议会关注的重点,甚至英格兰大法官萨福克伯爵迈克尔·德·拉·波尔在议会开幕致辞中也提到货币问题。萨福克伯爵迈克尔·德·拉·波尔说,英格兰的货币在其他地区比在英格兰更受重视,估值更高。因此,人们想方设法输出货币。最主要或最有效的补救措施是提高英格兰货币的估值或价值。

然而,这些建议没有被作为补救措施采纳,英格兰国王理查二世依然采用以前的权宜之计。1387年,理查二世通过法令贬低了苏格兰货币的价值。1393年,理查二世通过法令贬低了佛兰德斯和布拉班特金币的价值,并且制定法令规定,每出售一袋毛织品,货物出口商应该带回一盎司黄金。

英格兰国王亨利四世加冕

在15世纪的英格兰,类似法令很常见,并且频繁发布,但这些法令与国际贸易最基本的原则相背离。因此,这些法令并不可行。

当英格兰国王亨利四世登基时,他发现由于理查二世的失策和缺乏实施新的货币政策的勇气,自己不幸继承了累积多年的货币问题。

## 第21节　1414年的货币重铸

英格兰国王亨利四世富有责任感。根据加来主要产品供应商和市长们的要求,他取消了刚刚提到的不切实际的法令,并且试图重新发布公告,通过阻止来自威尼斯的半便士银币流通以实施积极的补救措施。当时,三四枚威尼斯半便士银币的价值才相当于英格兰一枚标准纯度银币的价值。1401年,下议院议员在议会抱怨,佛兰德斯贵族币在英格兰很常见,导致一个人如果不携带三到四枚佛兰德斯贵族币,就无法获得一百先令。实际上,每枚佛兰德斯贵族币的价值比每枚英格兰贵族币的价值低两便士。

于是,英格兰政府通过一项法令,规定佛兰德斯、苏格兰及其他地区所有金币和银币都应该从英格兰消失,或者换成金条或银条。

然而,这项法令没有产生效果。两年后的1403年,下议院再次抱怨黄金损耗严重,英格兰议会不得不通过一项法令。英格兰政府每年都在

英格兰国王亨利四世统治时期的银币

重复无效地禁止其他地区货币流通的法令。直到1411年，英格兰政府才直接面对重新铸币的问题。货币重铸是"由于当时货币严重短缺"，根据王国货币的法令和规则，铸币厂铸币工匠应该将每磅黄金铸造成五十贵族币，原来铸造成标准银币的一磅白银被铸造成三十先令。

1414年，亨利五世即位第二年，英格兰政府实施并完成货币重铸。货币重铸后，英格兰的一枚银币包含的白银重量从十八格令降到十五格令，每枚贵族币包含的黄金重量从一百二十格令降到一百零八格令。随后，白银与黄金的兑换比率从1353年起英格兰政府维持的兑换比率10.33∶1变为11.15∶1。

英格兰国王亨利五世

英格兰国王亨利五世统治时期的银币

按照11.15∶1的兑换比率,英格兰的货币体系一直维持到1460年,维持了近五十年。虽然兑换比率维持了很长时间,但我们绝不可以认为,接下来的时期是一段平静时期。英格兰完成货币改革后八年内,法兰西的白银与黄金的兑换比率下降到略低于英格兰政府规定的兑换比率水平。1414年到1460年,法兰西白银与黄金的兑换比率保持在较低的水平,但各年度兑换比率有较大差异。法兰西白银与黄金的兑换比率,1421年为10.29∶1,1427年为9∶1,1432年为10.87∶1,1447年为11.44∶1。

英格兰议会有关英格兰议员抱怨的记录显示了兑换比率对英格兰的影响,这种情形与英格兰国王理查二世时代基本相同。1414年,威尼斯商人抱怨加利半便士的流通。三年后的1417年,英格兰政府宣布禁止比英格兰贵族币价值低的佛兰德斯金币勃艮第贵族币在英格兰流通。1419年,英格兰发现,货币流出"比以前规模更大,并且比过去的方式更多，对整个国家造成巨大灾难并导致贫困"。1420年，在下议院的请愿下，英格兰政府颁布常规法令，要求将外国金币视为金块。两年后的1422年，英格兰货币再次明显贬值，变得疲软，以至于当年议会指示接受补贴的收款人按票面价值六先令八便士接受一贵族币，"如果按重量计算，接受的一贵族币价值相当于五先令八便士"。与此同时，银币极度稀缺，"即使贵族币包含的黄金质量好，重量充足，一贵族币价值六先令八便士，但人们依然没有可以用来兑换贵族币的银币"。1423年，下议院抱怨，国家需要银币，"银币的缺乏让英格兰土地上的穷人深感不安和痛苦"，因为根据已经颁布的法令，没有铸造成货币的白银以每磅三十二先令的价格买卖。然而，每磅白银铸成货币后，价值不到三十二先令。在铸币过程中，每磅白银贬值了十二便士。

## 第22节　英格兰国王亨利六世的货币困境

从1429年法令的第二十四条可以清楚看出，"最近，外国商人开始拒绝接受银币。在商品交易中，外国商人习惯于只接受贵族币、半贵族币和法新。另外，外国商人还不时将英格兰货币从英格兰带到其他地区。在其他地区，由于价值增加，英格兰货币又被铸成其他货币。通过将贵族币带到其他地区铸成其他货币，商人可以从每一枚贵族币中赚取二十便士。外国商人的行为违反了法规，损害了英格兰国王和英格兰王国的利益"。因此，英格兰国王亨利六世愿意采取补救措施，规定只要支付的银币价值与金币价值相同，任何外国商人都不得通过契约强迫或约束亨利六世的臣民们使用金币偿付欠下的任何形式的债务，或者拒绝接受任何以银币为偿付形式的税收或债务。

1439年，英格兰国王亨利六世颁布一项规定，再次禁止外国商人输出英格兰货币。1448年，这项规定得到修正。五年后的1453年，由于货

英格兰国王亨利六世

币极度稀缺,下议院请求重新开采已经长期没有开采的德文郡和康沃尔郡的银矿。

然而,玫瑰战争引发的混乱使1460年、1465年或1470年英格兰货币连续两次贬值。在多大程度上,这两次贬值是任意贬值行为还是自发贬值行为,我们难以清楚区分。1460年,重新铸造贵族币时,一枚贵族币的重量从一百零八格令增加到一百二十格令,价值从六先令八便士增加到八先令四便士。于是,每格令黄金升值了,从原来的零点七四零七便士上升到零点七五零零一便士。大约1464年相同日期,每枚银便士的重量从十五格令降到十二格令。随后的1465年和1470年再次重铸货币时,白银与黄金的兑换比率再次发生变化。此时,一种新金币,即天使币被铸造出来，一枚天使币重量为八十格令，价值为六先令八便士。然而，银便士的重量此时保持不变，白银与黄金的兑换比率变为11.15：1。

天使币的铸造是美洲大陆发现前，英格兰政府最后一次改变货币兑换比率。货币兑换比率的变化对商业的内在影响被令人不安的玫瑰战争掩盖。

## 第23节　欧洲金属货币史第一阶段总结

货币贬值可能与英格兰货币兑换比率变化有关，或者与对英格兰和法兰西都有相似影响的更广泛的贵金属总体价格变动有关。这样，我们应该能理解法王路易十一最后的货币法令了。

相互矛盾的政策标志着欧洲金属货币史第一阶段的结束。15世纪结束和发现美洲之前，欧洲的金属货币政策没有更大的变化。就英格兰而言，货币制度在英格兰国王亨利七世统治之前一直没有较大变化。

回顾整个欧洲金属货币史第一阶段，有两个简单事实是清晰无误和十分重要的。

（一）在整个欧洲金属货币史第一阶段，商业扩张的速度超过了贵金属的供应速度。因此，真实物价普遍下跌。

（二）此时，欧洲统治者毫无远见。他们狡诈地操纵货币，普遍存在着粗糙的、不科学的货币体系及白银与黄金兑换比率。当时，由于人们认识方面的局限，欧洲统治者的货币政策极大增加了货币贬值带来的不利影响。人们甚至能感觉到，金银两种金属作为互相对抗的杠杆，暗中相互对立，切割彼此的喉咙。美洲的发现阻止了物价下跌，并且拯救了欧洲，但美洲的发现没能改变欧洲统治者对复本位制运作一无所知的状况。欧洲的统治者甚至没有为感知到的现象命名，更不用说总结货币运行规律了。

## 第 2 章

# 从发现美洲到新世界金属对欧洲货币影响的第一阶段结束（1493—1660）

15世纪最后十年，欧洲见证了美洲的发现。在这十年中，旧世界的货币制度得到拯救和再生。17世纪中叶结束时，美洲目睹了欧洲货币史第一阶段结束。更重要的是，新世界对欧洲命运至关重要。实际上，从历史上来看，介于1493年到1660年的一个半世纪可以视为一个单一循环周期。1493年到1660年，欧洲贵金属输入数量空前增长，物价空前上涨，这也是欧洲货币体系极不稳定和欧洲各国获得的贵金属数量极不平衡的时期。在此，有两个前提需要从总体上说明：

（一）从广义上说，大约在1520年前，没有相关记录或法令上的证据可以表明，从美洲流入欧洲的贵金属影响了欧洲的物价。最初，从美洲流入欧洲的贵金属流通速度十分缓慢，对欧洲物价的影响并不明显。刚开始，欧洲统治者希望得到黄金，而不是白银，并且从美洲当地居民手中掠夺微不足道、带着斑斑血迹的装饰品。通过某种方式，掠夺来的黄金改变了黄金和白银原有的兑换比率，即与白银相比，黄金贬值程度越来越大。但从1501年到1525年，欧洲能维持稳定的黄金和白银兑换比率，可能是由于欧洲内部白银产量大幅增加。15世纪末，欧洲国家强力推动开采萨克森哈茨山脉地区、波希米亚和蒂罗尔等地的银矿。与此同时，欧洲国家从萨尔茨堡大主教辖地、匈牙利及非洲获得数额巨大的黄金。

（二）欧洲采用货币复本位制的第二阶段，欧洲货币兑换中心从意大利转移到尼德兰。当时，安特卫普取代威尼斯和佛罗伦萨，成为货币兑换中心，这一转换具有多重深刻含义。货币兑换中心的变化不仅导致欧洲贸易路线产生变化，也为欧洲商业的发展奠定了基础。其中，与同一时期其他欧洲国家比较，英格兰商业发展水平最高。货币兑换中心为防止货币突然大幅贬值提供了更有效的保障。与现在的伦敦一样，欧洲16世纪货币兑换中心安特卫普始终发挥着最重要的功能，即通过向东方输出过剩的金属调节来自新世界的金属流动。从欧洲商业诞生之初，我们可以看到，向东方输出白银是拯救欧洲货币体系的方式。在输出白银的过程中，安特卫普提供货币兑换服务，充当16世纪货币体系的安全阀，这与后来伦敦的功能相同。因此，欧洲货币兑换中心从威尼斯转到安特卫普的重要性在于可以方便欧洲向东方输出过剩的贵金属。在原来的由陆路构成的有限贸易体系下，威尼斯只能提供中世纪欧洲需要的小量货币兑换和贵金属流通服务。威尼斯无法处理16世纪时像洪水一样大量涌入欧洲的贵金属。与此同时，大量流入欧洲的贵金属使欧洲不堪重负。然而，尼德兰的商业基础更牢固。尼德兰与葡萄牙共同沿着非洲海岸和印度东部建立了一个庞大的帝国。自获知美洲贵金属生产那一刻起，尼德兰当局制定了贵金属通过安特卫普流向印度的商业规则和货币兑换规则。在现代体系中，尼德兰当局制定的相关规则在理论上是完美的世界货币运行机制，将正常健康地运转，这套机制也是最安全的商业指标。但17世纪欧洲的情况并非如此，欧洲各国只存在混乱的、为人们熟悉的货币复本位制体系，并且货币复本位制可能为欧洲带来前所未有的危机。

危机爆发的根本原因前文已经陈述。在不知不觉中，欧洲从事贸易的国家又采用货币复本位制。在欧洲各国的货币体系逐步成为复本位制的整个过程中,欧洲各国存在着一个阶层,即商业交换者。在没有任何理论知识指导的情况下,商业交易者掌握了复本位制的本质,并且从中获利。金银兑换比率不断变化,一种金属的价值发生微小变化,就会成为操纵另一种金属的杠杆。一些人操纵金属兑换比率仅仅是为套利。与现代套利交易相比,通过兑换比率变化从中套利与商业的兴衰没有任何关系。兑换比率变化是金融家获得个人利益的机会。为了获得个人利益,操作贵金属兑换比率的机制才得以运转。16世纪和17世纪,欧洲经历的货币贬值或增值,即使是为欧洲的商业目的,也是灾难性的和不必要的。

以上论述足以说明对货币复本位制的争论,我们将相关例证留到后面几页。

## 第1节 贵金属的生产

我们回到对不同年份贵金属产量的讨论中。由于缺少西班牙铸币厂的会计账簿,对任何一年贵金属的产量,我们都必须依靠推测。明白这一点后,我们可以用表格描述贵金属的产量。

| 时间(年) | 黄金年平均产量(马克) | 白银年平均产量(马克) | 黄金在总产量中所占比例 | 白银在总产量中所占比例 |
|---|---|---|---|---|
| 1493—1520 | 800,000 | 600,000 | 57.0% | 43.0% |
| 1521—1545 | 1,000,000 | 1,100,000 | 47.0% | 53.0% |
| 1545—1560 | 1,200,000 | 3,850,000 | 23.8% | 76.2% |
| 1560—1580 | 855,000 | 3,640,000 | 19.0% | 81.0% |
| 1581—1600 | 1,030,000 | 4,945,000 | 17.2% | 82.8% |
| 1601—1620 | 1,190,000 | 4,820,000 | 19.8% | 80.2% |
| 1621—1640 | 1,157,850 | 3,916,300 | 22.8% | 77.2% |
| 1641—1660 | 1,223,400 | 3,516,500 | 25.8% | 74.2% |

1493年到1520年，从总体趋势来看，在最开始，人们似乎更倾向于选择白银。于是，黄金贬值。在没有规定特定时间和地点来进行货币兑换的情况下，白银兑换黄金的平均比率一般为10.75∶1。粗略估计，前一时期①白银兑换黄金的平均比率为11.28∶1。由于黄金产量增加，白银价格上涨，显然出现有利于白银的趋势。

随后的约四分之一个世纪，即1521年到1545年，涵盖了从征服墨西哥到开采波托西银矿的时间。在这段时间内，欧洲物价平稳，最明显的例子是我们即将提到的尼德兰法令，1521年的编年史为我们提供了当时的物价记载。1493年到1520年，欧洲物价保持稳步上涨，而不是大幅度、让人容易觉察到的上涨。譬如，在弗拉芒人的货币条例中，1499年，一法兰西皇冠币相当于一弗罗林十五又二分之一斯蒂弗，1522年等值于一弗罗林十九斯蒂弗。此时，官方试图将一法兰西皇冠币的价值再次降到一弗罗林十五又二分之一斯蒂弗。1522年到1548年，法兰西皇冠币的价值没有上升，反而有所下降。

| 时间（年） | | | 弗罗林 | 斯蒂弗 |
|---|---|---|---|---|
| 1519 | 法兰西皇冠币的等价值 | | 1 | $15\frac{1}{2}$ |
| 1522 | | | 1 | 19 |
| 1526 | | （实际上） | 1 | 19 |
| | | （试图） | 1 | $15\frac{1}{2}$ |
| 1539 | | （实际上） | 1 | 17 |
| | | （试图） | 1 | 15 |
| 1548 | | | 1 | 17 |
| 1552 | | | 1 | 19 |

---

① 相关数据见本书第一章。——原注

总体结论将在下面尼德兰货币表中找到。

从金属年平均产量来看，白银贬值、黄金升值的趋势略有改变，白银兑换黄金需要更高的比率。但就确定的兑换比率而言，白银与黄金的兑换比率变化很小，并且与白银和黄金的产量变化存在不一致，使我们很难通过白银与黄金兑换比率的变化看出黄金与白银产量的变化。

| | | | |
|---|---|---|---|
| 法兰西白银兑换黄金的比率 | 1519 | 是 | 11.76：1 |
| | 1540 | 是 | 11.82：1 |
| 尼德兰白银兑换黄金的比率 | 1520 | 是 | 10.68：1 |
| | 1540 | 是 | 10.62：1 |
| 英格兰白银兑换黄金的比率 | 1527 | 是 | 11.23：1 |
| | 1552 | 是 | 11.10：1 |
| 德意志白银兑换黄金的比率 | 1524 | 是 | 11.38：1 |
| | 1551 | 是 | 11.38：1 |

### 第2节　1493年到1548年期间的特征

因此，从广义上来说，新时代前两个时期，即1493年到1520年和1521年到1548年这两个时期存在一定同质性。1493年到1548年这五十五年时间里，1520年以前为欧洲物价普遍上涨时期，1520年到1548年为欧洲的金银价格以不相同幅度上涨时期。如果金银价格以相同幅度稳步上涨，可以确定的是，这会带来整体物价上涨，但不会对金银兑换比率带来太大影响。

与新时代前两个时期相比，1549年到1660年前，贵金属的价值变化具有鲜明的特征，具有统计数据的支撑。此时，欧洲整体物价持续不断地高速上涨，但与以前不一样的是，物价不是沿着两种金属价值的水平线上涨。当时，两种金属产量的比例发生了变化，波托西银矿的产量十分丰富。按贵金属价值计算，原来生产的白银总价值与生产的黄金总价值相同，但白银的产量突然上升到其竞争对手——等价值黄金产量的三倍。接下来，白银产量又上升到等价值黄金产量的四倍。于是，白银与黄金的兑换比率立即发生变化。随后，白银产量的增加引发白银兑换黄金比率的极度不稳定和动荡。

### 1500年到1660年白银兑换黄金的平均比率

| 时间（年） | 白银兑换黄金平均比率 |
|---|---|
| 1545–1560 | 11.3∶1 |
| 1561–1580 | 11.50∶1 |
| 1581–1600 | 11.80∶1 |
| 1601–1620 | 12.25∶1 |
| 1621–1640 | 14.00∶1 |
| 1641–1660 | 14.50∶1 |
| 1661 | 15.0∶1 |

### 1500年到1660年可以确定的白银与黄金的兑换比率明细表

| 时间（年） | 英格兰 | 尼德兰 | 法兰西 | 西班牙 | 德意志帝国体制 | 西南德意志包括符腾堡、斯特拉斯堡科尔马 | 威尼斯 |
|---|---|---|---|---|---|---|---|
| 1474 | | | | 9.824 | | | |
| 1475 | | | | 10.985 | | | |
| 1480 | | | | 11.555 | | | |
| 1483 | | | | 11.675 | | | |
| 1484 | | | | | 11.370 | | |
| 1489 | | 10.500 | | | 11.200 | | |
| 1497 | | | 11.830 | 10.755 | | | |

续表

| 年份 |  |  |  |  |  |  |  |
|---|---|---|---|---|---|---|---|
| 1506 |  |  |  | 10.262 |  |  |  |
| 1511 |  |  |  |  |  |  |  |
| 1517 |  |  |  |  | 10.310 |  | 11.320 |
| 1519 |  | 10.150 | 11.760 |  |  |  | 12.040 |
| 1524 |  |  |  | 11.380 |  |  |  |
| 1527 | 12.230 |  |  |  |  |  | 10.030 |
| 1529 |  |  |  |  |  |  | 11.070 |
| 1537 |  |  |  | 10.760 |  |  |  |
| 1539 |  |  | 11.680 |  |  |  |  |
| 1540 |  | 10.620 | 11.820 |  |  |  |  |
| 1542 |  |  |  |  |  | 11.270 |  |
| 1548 |  | 11.000 |  |  |  |  |  |
| 1549 |  |  | 11.860 |  |  |  |  |
| 1550 |  |  | 12.070 |  |  |  |  |
| 1551 |  |  | 11.470 |  | 10.830 |  |  |
| 1552 | 11.100 |  |  |  |  |  |  |
| 1553 | 11.050 |  |  |  |  |  |  |
| 1554 |  | 10.700 |  |  |  |  |  |
| 1559 | 11.790 |  |  |  | 11.440 | 11.550 |  |
| 1560 |  |  | 11.770 |  |  |  |  |
| 1561 |  |  |  |  |  |  | 10.810 |
| 1562 |  |  |  |  |  | 11.010 | 11.530 |
| 1566 |  |  |  | 12.294 | 11.550 |  |  |
| 1572 |  | 12.420 |  |  |  |  |  |
| 1573 |  |  | 11.760 |  |  |  | 12.330 |
| 1575 |  |  | 11.680 |  |  | 11.110 |  |
| 1576 |  | 12.670 |  |  |  |  |  |

续 表

| | | | | | | |
|---|---|---|---|---|---|---|
| 1578 | | | | | | 10.610 |
| 1579 | | 10.620 | | | | |
| 1582 | | | | | 11.400 | |
| 1583 | | | | | 10.930 | |
| 1585 | | | | 11.630 | | |
| 1586 | | 10.660 | | | | |
| 1587 | | | | | 12.030 | |
| 1589 | | 11.210 | | | | |
| 1590 | | | | | 11.860 | |
| 1590 | | | | | 11.320 | |
| 1591 | | | | | 10.950 | |
| 1593 | | | | | 11.180 | |
| 1594 | | | | | 11.700 | 12.340 |
| 1596 | | 10.900 | | 11.500 | | |
| 1597 | | | | | 11.780 | |
| 1597 | | | | | 12.160 | |
| 1598 | | 11.290 | | | | |
| 1599 | | | | | 11.050 | |
| 1601 | 10.90 | | | | 11.860 | |
| 1602 | | | 11.880 | | 12.220 | |
| 1603 | | 11.640 | | | 12.240 | |
| 1605 | 12.15 | | | | 12.010 | |
| 1605 | | | | | 12.490 | |
| 1606 | | 11.920 | | | | |
| 1607 | | | | | 12.610 | |
| 1608 | | | | | 12.160 | 11.040 |
| 1608 | | | | | 12.460 | |

续　表

| | | | | | | | |
|---|---|---|---|---|---|---|---|
| 1610 | | 12.540 | | | 12.200 | | |
| 1611 | 13.320 | | | | | 12.080 | |
| 1612 | | | | 13.520 | | 12.300 | |
| 1613 | | | | | | 12.350 | |
| 1613 | | | | | | 12.290 | |
| 1615 | | 12.030 | 13.900 | | | 12.310 | |
| 1617 | | | | | | 12.580 | |
| 1618 | | | | | | 12.110 | |
| 1619 | | 12.100 | | | | | |
| 1620 | 13.340 | | | | | | |
| 1621 | | 12.500 | | | | | |
| 1622 | | 12.650 | | | | | |
| 1623 | | | | | 11.640 | 11.740 | |
| 1624 | | | | | | 13.420 | |
| 1624 | | | | | | 12.580 | |
| 1626 | | 12.650 | | | | | |
| 1630 | | | | | | | 10.310 |
| 1631 | | | | | | 13.420 | |
| 1633 | | 12.650 | | | | | |
| 1634 | | | | | | 15.100 | |
| 1635 | | | | | | 14.800 | |
| 1636 | | | 15.360 | | | | |
| 1637 | | | | | | 15.100 | |
| 1638 | | 13.390 | | | | | 14.380 |
| 1640 | | | 14.490 | | | | |
| 1643 | | | 13.500 | | | | 15.370 |
| 1645 | | 14.130 | | | | | |

续　表

| 年份 | | | | | | |
|---|---|---|---|---|---|---|
| 1648 | | | | | | |
| 1651 | | | | | | |
| 1652 | | 14.130 | | | | |
| 1653 | | 14.130 | | | | |
| 1656 | | | 14.710 | | | |
| 1660 | | | | | | |
| 1663 | | 14.430 | | | | |
| 1665 | | | | 16.470 | | 14.390 |
| 1667 | | | | 12.880 | | |
| 1669 | 14.480 | | | 15.130 | | |
| 1679 | | | 14.910 | | | |
| 1690 | | | | 15.130 | | |

后面会详细讨论表格中各地区的货币兑换状况。

## 第3节　16世纪尼德兰的货币状况

1500年到1660年，特别是17世纪，尼德兰货币史为周边国家白银兑换黄金比率变化提供了答案。和法兰西货币兑换史一样，在16世纪之前，尼德兰货币兑换史还没有留下记录，其铸币法令也几乎没有留下记录。然而，尼德兰留下大量与货币兑换比率实际指标相关的条例或货币价值公告，这弥补了货币兑换史未被记录的不足。正如已经提到过的，16世纪到17世纪，尼德兰成为欧洲的商业中心，取代了14世纪到15世纪时意大利在欧洲拥有的商业地位。贵金属或货币价值的每一次变化都可以在安特卫普交易所准确而迅速地显示出来，正如现在的伦敦交易所一样。与14世纪和15世纪的佛罗伦萨一样，为迅速掌握贵金属或货币价值的变化，尼德兰官方将低地国家正在流通的各种货币制成表格。实际上，这意味着欧洲形成统一的商业货币。通过公告，尼德兰当局对不同国家的货币征收不同的兑换手续费，并且货币的价值一旦发生新的变化会立即发布公告公布新的收费表。因此，尼德兰货币兑换收费表的公告为我们提供了当时货币价值变化进程及货币铸造标准充分而宝贵的详细资料。

已有证据表明，尼德兰当局根据不同货币价值变化制定不同兑换手续费的行为具有两方面作用。一方面，尼德兰当局的行为揭示了商业交易中货币自然流通的规律，体现了商业的兴衰，这与现在由汇率和黄金汇款传达的效果一样。从这方面看，尼德兰当局的行为是完全正常、健全和合理的，尤其是尼德兰当局将过剩金属逐渐向东方转移的情况下。然而，欧洲各国政府仍有需要采用黄金支付贸易差额的错觉。后来，欧洲各国政府需要采用黄金支付贸易差额的错觉以重商主义理论被隆重载入史册。欧洲各国政府并没有抛弃源自中世纪的狡诈及不法行为，各国政府为维护本国贵金属储备，仍然劫掠或偷盗邻国的贵金属储备。此外，在不知不觉中，欧洲各国形成复本位制的货币体系。在相同时间、不同地区的货币兑换比率存在惊人的差异。复本位制货币体系是开放的、无助的、毫无防范能力的，并且吸引重金主义者、金融家或套利者。国民的贪婪和欺诈行为，或者自私地、毫无原则地获取个人利益的行为，被尼德兰的法令禁止。尼德兰的法令指责从事金银套利交易的商人唯利是图，造成货币困境或货币紧缩，更不用说随后造成的危机或恐慌了。货币危机或恐慌原本可以避免，这是最令人遗憾的事。

### 第4节 16世纪的套利行为

时代以一种无形的方式解释了金融家的幕后活动，虽然此时对套利

英格兰女王伊丽莎白一世

理论的了解很少。伦敦档案记录办公室保存的诸多16世纪国家文件的记载表明,尼德兰当局在实践中吸引其他国家货币的做法招致了大量的辱骂。1575年,英格兰女王伊丽莎白一世执政期间,英格兰枢密院的一位通讯员这样描述尼德兰当局的行为:"低地国家的商人通过贸易将大量货币汇聚到尼德兰,并且通过货币兑换为商人的目的服务,获取利益。更确切地说,由于尼德兰人与东方的贸易,低地国家的商人将伊丽莎白一世陛下的货币及金条大量运到低地国家。这意味着如果不加以阻止,那么英格兰王国的国库将被偷偷洗劫一空。"二十年后的1595年,在英格兰枢密院的提议下,英格兰王国政府再次讨论货币外流的议题。英格兰王国议会展示了"外国的货币交换者是如何人为操纵某种特定货币价值的涨跌，低估英格兰货币价值，并且将英格兰货币从英格兰带走。英格兰王国议会决定，派遣托马斯·格雷沙姆爵士前往低地国家表达抗议，并且建立货币交换所。但后来，由于被认为不利于国家利益，货币交易所停止运作。英格兰王国议会试图阻止英格兰货币外流的尝试没有产生任何效果。有人提议建立银行解决货币兑换问题，但伊丽莎白一世没有多余的十万英镑启动资金来建立银行，只能通过负债筹措。银行每年固定向政府收取10%或者12%的利率，甚至根据国家的情况，银行有时会收取20%或更高的利率"。

托马斯·格雷沙姆爵士

英格兰通讯员的结束语提到的无用的建议使我们看到英格兰王国政府面临的货币形势的真实性和严重性。在数个世纪中，货币问题都在欧洲各国政府关注的范围内，并且周期性地困扰着每一个欧洲国家的政府。

因此，避免陷入货币困境是尼德兰16世纪和17世纪货币法令或条例要产生的作用。

详细地来说。1516年1月2日，低地国家发布第一份包含货币估值或货币兑换定价的公告，标志着美洲银矿的发现已经开始对欧洲金银兑换比率产生影响。在随后1520年2月4日的公告中，金币弗罗林取代了金币雷亚尔。弗罗林取代雷亚尔的规定名义上的有效期为二十年，但人们几乎立刻感觉到物价上涨。由于物价上涨，神圣罗马帝国皇帝、低地国家至高无上的君主查理五世在与安特卫普的商人协商无果后，1521年、1522年3月、1524年6月19日、1525年11月25日，查理五世连续发布四个系列公告。前三个公告主要涉及黄金价格。在最后一个公告中，查理五世试图采取措施抑制白银价格，这证实了白银价格的上涨。在1526年12月10日的法令中，查理五世规定，应该再次使用1520年2月4日公告中确定的物价，并且明确了降低物价的两个时间点，以减少债务人和债权人的纠纷。1531年和1539年，虽然这项法令被两次修订，但事实证明，这项法令并没有起到任何作用。虽然这样，但我们必须承认，政府仍在试图阻止物价上涨。根据1548年7月11日的条例，政府更严格地限制物价上涨。1548年到1560年，接下来大约十二年的时间里，政府尝试抑制物价上涨。根据1552年3月23日和1559年10月24日的公告，政府以1548年的物价为基础，希望在未来迫使物价回归到1548年的水平。与此同时，政府承认暂时存在更高物价的现实。此时进入物价上涨和阻止物价上涨不断循环的阶段：物价进一步上涨，人们抱怨混乱的货币和外币兑换机制，政府发布新的货币估值，暂时对货币兑换收取更高手续费以调节物价，并且规定在某一日期及其后时间内物价降到以前的水平。

神圣罗马帝国皇帝查理五世

在所附表格中，如果两个数字并列，如，2和4，1和19，较高的数字代表政府条例规定的限制价格，较低的数字是政府条例规定某一日期及其后要回归的物价水平。简单地看一眼表格，我们可以清晰看出，政府每一次管控物价并采用按规定的兑换比率强制进行外币兑换的尝试是徒劳的，并且注定要失败。为理解表格内的数字，我们只需给出尼德兰法令的日期就足够了。前提是1586年以前，这项法令适用于整个尼德兰，但从1586年起，尼德兰的七个联合省份和属于西班牙管理的尼德兰地区分别颁布了系列法令。

## 第5节　尼德兰的货币法令

1572年7月27日。

1573年2月7日。

1574年6月22日，1572年起，物价每年都从年初到年尾一直持续上涨。

1575年12月3日。

1576年4月19日。

1579年。

1579年，尼德兰当局至少发布四个法令，目的是强行抑制物价，但没有取得任何效果。四个法令中最后一个法令是1579年12月19日颁布的。尼德兰当局不得不承认，虽然自己在极力抑制物价上涨，但物价仍有一定比例的上涨。

1581年10月9日。尼德兰当局不得不承认，在不到一年的时间里，1579年抑制物价的艰苦努力完全付诸东流，物价进一步上涨。

如前所述，由于尼德兰人民起义，尼德兰联省共和国，即荷兰共和国建立。从1586年起，发布的公告那就分为西班牙管理的尼德兰地区公告及尼德兰联省共和国公告。

西班牙管理的尼德兰地区发布了一系列公告，包括1590年4月30日发布的再次承认物价短期内进一步上涨的公告，并且重申这一公告。

1593年12月15日。

1594年10月21日。

1599年11月16日。

1602年6月23日，做出了轻微的变更。

1605年12月30日，试图抑制物价进一步上涨。

1607年6月30日。

1609年5月13日。

1610年9月30日。

1611年3月22日,尼德兰地区当局再次认识到物价上涨不可避免。

1618年5月21日前,最后一条法令一直有效,但不适用于法尔肯堡、达伦、林堡。法尔肯堡、达伦、林堡的物价快速上涨,需要1616年3月4日发布特别法令进行管控。最后一条法令规定,按每三个月为一个步骤或时间间隔点,分五次将物价下降到1611年3月22日规定的最高物价水平。

### 第6节 尼德兰联省共和国的法令

独立的尼德兰联省共和国的系列货币法令是由其议会最高长官发布的,其货币法令与西班牙管控的尼德兰地区发布的货币法令相似。尼德兰联省共和国1594年9月2日的法令开头写道:"鉴于黄金和白银价格不断上涨","将以1594年9月15日、1594年11月10日、1595年1月10日为时间间隔点,当局分三次将物价降低到1586年的最高物价水平"。

与同一时期西班牙管控的尼德兰地区的法令一样,事实证明,尼德兰联省共和国的法令没有产生什么效果。在1596年3月2日颁布的法令中,尼德兰联省共和国政府不得不承认,物价在进一步上涨,并且在1603年4月2日的法令中再次承认物价正进一步上涨。尼德兰联省共和国法令的序文被保存下来,通常被用来反对混乱的货币体系。混乱的货币体系是由于日常物价上涨、时代的贪婪及其他国家的大量银币流入造成的。1606年3月21日的法令是尼德兰联省共和国政府所有法令中最出名的一份法令,其主要目的是降低物价。两年后的1608年,尼德兰联省共和国政府试图将物价降到1606年的水平。事实证明,政府降低物价的尝试没有产生效果。在1610年7月1日、1615年9月26日和1619年2月13日的公告中,政府公布的物价进一步上涨。在1621年6月5日最后一次修订的法令中,政府试图将物价恢复到1610年的物价水平。

法令本身需要不断修订。需要补充说明的是，法令通常包含对所有货币的详细描述，详细规定在特定时期低地国家流通的每一种货币的价值，并附有货币的雕刻样品，以帮助人们认识货币。事实上，有些法令，如1606年的法令，包含了上千种不同货币的雕刻样品，这是尼德兰货币兑换带来国际货币混乱局面的重要见证。我们对所有货币中一部分货币的价值进行了详细分析，分析结果如下表：

**尼德兰联省共和国的货币法令中的货币价值**

| 德意志金币古尔登（1马克黄金铸造75枚古尔登，含金18克拉4格令） | | | 西班牙金币杜卡特（1马克黄金铸造70枚杜卡特，含金23克拉$7\frac{1}{2}$格令） | | |
|---|---|---|---|---|---|
| 时间（年） | 根据货币法令宣布的在尼德兰流通中的价值 | | 时间（年） | 根据货币法令宣布的在尼德兰流通中的价值 | |
| | 弗罗林 | 斯蒂弗 | | 弗罗林 | 斯蒂弗 |
| 1499 | 1 | 8 | 1499 | 1 | 19 |
| 1522 | 1 | 10 | 1522 | 2 | 3 |
| 1526 | 1 | 12 | 1526 | 2 | 4 |
| | 1 | 8 | | 1 | 19 |
| 1539 | 1 | 9 | 1539 | 2 | 1 |
| | 1 | 8 | | 1 | 19 |
| 1548 | 1 | 10 | 1548 | 2 | 1 |
| 1552 | 1 | 11 | 1552 | 2 | 2 |
| 1559 | 1 | 12 | 1559 | 2 | 5 |
| 1572 | 1 | 15 | 1572 | 2 | 7 |
| 1573 | 1 | 19 | 1573 | 2 | 15 |
| 1574 | 1 | 16 | 1574 | 2 | 13 |
| 1575 | 2 | 0 | 1575 | 3 | 0 |
| 1576 | 2 | 0 | 1576 | 3 | 3 |

续　表

| | | | | | | | |
|---|---|---|---|---|---|---|---|
| | | 1 | 17 | | | 2 | 12 |
| 1577 | | 2 | 0 | 1577 | | 3 | 3 |
| 1579 | | 2 | 3 | 1579 | | 3 | 4 |
| | | 2 | 4 | | | 3 | 0 |
| | | 2 | 2 | | | 2 | 18 |
| | | 2 | 3 | | | 3 | 0 |
| 1581 | | 2 | 8 | 1581 | | 3 | 6 |
| 1590 | | 2 | 9 | 1590 | | 3 | 10 |
| 1605 | | 2 | 10 | 1599 | | 3 | 15 |
| 1607 | | 2 | 12 | 1609 | | 3 | 19 |
| 1609 | | 2 | 15 | 1618 | | 4 | 1 |
| 1611 | | 2 | $16\frac{1}{2}$ | | | | |
| 1618 | | 2 | $17\frac{1}{2}$ | | | | |
| 尼德兰联省共和国 | | | | 尼德兰联省共和国 | | | |
| 1586 | | 2 | 8 | 1586 | | 3 | 8 |
| 1594 | | 2 | 12 | 1594 | | 3 | 12 |
| | | 2 | 10 | | | 3 | 10 |
| | | 2 | 8 | | | 3 | 8 |
| 1596 | | 2 | 10 | 1596 | | 3 | 9 |
| 1603 | | 2 | 14 | 1603 | | 3 | 16 |
| 1606 | | 2 | 15 | | | 3 | $15\frac{1}{2}$ |
| 1608 | | 2 | 17 | | | 3 | 15 |
| | | 2 | 16 | 1606 | | 3 | 16 |
| | | 2 | 15 | 1608 | | 4 | 0 |
| | | | | | | 3 | 18 |
| | | | | | | 3 | 16 |

续 表

| 时间 | | |
|---|---|---|
| 1610起 | 2 | 18 |

西班牙金币皮斯托尔
（1马克黄金铸造36枚皮斯托尔，含金21克拉10格令）

| 时间（年） | 根据货币法令宣布的在尼德兰流通中的价值 | |
|---|---|---|
| | 弗罗林 | 斯蒂弗 |
| 1548 | 3 | 12 |
| 1552 | 3 | 18 |
| 1559 | 4 | 0 |
| 1572 | 4 | 4 |
| 1573 | 4 | 16 |
| 1574 | 4 | 10 |
| 1575 | 5 | 0 |
| 1576 | 5 | 4 |
| | 4 | 13 |
| 1577 | 5 | 4 |
| 1579 | 5 | 10 |
| | 5 | 10 |
| | 5 | 5 |
| | 5 | 8 |
| 1581 | 5 | 18 |
| 1590 | 6 | 4 |

| 1610 | 4 | 0 |
|---|---|---|
| 1615 | 4 | 1 |
| 1619 | 4 | 2 |
| 1621 | 4 | 4 |

法兰西金币皇冠币
（旧皇冠币，不是"太阳"皇冠币，1马克黄金铸造72枚皇冠币，含金22克拉$4\frac{1}{2}$格令）

| 时间（年） | 根据货币法令宣布的在尼德兰流通中的价值 | |
|---|---|---|
| | 弗罗林 | 斯蒂弗 |
| 1499 | 1 | $15\frac{1}{2}$ |
| 1522 | 1 | 19 |
| 1526 | 1 | 19 |
| | 1 | $15\frac{1}{2}$ |
| 1539 | 1 | 17 |
| | 1 | 15 |
| 1548 | 1 | 17 |
| 1552 | 1 | 19 |
| 1559 | 2 | 0 |
| 1572 | 2 | 2 |
| 1573 | 2 | 9 |
| 1574 | 2 | 6 |
| 1575 | 2 | 12 |
| 1576 | 2 | 13 |
| 1577 | 2 | 12 |
| 1579 | 2 | 15 |

续　表

| 年份 | | | 年份 | | |
|---|---|---|---|---|---|
| 1605 | 6 | 9 | | 2 | 15 |
| 1607 | 6 | 12 | | 2 | $12\frac{1}{2}$ |
| 1609 | 7 | 0 | | 2 | 14 |
| 1611 | 7 | 2 | 1581 | 3 | 0 |
| 1618 | 7 | 5 | 1590 | 3 | 3 |
| | | | 1605 | 3 | 6 |
| | | | 1607 | 3 | 8 |
| | | | 1609 | 3 | 12 |
| | | | 1611 | 3 | $12\frac{1}{2}$ |
| | | | 1618 | 3 | 14 |
| 尼德兰联省共和国 | | | 尼德兰联省共和国 | | |
| 1586 | 6 | 0 | 1586 | 3 | 0 |
| 1594 | 6 | 6 | 1594 | 3 | 3 |
| | 6 | 3 | | 3 | 1 |
| | 6 | 0 | | 3 | 0 |
| 1596 | 6 | 6 | | | |
| 1603 | 6 | 15 | 1603 | 3 | 8 |
| 1606 | 6 | 17 | 1606 | 3 | 10 |
| 1608 | 7 | 1 | 1608 | 3 | 14 |
| | 6 | 19 | | 3 | 12 |
| | 6 | 17 | | 3 | 10 |
| 1610 | 7 | 4 | 1610 | 3 | 14 |
| 1615 | 7 | 6 | 1615 | 3 | 15 |
| 1619 | 7 | 12 | 1619 | 3 | 16 |
| | 7 | 6 | | 3 | 15 |
| 1621 | 7 | 12 | 1621 | 3 | 18 |

续　表

| 英格兰玫瑰贵族（1马克黄金铸造成32枚玫瑰贵族，含金23克拉 $8\frac{1}{2}$ 格令） | | | 英格兰君主币（1马克黄金铸造40枚君主币） | | |
|---|---|---|---|---|---|
| 时间（年） | 根据货币法令宣布的在尼德兰流通中的价值 | | 时间（年） | 根据货币法令宣布的在尼德兰流通中的价值 | |
| | 弗罗林 | 斯蒂弗 | | 弗罗林 | 斯蒂弗 |
| 1499 | 4 | 5 | | | |
| 1520 | 4 | $5\frac{1}{2}$ | 1548 | 3 | 0 |
| 1522 | 4 | $10\frac{1}{2}$ | | | |
| 1526 | 4 | $17\frac{1}{2}$ | 1552 | 3 | 0 |
| | 4 | $5\frac{1}{2}$ | | | |
| 1539 | 4 | 10 | 1554 | 3 | 0 |
| | 4 | $5\frac{1}{2}$ | | | |
| 1548 | 4 | 10 | 1575 | 4 | 4 |
| 1552 | 4 | 16 | | | |
| 1559 | 5 | 0 | 1576 | 4 | 6 |
| 1572 | 5 | 3 | | | |
| 1573 | 6 | 10 | 1579 | 4 | 8 |
| 1574 | 6 | 6 | | | |
| 1575 | 7 | 5 | | | |
| 1576 | 7 | 10 | | | |
| 1577 | 7 | 0 | | | |
| 1579 | 8 | 0 | | | |
| | 7 | 10 | | | |

续 表

| | | | | | |
|---|---|---|---|---|---|
| | 6 | 8 | | | |
| | 6 | 14 | | | |
| 1581 | 7 | 4 | | | |
| 1590 | 7 | 9 | | | |
| 1607 | 8 | 2 | | | |
| 1609 | 8 | 10 | | | |
| 1611 | 8 | 13 | | 尼德兰联省共和国 | |
| 1618 | 8 | 16 | 1586 | 5 | 1 |
| | | | 1594 | 5 | 5 |
| 尼德兰联省共和国 | | | | 5 | 3 |
| 1586 | 7 | 12 | | 5 | 1 |
| 1594 | 8 | 0 | 1596 | 5 | 2 |
| | 7 | 16 | 1603 | 5 | 9 |
| | 7 | 12 | 1606 | 5 | 12 |
| 1596 | 7 | 13 | 1608 | 5 | 16 |
| 1603 | 8 | 8 | | 5 | 14 |
| | 8 | 7 | | 5 | 12 |
| | 8 | 6 | 1610 | 5 | 18 |
| 1606 | 8 | 9 | | | |
| 1608 | 8 | 16 | | | |
| | 8 | 12 | | | |
| | 8 | 9 | | | |
| 1610 | 8 | 16 | | | |
| 1619 | 9 | 0 | | | |
| | 8 | 16 | | | |
| 1621 | 9 | 0 | | | |

续表

| 时间（年） | 胁力币（1马克黄金开始铸造成 $67\frac{1}{2}$ 枚腓力币，随后铸造成70枚腓力币，含金23克拉 $8\frac{1}{2}$ 格令） | | 时间（年） | 勃艮第盾币（1456年到1567年，1马克黄金铸造成72枚勃艮第盾币，含金19克拉；后来，1马克黄金铸造成75勃艮第盾币，含金18克拉6格令） | |
|---|---|---|---|---|---|
| | 根据货币法令宣布的在尼德兰流通中的价值 | | | 根据货币法令宣布的在尼德兰流通中的价值 | |
| | 弗罗林 | 斯蒂弗 | | 弗罗林 | 斯蒂弗 |
| 1499 | 1 | 19 | 1499 | 1 | 9 |
| 1522 | 2 | 3 | 1522 | 1 | 12 |
| 1526 | 2 | 4 | 1526 | 1 | 13 |
| | 1 | 19 | | 1 | 9 |
| 1539 | 2 | 1 | 1539 | 1 | 10 |
| | 1 | 19 | | 1 | 9 |
| 1548 | 2 | 1 | 1548 | 1 | 11 |
| 1552 | 2 | 2 | 1552 | 1 | 12 |
| 1559 | 2 | 5 | 1559 | 1 | 13 |
| 1572 | 2 | 7 | 1572 | 1 | $15\frac{1}{2}$ |
| 1573 | 2 | 15 | 1573 | 1 | 19 |
| 1575 | 2 | 18 | 1574 | 1 | 16 |
| 1576 | 3 | 3 | 1575 | 2 | 0 |
| 1577 | 3 | 0 | 1576 | 2 | 0 |
| 1579 | 3 | 3 | | 1 | $18\frac{1}{2}$ |
| | 3 | 0 | 1577 | 2 | 2 |
| | 2 | $18\frac{1}{2}$ | 1579 | 2 | 3 |
| | 3 | 0 | | 1 | 5 |

续 表

| 1581 | 3 | 6 | | | 2 | $3\frac{1}{2}$ |
|---|---|---|---|---|---|---|
| 1590 | 3 | $8\frac{1}{2}$ | | | 2 | 4 |
| 1610 | 3 | 18 | | 1581 | 2 | 9 |
| 1611 | 3 | 19 | | 1590 | 2 | 11 |
| | | | | 1607 | 2 | 14 |
| | | | | 1609 | 2 | 17 |
| | | | | 1611 | 2 | 18 |
| | 尼德兰联省共和国 | | | | 尼德兰联省共和国 | |
| 1586 | 3 | 8 | | 1586 | 2 | 9 |
| 1594 | 3 | 10 | | 1594 | 2 | 13 |
| | 3 | 9 | | | 2 | 11 |
| | 3 | 8 | | | 2 | 9 |
| 1596 | 3 | 9 | | 1596 | 2 | 11 |
| 1603 | 3 | 14 | | 1603 | 2 | 15 |
| 1606 | 3 | 15 | | 1606 | 2 | 16 |
| 1608 | 3 | 17 | | 1608 | 2 | 18 |
| | 3 | 16 | | | 2 | 17 |
| | 3 | 15 | | | 2 | 16 |
| 1610 | 4 | 0 | | 1610 | 2 | 19 |

| 德意志的塔勒（银币） | | | 尼德兰 $2\frac{1}{2}$ 盾（银币） | | |
|---|---|---|---|---|---|
| 时间（年） | 根据货币法令在尼德兰流通中宣布的价值 | | 时间（年） | 根据货币法令在尼德兰流通中宣布的价值 | |
| | 弗罗林 | 斯蒂弗 | | 弗罗林 | 斯蒂弗 |
| 1539 | 1 | 6 | 1583 | 2 | 2 |
| | 1 | 7 | | | |
| 1548 | 1 | 8 | 1586 | 2 | 5 |

续 表

| | | | | | |
|---|---|---|---|---|---|
| 1552 | 1 | 9 | | | |
| 1559 | 1 | 10 | 1594 | 2 | 6 |
| 1571 | 1 | 11 | | | |
| 1572 | 1 | 12 | | 2 | 5 |
| 1573 | 1 | 16 | | | |
| | 1 | 14 | 1603 | 2 | 7 |
| 1577 | 1 | 18 | | | |
| 1579 | 2 | 1 | 1608 | 2 | 8 |
| 1581 | 2 | 5 | | | |
| 1611 | 2 | 11 | | 2 | 7 |
| 尼德兰联合共和国 | | | | | |
| 1594 | 2 | 6 | 尼德兰联合共和国 | | |
| | 2 | 5 | | | |
| 1603 | 2 | 7 | 1610 | 2 | 8 |
| 1608 | 2 | 8 | | | |
| | 2 | 7 | 1619 | 2 | 10 |
| 1610 | 2 | 8 | | | |
| 1619 | 2 | 10 | 1621 | 2 | 12 |
| 1621 | 2 | 12 | | | |

## 第7节　美洲金属对法兰西的影响

法兰西国王弗朗索瓦一世统治时期，法兰西受美洲流入的大量金属的影响开始显示出来。在这段时间，每马克黄金价格增加了三十三里弗尔四索尔迪二但尼尔，每马克白银价格增加了一里弗尔十索尔迪。

白银产量减少主要发生在1519年和1540年两年。随后，法兰西的

法兰西国王弗朗索瓦一世

金银兑换比率略有变化，银价略有上升。最早在美洲发现的贵金属是黄金。起初，黄金有贬值趋势。与此同时，银作为估值过高的金属，开始从流通中消失。1519年，为防止因白银估值过高引发的白银外流，一太阳埃居的价值涨到四十索尔迪。1532年，一太阳埃居的价值进一步涨到四十五索尔迪，涨幅为12.5%。在同一时期，一泰斯通银币的价值也从十索尔迪增长到十索尔迪六但尼尔，涨幅为5%。虽然金银价格都出现上涨，但并没有达到一个平衡点，紊乱的货币体系继续存在，贵金属含量低的货币仍然广泛存在。1539年5月8日，马赛镇在提交给法兰西国王弗朗索瓦一世的请愿书中对紊乱的货币提出了控诉。1540年，弗朗索瓦一世发布《布洛瓦法令》。根据这项法令的规定，价值四十五索尔迪的

马赛镇

一太阳埃居的价值没有发生变化，一泰斯通的价值涨到十索尔迪八但尼尔。在《布洛瓦法令》中，弗朗索瓦一世解释出台相关规定的原因："为使银币与金币的价值更均衡，无论我们的货币是黄金制作的红色货币，还是白银制作的白色货币，这项法令将使我们的货币与实际价值更相符。"两年后的1542年，弗朗索瓦一世和马赛镇的长官在法兰西议会见面时，马赛镇的长官抱怨缺乏货币，并且请求在艾克斯开设铸币厂。弗朗索瓦一世批准了开设铸币厂的请求，但结果不了了之。

在法兰西国王亨利二世和查理九世统治时期，法兰西反复经历了物价上涨和贵金属储备量不平衡时期。

法兰西国王亨利二世

### 1500年到1660年法兰西黄金和白银价值变动表

| 时间（年） | 每马克黄金价格 | | | 每马克白银价格 | | |
|---|---|---|---|---|---|---|
| | 里弗尔 | 索尔迪 | 但尼尔 | 里弗尔 | 索尔迪 | 但尼尔 |
| 1488 | 130 | 3 | 4 | 11 | 0 | 0 |
| 1519 | 147 | 0 | 0 | 12 | 10 | 0 |
| 1540 | 165 | 7 | 6 | 14 | 0 | 0 |
| 1549 | 172 | 0 | 0 | 15 | 0 | 0 |
| 1561 | 185 | 0 | 0 | 15 | 15 | 0 |
| 1573 | 200 | 0 | 0 | 17 | 0 | 0 |
| 1575 | 222 | 0 | 0 | 19 | 0 | 0 |
| 1602 | 240 | 10 | 0 | 20 | 5 | 4 |
| 1615 | 278 | 6 | 6 | 20 | 5 | 4 |
| 1636年（5月8日） | 320 | 0 | 0 | 23 | 10 | 0 |
| 1636年（9月22日） | 384 | 0 | 0 | 25 | 0 | 0 |
| 1641 | 384 | 0 | 0 | 26 | 10 | 0 |
| 1662 | 423 | 10 | 11 | 26 | 10 | 0 |

## 第8节 1575年法兰西的铸币调查

1573年，法兰西国王查理九世明确指出，法兰西已经受到白银与黄金兑换比率变化造成的影响。当时，法兰西官方规定的白银与黄金兑换比率为11.77∶1。但1573年以前一段时间，"民众"自己将一金埃居的价值增加到五十四索尔迪。在"民众"已经把一金埃居的价值增加到五十四索尔迪的情况下，法兰西王国政府不得不按人们认可的价值确定白银与黄金的兑换比率。1577年，一金埃居的价值接连上升到五十八索尔迪、六十索尔迪和六十五索尔迪。正如人们认为的那样，货币价值连续上升的不幸是由于"民众"为获取利益，不择手段地随意操纵货币。

法兰西国王亨利三世

对此,法兰西国王召集几个专家委员会讨论相关问题。尽管如此,金币的价值仍在继续上升。1575年12月19日,法兰西国王亨利三世召开议会,铸币厂的官员们立刻向亨利三世提出请求。铸币厂官员们的请求具有特殊意义:

虽然监管普遍很糟糕,但在和平时期,我们从国外获取的白银数量是外国从我国获取白银数量的二倍。如果政府采用我们提出的改革方案，那么法兰西的净利益应该会增加一倍……法兰西的金银兑换比率与和法兰西经常存在贸易往来的尼德兰、德意志的金银兑换比率不同，但存在贸易差额。譬如，在法兰西价值六埃居的商品在尼德兰、德意志等地只值五埃居。在法兰西，从尼德兰、德意志等地输入法兰西商品的价格突然巨幅上涨，并且引发法兰西商品价格混乱。也就是说，商人们开始调运法兰西所有价值十二但尼尔的杜赞币和其他金属货币，以降低商人不得不使用埃居或其他类型国外金币或银币进行结算时带来的兑换损失。货币的价值是由流通中人们的市场行为决定的，未来可能下降15%、20%，甚至25%……物价上涨是由于一些人的恶意操纵。恶意操纵者居心不良，将法兰西含金量最高的货币变成黄金，用其他黄金含量较低的劣质货币填满法兰西，用法兰西人的鲜血和痛苦使自己更富足……

## 第9节　1577年法兰西的货币改革

补救办法是降低货币的兑换比率……一埃居的实际价值应该是五十索尔迪，但目前，我们预测银币价值可能进一步下降，同意将一埃居价值定为六十索尔迪。所有外国货币作为引发法兰西物价混乱的罪恶之源，应该被禁止流通。虽然依照埃居的价值，法兰西的所有法令重新估计了外国货币的价值，但人们一直增持的外国货币数量超过了增持的法兰西货币的数量。因此，根据人们增持的外国货币计算，此时一金埃居的价值超过了七十八索尔迪。法兰西埃居兑换比率的变化是由于外国铸币工艺变化引起的，唯一的重要例外是西班牙银币雷亚尔和金币皮斯托尔，它们是众所周知的良币和利润的"熔炉"。西班牙雷亚尔和皮斯托尔从来没给法兰西带来伤害，但雷亚尔和皮斯托尔正在法兰西各地被熔化。按照目前的速度，外国人在每马克雷亚尔和皮斯托尔上获得大约七里弗尔的利润。因此，我们建议禁止雷亚尔和皮斯托尔在法兰西流通。最后，我们建议废除使用里弗尔和索尔迪进行结算的旧清算体系，并且建议采用埃居清算。

议会采纳了这份引人瞩目的文件中最不可靠部分的建议，确定一金埃居的价值为六十五索尔迪。铸币厂官员们立刻表示，将一金埃居价值定为六十五索尔迪只会增加不幸。因此，法兰西国王亨利三世在蓬图瓦兹

蓬图瓦兹

召开专家讨论会，会议讨论结果是决定采纳铸币厂官员们陈述的主要建议。1577年11月13日，亨利三世发布公告，宣布在清算中不再采用里弗尔，改用金埃居代替里弗尔，进行不同地区的货币结算。一金埃居的价值低于六十索尔迪。除了西班牙和葡萄牙的金币杜卡特，法兰西王国政府禁止所有外国货币在境内流通。此外，法兰西王国政府禁止强制性要求使用金银货币支付金额在一百索尔迪以上的款项。金额在一百索尔迪以下的款项，高于总金额三分之一的部分可以使用金银货币支付。

从总体上说，法兰西的货币改革方案具有非凡的重要的意义，令人钦佩。实际上，法兰西的货币改革方案预见了英国19世纪才完成的货币改革。法兰西的货币改革使其成为单本位制货币体系国家。在不幸产生前，时代已经找到预防方法和补救措施。不幸是由管理不善、混乱的复本位制货币体系导致的。对此，补救措施是采取单本位制货币体系。货币的相关术语没有被使用，货币的相关理论没有被阐明，但这都无关紧要。最重要的事实是，在实践中，法兰西王国政府暂时把握住了货币的本质问题，虽然还比较模糊，但足以阐明货币问题的前因后果。事实上，在很大程度上，法兰西的货币改革条例仍然是一纸空文。法兰西的货币改革条例确定了单本位制货币体系，但没有达到条例希望实现的目的。这是时代的不幸。法兰西的货币改革条例中存在与现实情况完全不符的地方。法兰西货币改革没能实现目的的原因是，法兰西的货币改革条例中有两项截然不同的规定，其中一项规定按改革计划是不可能实现的。法兰西王国政府试图将一埃居的价值限制为六十索尔迪，但这注定是要失败的，因为同时代人的目光几乎更多集中在价格上，而不是清偿方法。因此，法兰西货币改革条例中最重要的部分被人们遗忘了。早在法兰西国王亨利三世驾崩时，从事货币投机的人就将一埃居的价值增长到六十四索尔迪。1594年3月30日，法兰西王国政府发布公告，将一埃居的价值降为1577年著名公告规定的价值，即六十索尔迪。但政府发

法兰西国王亨利四世

现,将一埃居价值降到1577年公告规定的价值不可能实现。1602年9月,1577年公告建立的整个货币体系被废除。采用埃居结算的清算制度被废除了,采用里弗尔结算的旧清算系统恢复了。此时,一金埃居的价值定为六十五索尔迪,外国货币被再次允许在法兰西流通。法兰西国王亨利四世发布公告，废除亨利三世建立的几乎无懈可击的制度，认为试图使亨利三世的改革条例确定的货币体系运转的努力导致"所有东西都很贵"。亨利四世的公告不可能完全代表反对货币改革者的无知。当时，在立法者眼中，唯一的不幸是物价上涨。事实上，物价如果平稳上涨，那么根本不是坏事。亨利四世根本不需要关注物价问题，但事实恰恰相反。此外，物价上涨是不可避免的。亨利四世没有注意到，或者说没有看到，物价不断上涨的不幸是因为欧洲不同地区的不同货币兑换比率造成的。在当时没有其他补救措施或方案实施的情况下，亨利三世的改革方案被证明是有效的。但1602年，亨利四世废除了亨利三世的改革方案，移除了法兰西货币的壁垒和屏障，为大灾难让开了道路。

勒布朗认为，1577年建立起来的货币制度本身是失败的。这套货币制度没有实现法兰西希望的目的，因为物价仍持续上涨。因此，这套货币制度应该被废除。"1602年的法令颁布后，法兰西经历了七年和平时期，金埃居的贬值程度与之前六十五年的战争和动乱时期一样。"简单的事实是，贸易活动在和平时期比战争时期可能更活跃。需要关注的根本不是埃居的贬值程度，而是埃居相对其他国家标准货币的相对贬值程度，以及货币兑换比率和贬值率引发的货币紊乱。

亨利四世对货币措施的失败感到极其震惊。于是，他召集法兰西最贤明和最优秀的人，召开货币会议。这次货币会议甚至没有因亨利四世遭到暗杀而停止。然而，抱怨声再次响起。人们认为，允许外国货币在法兰西流通导致所有良币外流，摧毁了法兰西的商业，并且引发了严重的货币混乱。法兰西各地的贸易城镇都举行货币会议。1614年12月5日，货币会议代表的意见形成了正式公告，并且在1615年年初发布。根据公告，银币价值不变，一金埃居的价值从六十五索尔迪上涨到七十五索尔迪，并且按一金埃居价值上涨比例增加每马克黄金的价值。因此，白银与黄金的兑换比率从12.01∶1变为了13.90∶1。毫不夸张地说，货币会议的公告和白银兑换黄金比率的改变将法兰西从1622年和1623年英格兰和德意志发生的大灾难中拯救出来。1615年建立的金银兑换比率一直维持到1636年才发生改变。1636年5月8日,在法兰西,白银与黄金的兑换比率略有下降,降至13.61∶1。1636年7月,法兰西王国政府发现,法兰西发生了良币外流,"良币将从法兰西王国被完全剥夺出去,这是我们的巨大损失……"因此,1636年6月28日,法兰西王国政府发布了试图规范货币兑换过程的公告。然而,试图规范货币兑换过程的努力是徒劳的。1636年9月22日,白银与黄金的兑换比率突然急剧上升到15.36∶1。

## 第10节　法兰西1640年的改革

如果比较其他国家的金银兑换比率,我们就可以看到法兰西政府的措施多么专横。然而,法兰西政府的措施为其未来埋下遭受惩罚的种子。复本位制规则的本质是,无论哪种金属,只要兑换比率超出法律规定,并且造成货币兑换比率的差别,该差别就会立即给予一种金属相对另一种金属支点或杠杆点,即购买力。价值被低估的金属,无论低估的是哪种金属,都会逐渐消失。法兰西政府实行专横的货币措施四年后的1640年,人们发现货币严重贬值。1640年3月31日,法兰西政府宣布重铸货币,发行新货币金路易,作为彻底的、永久的补救措施。发行金路易的效果十分明显,这一措施理应受到赞扬。1640年到1641年,法兰西政府经过认真考虑,重铸货币,重新确定金银兑换比率,白银与黄金的兑换比率从15.36∶1变为14.49∶1。在巴黎,法兰西政府举行专家货币会议。在仔细分析了1640年到1641年法兰西周边国家普遍实行的白银与黄金的兑换比率后,这次货币会议发现同时期其他国家或地区的白银与黄金的兑换比率分别为:

| 德意志 | 12∶1 |
|---|---|
| 米兰 | 12∶1 |
| 佛兰德斯和荷兰 | 12.5∶1 |
| 英格兰 | 13.33∶1 |

因此，法兰西政府决定采用比所有其他国家或地区更高的白银与黄金兑换比率，即13.5∶1。

法兰西政府实行13.5∶1的白银与黄金兑换比率之后几年的历史极具启发性。随后，货币继续贬值。1652年4月4日，法兰西政府发布一项公告，禁止某些旧货币流通，并且再次试图控制货币兑换过程。三年后的1655年，法兰西政府以假币制造者不断伪造金路易和银埃居为由，决定铸造金百合和银百合。对此，勒布朗说，"每个人都知道，铸造金百合和银百合的真正动机和不久之后决定铸造四索尔迪银币的动机是一样的。在上述借口下，1641年金银兑换的比率改变。对此，人们的抗议没有作用。直到在使用新铸货币的过程中，人们发现货币重量不足时，法兰西政府才不得不停止铸造金百合。1656年3月15日，法兰西政府发布公告，规定已经铸造出来的一金百合价值七里弗尔，并且相应地将一金路易的价值提高到十一里弗尔"。银币的价值没有发生变化，但白银与黄金的兑换比率从13.5∶1变为14.71∶1。

## 第11节 16世纪到17世纪佛罗伦萨的货币政策

15世纪，安特卫普成为欧洲货币兑换中心，佛罗伦萨和威尼斯的商业逐渐衰败。此时，佛罗伦萨和威尼斯的货币史不及这两地过去的货币史重要。然而，我们并不会因此不去关注佛罗伦萨和威尼斯。佛罗伦萨和威尼斯没有像以往那样通过其他国家货币兑换比率的变化获利，而

安特卫普

是存活在其他国家的怜悯之下，就像排除在尼德兰之外所有其他国家一样。1531年8月4日，在佛罗伦萨政府通过法律提高物价以前，发现美洲引发的贵金属产量变化产生的影响在佛罗伦萨并没有显现出来。三年后的1534年3月5日，人们发现，佛罗伦萨的货币体系受到在当地流通的外国货币的破坏，其唯一流通的本国货币正处在严重损耗和贬值当中。因此，佛罗伦萨政府下令重铸货币，禁止所有外国银币流通，并且要求所有支付的款项和合同约定的金额都以政府发行的金币斯库迪结算。为了解商业要素的变化，佛罗伦萨政府要求铸币厂的负责人每十五天估算一次外国货币的价值，并且公布估算结果。

佛罗伦萨政府的法令十分简单。为免受大量廉价且不断贬值的银币冲击，佛罗伦萨政府采用了事实上的金本位制。由于商业惯例的力量，以及整个商界对货币实际困境及补救办法的意见，佛罗伦萨政府的法令没能得到长期的重视，也未得到遵守。佛罗伦萨人不得不在流通中使用所有货币，包括金币和银币，因为使用所有类型货币是中世纪欧洲普遍的习惯。1552年，外国银币再次在佛罗伦萨流通，并且流通数量很大，这也对佛罗伦萨的金币产生影响。因此，根据1552年5月18日的律法，佛罗伦萨政府必须再次禁止，并且驱逐外国货币。三年后的1555年2月28日，佛罗伦萨政府恢复外国货币的流通。然而，在1557年4月29日，佛罗伦萨政府再次禁止外国货币流通。事实上，在讨论的16世纪到17世纪时期，佛罗伦萨多次禁止外国货币流通，直到1660年，佛罗伦萨有十三个或十四个不同系列禁止外国货币流通并让佛罗伦萨银币夸特里尼贬值的法令。如果在这一时期，佛罗伦萨像安特卫普一样占据商业的制高点，那么佛罗伦萨的货币政策或进行货币制度改革的尝试会引起我们巨大的兴趣。但佛罗伦萨没有处在商业制高点上，并且无法在其领土上执行自己的法令，令人沮丧的是，甚至某些政策也有部分无法得到执行。由于佛罗伦萨不再拥有以前的商业地位，它只能和其他欧洲国家一样，听凭周边国家货币兑换比率变动及荷兰金融家的摆布。根据1630年4月5日的律法，"考虑到短时间内从不同外国铸币厂输入佛罗伦萨的外国货币数量众多，标准各异"，佛罗伦萨政府禁止所有外国货币在其境内流通。五年后，即1635年，佛罗伦萨的金币大幅度贬值，甚至到了需要立法干预的地步①。1661年2月3日，佛罗伦萨政府再次发现，有必要禁止除银块以外的秘鲁银币雷亚尔及西班牙各种银币的流通，但上述地区的金币仍然能继续在佛罗伦萨流通。列举的法令只是一长串类似法令中的少数例子，但与大型业务运营一样，列举的法令能充分显示货币的变化趋势。

---

① 1635年2月9日，佛罗伦萨政府颁布干预金币贬值的律法，并且在1661年2月3日对其进行了修订。——原注

佛罗伦萨政府法令规定的枯燥无味的细节背后，隐藏着许多商业骚乱和灾难。对此，英格兰的情况将有助于说明。

## 第12节　16世纪到17世纪神圣罗马帝国的货币状况

　　神圣罗马帝国的货币史是一部极其混乱和错踪复杂的历史。神圣罗马帝国最高统治者皇帝缺少强制诸侯执行货币制度的能力。无论在帝国货币条例中，还是在政治领域，这点都明显得到体现。神圣罗马帝国的法令被忽视了，神圣罗马帝国境内每一个独立统治区域，或每一个独立诸侯或诸侯联盟，都能改变神圣罗马帝国的法令或者自己制定法令。从神圣罗马帝国杂乱无章、令人晕眩的货币体系中，我们足以看出货币价值变化的大体趋势，表明神圣罗马帝国货币制度改革的经历与同时期欧洲的经历大致相似。

　　发现美洲对神圣罗马帝国货币体系的影响就像其对尼德兰、法兰西和英格兰的影响一样，直到1520年左右才开始表现出来，并且以在其他国家常见的方式影响着神圣罗马帝国。贵金属涌入、价格变动和货币兑换比率混乱，导致神圣罗马帝国境内抱怨声四起。1520年，神圣罗马帝国在福希海姆召开货币会议。1522年，在纽伦堡的神圣罗马帝国议会上，议员们展开激烈的争论，并且对不可使用的、伪造的、低价值的货币表达了极大的不满，"由于偷窃和货币兑换，金古尔登和银币都流到国外"。正是由于人们在帝国议会上的抱怨，1524年，神圣罗马帝国皇帝查理五世在埃斯林根颁布了神圣罗马帝国三大铸币法令的第一个法令。这部法令的主要内容见下面的表格及附录五。

　　神圣罗马帝国第一部铸币法令产生的效果是将白银与黄金的兑换比率从10∶1或11∶1变为11.38∶1。一古尔登的价值从十七先令四便士上升到十七先令六便士。所有外国金币都以相同的兑换比率兑换，无论谁用更高的价格兑换外国金币，都会受到严重的惩罚。此外，神圣罗马帝国还禁止金银输出，违者判处死刑或没收财产。

然而，神圣罗马帝国皇帝查理五世发布的法令是一纸空文，神圣罗马帝国混乱的货币状况仍在加剧。

**1459年到1621年神圣罗马帝国银币价值变动：根据神圣罗马帝国及其境内邦国铸币条例，以一格罗申银币价值的变动来说明**

| 时间（年） | 每科隆马克铸造的货币数 | 成色 | | 相当于传统货币的价值 | | 协议或条例 |
|---|---|---|---|---|---|---|
| | | 洛特 | 格令 | 克罗伊茨 | 芬尼 | |
| 1501 | 126 | 6 | 1 | 3 | $2\frac{37}{42}$ | 不伦瑞克和吕讷堡公爵亨利四世、不伦瑞克和吕讷堡公爵埃里克一世、希尔德斯海姆主教兰茨贝格的巴托尔德二世达成的希尔德斯海姆、汉诺威、吕贝克和哥廷根等地的协议 |
| 1510 | 160 | 6 | 0 | 2 | $3\frac{1}{4}$ | 哥廷根 |
| 1524 | 136 | 12 | 0 | 6 | $2\frac{8}{17}$ | 神圣罗马帝国皇帝查理五世在埃斯林根发布第一个帝国铸币法令 |
| | | | | 3 | $1\frac{4}{11}$ | |
| | | | | $\frac{1}{2}$格罗特 | | |
| 1533 | 123 | 7 | 0 | 4 | $1\frac{3}{4}$ | 奥格斯堡铸币法令 |
| 1535 | $91\frac{47}{131}$ | 8 | 0 | 6 | $2\frac{101}{874}$ | 奥地利大公斐迪南一世与莱茵王权伯爵、奥格斯堡和乌尔姆的铸币协议 |
| 1551 | $94\frac{1}{2}$ | 7 | 5 | 5 | $3\frac{59}{567}$ | 神圣罗马帝国皇帝查理五世在奥格斯堡第二次发布帝国铸币法令 |
| | 100 | 7 | 6 | 5 | 2 | |
| 1558 | 88 | 6 | 9 | 5 | $2\frac{7}{44}$ | 萨克森铸币条例 |

续 表

| 1559 | $108\frac{1}{2}$ | 8 | 0 | 5 | $2\frac{26}{217}$ | 神圣罗马帝国皇帝斐迪南一世的铸币条例 |
|---|---|---|---|---|---|---|
| 1572 | " | " | 0 | " | " | 下萨克森流通法令 |
| 1610 | 234 | 14 | 4 | 4 | $2\frac{82}{351}$ | 下萨克森流通法令 |
| 1617 | 144 | 8 | 0 | 4 | $0\frac{2}{3}$ | 下萨克森流通法令 |
| 1622 | $108\frac{1}{2}$ | 8 | 0 | 5 | $2\frac{26}{217}$ | 上下萨克森流通法令 |

### 1495年到1621年神圣罗马帝国金币价值变动：根据神圣罗马帝国及其境内邦国铸币条例，用一金古尔登即莱茵盾的价值变动说明

| 时间（年） | 每科隆马克铸造的货币数 | 成色 | | 相当于传统货币的价值 | | | 协议或条例 |
|---|---|---|---|---|---|---|---|
| | | 24 克拉 | 12 格令 | 弗罗林 | 克罗伊茨 | 芬尼 | |
| 1506 | $71\frac{1}{3}$ | 18 | 6 金币 | 3 | 6 | $0\frac{132}{7597}$ | 班贝克、维尔茨堡和勃兰登堡之间的协议 |
| | | 3 | 6 银币 | | | | |
| 1509 | $71\frac{1}{3}$ | 18 | 6 金币 | 3 | 6 | $1\frac{3185}{7597}$ | 法兰克福铸币条例 |
| | | 4 | 0 银币 | | | | |
| 1524 | 89 | 22 | ... | 2 | 54 | $3\frac{5019}{6369}$ | 神圣罗马帝国皇帝查理五世在埃斯林根发布的帝国铸币法令 |
| 1551 | $71\frac{1}{3}$ | 18 | 6 金币 | 3 | 6 | $0\frac{3682}{7597}$ | 神圣罗马帝国皇帝查理五世在奥格斯堡发布的帝国铸币法令 |
| | | 3 | 8 银币 | | | | |
| 1559 | 72 | 18 | 6 金币 | 3 | 4 | $1\frac{2267}{3834}$ | 神圣罗马帝国皇帝斐迪南一世的帝国铸币条例 |
| | | 3 | 8 银币 | | | | |

## 第13节　神圣罗马帝国三大铸币法令

1530年，奥格斯堡议会要求成立专门委员会，以执行最新的铸币法令，并且适当考虑货币状况。神圣罗马帝国政府多次尝试执行新的货币法令，但都徒劳无功。神圣罗马帝国境内的诸侯们采用了唯一可行但致命的计划，即相邻诸侯国在小范围内达成铸币约定。相邻诸侯国间小范围的铸币约定层出不穷，使神圣罗马帝国的货币史变得更错综复杂。九年后的1539年，神圣罗马帝国皇位继承人斐迪南一世在奥格斯堡召开货币会议。事实证明，这次货币会议毫无用处。1548年，相邻诸侯国间的货币协议期满后，奥格斯堡议会再次宣布，召开另一次货币会议缓解货币混乱状态。在1550年10月8日召开的货币会议中，部分会议代表的意见如下："五十年甚至八十多年来，白银与黄金的兑换比率一直在12∶1到13∶1之间。但过去五十年甚至八十多年里，神圣罗马帝国发行的一古尔登价值高于七十六克罗伊茨。自一古尔登的价值高于七十六克罗伊茨以来，外国人比我们更了解莱茵古尔登金币和克罗伊茨的价值。因此，法兰西和英格兰到处搜求古尔登和克罗伊茨。"

因此，神圣罗马帝国官方要求彻底调查和评估混乱的货币状况。1551年，根据1550年货币会议提出的建议和评估报告，神圣罗马帝国在奥格斯堡发布第二部帝国铸币法令。第二部帝国铸币法令的基础是将白银与黄金的兑换比率确定为10.83∶1，这是通过分析当时国外普遍执行的不同货币兑换比率合理预测的结果。与前一部法令一样，第二部帝国铸币法令被证明没有起到作用。随后十年，即1551年到1561年，黄金的相对价值上升，或者说白银的相对价值下降。1559年8月19日，神圣罗马帝国皇帝斐迪南一世在奥格斯堡发布第三部，即最后一部帝国铸币法令。这部法令规定了更高的白银兑换黄金比率，为11.44∶1。因此，一莱茵古尔登的价值从七十二克罗伊茨涨到七十五克罗伊茨。1566年5月30

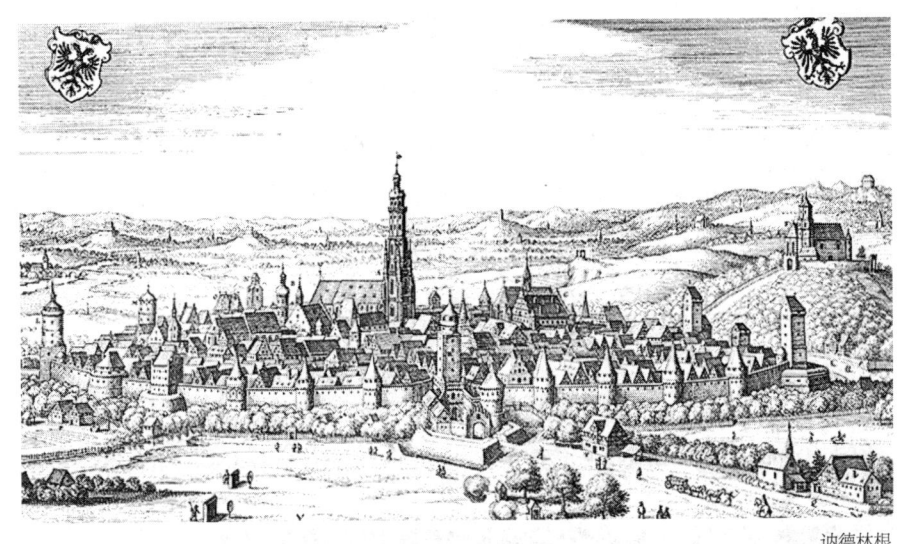

讷德林根

日，在奥格斯堡议会的推动下，神圣罗马帝国恢复铸造银币帝国塔勒。这清晰地表明，银的产量明显增加了。神圣罗马帝国议会提出的建议是1564年讷德林根货币会议的结果。在讷德林根的货币会议上，与会代表就神圣罗马帝国货币疲软及货币价值被低估问题表达了强烈的不满。

事实上，1559年的铸币法令仍然是一纸空文。但名义上，直到1600年，1559年的铸币法令都有效。1566年到1596年，神圣罗马帝国议会至少七次尝试强制执行1559年的铸币法令，并且希望这份法令能跟上时代步伐。1570年，在施派尔召开的议会上，对由于不遵守铸币法令引发的不断增长的铸币金属的损耗，议员们表达了抱怨。除了外国货币和伪币，神圣罗马帝国的流通中没有任何本国货币。因此，生活必需品的价格已经上涨到令人生畏的地步。1571年在法兰克福和1576年10月12日在雷根斯堡召开的议会也有类似的抱怨。神圣罗马帝国重新颁布皇帝斐迪南一世最后的铸币法令，强制要求勃艮第人和瑞士人执行这项铸币法令。对金银铸币的不良状况及莱茵河畔货币兑换商通过货币兑换发财致富，人们怨声载道。由于货币兑换带来的损失，尼德兰人和瑞士人禁止帝国塔勒流通，并且再次禁止所有金银输出。作为货币普遍贬值的例子，人们注意到，银币阿尔博斯已经减少三分之一的重量。此时，需要三十六阿尔博斯才能兑换一古尔登金币。此前，一古尔登金币与二十六阿尔博斯价值相等。

### 第14节　1580年神圣罗马帝国的货币混乱

四年后的1580年，为限制货币流出，奥地利大公斐迪南二世颁布了新的货币价值表。1582年，神圣罗马帝国境内各诸侯国商议了铸币条件

奥地利大公斐迪南二世

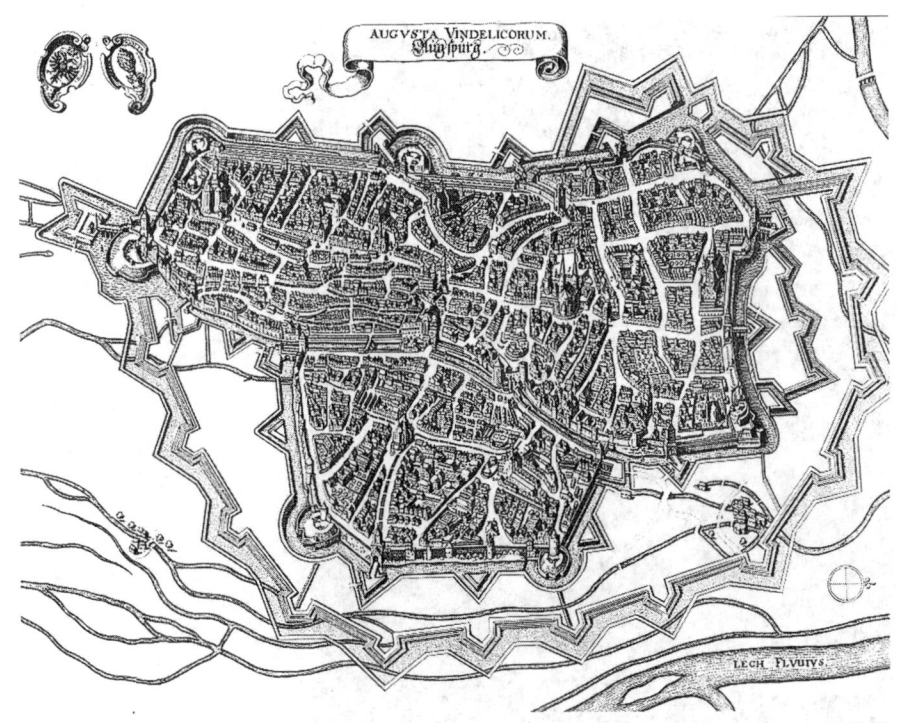

奥格斯堡

后,强烈建议再次禁止输出货币,尤其是意大利人,对禁止输出货币的建议最支持。十七天后的1582年9月20日,在奥格斯堡召开的议会上,神圣罗马帝国政府采纳了禁止货币外流的建议。议会当场通过的法令的序言提到,本国货币中有很大一部分外流,这导致物价不可估量地上涨,并且要求禁止不同种类外国货币在神圣罗马帝国境内流通。

议会通过决议后,1582年12月10日,神圣罗马帝国颁布新的铸币法令。事实证明,与其他铸币法令一样,这次颁布的铸币法令依然没有产生任何效果。两年后的1584年7月,实行铸币法令的三个代表性地区——法兰克尼亚公国、施瓦本公国和巴伐利亚公国开始抱怨货币外流,紧接着的1583年到1586年,数百万货币通过莱茵省流出神圣罗马帝国,流向尼德兰。相比之下,很少有货币流向意大利。

神圣罗马帝国皇帝鲁道夫二世

针对货币外流问题,神圣罗马帝国皇帝鲁道夫二世颁布了另一部无用的法令。1585年,法兰克福集市的商人们发现不得不为使用杜卡特和帝国塔勒缴纳兑换手续费。在商人们的实际交易中,一腓力塔勒的价值被定为八十二克罗伊茨。然而,根据名义上仍然有效的帝国铸币法令,一帝国塔勒的价值应该为六十八克罗伊茨,但在实际交易中价值为七十四克罗伊茨。在实际交易中,商人们确立白银与黄金的兑换比率为11.4∶1。

1586年1月,在确定白银与黄金的兑换比率为11.4∶1的商人中,一部分商人接受了调查。当被问及货币外流的途径时,这些商人解释说是通过纽伦堡进行货币兑换的,并且通过套利,他们可以获取9%或10%的利润。

## 第15节 德意志的劣币危机

然而，从名义上，或者说从理论上，所有修正货币的尝试，以及在相邻地区组成的不同流通圈或者不同货币联盟都有不同规则的情况下，1559年的货币政策将未执行的国内法律延续到1600年。1600年，货币贬值引发了物价剧烈变动及人们的恐慌。因此，这一时期被称为劣币危机时期。在很大程度上，极度严重的恐慌是由于神圣罗马帝国内部混乱的货币体系造成的。内部混乱的货币体系只能使所有良好的金属货币外流，最终造成货币困境。货币困境始于神圣罗马帝国政府根据不同货币的贬值程度铸造较低面额的货币。铸造的一塔勒上涨到高于二十四格罗申银币或三十六马里安格罗申银币。根据1559年的帝国铸币法令，一塔勒的价值与二十四格罗申银币或者三十六马里安格罗申银币的价值相等。1618年，铸造的一塔勒的价值上涨到流通的一塔勒六格罗申银币，即四十八马里安格罗申。1620年，铸造的一塔勒的价值上涨到流通的二塔勒，1621年上涨到流通的七到八塔勒。与此同时，一杜卡特的价值已经上涨到十三弗罗林三十克罗伊茨。

帝国塔勒的价值变动如下表：

| 时间（年） | 弗罗林 | 克罗伊茨 | 时间（年） | | 弗罗林 | 克罗伊茨 |
|---|---|---|---|---|---|---|
| 1582 | 1 | 8 | 1621 | 1月 | 2 | 20 |
| 1587 | 1 | 9 | | 2月 | 2 | 24 |
| 1590 | 1 | 10 | | 3月 | 2 | 30 |
| 1594 | 1 | 11 | | 4月 | 2 | 36 |
| 1596 | 1 | 12 | | 5月25日 | 2 | 48 |
| 1603 | 1 | 14 | | 5月31日 | 3 | 15 |
| 1604 | 1 | 14 | | 6月 | 3 | 6 |
| 1605 | 1 | 15 | | 7月 | 3 | 15 |

续 表

| 年 | 日期 | | | 年 | 日期 | | |
|---|---|---|---|---|---|---|---|
| 1607 | | 1 | 16 | | 8月 | 4 | 0 |
| 1608 | | 1 | 20 | | 8月10日 | 3 | 15[A] |
| 1609 | 6月15日 | 1 | 22 | | 9月 | 4 | 30[A] |
| | 7月7日 | | | | 10月 | 5 | 0[A] |
| | 12月19日 | 1 | 24 | | 11月 | 5 | 30[A] |
| 1610 | | 1 | 24 | | 12月 | 6 | 30[A] |
| 1613 | 9月 | 1 | 26 | | 12月20日 | 3 | 15 |
| 1614 | 8月 | 1 | 28 | 1622 | 1月18日 | 7 | 30[B] |
| 1615 | 3月 | 1 | 28 | | 1月27日 | 4 | 30 |
| | 1月1日 | 1 | 24 | | 2月10日 | 10 | 0[C] |
| | 11月17日 | 1 | 30 | | 3月 | 10 | 0 |
| 1616 | | 1 | 30 | | 3月12日 | 6 | 0 |
| 1617 | | 1 | 30 | | 6月16日 | 3 | 15[A] |
| 1618 | | 1 | 32 | | 10月 | 5 | 0[B] |
| 1619 | 10月 | 1 | 48 | | 11月 | 6 | 0[B] |
| | 12月 | 2 | 4 | 1623 | 4月 | 1 | 30 |
| 1620 | 6月 | 2 | 8 | 最后一个数字一直维持到1669年。 | | | |
| | 11月9日 | 2 | 20 | | | | |

[A] 纽伦堡

[B] 奥格斯堡

[C] 维也纳

金古尔登价值的变动与帝国塔勒价值的变动完全类似。

表格很有说服力，它能显示1621年到1622年货币恐慌和危机的剧烈程度——混乱的劣币危机引发了商业灾难，1621年到1622年为商业灾难的核心时期。与随后伴随复本位制产生的混乱及白银问题一样，针对货币危机的评论和争论富有启发性。在汉堡，一塔勒的价值从1609年的二十四先令逐渐上升到三十三先令。几年中，塔勒的价值经历了让人兴奋的升值过程。

| 时间（年） | | 先令 | 芬尼 | 时间（年） | | 先令 | 芬尼 |
| --- | --- | --- | --- | --- | --- | --- | --- |
| 1609 | 10月 | 36 | 0 | 1618 | 7月 | 42 | 6 |
| 1610—1613 | | 37 | 0 | | 9月 | 43 | 0 |
| 1614 | 12月 | 37 | 6 | | 11月 | 44 | 0 |
| 1615 | 8月 | 38 | 9 | 1619 | 9月 | 46 | 6 |
| 1616 | 1月 | 40 | 0 | | 10月 | 48 | 0 |
| | 8月 | 41 | 0 | 1620 | 8月 | 52 | 0 |
| 1617 | 4月 | 40 | 6 | 1621 | 2月 | 53 | 0 |
| | 8月 | 41 | 0 | | 3月 | 54 | 6 |
| | 9月 | 41 | 6 | | 5月 | 54 | 0 |
| | 11月 | 42 | 0 | 1622 | 5月 | 48 | 0 |

1609年3月3日，基于对即将到来的铸币混乱的预测，梅克伦堡、石勒苏益格-荷尔斯泰因、吕贝克和汉堡达成铸币协议。"对国家和人们来说，混乱的铸币是最大的灾难。为防止铸币混乱，我们需要提前采取预防措施，阻止更多种类银币进入流通领域。"七年后的1616年1月10日，汉堡的商人和金融家上交一份请愿书。在这份请愿书中，汉堡的商人和金融家们抱怨，由于混乱的货币体系，贸易和货币兑换正远离汉堡。短期内，在与法兰克福的货币兑换中，三十二吕贝克先令的价值已经从七十四克罗伊茨下跌到六十二克罗伊茨。在与阿姆斯特丹的货币兑换中，三十二吕贝克先令的价值从四十六斯蒂弗下跌到三十九斯蒂弗。然而，对参议院设立外汇银行的提议，商人们无话可说，他们认为设立外汇银行是不必要和危险的。此外，参议院要求取缔商人为方便结算使用的纸币。

然而，三年后的1619年，参议院强烈呼吁成立一家银行。在决议的序言中，银行成立的前提是，"众所周知，迄今为止，混乱的货币体系引发了巨大的灾难。这既是由于较大面额银币兴起，又是由于低价值的较小面额银币过度流入造成的。因此，个人利益及教会、医院、寡妇和孤儿等群体的共同利益遭到极大的损害"。

## 第16节 1619年汉堡银行成立

1619年，根据议会决议，著名的汉堡银行成立了。后来，汉堡银行的发展对德意志北部货币史和商业史具有十分重要的意义。

值得注意的是，德意志危机发生在英格兰危机爆发前几个月。虽然英格兰没有出现严重的铸币和货币混乱，但德意志货币危机和英格兰的货币危机存在一些相似之处。实际上，货币和铸币混乱在一定程度上加剧了德意志的货币危机。

1623年，神圣罗马帝国举行了一次由各地区代表团参加的铸币会议。根据铸币会议的内容，神圣罗马帝国建立了新的帝国货币体系基础。根据这次铸币会议确立的帝国体系基础，每马克白银被铸造为九帝国塔勒二格罗申。一塔勒的价值被规定为九十克罗伊茨，一金古尔登的价值被规定为一弗罗林四十四克罗伊茨，一杜卡特的价值被规定为二弗罗林二十克罗伊茨。令人厌倦、灾难性的三十年战争期间，这次铸币会议有关货币价值的规定一直保留在铸币法中。实际上，三十年战争期间是德意志货币史的空白时期。1665年，神圣罗马帝国货币史开始了一个新时期。此时，我们再次听到货币面额较低的抱怨。但在多大程度上，德意志货币史的沉寂要归功于1623年的货币铸造处理机制的经济智慧，或者归因于三十年战争，我们很难说清。德意志经历的痛苦难以言说，其痛苦几乎完全隐藏在黑暗之中，不为我们所知。三十年战争时期，德意志的国民生活受到严重影响，商业活动甚至中断。

## 第17节　17世纪西班牙的作用

16世纪和17世纪，西班牙在欧洲货币体系中的作用十分简单。西班牙发现了新世界，是金属财富的接受者和分配者，并且自然而高效地完成了贵金属的分配任务。然而，西班牙完成贵金属的分配任务是以西班牙的政治、商业前途为代价的。如果西班牙王国是一个独立的商业国家，可以自给自足，那么新大陆的金属财富会在西班牙停留更长时间，欧洲其他地区会因此挨饿。然而，西班牙王国不是自给自足的独立商业国家。西班牙生产的商品很少，加工制造的商品更少，流向西班牙海滨的是从美洲以不正当手段获得的沾满血迹的利润，这只助长了西班牙不切实际的虚荣心，使西班牙更不适合发展制造业和商业。直到现在，美洲金属财富的发现对短暂的西班牙帝国的灾难性影响仍然存在，因为西班牙的秉性和经历仍然和以前一样，不适应商业生活。来自新世界的金银财富给西班牙带来了惩罚。西班牙发现，自己可以用来自新世界的金银购买任何东西。于是，西班牙王国全身心投入到军事征服中，并且放弃了商业。西班牙的产品来自西班牙想要征服奴役的英格兰和低地国家。17世纪结束前，西班牙的金币拿到英格兰和尼德兰等地交换时，英格兰和尼德兰都为西班牙的金币感到高兴。但值得注意的是，如果西班牙具备合理分配贵金属的能力，那么恰当分配贵金属的唯一必要条件是维持一种坚挺的货币。贵金属迅速离开西班牙的原因很简单，因为在比较长的一段时间内，西班牙的对外征服维持了西班牙货币的价值。西班牙货币的贵金属含量很高，成色很好，价值高于法兰西和尼德兰现行货币的价值。因此，法兰西和尼德兰急切寻找西班牙货币。西班牙货币没有也不可能通过正常贸易方式离开西班牙，而是通过未被承认的复本位制体系下的套利机制离开西班牙。正是由于西班牙货币具有较高的质量，1641年，法兰西政府采用了西班牙的货币体系。我们没有在西班牙听到任何关于货币损耗或由此引发商业混乱的抱怨——相关抱怨是欧洲其他国家货币史的标志性事件,因为西班牙的金属储备不断得到补充,并且西班牙没有商业活动受到干扰。美洲的金银源源不断流向西班牙,并且通过西班牙源源不断流向尼德兰和欧洲其他地区。只要贵金属在流通过程中经过西班牙领土,贵金属的主要来源是美洲,并且西班牙垄断贵金属产品的流通,西班牙就可以站在复本位制的制高点。西班牙虽然没有立即感受到复本位制造成的伤害,但复本位制法则无止境地吸走西班牙的财富。因此,在贵金属流通领域失去垄断地位前,西班牙的货币体系不会受到其他欧洲国家常见的货币干扰、商业动荡、货币会议和法令的影响。在西班牙货币史出现的是规定货币金属纯度的铸币条例,以及为根据金银价格的整体变动慢慢调整货币金属纯度的记录。在铸币条例中,1537年的《胡安法令》和《卡洛斯法令》规定了西班牙皇冠币和埃斯库多的含金量标准为二十二克拉黄金,"这是法兰西政府和意大利政府发行的更大面值的埃斯库多的标准"。从此,西班牙才有了具有国际意义上可供比较的法令。

1497年,西班牙王国开始海外殖民,到1558年,西班牙的货币体系没有发生任何变化。1523年,在巴利亚多利德的议会上,人们请求西班牙国王查理一世[①]降低金币的标准和含金量,"降低金币标准和含金量后,西班牙金币的价值和含金量与法兰西铸造的太阳皇冠币相同,使法兰西人不会再从西班牙王国攫取黄金"。由于对货币相关知识不了解,西班牙议会要求减少银币数量,并且在相对贬值的基础上发行银币。直到1537年,西班牙国王才屈服,在1537年的法令中采纳了议会的提议。可以肯定地说,议会通过降低金币价值和含金量的决议时,降低金币价值和含金量的需求已经消失。

---

① 即神圣罗马帝国皇帝查理五世。

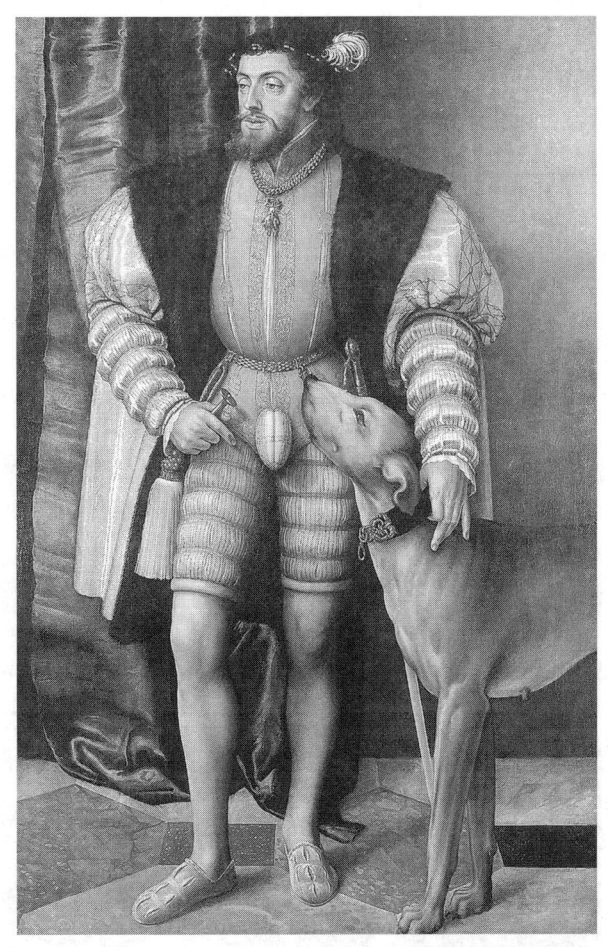

16世纪20年代的西班牙国王查理一世

1523年西班牙议会的请愿书记载，大约在1519年到1520年，贵金属价格变动是欧洲历史的标志性事件，并且造成了西班牙贵金属流失，但大量来自美洲的金属很快弥补了西班牙流失的贵金属。西班牙发现金银很容易获得。于是，西班牙就毫不在意金银的流失了。1537年的法令颁布后，在西班牙的立法中，只有一项对货币外流抱怨的记录，即1552年，为防止金银货币外流，西班牙决定改变金银货币合金含量，"因为我们知道，金银货币的内在价值在其他国家比在西班牙更高"。

## 第18节　西班牙对贵金属外流的消极态度

1500年到1660年，西班牙的铸币法令只是随着欧洲物价总体变动颁布。对贵金属外流，西班牙官方的应对方式完全是消极的。西班牙政府没有试图操纵金银兑换比率以阻止贵金属外流。1566年，西班牙国王腓力二世进一步将金币面值提高七分之一。这一措施具有消极的一面，虽然西班牙国王腓力二世的做法只是为满足自己卑鄙的欲望，即通过货币部分贬值填补西班牙枯竭的国库。当比较法兰西和西班牙贵金属价值的变动和物价变动后，我们会发现，贵金属价值上涨是正常和普遍的。

西班牙国王腓力二世

1609年和1612年，西班牙一步步改变货币价值属于正常举措。对此，我们无需过多评论。从以上分析来看，西班牙政府的政策显然只是机械地遵循整个16世纪贵金属价值变动和物价变动的总趋势。对贵金属外流，西班牙政府毫不在意，没有轻微或强烈的痛觉。当其他国家忙于认真地、有时甚至绝望地保护贵金属库存时，西班牙政府的目光都集中在征服海外和帝国的发展上。1598年，西班牙国王腓力三世即位时，西班牙政府为海外征服付出了巨大代价。此时，西班牙的国家债务超过一亿杜卡特，这在当时是巨额债务。因此，在西班牙国王腓力四世统治时期，西班牙政府开始发行巨额基础货币，纯粹作为金融、财政或预算的权宜

西班牙国王腓力三世

之计，与任何货币价值的变动无关。西班牙政府发行的货币很多。1652年，黄金和白银的溢价与金币和银币相比，固定在10%。1625年，与金币和银币相比，黄金和白银的溢价分别达到25%和28%。1641年9月，与金币相比，黄金的溢价达到50%[①]。

西班牙发行的基础货币往往是西班牙唯一可见的货币。因此，西班牙金银货币贬值加速了西班牙存储的贵金属的流失，但这与我们正在调

西班牙国王腓力四世

---

① 见本书附录三，西班牙货币账目。——原注

查的两种贵金属的总体价值变动几乎没有关系，或者根本没有关系。西班牙政府大量发行的基础货币更像过度发行和低价值的纸币。

金属数量的增加或减少、金属价格的震荡和不稳定，对研究这一时期处于复本位制法则和体制作用下的欧洲其他国家货币史提供实际案例，并且具有启发意义。然而，西班牙没有任何受到复本位制影响的痕迹。西班牙稳步接收金属，然后稳步输出金属。通过西班牙，金属被输送到欧洲其他国家，西班牙的职责是分配金属。当西班牙失去对金属分配的垄断时，与法兰西、英格兰或德意志一样，西班牙政府并没有对遭到破坏的复本位制采取补救措施，这使西班牙成为复本位制恶性运作的典型例子。直到西班牙失去对贵金属垄断，西班牙政府才采取补救办法。在每年的商船队中，西班牙政府用沾满苦工血迹的贡品应对眼前复本位制的毁灭。

### 第19节　1500年到1660年英格兰金银铸币

以下几张表简明扼要地介绍了英格兰1500年至1564年的金银铸币的情况。

**1500年到1660年英格兰银币表**

| 时间（年） | 货币名称 | 采用金衡格令衡量的重量 | 时间（年） | 货币名称 | 采用金衡格令衡量的重量 |
|---|---|---|---|---|---|
| 1504 | 便士 | 12 | 1552 | 便士 | 8 |
|  | 格罗特 | 48 |  | 先令 | 96 |
|  | 先令 | 144 |  |  |  |
|  |  |  | 1553 | 便士 | 8 |

续　表

| | | | | | | |
|---|---|---|---|---|---|---|
| 1527 | 便士 | $10\frac{1}{2}$ | | 格罗特 | 32 | |
| | 格罗特 | $42\frac{1}{2}$ | | 先令 | 96 | |
| 1543 | 便士 | 10 | 1560 | 便士 | 8 | |
| | 格罗特 | 40 | | 格罗特 | 32 | |
| | 先令 | 120 | | | | |
| | | | 1601 | 便士 | $7\frac{3}{4}$ | |
| 1549 | 先令 | 80 | | 先令 | $92\frac{3}{4}$ | |

## 1500年到1660年英格兰金币表

| 时间（年） | | 货币名称 | 采用金衡格令衡量的重量 | 纯度 | | 等值物 | | |
|---|---|---|---|---|---|---|---|---|
| | | | | 克拉 | 格令 | | | |
| 亨利七世 | 1489 | 君主币 | 240 | 23 | $3\frac{1}{2}$ | 1磅 | 0 | 0 |
| 亨利八世 | 1527 | 玫瑰贵族币或雷亚尔 | 120 | 23 | $3\frac{1}{2}$ | 0 | 11 | 3 |
| | | 君主币 | 240 | 23 | $3\frac{1}{2}$ | 1 | 2 | 6 |
| | 1544 | 天使币 | 80 | 22 | 0 | 0 | 8 | 0 |
| | | 克朗 | $57\frac{21}{67}$ | 22 | 0 | 0 | 5 | 0 |
| | | 英镑 | 200 | 22 | 0 | 1 | 0 | 0 |
| | 1545 | 克朗 | 48 | 20 | 0 | 0 | 5 | 0 |
| | | 英镑 | 192 | 20 | 0 | 1 | 0 | 0 |
| 爱德华六世 | 1549 | 英镑 | $169\frac{7}{17}$ | 20 | 0 | 1 | 0 | 0 |
| | 1550 | 天使币 | 80 | 23 | $3\frac{1}{2}$ | 0 | 8 | 0 |

续 表

| | | | | | | | | |
|---|---|---|---|---|---|---|---|---|
| 爱德华六世 | | 君主币 | 240 | 23 | $3\frac{1}{2}$ | 1 | 4 | 0 |
| | 1551 | 英镑 | $178\frac{8}{11}$ | 22 | 0 | 1 | 0 | 0 |
| 玛丽一世 | 1553 | 天使币 | 80 | 23 | $3\frac{1}{2}$ | 0 | 6 | 8 |
| 伊丽莎白一世 | 1558 | 天使币 | 80 | 23 | $3\frac{1}{2}$ | 0 | 10 | 0 |
| | | 君主币 | 240 | 23 | $3\frac{1}{2}$ | 1 | 10 | 0 |
| | | 英镑 | $174\frac{8}{11}$ | 22 | 0 | 1 | 0 | 0 |
| | 1601 | 天使币 | $78\frac{66}{73}$ | 22 | 0 | 0 | 10 | 0 |
| | | 英镑 | $171\frac{61}{67}$ | 22 | 0 | 1 | 0 | 0 |
| 詹姆斯一世 | 1603 | 英镑 | $171\frac{61}{67}$ | 22 | 0 | 1 | 10 | 0 |
| | 1604 | 联合金币及两辅币，两克朗，英格兰克朗和蓟花克朗 | $154\frac{2}{3}$ | 22 | 0 | 1 | 0 | 0 |
| | 1605 | 天使币 | $71\frac{1}{9}$ | 23 | $3\frac{1}{2}$ | 0 | 10 | 0 |
| | 1610 | 天使币 | $71\frac{1}{9}$ | 23 | $3\frac{1}{2}$ | 0 | 11 | 0 |
| 黄金含量上升10% | | 联合金币 | $154\frac{26}{31}$ | 22 | 0 | 1 | 2 | 0 |
| | 1619 | 天使币 | $64\frac{11}{15}$ | 23 | $3\frac{1}{2}$ | 0 | 11 | 0 |
| 查理一世 | 1625 | 天使币 | $64\frac{11}{15}$ | 23 | $3\frac{1}{2}$ | 0 | 10 | 0 |
| | | 联合金币 | $140\frac{20}{41}$ | 22 | 0 | 1 | 0 | 0 |

1500年到1660年英格兰各种金币中，采用便士衡量的每格令黄金，即纯度为二十三克拉三又二分之一格令的每格令黄金价值具体情况如下表。

| 时间（年） | 采用便士衡量每格令黄金的价值 | 时间（年） | 采用便士衡量的每格令黄金的价值 |
| --- | --- | --- | --- |
| 1527 | 1.125 | 1601 | 1.626 |
| 1544（22克拉） | 1.281 | 1603（22克拉） | 2.236 |
| 1545（20克拉） | 1.470 | 1604 | 1.655 |
| 1549（22克拉） | 1.518 | 1605 | 1.27 |
| 1550 | 1.2 | 1610 | 1.856 |
| 1551（22克拉） | 1.425 | 1619 | 2.052 |
| 1553 | 1.0 | 1625 | 1.851 |
| 1558 | 1.5 | 1625（22克拉） | 1.838 |
| 1558（22克拉） | 1.425 | | |

这几张表证明的事实完全一致。大致来说，英格兰货币价值的变动使整个欧洲贵金属价格上涨。英格兰没有经历货币价值的震荡，也没有因为复本位制规律的作用出现商业灾难。1500年到1660年，英格兰的国家文件中有大量资料可以证明复本位制没有在当地引发商业灾难。

一旦欧洲大陆的黄金价格开始上涨，优质的英格兰金币就会消失并外流，取而代之的是欧洲大陆贵金属含量更低的货币，或者拥有同等重量的贵金属含量但面值更高的货币。由于伴随物价上涨的是贸易额不断增长，贸易增长要求宽松的货币政策而不是紧缩的货币政策，这使货币的实际贬值压力更大。

### 第20节　托马斯·沃尔西的铸币管理政策

1519年是特别的一年，这一年欧洲大陆航海事业开始崛起，这一

托马斯·沃尔西

年在贵金属供应方面,英格兰开始出现动荡。在英格兰档案局保存的国家文件中,有一份1519年6月,德意志人赫尔曼·金写给托马斯·沃尔西的建议书。"如何从德意志进口金银为铸币领域带来最大利润",赫尔曼·金建议在适度压低价格的基础上,以一定的价格承包贵金属的固定供应,并且补充道:"如果托马斯·沃尔西指定一个人接受货币,那么我每年将按约定好的价格交付两千马克或四千马克贵金属,但必须保密,因为如果供应贵金属被发现,那么我将陷入十分危险的境地。由于拥有自己的铸币厂,德意志的诸侯们不愿任何白银流失。"

1523年,货币兑换产生的影响使英格兰国王亨利八世和神圣罗马帝国皇帝查理五世意识到,英格兰王国与神圣罗马帝国不得不签订条约,即1523年的"新旧货币改革"。在交易中,亨利八世和神圣罗马帝国皇帝查理五世试图限制使用包括佛兰德斯金币雷亚尔、西班牙金币卡洛斯和两卡洛斯在内的主要货币,并且达成进一步的协议①,即除非新货币拥有与英格兰银币相同的固定价值,并且得到英格兰和神圣罗马帝国君主的认可,神圣罗马帝国政府不向英格兰商人支付德意志、意大利、西班牙、法兰西或其他地方发行的新货币。

1524年12月,托马斯·沃尔西希望派遣专员前往低地国家,并且要求低地国家将所有估值过高的货币降到正常价值水平。但通过住在梅克琳的威廉·奈特,托马斯·沃尔西获悉,"与几位每天都听参议会意见的人交谈后,听到参议会意见的人认为,德法意战争持续期间,不太可能完成降低估值过高货币价值的任务,因为现在主要的商品是资产。另外,由于法兰西对英格兰金币估值很高,英格兰如果降低金币估值,那么金币会被带到对岸的法兰西"。

采用任何与托马斯·沃尔西一样的方法都注定没有效果,英格兰国王亨利八世的政府采取了更明智的改变货币面额的计划。1526年7月24日,托马斯·沃尔西接到委任状,"把英格兰货币的价值提高到与外国货币相等的水平"。委任状包含的信息十分简洁明了,"在通用的货币中,一磅天使金币②的价值为二十七英镑。加入合金后,一磅天使金币的价值为二十九英镑六先令,其中的十一先令允许铸币厂厂长压印加工。作为回报,托马斯·沃尔西给商人们名义价值为五先令但实际价值只有四先令十又二分之一便士的一百零八枚玫瑰皇冠币。一磅天使金币制成货币后,价值为二十六英镑六先令八便士。因此,在铸币过程中,在每磅黄金中,英格兰政府能获得四十八先令四便士的收益"。

1526年8月22日,经过委员会的调查,英格兰政府发布公告,改变货币兑换价值。一太阳皇冠币的价值被规定为四先令六便士,但四年前一

---

① 具体内容见本书附录四。——原注
② 即纯度为二十三克拉三又二分之一格令。——原注

太阳皇冠币的价值只有四先令四便士。与此同时，一杜卡特的价值从四先令六便士上升到四先令八便士。

1526年10月30日，英格兰政府发现金币仍在增值，货币仍在外流。因此，英格兰政府调查了货币的金属纯度和价值。1526年11月5日，根据评判委员会的结论，英格兰政府发布了第二份公告，"检查因欧洲大陆货币升值产生的货币外流情况"。在这份公告中，一君主币的价值被规定为二十二先令六便士[①]，并且其他金币也按同一比例升值。银币按照以前的兑换比率发行，但对新发行的银币，英格兰政府制定了新的发行方案。依据新的发行方案，每金衡磅白银被铸造成三先令九便士。最终，外国金币杜卡特被视为金块，甚至没有固定兑换比率。

与此同时，为补充货币，托马斯·沃尔西试图通过谈判从安特卫普获得黄金供应。1526年11月21日，关于补充货币的问题，托马斯·沃尔西在安特卫普的代理人哈克特写了一封奇怪的信。哈克特写道："这两天，我一直试图在交易方面，与主要的商人达成共识，但没有商人愿意议价，因为托马斯·沃尔西限定我只能以四先令六便士的价格购买杜卡特。但像杜卡特这类金币，铸币厂一定会支付四先令十便士以上的价格。对于杜卡特，商人们要么接受金币，要么接受太阳皇冠币和格罗特。最好的办法是让商人们中的一两位代理商来见托马斯·沃尔西。英格兰政府可以将金币的价值提高2%或者3%，甚至更高的幅度。这样，商人们会很乐意将金币带出原来的领地。"

1527年的新铸币法完全符合1526年11月的公告。就铸币税率或货币兑换的绝对价值而言，新货币起到恢复平衡的作用，从而使英格兰的货币价值与欧洲大陆的货币价值保持相同的升值幅度。然而，在兑换比率问题上，1527年的新铸币法几乎没有任何变化。

---

① 此前，一君主币的价值被规定为二十先令六便士。——原注

在旧标准货币①中，金银兑换比率仍像以前一样为$1:11\frac{151}{755}$。在新标准货币中，金银兑换比率略有提高，提高到$1:11\frac{59}{220}$。然而，在当时的情况下，无论是货币兑换的约定，还是比率问题，新的铸币措施只能获得暂时的成功。与以往一样，英格兰政府始终不断观察欧洲大陆贵金属价格的变动，使英格兰的制度适应欧洲大陆贵金属价格的变动仍是非常必要的。一份1529年的国家文件很清晰地描绘了当时的情况：

> 由于最后一条关于黄金的法令，在伦敦，英格兰、意大利、佛兰德斯和西班牙的商人产生了交易纠纷。作者了解到，英格兰进口十万克朗和一万英镑的黄金。除非这批黄金被谨慎对待，否则会被商人们再次输出。英格兰发布新的铸币公告后，在佛兰德斯，黄金的公开标价比以前更高，一贵族币标价为二十四格罗特……因此，作者建议警告各个港口的守卫者忠于自己的职责，确保没有黄金被带离英格兰王国。

### 第21节 1537年英格兰和尼德兰的货币兑换比率

然而，英格兰铸币厂记录的金银兑换比率好几年没有发生变化，这是1527年铸币法令确定的货币新铸造标准具有较高效率的显著证据。伴随着稳定的贸易增长和物价上涨，这部铸币法令见证了流通中货币数量的稳定增长。然而，1535年，英格兰再次听到将货币运输到国外的抱怨。因此，1535年7月15日，英格兰发布防止货币外流的公告。英格兰货币变动是完全符合规律的。1537年5月10日，赫顿在从布鲁塞尔写给托马斯·克伦威尔的信中说道："以前，为了利益，黄金被从国外搬运到英

---

① 即纯度为二十三克拉三又二分之一格令的货币。——原注

托马斯·克伦威尔

格兰。现在，大量货币以纯银币格罗特的形式被运送到尼德兰等地。货币外流将减少英格兰国内的货币，损害布料的销售，因为在尼德兰流通的只有三种货币——太阳皇冠币、银币格罗特和海尔德兰省铸造的"骑士格尔德"。1537年8月6日，赫顿在布鲁塞尔再次写道："交易停止了，很多货币很可能被转移到尼德兰等地，尽管所有转移来的货币都应该贬值……对货币的转出将阻碍英格兰克尔赛呢衣物贸易的发展，并且大量货币将从英格兰转移到尼德兰。"

仅仅由于欧洲大陆金银兑换比率改变，1526年的黄金外流转变成1539年的白银外流。白银相对较大幅贬值始于1550年。1550年前，金银两种金属价格的总体变动趋势是在相同水平线上，虽然偶然会表现出白银升值或黄金相对贬值。在处于低兑换比率时，英格兰的白银价格更低。在寻找货币兑换差价的搜索者和立法者的缝隙间，英格兰白银不可避免地倾向外流。与此同时，英格兰立即呈现出贸易国际化或金融国际化的趋势。欧洲不一致的货币体系使货币向一个地方流入，在另一个地方流出。于是，加来的英格兰商人在市场上通过贵金属交易获得大量利润。1538年8月27日，一位商人在给英格兰国王亨利八世的信中写道："我们的衣服卖得很好，加来有大量货币，所有商品都很贵。您的物品将会带回超过价值三千英镑的天使币和杜卡特。我们在加来寻找所有的天使币，给我一便士，让我将天使币和杜卡特带回英格兰。因此，我相信短时间内加来几乎不会剩下什么金币了。"

## 第22节　1544年英格兰的货币政策

1539年4月15日，尼德兰政府颁布的货币法令使尼德兰当地货币面值面临上升威胁。与此同时，英格兰国王亨利八世立刻发现自己需要改变1527年建立的货币基础。1542年，每枚银便士含银量从十又二分之一格令减少到十格令。1544年后不久，一天使币的价值从七先令六便士提高到八先令。1544年5月16日，英格兰政府发布强制执行公告。每盎司黄金价格从四十五先令上涨到四十八先令。每盎司白银价格由三先令九便士上涨到四先令。因此，依据这两种金属的购买价格，英格兰的金银兑换比率没有变化，但以铸币厂铸造成金币和银币后的发行价格为基础计算，1544年后不久，一天使币的价值从七先令六便士提高到八先令。在公告中，英格兰政府将白银与黄金兑换比率的变化归因于"佛兰德斯和法兰西等国外地区金属价格上涨，如果不采取补救措施，那么国外金属价格上涨会迫使所有货币流出英格兰。虽然为避免货币外流，英格兰王国要求港口的客户执行不得将英格兰货币带到国外的法令，但为了获得巨大收益，英格兰王国港口的客户仍然会秘密地将货币带到国外。"

因此，如果公正地评价1544年的货币措施，那么我们会发现，1544年的货币措施并不是造成货币贬值的主要原因。将1544年的法令看作货币贬值的开端是不正确的，货币贬值使英格兰国王亨利八世统治后期及其子爱德华六世的统治时期蒙羞。1544年的措施只是正当的自卫和货币保护行为。真正的货币贬值开始于两年后，即1545年和1546年，根据约定，每枚泰斯通银币的纯银量从十盎司降到四盎司，合金含量从以前的两盎司增加到后来的八盎司。1550年，一枚泰斯通包含的纯银量进一步降低到三盎司。

本书只讨论在复本位制法则下，贵金属价格自发、正常的涨跌。因此，我们认为英格兰政府有计划的货币贬值史与本书主题无关。迄今为止，货币贬值的操作，即降低货币价值，仍然是十分随意地采取措施使货币背离金属价格的自然规律。这意味着经济自然规则的停滞。对随后发生的事件，我们应该分开对待。在现实中，贬值总是偏向于在恶性复本位制规则下发生，这可能导致人们将贬值的原因部分归咎于自然法则的正常作用。然而，货币贬值四分之三的原因是由于政府的武断行为。

因此，在复本位制的历史中，各国政府对待金币贬值和银币贬值的应对措施是不公平的。

然而，鉴于以上观点，我们对相关推论和暗讽持保留态度。我们可以展示复本位制法则是如何通过恶意行为、采用何种方式促使货币贬值，并且以此分析货币贬值问题。1544年的货币贬值是英格兰货币史上唯一一次货币贬值实例的记录，其贬值证据极具价值。

## 第23节　都铎王朝的货币贬值

为发展对外贸易而使货币贬值的做法是愚蠢的和有害的。货币的价值是根据货币纯金属含量估算的。在国际上，货币兑换是按货币的纯金属含量估算货币价格的。货币贬值的后果是，外国商品的价格明显地与货币贬值程度成正比例上涨。外国商品价格的上涨立即扰乱了国内贸易的价格，并且使国内贸易的价格上升到国外同等水平。由于贸易摩擦、局部无知、缺乏沟通，国内贸易价格的上涨幅度在不同地区是不相同的。国内贸易价格在各地不相同的上涨幅度导致货币兑换比率的不同，这为重金主义者或金融家提供了机会。重金主义者或金融家会迅速无形地使好的货币品种或者能带来利润的不同货币品种从流通中消失。于是，不断上涨的价格不再伴随货币数量的扩大或增加而上涨。相反，价格将在可接受的或有效的货币总量中大幅下降。因此，贸易衰落，城镇和乡村遭到巨大灾难。

这不是从论文中推理得出的结果，而是对历史和事实的明确陈述。

16世纪和17世纪，英格兰主要从事毛织品贸易。考文垂是从事毛织品贸易的重要城镇，并且以繁荣富裕著称。爱德华六世统治的第三年，即1549年，英格兰货币贬值到最低点时，考文垂的毛织品贸易消失了，考文垂的人口减少到三千人，"在记忆中，考文垂曾经有一万五千人生活"。

独特的"关于英格兰王国共同利益的对话"，很可能是发生在破败不堪的小镇考文垂的一幕。物价的上涨，以及考文垂小镇发展的总趋势，都已经得到充分证实。考文垂当地帽子制造商说："我有很好的经验，相比过去，我不得不给我的员工每天多支付两便士工资。然而，我的员工们说我付给他们的薪酬不够他们在考文垂生活。众所周知，考文垂曾经是座安定富足的城市。但由于居民减少，现在考文垂陷入极度荒凉和贫穷中。"

这位帽子制造商继续说："因此，除了伦敦，在英格兰大部分城镇，不仅原来发展较好城镇的房屋、街道和其他建筑物破落不堪，甚至连乡村的公路、桥梁也破落不堪。由于英格兰到处都很贫穷，因此几乎没人有多余的钱修建道路、桥梁及其他公共便利设施。我从来没想到，所有东西会像此时这样普遍缺乏。不但英格兰境内的物价在不断上涨，

骑士

而且来自国外的其他商品,如丝绸、葡萄酒、油料的价格也在上涨……我知道,1542年时所有商品的价格只有现在的三分之一。"

骑士说:"像我们这样居住在英格兰的骑士,虽然每年有二百英镑的收入,但仍买不起1533年用二百英镑就能买到的房子。"

因此,对国外商品价格上涨的过程,商人和博士展开争论。

商人说:"作为商人,为一切从海外运送过来的每件商品,我们支付了更高的金额,甚至支付了高出原价三分之一的金额。海外的商人们不会接受我们的货币购买他们的商品,如同海外商人过去乐意做的那样。我们不得不帮海外商人购买英格兰的商品,这使我们多支出三分之一,甚至一半的金额。商品比以前更贵了,过去十年里,我们用四先令八便士就能购买一码布,但现在需要八先令才能买到。另外,当以如此高昂的价格买到国外商品后,我们没有好的渠道销售,虽然以前我们能为国外商品找到很好的地方销售。这是没有太多买家，买家缺乏购买力导致的。不过，在出售国外商品时，我们的确考虑了购买价格。"

博士认为："我毫不怀疑，如果有任何人通过交易某种物品弥补了损失，那么你们所有商人都会从事这种物品的交易，因为无论交换的物品是什么，只要在交换中恰巧有机会获得利润，作为商人，你们能立刻发现。你们一旦认为价格要上涨时，会像以前一样立即抛掉一些货币。你们发现在海外会获得什么，就会将英格兰王国大部分地区所有原来的货币收集起来，并且找到让原来货币继续流通的方法。因此，英格兰几乎没有留下原来的货币，如没有贬值的良币。在我看来，商人操纵货币是目前商品严重匮乏的重要原因。因此，更精确地说，我们为海外商人设计了一种腐化我们货币和财富基础的方法。海外商人可以用黄铜购买我们的黄金和白银，还以免费方式购买了我们的主要商品。人们原认为，在英格兰，货币贬值应该是一种手段。通过货币贬值，人们不仅可以将财富带回英格兰，还能带回许多其他财富，但这与现实相反。因此，我们对货币贬值保持怀疑态度，觉得这种做法十分愚蠢……你难道没看到，在陌生人中间，我们的货币已经失去信誉？在所有其他国家的货币面前，我们优质的货币使陌生人渴望永远为我们服务，满足我们的需要。然而，现在，要不是为了获得我们的商品，如羊毛、毛毡、油脂、黄油、奶酪、锡和铅，陌生人什么也不会为我们留下。此前，他们常常带来与英格兰货币同样质量优良的金币或银币，或者增加相同价值的必需商品。现在，他们像我前面说的那样，将不值钱的杂货商品，如眼镜、葛里炸药罐、网球、纸张、腰带、胸针……带给我们。正如我以前说过的，为了获取我们的金银财宝和上述商品，海外商人为我们送来了黄铜。我保证人们不会看到金银像以前一样被带到英格兰来，这不足为奇。海外商人出于什么目的将金银带到英格兰来呢，金银在英格兰并没有较高的估价。因此，我听说了一个事实，并且我相信这是正确的，因为英格兰的货币贬值了。陌生人伪造了我们的货币,并且找到了将大量伪造货币运到英格兰的方法。他们完全是为了获取英格兰的黄金和白银,也为了获得我们的主要商品。我向你们报告的事情,可能会给英格兰国王爱德华六世带来不便,使英格兰王国遭受痛苦,并且会在短时间内发生……此外,英格兰国王爱德华六世不是发布过公告,说我们原来的货币是专门用黄金铸造的,原来的货币在流通中的价值不应该高于货币贬值后的价值吗?因为一切东西都将流向估值最高的地方,难道低估金银的价值不是将黄金从我们手中赶走的最容易的办法吗?因此,我们的财富通过轮船离开英格兰……我听说,在这段时间内,法兰西和佛兰德斯也有黄铜和金银铸造的货币外流到国外,但这并没有将法兰西和佛兰德斯其他良币驱逐出去。法兰西和佛兰德斯流出的货币无论怎样使用,都在流通当中,况且法兰西和佛兰德斯货币充足。因此,我认为自己应该学习法兰西人和弗拉芒人的智慧。我们要将一种货币与另一种货币的兑换比率保持在与法兰西货币和佛兰德斯货币相同的兑换比率,使法兰西人和弗拉芒人不会因与他们货币的估值相比,英格兰货币的估值更高而想要得到英格兰的货币。我们也不希望我们的货币比法兰西和佛兰德斯的货币价值更高,并且一定要保管好我们的财富。至于收回已经流失到国外的财富,英格兰政府需要限制只能用金币或银币购买某些商品,或者三分之一、一半的商品采用普遍流通的货币结算,否则不予出售。因此,通过采用一定措施,我们的财富可以恢复。"

骑士要求博士展示货币如何通过商品运作时,博士回答:"首先,金匠、商人和其他对金属熟悉的人发现一个地方的格罗特的质地比另一个地方的格罗特的质地好时,如果拥有质地好的格罗特和质地差的格罗特一样多,那么他会不会总是乐意接受质地更好的格罗特,将质地好的格罗特转移到其他用途上,并且在购买商品时使用质地差的格罗特,像最近国外劣币驱逐良币一样?是的,毫无疑问,就像他们最近对新铸造金币的运作一样。他们认为，新铸造金币的价值比新铸造银币的价值高得多。因此，金币从铸币厂出来后，他们将所有金币收集起来，留存在自己手上做其他用途。于是，现在英格兰拥有的货币稍多于原来的货币。英格兰国王爱德华六世被国家的货币存储量欺骗了，进行货币运作的目的是有意不使更多货币进入流通中，这是因为当一种货币的质地比另一种货币的质地更好时，货币之间没有适当的兑换比率。"

骑士问道："法兰西和佛兰德斯有黄铜货币、混合金属制造的货币、纯银币和纯金币共同流通，如何确定货币之间恰当的兑换比率呢？"

博士答道："我向您保证，通过保持一种金属对另一种金属适当的兑换比率，如黄铜对银的比率为100∶1，银对金的比率为12∶1。我认为，任何一位国王的权威都不能改变白银与黄金的兑换比率，因为如果可能改变的话，那么之前两千年里，某个贫穷的诸侯或者其他人早就做了。"

这次非同寻常的对话使英格兰国王亨利八世时期的货币贬值看起来十分简单。博士的补救措施是重新铸币，并且这一措施后来得到实施。在整个对话过程中，博士表现出让人惊讶的、渊博的经济知识。毋容置疑，牧师是更好的商人。在货币问题方面，伊丽莎白·拉蒙德女士巧妙地将博士同英格兰牧师休·拉蒂默联系在一起。如果博士继续活着并主导后来的决策，那么博士可能会证明，自己是一位更好的立法者。

## 第24节　伊丽莎白一世重铸货币

1559年，英格兰女王伊丽莎白一世统治第二年，博士主张的货币重铸措施得到有效实施。当时，英格兰完成货币重铸的基础是白银与黄金的兑换比率为11.79∶1。当年或次年即1560年，法兰西政府采用了与英格兰相近的白银与黄金的兑换比率，略高于1559年神圣罗马帝国法令规定的兑换比率。各国白银兑换黄金比率一致的现象值得注意，伊丽莎白一世

休·拉蒂默

的行为决定了法兰西政府的行为,伊丽莎白一世的行为也确保了在法兰西因货币危机而动荡不安的时期,英格兰能获得稳定的贵金属供应。

1558年5月1日,在执政第一年,伊丽莎白一世发表了防止金银外流的公告。在其执政第二年,1559年9月27日、1559年10月4日和1559年12月23日,伊丽莎白一世发布了阻止货币熔化的公告,"为被称为泰斯通的基础货币估值……发现古老优良金币和银币每天都在被运走"……最后,在其统治第三年,即1560年11月15日,伊丽莎白一世颁布禁止法兰西的货币、佛兰德斯的货币和勃艮第的克朗流通的公告。伊丽莎白一世发布的一系列公告被认为是一种强化措施,以建立货币重铸制度和新的货币兑换比率。经事实验证,伊丽莎白一世创立的货币体系是有效的。除了1564年10月16日[①]和1565年12月1日[②]发布两项不重要的公告,1561年到1575年,英格兰不需要进一步立法或者发布枢密院公告重铸货币。

### 第25节　伊丽莎白一世最后一次修订货币公告

然而,1572年到1576年,正如我们看到的一样,尼德兰政府连续不断地发布了一系列货币法令。这些法令改变了整个欧洲的局势。与欧洲其他国家一样,英格兰感受到贵金属的枯竭。贵金属枯竭的相关证据已经在前面阐述过。因此,1575年9月20日[③],伊丽莎白一世发布一项公告,"根据英格兰王国的法律,以及货币兑换法令的要求……因为货币体系的紊乱……商品匮乏……和货币的估值"。1582年,对黄金外流的调查再次被提上议事程序,一位伦敦市议会长老议员写信给英格兰大臣弗朗西斯·沃尔辛汉姆,建议任命四位熟悉货币的商人组成顾问团。1586年10月12日[④],伊丽莎白一世发现,英格兰贵金属的消耗加剧了。于是,伊丽莎白一世发布一项公告,"为改善因欺骗行为导致在我们领土上流通的金币价值降低,以及弥补因接受价值降低的金币可能带来的不断增长的损失"。公告明确证实,金币被输出、金币价值降低和价值降低后,金币回到英格兰。因此,这项公告规定,货币在规定重量之下,或者在没有采取补救措施弥补货币重量不足时,不应当在流通中使用。

在伊丽莎白一世于1586年10月12日发布公告之后的十几年里,英格

---

① 即伊丽莎白一世统治第七年。——原注
② 即伊丽莎白一世统治第八年。——原注
③ 即伊丽莎白一世统治第十八年。——原注
④ 即伊丽莎白一世统治第二十九年。——原注

弗朗西斯·沃尔辛汉姆

兰再也没有听到任何关于黄金外流的抱怨。但1597年，黄金外流的抱怨声重新出现。1597年4月的一份文件证实，"好的规定没有预见到英格兰金币和银币会以英格兰铸造货币的速度流向低地国家，因为在荷兰和西兰岛的流通中，英格兰的一天使币或者一君主币价值十八先令，佛兰德斯的货币和英格兰的银币具有相同的价值。依我看，在货币流通中，如果规定法兰西的一枚金币价值为六先令二便士，一枚西班牙金币皮斯托尔的价值为六先令，一枚西班牙银币八雷亚尔的价值为四先令，那么这不会对英格兰王国造成什么危害"。

英格兰的国家文件出现了更多对黄金外流的抱怨。在黄金外流抱怨的影响下，最终，伊丽莎白一世下令调整了铸币厂的金属价格。1600年3月18日，伊丽莎白一世发布"关于货币、金属板、金银块"的公告，具体内容为"最近一些年来，黄金、白银等被大量运离英格兰，运离数量比以前任何时候都要多"。对此，伊丽莎白一世命令人们遵守禁止将金银运离英格兰的法令。

伊丽莎白一世发现，这项公告只是一张废纸。此时，她只能采取唯一安全的、可能的权宜之计，即改变发行货币铸造过程中使用金属的兑换比率。然而，伊丽莎白一世的直觉，或者伊丽莎白一世议员的智慧，非但没有使伊丽莎白一世获得成功，反倒使金银兑换比率从 $1:11\frac{1}{10}$ 上升到 $1:10\frac{5614}{5921}$。

令人难以置信的是，当白银产量突飞猛进，并且大大超过黄金产量，以及当商业记录中欧洲各国的货币都自发地随白银产量增加而相应贬值时，伊丽莎白一世竟会犯降低白银与黄金的兑换比率的错误。但事实的确如此，伊丽莎白一世犯的大错只会加剧和激化英格兰国王詹姆斯一世统治时期的灾难。

## 第26节　清教徒的经济学

在货币史上，都铎王朝与斯图亚特王朝不可能分开叙述。伊丽莎白一世管理时期的最后和唯一的错误，只是显示了复本位制法则或现实的连续性。与詹姆斯一世受到的辱骂和伊丽莎白一世受到的赞美相比，伊丽莎白一世的错误几乎没有受到道德上的谴责。值得注意的是，在伊丽莎白一世统治时期，英格兰货币史仍然表现出惊人的平静。1558年到1601年，伊丽莎白一世犯下致命错误期间，英格兰的铸币费率没有变化。对货币外流的抱怨及复本位制法则发挥作用的证据只能在三个独立

詹姆斯一世

时期寻找。因此,推断只能是——不仅仅是推断,在伊丽莎白一世统治时期,英格兰不但处在货币扩张时期,而且原有货币的兑换比率促进了来自欧洲大陆金属的流动。因此,欧洲大陆金属的流动确保了英格兰货币扩张的持久性。商业、国家甚至民族的发展和扩张构成了货币增长的基础,使伊丽莎白一世统治时期成为英格兰历史上的一段荣耀时期。与

查理一世

此同时，詹姆斯一世和查理一世统治时期的动荡和商业信贷危机是由广泛而复杂的原因引起的。詹姆斯一世和查理一世统治时期，在英格兰动荡及革命的播种过程中，货币扩张起着至关重要的决定性作用。从某种意义上说，货币扩张的作用从来没有被人们重视过。英格兰清教徒起义导致斯图亚特王朝第一次被推翻，英格兰起义既有法律或宗教方面的原因，也有广泛而重要的经济原因。事实上，英格兰起义爆发的原因可能比我们知道的更多。

起初，詹姆斯一世决定依据伊丽莎白一世的法令继续铸造货币。然而，1603年11月11日，詹姆斯一世执政第一年，为纪念英格兰和苏格兰的王冠都戴在同一位君主头上，英格兰制定新的合约。根据新合约，英格兰铸造了一种被称为联合金币的货币。一联合金币价值与1601年伊丽莎白一世发行的一君主币价值相同，为二十先令。但一枚联合金币的重量只有一百五十四又三十一分之二十六格令，伊丽莎白一世时代的一枚君主币的重量为一百七十一又六十七分之六十一格令。1604年，一枚天使币的重量从七十八又七十三分之六十六格令降到七十一又九分之一格令。于是，白银与黄金的兑换比率从1601年的10.90∶1提高到12.15∶1。因此，伊丽莎白一世犯下的错误得到有效的补救，但在补救措施实行前，人们对英格兰航运衰退和布料出口萎缩提出强烈抗议。

实际上，英格兰政府采用更高的白银兑换黄金比率不是永久或者长期有效的。1607年，从英格兰运送出的货币使英格兰政府不得不发布公告阻止货币外流。1607年7月9日，英格兰政府再次谈论建立账户"对所有通过货币兑换方式支付的款项创建登记簿。这是使货币留在英格兰正确而完美的方法"。此外，1609年8月10日和1611年5月18日，英格兰政府两次修订公告，弗朗西斯·培根起草了公告的条款。在英格兰国家

弗朗西斯·培根

文件中，这份公告为枢密院带来十分明显的焦虑。对此，唯一可能的补救措施是提高货币面值，但这项措施被采纳前，相关意见分歧很大。起初，索尔兹伯里伯爵罗伯特·塞西尔反对提高货币面值。但对此，他还是谨慎地进行了研究。索尔兹伯里伯爵罗伯特·塞西尔缓慢的思考过程可以在他引导自己正确看待货币问题写下的笔记中呈现出来。"为了不使金和银混合在一起，应该采用薄膜过滤法处理所有金银块。我们用于铸造标准银币的白银是按磅计算，每磅白银相当于十二盎司白银，每磅

索尔兹伯里伯爵罗伯特·塞西尔

白银中含有十八英钱的低价值金属混合物。因此，每十八英钱银的价值是四先令六便士，英格兰的货币重量是不足的。

### 第27节　索尔兹伯里伯爵罗伯特·塞西尔对货币的看法

现在，有两件事需要考虑，一件事是总体交通运输不便，另一件事是苏格兰的特殊情况。从总体来说，提高货币面值是恶作剧。与银币相比，金币没有那么高的合金含量。因此，比银币更有价值的金币被买走并被搬运走。苏格兰的特殊情况更臭名昭著，因为运送金币没有被禁止……

每枚金币包含的黄金重量应该为二十四克拉。

现在，英格兰每枚天使币包含的黄金重量没有二十四克拉，但相当接近，大约二十三克拉三又二分之一格令。

四格令相当于一克拉，二十四克拉相当于一盎司。

每磅银都少了四先令六便士的价值。

一磅贵金属采用容量单位衡量为三毫升。

如果六枚天使币包含的黄金采用容量单位衡量为三毫升，每枚天使币包含的黄金重量为一盎司，那么不会有缺少金属含量的合金货币，因为一磅白银铸造的银币价值缺少了四先令六便士。然而，在金币中……

索尔兹伯里伯爵罗伯特·塞西尔的笔记结束得并不完美，但在专家和铸币厂官员们的意见中，索尔兹伯里伯爵罗伯特·塞西尔经过苦苦思索准备的数字得到了证实。随后，索尔兹伯里伯爵罗伯特·塞西尔立即在国家报纸上发表了自己不完整的笔记。随后，索尔兹伯里伯爵罗伯特·塞西尔无疑又面对一系列的文件。这一系列文件清楚揭露了当时的货币状况，并且令人信服。"持久不变的货币兑换比率使英格兰在货币兑换中遭受损失的说明"……"英格兰铸造币厂的官员说，规定每金衡磅白银的价值为三英镑十一先令六便士，提高了英格兰银币的价值，英格兰金币的价值也应该按相应的比例提升。"

最终，经过十个月摇摆不定的思考，索尔兹伯里伯爵罗伯特·塞西尔做出让步。1611年11月22日，索尔兹伯里伯爵罗伯特·塞西尔同意发布公告，将所有金币的票面价值提高10%。1611年11月23日，新的公告发布了。于是，英格兰的白银兑换黄金比率从12.15∶1立即提高到13.32∶1。

在众多可供选择的方案中，英格兰政府在采用提高货币面值这项措施前，曾有一个方案是"为国王增加五十万英镑借款，铸造同样数量的黄铜货币，并且强迫人们接受一定比例的黄铜货币，承诺在七年内偿还充足价值的银币"。有人天真地断言这是"由于外国货币升值，采取的阻止金币和金银外流的手段"。

先前提出的一项方案是"通过发行铜币应对低地国家货币升值，并且将铜币运送到低地国家，通过提高英格兰银币和金币的价值以防止在对外贸易中商人产生损失"。

## 第28节　1611年英格兰的动荡

1611年，为补救被低估的英格兰货币，第三个方案被提出来，即"采用较粗劣的银铸小面额银币，并且按比例提升较大面额银币的价值。支付租金遵守原来的标准，普通货物买卖执行新的标准"。

实际上，1611年的公告采用了第三个方案。但在超过一年的时间里，新方案没有使英格兰的货币实现均衡。欧洲大陆的货币价值继续上升，英格兰又开始出现货币外流。1612年，枢密院注意到贸易运输相关人员将金银运出英格兰，并且考虑起诉贸易运输相关人员。然而，支持铸币委员会的普通商业公众，或者不分享金银经营秘密和利润的人，要求每先令的价值提高一便士，并且要求通过进一步提高货币的价值补救被低估的英格兰货币。1612年5月14日，英格兰政府发布公告，禁止商人以高于铸币价值的价格购买金银。一年后的1613年7月4日，我们被告知，枢密院在1613年6月30日举行了十二个小时或者十三个小时之久的会议，"由于涉及与勃艮第和荷兰当局签订条约中的许多问题，枢密院被迫放弃金银贸易和渔业"。

1612年，英格兰国家文件中，有很多关于英格兰货币外流的参考资料，如"国外关于英格兰货币被低估的叙述，通过低地国家最后的公告得到证实"，"相应地，票据的优势使英格兰王室将一先令价值提高到十三又二分之一便士，白银与黄金的兑换比率从 $12\frac{1}{2}:1$ 提高到 $13:1$"。"关于防止外国在货币兑换中利用英格兰货币优势的建议，即提高英格兰货币的票面价值"……

1615年3月23日，英格兰政府再次宣布了一项阻止金币和银币外流的公告。1616年，东印度公司的金银或货币输出额被限制为六千英镑。铸币厂的官员们建议提高面值，但这一问题再次在枢密院内外引起激烈的争论。然而，一位来自罗利的不同种族的人取得成功。1618年12月31日，枢密院决定"目前不应该提升银币的价值，要继续观察货币重量与货币价值的一致性。禁止为了制作编织物或盘子熔化黄金，但进一步的规定需要等到货币兑换委员会提交报告时才出台"。

## 第29节 1619年英格兰的措施

巧合的是，由于需要补充国王的财政，货币估值问题变得复杂起来。为了将货币保留在英格兰内部，提出的一些措施有着更险恶的导向。对此，从上文提到的方案中，我们可以明显看出来，简而言之，为使货币留在英格兰内部的提议隐藏了货币贬值的提议。枢密院明确了自己的态度,认为反对货币贬值的建议是正确的,但货币贬值的提议只涉及国王的财政状况,而与货币困境无关。枢密院反对外国货币,推迟了英格兰货币的合理估值时间。这是枢密院失误的地方。1619年,货币估值的不合理达到十分严重的地步,以至于枢密院决定按照自己的公告行事。

1619年12月8日,十八名商人因外运黄金在星室法庭接受审判。其中,五名商人被无罪释放。被判刑商人的罚款总额达到十四万英镑。商人们陈述道,自詹姆斯一世统治以来,被偷偷运到国外的黄金大约价值七百万英镑。1619年7月31日,英格兰政府发布发行新货币的公告。金币天使币的重量从 $71\frac{1}{9}$ 格令降到 $64\frac{11}{15}$ 格令,相当于面值增加了十一分之一。1620年1月,外运黄金的商人们被定罪后,枢密院忙着讨论"建立货币交易所,阻止已经成为罪犯的金匠外运白银"。

星室法庭

所有的措施采取得太晚了，曾经撼动德意志的货币危机在英格兰上演了。

1620年，英格兰国内银币严重短缺，英格兰东岸商人的贸易随之消失。英格兰将银币短缺和贸易衰退归咎于"外国货币，尤其是波兰和荷兰货币，价值上升。1617年到1620年，荷兰人主导了波兰的铸币厂"。此时，英格兰布的出口量已经下降到1619年出口量的三分之一。1621年5月，英格兰贸易衰退变得更严峻。当时，英格兰的货币仍在被秘密外运，有人再次提议登记交易账单，并且允许西班牙和法兰西的货币在英格兰流通。1621年6月，枢密院向包括东印度、奥斯曼土耳其、法兰西、伊斯特兰和西班牙的公司及开设在伦敦的商业探险公司和其他商业公司发布通告，商讨管理货币兑换的最佳方案，以鼓励白银流入，阻止白银外流。1621年6月17日，伦敦的商业公司在陈述中只是将衰退归咎于英格兰货币价值被低估。1621年6月18日，枢密院审议了伦敦商业公司的报告，并且要求进一步仔细考虑，"但上议院认为，最好与邻国达成一些协议，以使目前使用的货币价值取得适当的一致"。

## 第30节　1622年英格兰的危机

然而，当枢密院的上议院议员谈到协议时，危机来临了。1621年年底，英格兰国库已经没有货币，贸易停滞不前。1622年2月，洛克告诉卡尔顿："货币十分稀缺。在以服装贸易为主的县，穷人出于恐惧，聚集在一起，组成一支四五十人的队伍，跑到富人家中要肉和钱。上议院要求布料商让其员工继续工作。然而，当员工们抱怨缺少货币时，布料商不能将布料卖给他们手下的员工，高利贷者和有钱人虽然不参与布料贸易，但被强制要求购买布料。"1622年3月，大法官们在格洛斯特郡写道："人们开始偷窃，许多人在挨饿。所有的贸易都衰退了。货币很稀缺。"伦敦的郡或各个地区的仓库中堆积着布料，相关记录已经提交枢密院。

| 地点 | 未售出的匹数 |
|---|---|
| 格洛斯特、伍斯特、雷丁、萨默塞特、萨福克郡、布莱克威尔郡 | 433 |
| 曼彻斯特郡（此外，曼彻斯特郡的许多商人并不是因为缺少市场而离开的） | 853 |
| 格洛斯特、伍斯特、肯特、萨默塞特的仓库（大多属于肯特） | 1,163 |
| 威尔特郡 | 560 |
| 北方的郡 | 5,159 |
| 利德贺街（布料来自萨福克郡和埃塞克斯） | 3,057 |
| 德文郡 | 423 |

有人呼吁商业冒险家买下存货，但商业冒险家无能为力。英格兰政府不征收普通税，或者在征收时，只征收估计数量的一小部分。行政长官总将税收不足归咎于资金匮乏和贸易总体衰退。1622年5月15日，萨默塞特的法官写道，"羊毛和布料变得几乎毫无价值，人们迫切需要工作"。

1622年7月，突然爆发骚乱的可能性很大，人们在诺丁汉举行集会。训练有素的法官随时待命，一旦发生骚乱，就立即镇压。

与此同时，枢密院正忙着与全国各地的商人代表开会。1622年6月15日，枢密院讨论了阻止货币外流的公告，并且在同一天发布这项公告。詹姆斯一世打算建立皇家交易所，管理所有货币兑换业务。

《货币兑换的论述》《低汇率缺点的陈述》及类似文件充斥在国家文件中。1622年7月28日，英格兰政府发布一项公告，要求在葬礼上只能穿英格兰制造的衣服，禁止羊毛或纱线出口，并且宣布设立负责贸易事务的常务委员会。1622年8月30日，金匠公司答复了枢密院针对西班牙雷亚尔和英格兰先令相对重量和价值的询问,并且建议将一磅银分割成六十五先令,而不是原来的六十二先令。铸币厂的官员们调查证实后,听取了金匠公司的建议。在给国务大臣巴尔的摩男爵乔治·卡尔弗特的信中,罗伯特·希思附上了相关报告,"生意很重要,因为我们被榨干了。货币必须从其他地方,如国外运进英格兰,只有使我们的货币与其他国家的货币等值以保证商人的利益,才能实现贸易的繁荣"。第二

巴尔的摩男爵乔治·卡尔弗特

天，也就是1622年8月31日，有人提议，让西班牙的每枚雷亚尔在流通中的真正价值相当于英格兰货币四先令八便士，以鼓励引入货币。"虽然在荷兰，商人们可以获得更多利润，但在可以获得一定利润时，商人们会将货币带到英格兰来。商人们被要求立即答复，因为西班牙运输货币的船队就要到了。如果商人们能赚到合理的利润，那么货币就会被带到英格兰。"

1622年9月，在一份请愿书中，伦敦织布工人和染色工人抱怨缺乏就业机会，成千上万的工人处在极度痛苦之中。英格兰乡村地区的贫困十分严重，导致英格兰政府发布公告，要求伦敦和威斯敏斯特所有优秀的人前往乡村，并且住在穷人的庄园里，救济处在贫困中的人。1623年1月，埃塞克斯的骚乱带来十分广泛的恐惧情绪，"由于主人无法雇佣可怜的织布工人，许多被认为最富有的人可能会破产"。1623年2月7日，铸币厂官员向枢密院报告，铸币厂的官员发现，与新的先令的价值相比，西班牙的每枚雷亚尔的价值相当于四先令六又二分之一便士。1623年3月4日，英格兰政府发布一项公告，规定在流通中，西班牙的一枚雷亚尔相当于四先令六便士，"希望能给铸币厂带来一些货币"。

此后，除了1623年5月一篇简洁的评论，关于英格兰的这次货币危机，我们没有更多参考资料。"穷人没有太多抱怨"，货币危机被记录在国家文件中。这是英格兰历史上最严重的一次货币危机。我们只能在同情和想象中，追踪复苏和广泛的毁灭带来的无声无息的痛苦。英格兰货币危机的细节完全引自英格兰的国家文件，客观且没有粉饰。就重要性而言，国家文件中讲述的故事十分重要，但很可怕。

在枢密院咨询时，各种委员会和商人代表将货币危机归咎于织物制造商的欺诈行为、商品的禁运，以及货币稀缺和交易损失等其他原因。织物制造商的欺诈几乎不值得考虑。每一项证据都表明，英格兰的危机纯粹是金融危机或货币危机，但后来的危机明显是信用危机。1613年到1621年，英格兰的铸币厂几乎没有铸造过银币。譬如，1617年到1620年，英格兰流通当中的银币总额只有一千零七十英镑。1621年到1624年，伦敦塔铸币厂铸造的银币总额达到二十万五千五百英镑。

## 第31节 詹姆斯一世时期货币的价值

我们很快就会提到的、一位在1638年提交请愿书的告密者说："1621年起，伦敦的许多金匠和收银员将重量足够的先令和六便士挑选出来，制成盘子、银线和其他制成品。在大多数情况下，英格兰和西班牙发生战争时，几乎没有白银从西班牙流到英格兰。同样，在英格兰与西班牙的战争期间，法兰西也几乎没有白银流到英格兰。由于在荷兰的布告中，银币标价很高。因此，没有白银能从荷兰带出。每盎司标准纯银在荷兰的价值为四便士，高于我们铸币厂铸造成银币后的价值。因为每盎司最高标准白银在荷兰的价值为五先令四便士，所以英格兰无法从荷兰进口白银并提供给英格兰的铸币厂。英格兰铸币厂将每盎司最高标准银铸造成价值为五先令二便士的货币。金匠们和其他觉察到银的价值在荷兰比英格兰高的人立刻把握了银币的价格趋势，并从流通中收集英格兰银币。"另外，金匠通过使用细纱机和拉丝机将英格兰银币重新熔化并铸造成货币先令和货币六便士，将每盎司最高标准银的价值提升到了五先令三便士。除了贵金属含量较轻的货币和货币的人为裁剪，人与人之间没有任何东西，而且金匠们赋予每盎司最高标准银五先令三便士、五先令三又二分之一便士的价格，有时甚至更高的价格。这些价格超过了铸币厂的价格。这意味着，1628年到1638年，除了从威尔士运来的白银，没有其他白银被带进铸币厂。相关记录在铸币厂的工作簿中有明确记载。"

证言只是证实了先前的推论。英格兰国王詹姆斯一世的整个统治时期是无效地尝试使英格兰的货币价值与欧洲大陆不断上涨的货币价值匹配的时期。结果是，英格兰货币外流到尼德兰，英格兰国内的铸币厂实际上关闭了。货币流失的原因、时机、渠道或机制是不断变化的，糟糕的铸币税率说明政策制定者完全没有理解这一时代的复本位制体系。1622年的危机只是复本位制恶性功能最具代表性的体现。令人怀疑的是，1622年危机的政治影响是否已经由斯图亚特王朝统治下发起人民革命、研究货币法则的人做出了恰当的评估，英格兰政府运用了完善过的危害更小的措施应对货币危机。但至今，其影响仍被忽视。

## 第32节　查理一世时期的货币状况

查理一世统治时期及英格兰共和国时期的货币价值显示出与詹姆斯一世统治时期货币价值相似的特征，但英格兰政府运用了改进过的危害更小的措施应对货币危机。1626年8月，一次几乎致命的失误后，不考虑查理一世统治时期以前提出的各种不同的货币贬值的提议，查理一世在其整个统治时期始终都没有改变货币的面额或价值，也没有改变金银兑换比率。1627年，货币外流趋势再次变得清晰可见。1627年9月28日，查理一世批准在英格兰和苏格兰之间建立皇家交易所，宣布禁止商人们所有间接的货币兑换行为，并且禁止商人暗中购买不通用的货币和外国的金银块。

1628年3月，英格兰成立了一个委员会。该委员会在货币问题上为国王出谋划策，并且观察国内外发生的一切与货币有关的事件。为阻止不断增加的外流货币，许多方案被提了出来。提出的方案通常有两个特点：第一个特点是建议改变金银兑换比率。第二个特点是提出发行不同的银币，如铸造四便士、三便士和两便士的银币。与较大面额的银币相比，小面额银币的含银量不同，有着更高的白银与黄金的兑换比率。当

皇家交易所

时提出的方案只是为英格兰允许充分保留白银，形成单本位制体系做了铺垫，但现在，这些方案已经不重要了。提案的目的是满足英格兰货币流通的需要。此时，货币流向了法兰西，而不是尼德兰，这是由于法兰西货币体系已经进入明显的货币改革进程。1630年，一些从事金银运输的商人的名字，以及在法兰西接收运输金银的商人的名字都被报告给了委员会。1635年6月，被报告给委员会的其中一些商人遭到逮捕。1638年，不少于三十七名商人因非法运输金银在星室法庭被起诉。1628年到1638年，英格兰的货币一直在不停地流出。1635年1月18日，英格兰政府颁布了一项限制货币外流和金银消费的公告。1636年3月，查理一世在枢密院下令阻止人们跨越海洋从英格兰和苏格兰运出货币的行为，并且禁止佩戴珠宝……"因为运出了大量货币"。任何类似的法令注定是毫无效果的。真正的补救办法，更确切地说是改变货币外流趋势的办法，是向枢密院提交的一项提案中提出的允许某些外国货币流通。作家巴雷特说："英格兰禁止西班牙货币流通，目的是为铸币厂带来允足的贵金属，但起了相反的作用，使法兰西人、荷兰人和其他民族随着西班牙货币价值的上升，获得了大量利润。"因此，巴雷特提议查理一世通过公告在英格兰筹集流通中的西班牙货币，价值十六先令的一枚两皮斯托尔重量的黄金以十五先令筹集，价值五先令的一枚八字金币重量的黄金以四先令六便士筹集，"西班牙贮存的货币被带到英格兰时，英格兰政府发布了一项新公告，要求将西班牙货币收集起来并盖上印记，并且告知货币的固定价值"，但为货币盖上印记并告知货币固定价值的建议没有被采纳。依据1639年查理一世在星室法庭发布的公告，黄金和白银被视为可供买卖的商品。"直到1640年，英格兰的银币还没有一百万枚"，拉尔夫·麦迪逊在一个纪念仪式上说道。托马斯·罗在下议院关于贸易

托马斯·罗

的演讲中说道:"金币和银币十分稀缺,英格兰王国是贫穷的。货币已经被转移到其他国家,特别是法兰西王国和荷兰。在法兰西和荷兰,货币的价值更高。"在随后起草的请愿书上,一名在1638年的起诉中受雇于政府的告密者提供了证词:"伦敦的许多金匠变成金银交易者,金匠从商人和其他人手中购买金银,假装将金银运到铸币厂。但事实上,金银是最好的运输工具。在某种程度上,金匠只是为运输者提供英格兰和外国的金币的人,如西班牙货币、利克斯银币、皮斯托尔、卡达币。有些金匠习惯于从商店店主或者其他人手中购买分量不足的英格兰金币,并且使用分量不足的金币。根据英格兰王国的法律,含黄金重量不足的金币不能作为货币使用,应该作为金条来购买,出售时应该已经有磨损,需要铸币厂重新铸造。但金匠们采取了另一种方式,因为金匠们将所有分量不足的金币都卖给了运输公司。虽然缺少四先令、五先令、六先令的价值,但分量不足的金币出售后也能获得二十先令。在铸币厂重新铸造后,分量不足的每枚金币价值不会超过十九先令。然而,金匠们不会放弃每枚金币中两便士或三便士以上的利润,甚至有时只有一便士的利润。让金币随意交易,意味着金币不会被送到铸币厂。金匠们购买分量不足的金币,被认为是为了将分量不足的金币带到铸币厂重新铸造,经过重新铸造后在流通中使用。金匠们将分量不足的金币扔进死海,永远不会变成我们的货币,因为法兰西人和英格兰人每星期都在以十九先令九便士、十九先令十便士、十九先令十一便士的价格购买分量不足的金币,并且让分量不足的金币尽可能地轻。随后,英格兰和法兰西人以分量不足的金币评估所有其他金币的价值。这些分量不足的金币价值数十万英镑。为了运送白银获得差价,金匠们每年向与挪威和丹麦进行贸易的商人提供数千磅的国家货币和西班牙货币。"

1638年,查理一世明确将货币流向法兰西归咎于法兰西货币价值上升,"目前,法兰西商人用货币价值上升的方式与我们竞争,使我们的商人很难控制货币外流……在法兰西，由于我们的每枚金币价值从二十先令提升到二十六先令后……法兰西商人按照货币价值上升幅度相应提高了商品的价格，每磅黄金的价值比以前高了六先令"。

### 第33节　罗伯特·斯通对铸币厂的看法

毫无疑问，英格兰内战期间，由于战争本身的重要性，货币问题被提及的次数很少。1643年8月26日，与1643年和1644年的2月24日，英格兰长期国会颁布命令，严格搜索船，阻止陌生人从事金银进口，商人们请求对使用分量充足的货币进行交易给予应得的鼓励。在请愿中，商人们倾向引入货币，但1649年，英格兰的货币状况再次发生变化，大量货币外流变得十分明显。毫无疑问，货币状况变化的最初推动力来自1649年7月17日法令规定的新铸币制度，以及法令中采用的英格兰共和国的货币重量表。1647年到1649年两年多以来，议会和长期国会都在考虑货币外流及因货币外流造成的贸易衰退问题。与许多其他方案一样，经过长期考虑，英格兰政府制定了阻止货币外流的法令。但实际上，英格兰政府没有采取任何措施。1652年5月，来自阿姆斯特丹的记者罗伯特·斯通对货币外流和引入的变化过程向铸币厂官员和政府提出了自己明智的看法："经验告诉我，国家不进行特别的监管，禁止挑选和整理出最重货币进行运输的法律并没有得到执行，轻的和被损耗的货币被留了下来，货币在流通中的价值会极大地降低。所有的英格兰银币因为法律得不到执行而被金匠和其他人滥用。国家如果不雇佣能发现金银交易罪犯的人，而是雇佣没有经验的人到铸币厂工作，那么必然会造成巨大的损失。因为荷兰的银行家和兑换商知道，英格兰现在所有铸币厂的员工对货币是无知的，所有荷兰的银行家和兑换商很少信任英格兰铸币厂的员工，并且嘲笑英格兰铸币厂的员工。荷兰的银行家和兑换商说，伦敦塔

阿姆斯特丹

的铸币厂运作时,年长的安德鲁·帕尔默、罗杰斯先生和科扬都在铸币厂工作。这三人都是狡猾的铸币厂工人,并且与阿姆斯特丹的商人们保持联系。他们知道如何使铸造出来的货币价值上涨,并且总能找到方法赚钱。但现在英格兰的铸币厂没被好好管理,货币中掺入了杂质。阿姆斯特丹的许多银行家和伦敦的金匠及商人进行了大量交易,换取英格兰金币和沉重的英格兰银币。阿姆斯特丹的银行家与伦敦的金匠和商人交易前,英格兰的铸币厂永远不会运转,因为阿姆斯特丹的银行家、伦敦的金匠和商人是流干英格兰货币的水闸。我相信今日低地国家的金银货币数量比英格兰的金银货币数量多出四十多倍。大约十二年前,即1640年左右,法兰西的货币人为剪裁严重,使法兰西的商业陷入了混乱,法兰西人被迫收回法兰西所有的货币。现在，英格兰几乎让自己陷入与当时的法兰西同样的境地。英格兰内战爆发后，爱尔兰的货币贬值了20%。英格兰所有的黄金几乎都被运输到其他地方，剩下的一点黄金留在小商人手中，需要去朗伯德街交换。你将价值一百英镑的黄金兑换成白银，必须支付六英镑到十英镑的兑换费用，有时甚至更多。通过运送黄金，人们可以获得二十先令，但将黄金运送到伦敦塔的铸币厂会损失两先令。因此，谁又会将黄金带到伦敦塔的铸币厂重新铸造呢？阿姆斯特丹拥有的英格兰金币比英格兰拥有的英格兰金币还多。这些金币都是近二十年来从英格兰运过来的。多年来，每星期都有大量英格兰银币通过荷兰人粉红色的帆船运送过来，价值数十万英镑，用来换取货币。起初，我想知道商人们是如何将所有被挑选出来的沉重的英格兰货币运走的。后来，一位银行家告诉了我。罗伯特·斯通想要英格兰铸币厂官员或英格兰政府调查金币是如何运送的，并阻止金币的运送，因为对英格兰来说，将金币从英格兰运走是最致命的事情。金匠尤其是朗伯德街的金匠是最伟大的商人，伦敦的银行出纳员可以免费接受任何人的货币，并且在同一天或第二天支付相同数额的货币给兑换货币的人。与此同时，银行出纳员让兑换货币的人在银行上层的房间内将收到的货币挑拣出来称重，将重的货币熔化掉，然后运输到国外。有时，挑选出来的货币没有被熔化。实际上，基督教世界的所有主要货币都存放在英格兰的银行中。"

随后几年，英格兰共和国的货币状况几乎没有变化。1659年和1660年，枢密院仍在焦急地讨论金银和货币运输问题。然而，一系列事件发生在货币史的第三个阶段。这些事件也被视为连接货币史第三阶段的事件。

### 第34节　货币史第二阶段的简要总结

这份极具概括性的总结是为证明第二章论述内容的合理性。1520

朗伯德街

年，来自美洲的黄金和白银对欧洲货币史的影响显而易见。1520年到1560年的价格记录中，每一种贵金属的价格都有相同程度的上涨。接着，由于白银相对产量和绝对产量大大超过黄金，金银兑换比率受到影响。各个国家金银兑换比率的变化趋势并不相同，并且各个国家在各种铸币规则中采用了不同的兑换比率。这为重金主义者或货币兑换商提供了机会，重金主义者或货币兑换商的活动带来灾难性后果，并且导致了1570年的法兰西货币危机，以及1622年的英格兰和德意志的货币危机。确切地说，随后，欧洲货币史再没有发生过与1622年的英格兰和德意志的货币危机类似规模的危机。如果有，那么只有一次危机可能与这次危机相比较，即19世纪的世界货币危机，或者说，1850年以来突然产生的黄金通货膨胀。从1850年起，白银仍比黄金更具价值，这使金银兑换比率剧烈震荡。然而，正如我们将看到的，进行比较的其他条件不能复原，也不能将类似的条件展现出来。到目前为止，将两次危机进行比较得出的看起来合理的推论都不能成立。尽管如此，16世纪和17世纪的欧洲货币史依然具有至关重要的启发意义。

#  第3章

# 从新世界金属对欧洲货币影响的第一阶段结束到现在（1660—1894）

18世纪末以前，白银的产量稳定，并且欧洲各国的白银产量处于相对均衡状态，这主要是因为不断增加输出的墨西哥白银抵消了波托西矿山白银产量下降造成的影响。然而，由于欧洲从巴西输入的黄金数量不断增长，欧洲的黄金产量发生了明显变化。金银两种金属相对产量的变化见后文的表格。

然而，从17世纪末起，越来越多的人喜欢将黄金作为货币使用，使黄金相对产量和绝对产量增加对金银兑换比率的影响大大降低。从总体上来说，支持黄金作为货币一直持续到18世纪前六十年。当时，黄金产量已经达到金银两种金属产量的40%。但1600年，黄金产量只有金银两种金属产量的17.2%。

## 第1节 1660年到1893年贵金属的产量

1760年起，黄金没有保持其产量的相对优势。19世纪初以前，黄金产量逐渐下降。19世纪初，黄金产量只占金银总产量的23%多一点。1820

年到1840年，黄金年产量有所增长，但没有对其在金银产量中所占比例产生大的影响。直到加利福尼亚的金矿被发现后，黄金和白银的相对产量才出现较大的改变。黄金产量的增加导致金银相对产量的变化恰好可以与16世纪金银产量的相对变化相比较。

| 时期（年） | 黄金年产量（磅） | 白银年产量（磅） | 不同时期黄金占金银总产量的比例（%） | 不同时期白银占金银总产量的比例（%） |
|---|---|---|---|---|
| 1661—1680 | 1,291,750 | 3,134,150 | 29.2 | 70.8 |
| 1681—1700 | 1,501,700 | 3,179,650 | 32.1 | 67.9 |
| 1701—1720 | 1,788,400 | 3,253,750 | 35.5 | 64.5 |
| 1721—1740 | 2,661,650 | 3,988,600 | 40.0 | 60.0 |
| 1741—1760 | 3,433,100 | 5,038,200 | 40.5 | 59.5 |
| 1761—1780 | 2,888,350 | 6,201,550 | 31.8 | 68.2 |
| 1781—1800 | 2,481,700 | 8,131,300 | 23.4 | 76.6 |
| 1801—1810 | 2,480,000 | 8,002,650 | 23.7 | 76.3 |
| 1811—1820 | 1,596,100 | 4,966,950 | 24.3 | 75.7 |
| 1821—1830 | 1,983,150 | 4,075,950 | 32.7 | 67.3 |
| 1831—1840 | 2,830,300 | 5,278,600 | 34.9 | 65.1 |
| 1841—1850 | 7,638,800 | 6,867,650 | 52.7 | 47.3 |
| 1851—1855 | 27,815,400 | 8,019,350 | 77.6 | 22.4 |
| 1856—1860 | 28,149,950 | 8,235,950 | 77.4 | 22.6 |
| 1861—1865 | 25,816,300 | 9,965,400 | 72.1 | 27.9 |
| 1866—1870 | 27,256,950 | 11,984,800 | 69.5 | 30.5 |
| 1871—1875 | 24,250,000 | 17,250,000 | 58.4 | 41.6 |
| 1876 | 23,150,000 | 18,250,000 | 55.9 | 44.1 |
| 1877 | 25,050,000 | 19,350,000 | 56.4 | 43.6 |
| 1878 | 25,950,000 | 19,750,000 | 56.8 | 43.2 |
| 1879 | 23,350,000 | 19,050,000 | 55.1 | 44.9 |

续 表

| | | | | |
|---|---|---|---|---|
| 1880 | 22,800,000 | 19,100,000 | 54.4 | 45.6 |
| 1881 | 22,450,000 | 19,800,000 | 53.1 | 46.9 |
| 1882 | 21,450,000 | 20,900,000 | 50.6 | 49.4 |
| 1883 | 20,750,000 | 20,800,000 | 49.9 | 50.1 |
| 1884 | 21,750,000 | 21,850,000 | 49.9 | 50.1 |
| 1885 | 21,750,000 | 21,850,000 | 49.9 | 50.1 |
| 1886 | 22,450,000 | 20,300,000 | 52.5 | 47.5 |
| 1887 | 22,050,000 | 21,950,000 | 50.1 | 49.9 |
| 1888 | 22,950,000 | 23,850,000 | 49.0 | 51.0 |
| 1889 | 24,600,000 | 26,750,000 | 47.9 | 52.1 |
| 1890 | 24,360,000 | 26,620,000 | 47.8 | 52.2 |
| 1891 | 29,000,000 | 36,567,629 | 44.2 | 55.8 |
| 1892 | 30,164,536 | 40,668,247 | 42.6 | 57.4 |
| 1893 | 32,066,591 | 42,963,027 | 42.7 | 57.3[D] |

[D]最后三年数据摘自1893年，尊敬的美国铸币局的主管R.E.普雷斯顿编写的报告《贵金属生产报告》第274页到第275页。为了精心编制1493年到1893年贵金属的产量表，我们处理了材料细节。因此，表中数据与引用报告的数据有所不同。

就相对产量而言，1660年到1840年金银相对产量是渐进变化的，并没有异常变化。这一时期金银产量变化不小，但不值得关注。与16世纪发现美洲引起的白银产量变化，19世纪加利福尼亚和澳大利亚发现金矿引起的黄金产量变化，以及现今美国发现银矿引起的白银产量变化相比，1660年到1840年金银相对产量的变化肯定不是颠覆性变化。

就绝对产量而言，1760年以前，黄金产量上升。随后，从1761年到1820年，黄金产量稳定下降。接下来，1821年到1840年，黄金产量再次上升。从1600年到1680年，白银的绝对产量都在稳定下降。接着，从

1681年到1820年，白银的绝对产量急剧下降。然后，从1830年到现在，白银的绝对产量持续强劲稳定地增长。

## 第2节　铸币法的广泛影响

对大量贵金属相对供应量变化导致众多问题的理解取决于对各种不同铸币法律的充分理解。从总体上来说，18世纪铸造货币时，法兰西更倾向于采用较高比例的白银。在整个18世纪，法兰西的货币几乎都是银币。相反，英格兰和西班牙的铸币厂更青睐黄金。在18世纪大部分时间里，金币几乎是这两个国家唯一的货币。实际上，毫无疑问，上述简单的事实对19世纪结束时制定的重要货币法规产生了很大的影响。最后，英国支持金本位制，法国和美国支持有利于白银的复本位制。

不同地区白银与黄金的兑换比率列表如下：

| 德意志西南部 ||
| --- | --- |
| 1657—1680 | 15.10∶1 |
| 荷兰 ||
| 1663 | 14.43∶1 |
| 英格兰 ||
| 1663 | 14.48∶1 |
| 1690 | 15.39∶1 |
| 1715 | 15.21∶1 |
| 法兰西 ||
| 1679 | 14.91∶1 |

## 白银兑换黄金的商业结算比率

1687年到1832年的数据来自汉堡兑换所的兑换比率,1833年及其后的数据来自伦敦金银经纪商的金银兑换比率。

| 时间(年) | 白银兑换黄金比率 |
| --- | --- |
| 1687—1688 | 14.94∶1 |
| 1689—1690 | 15.02∶1 |
| 1691 | 14.98∶1 |
| 1692 | 14.92∶1 |
| 1693 | 14.83∶1 |
| 1694 | 14.87∶1 |
| 1695 | 15.02∶1 |
| 1696 | 15.00∶1 |
| 1697 | 15.20∶1 |
| 1698 | 15.07∶1 |
| 1699 | 14.94∶1 |
| 1700 | 14.81∶1 |
| 1701 | 15.07∶1 |
| 1702 | 15.52∶1 |
| 1703 | 15.17∶1 |
| 1704 | 15.22∶1 |
| 1705 | 15.11∶1 |
| 1706 | 15.27∶1 |
| 1707 | 15.44∶1 |
| 1708 | 15.41∶1 |
| 1709 | 15.31∶1 |
| 1710 | 15.22∶1 |
| 1711 | 15.29∶1 |

续　表

| | |
|---|---|
| 1712 | 15.31∶1 |
| 1713 | 15.24∶1 |
| 1714 | 15.13∶1 |
| 1715 | 15.11∶1 |
| 1716 | 15.09∶1 |
| 1717 | 15.13∶1 |
| 1718 | 15.11∶1 |
| 1719 | 15.09∶1 |
| 1720 | 15.04∶1 |
| 1721 | 15.05∶1 |
| 1722 | 15.17∶1 |
| 1723 | 15.20∶1 |
| 1724—1725 | 15.11∶1 |
| 1726 | 15.15∶1 |
| 1727 | 15.24∶1 |
| 1728 | 15.11∶1 |
| 1729 | 14.92∶1 |
| 1730 | 14.81∶1 |
| 1731 | 14.94∶1 |
| 1732 | 15.09∶1 |
| 1733 | 15.18∶1 |
| 1734 | 15.39∶1 |
| 1735 | 15.41∶1 |
| 1736 | 15.18∶1 |
| 1737 | 15.02∶1 |
| 1738—1739 | 14.91∶1 |
| 1740 | 14.94∶1 |

续表

| | |
|---|---|
| 1741 | 14.92 : 1 |
| 1742—1743 | 14.85 : 1 |
| 1744 | 14.87 : 1 |
| 1745 | 14.98 : 1 |
| 1746 | 15.13 : 1 |
| 1747 | 15.26 : 1 |
| 1748 | 15.11 : 1 |
| 1749 | 14.80 : 1 |
| 1750 | 14.55 : 1 |
| 1751 | 14.39 : 1 |
| 1752—1753 | 14.54 : 1 |
| 1754 | 14.48 : 1 |
| 1755 | 14.68 : 1 |
| 1756 | 14.94 : 1 |
| 1757 | 14.87 : 1 |
| 1758 | 14.85 : 1 |
| 1759 | 14.15 : 1 |
| 1760 | 14.14 : 1 |
| 1761 | 14.54 : 1 |
| 1762 | 15.27 : 1 |
| 1763 | 14.99 : 1 |
| 1764 | 14.70 : 1 |
| 1765 | 14.83 : 1 |
| 1766 | 14.80 : 1 |
| 1767 | 14.85 : 1 |
| 1768 | 14.80 : 1 |
| 1769 | 14.72 : 1 |

续　表

| | |
|---|---|
| 1770 | 14.62∶1 |
| 1771 | 14.66∶1 |
| 1772 | 14.52∶1 |
| 1773—1774 | 14.62∶1 |
| 1775 | 14.72∶1 |
| 1776 | 14.55∶1 |
| 1777 | 14.54∶1 |
| 1778 | 14.68∶1 |
| 1779 | 14.80∶1 |
| 1780 | 14.72∶1 |
| 1781 | 14.78∶1 |
| 1782 | 14.42∶1 |
| 1783 | 14.48∶1 |
| 1784 | 14.70∶1 |
| 1785 | 14.92∶1 |
| 1786 | 14.96∶1 |
| 1787 | 14.92∶1 |
| 1788 | 14.65∶1 |
| 1789 | 14.75∶1 |
| 1790 | 15.04∶1 |
| 1791 | 15.05∶1 |
| 1792 | 15.17∶1 |
| 1793 | 15.00∶1 |
| 1794 | 15.37∶1 |
| 1795 | 15.55∶1 |
| 1796 | 15.65∶1 |
| 1797 | 15.41∶1 |

续　表

| | |
|---|---|
| 1798 | 15.59∶1 |
| 1799 | 15.74∶1 |
| 1800 | 15.68∶1 |
| 1801 | 15.46∶1 |
| 1802 | 15.26∶1 |
| 1803—1804 | 15.41∶1 |
| 1805 | 15.79∶1 |
| 1806 | 15.52∶1 |
| 1807 | 15.43∶1 |
| 1808 | 16.08∶1 |
| 1809 | 15.96∶1 |
| 1810 | 15.77∶1 |
| 1811 | 15.53∶1 |
| 1812 | 16.11∶1 |
| 1813 | 16.25∶1 |
| 1814 | 15.04∶1 |
| 1815 | 15.26∶1 |
| 1816 | 15.28∶1 |
| 1817 | 15.11∶1 |
| 1818 | 15.35∶1 |
| 1819 | 15.33∶1 |
| 1820 | 15.62∶1 |
| 1821 | 15.95∶1 |
| 1822 | 15.80∶1 |
| 1823 | 15.84∶1 |
| 1824 | 15.82∶1 |
| 1825 | 15.70∶1 |

续　表

| 年份 | 比率 |
|---|---|
| 1826 | 15.76：1 |
| 1827 | 15.74：1 |
| 1828—1829 | 15.78：1 |
| 1830 | 15.82：1 |
| 1831 | 15.72：1 |
| 1832 | 15.73：1 |

### 1833年到1893年白银与黄金的兑换比率清单

| 年份 | 银价（便士/盎司） | 比率 | 年份 | 银价（便士/盎司） | 比率 |
|---|---|---|---|---|---|
| 1833 | $59\frac{3}{16}$ | 15.93：1 | 1864 | $61\frac{3}{8}$ | 15.37：1 |
| 1834 | $59\frac{15}{16}$ | 15.73：1 | 1865 | $61\frac{1}{16}$ | 15.44：1 |
| 1835 | $59\frac{11}{16}$ | 15.80：1 | 1866 | $61\frac{1}{8}$ | 15.43：1 |
| 1836 | 60 | 15.72：1 | 1867 | $60\frac{9}{16}$ | 15.57：1 |
| 1837 | $59\frac{9}{16}$ | 15.83：1 | 1868 | $60\frac{1}{2}$ | 15.59：1 |
| 1838 | $59\frac{1}{2}$ | 15.85：1 | 1869 | $60\frac{7}{16}$ | 15.60：1 |
| 1839—1840 | $60\frac{3}{8}$ | 15.62：1 | 1870 | $60\frac{9}{16}$ | 15.57：1 |
| 1841 | $60\frac{1}{16}$ | 15.70：1 | 1871 | $60\frac{8}{16}$ | 15.57：1 |
| 1842 | $59\frac{7}{16}$ | 15.87：1 | 1872 | $60\frac{1}{4}$ | 15.65：1 |
| 1843 | $59\frac{3}{16}$ | 15.93：1 | 1873 | $59\frac{1}{4}$ | 15.92：1 |
| 1844 | $59\frac{1}{2}$ | 15.85：1 | 1874 | $58\frac{5}{16}$ | 16.17：1 |

续　表

| 1845 | $59\frac{1}{4}$ | 15.92 : 1 | 1875 | $56\frac{3}{4}$ | 16.62 : 1 |
|---|---|---|---|---|---|
| 1846 | $59\frac{5}{16}$ | 15.90 : 1 | 1876 | $53\frac{1}{16}$ | 17.77 : 1 |
| 1847 | $59\frac{11}{16}$ | 15.80 : 1 | 1877 | $54\frac{3}{4}$ | 17.22 : 1 |
| 1848 | $59\frac{1}{2}$ | 15.85 : 1 | 1878 | $52\frac{5}{8}$ | 17.92 : 1 |
| 1849 | $59\frac{3}{4}$ | 15.78 : 1 | 1879 | $51\frac{1}{4}$ | 18.39 : 1 |
| 1850 | $60\frac{1}{16}$ | 15.70 : 1 | 1880 | $52\frac{1}{4}$ | 18.04 : 1 |
| 1851 | 61 | 15.46 : 1 | 1881 | $51\frac{11}{16}$ | 18.24 : 1 |
| 1852 | $60\frac{1}{2}$ | 15.59 : 1 | 1882 | $51\frac{5}{8}$ | 18.25 : 1 |
| 1853 | $61\frac{1}{2}$ | 15.33 : 1 | 1883 | $50\frac{9}{16}$ | 18.65 : 1 |
| 1854 | $61\frac{1}{2}$ | 15.33 : 1 | 1884 | $50\frac{5}{8}$ | 18.63 : 1 |
| 1855 | $61\frac{5}{16}$ | 15.38 : 1 | 1885 | $48\frac{5}{8}$ | 19.39 : 1 |
| 1856 | $61\frac{5}{16}$ | 15.38 : 1 | 1886 | $45\frac{3}{8}$ | 20.73 : 1 |
| 1857 | $61\frac{3}{4}$ | 15.27 : 1 | 1887 | $44\frac{5}{8}$ | 21.13 : 1 |
| 1858 | $61\frac{5}{16}$ | 15.38 : 1 | 1888 | $42\frac{7}{8}$ | 21.99 : 1 |
| 1859 | $62\frac{1}{16}$ | 15.19 : 1 | 1889 | $42\frac{11}{16}$ | 22.09 : 1 |
| 1860 | $61\frac{11}{16}$ | 15.29 : 1 | 1890 | $47\frac{11}{16}$ | 19.17 : 1 |
| 1861 | $60\frac{13}{16}$ | 15.26 : 1 | 1891 | $45\frac{1}{16}$ | 20.92 : 1 |
| 1862 | $61\frac{7}{16}$ | 15.35 : 1 | 1892 | $39\frac{3}{4}$ | 23.74 : 1 |

续 表

| 1863 | $61\frac{3}{8}$ | 15.37：1 | 1893 | $35\frac{9}{16}$ | 26.49：1 |

表格中1878年之前的数据摘自阿道夫·索特贝尔的《贵金属的生产量》第130页到第132页。1878年到1890年的数据源于作者根据阿道夫·索特贝尔的方法进行的简单统计。

1891年到1893年的数据摘自1893年的《美国铸币报告》，报告的第251页提及了相关数据。正式印刷出来的报告中，铸币局的主管提供的1872年后的数据其中有几个与表格中的数据稍有不同。

就贵金属的产量以及产量与兑换比率的关系而言，贵金属的产量及金属之间的兑换比率一直以来存在着历史性的、可以理解的连续性。然而，与现在相比，过去展现贵金属产量与金属间兑换比率的方法存在明显的差异。

## 第3节 现代货币体系的演变

17世纪末，在理论方面，改变货币面值、减少货币中贵金属含量和降低货币中贵金属纯度的衡量标准的做法开始受到指责。18世纪，改变货币面值、减少货币中贵金属含量和降低货币中贵金属纯度的衡量标准已经不再被使用。从18世纪起，对我们描述的所有欧洲货币的面值或金属含量，各国政府没有任何铸币方式或立法方面的改变。考虑到货币立法保护程序具有两方面的重要性，因此不再改变铸币标准或立法具有至关重要的影响。从14世纪中叶开始，立法者通过铸币和立法机制尝试了两件事：第一件事，随着物价总体上涨，立法者按照自己认为合适的比例减少货币的贵金属含量，以满足物价上涨的需要。第二件事，通过改变金银的兑换比率阻止贵金属的灾难性外流。就国家财政和政治而言，控制金属的购买价格和金属货币的价值是十分重要的事情。此外，在经济方面，这样做也有利于国际贸易。因此，从这一角度来看，在欧洲货币体系中，国家完全停止对国际货币兑换和货币机制的控制有着几乎不可估量的重要性。在金融领域内，国家完全停止对国际兑换和货币机制的控制引发了一场革命，这如同废除旧的劳动法在劳资关系中产生的导火线一样。人为随意确定的价值中止了，并且为自发或商业确定的价值让路。与此同时，贵金属国际流动的调节由贸易收支的波动、利率和贴现的作用决定。变化只是从中世纪受国家约束的立法体系转变成现代体系。在现代货币体系中，贵金属的流动完全由国际贸易的自发和必然发生的活动决定。现代货币体系确实是贵金属的指向灯和安全阀，也是现在整个商业世界的指向灯和安全阀。

现代货币体系不仅仅是事实和实践上的改变，也是理论的变革。

由于在旧的体系中，国家认为，有必要不惜任何代价保障贵金属的供应。在人们头脑中，相关措施失败了意味着所有的商业理论肯定已经失去了作用。

在理论领域，重商主义向现代体系的转型是通过重农主义和古典经济学等各个中间步骤逐步过渡完成的。如果需要叙述出英格兰完全放弃重商主义的过程，那么需要叙述到很晚的时期，因为现代的贸易保护主义思想只是重商主义生机勃勃的延续。然而，在金融实践当中，欧洲各国政府保持铸币价值不变、允许贵金属自由流动并宣布货币兑换比率由不受干扰的自发的国际贸易活动决定时，旧的商业体制就结束了。完成重商主义向现代体制转变的步骤很难详细说明，因为伴随着转型出现了许多恐惧，各国政府常常在不确定的情况下折回采用过去的方法。英格兰制定了最早的直接法令。1663年，英格兰国王查理二世统治的第十五年，英格兰进行了令人震惊的大胆尝试，制定了法令。法令第七章第十二条取消了禁止金银输出的条款。这项法令写道："由于一些重要的和有利的贸易在没有货币或金银的情况下不能顺利推动和进行，根据经验，货币或金银被最大程度运往共同市场内可以自由出口的地方。尽管存在一些与本规定相反的法律、法规或惯例，但更好地保持和增加英格兰王国流通中的货币的办法是，自1663年8月1日起，在有客户或收货人的英格兰或威尔士的任何港口出口任何东西，对任何个人或群体来说都是合法的，或者从贝克里郡以外的地方运出各种外国货币或金银，需要首先在各地的海关登记，不需要支付任何关税、手续费，也不需要支付其他费用。"

## 第4节 贵金属的自由贸易

英格兰1663年的法令制定得很早，在当时的欧洲完全是独一无二的。法令取消金银外运限制的规定体现了史无前例的先见之明和胆识。取消金银外运限制的做法体现了荷兰的商业传统，本应在某一时间直接传到英格兰，但英格兰与荷兰的经济状况并不相同，商业模式存在巨大差异，英格兰在羡慕荷兰时，暂时停止了商业发展的步伐。如果有能与英格兰相提并论的国家，那么一定是法兰西王国。法兰西王国突然通过了一项单独的法令，采纳了英格兰的自由贸易政策。

事实上，1663年的法令花了很长时间进行检验，并且经历了许多曲折，结果证明不可能得到执行。直到18世纪晚期，我们仍可看到，大不列颠王国政府通过立法和公告直接干预贵金属输出及货币兑换手续费的做法。

1803年，根据法律，财政大臣获得授权，他可以在没有英格兰国王威廉三世统治时期第六年和第七年制定的法令第十七章第五条规定的执照或文件的情况下，颁发金银出口许可证。

英格兰颁布允许贵金属自由贸易的法令后约一个世纪，法兰西王国也跟着采取了相同的政策。1755年10月7日，法兰西政府发布允许贵金属和外国货币自由贸易的公告。但法兰西的情况和英格兰的情况一样，法

英格兰国王威廉三世

令既不能立即生效,也不能完全实施。法兰西政府仍然禁止本国货币外流,并且不止一次发现自己不得不回到法兰西货币兑换定价的问题上。

然而,正是由于在任何情况下国家的政策都游移不定,我们不可能详细地、一点一点地探究重商制度的衰落及贵金属在国际之间变动的细节。毫无疑问,商界的实践先于立法者的观点。从独立的参考资料可以看出,无论是借助外援,还是通过法律或公告,商业都能悄无声息地完成制度变革。过去的高利贷法也是如此。

国际商业理论的变化产生了两个十分重要的结果。

国际商业理论变革的第一个实际结果是形成正确的国际结算理论。

这一理论的形成为分离金融或货币现象提供了纯粹而简单的方法，也为科学认识和对待金融或货币现象奠定了基础。一方面，正确的国际结算理论导致了单本位制体系理论和实践的发展——一种金属被确定为法定货币，另一种或第三种金属牢牢地受到作为法定货币的金属的约束，形成一种严格的从属关系，因此，其他金属价格的波动不会对作为法定货币金属的价格产生不利影响。另一方面，经过一段时间的实践，同样的科学观念和处理方法导致了复本位制理论的演变。现代货币史是以复本位制体系和单本位制体系相互对立为基础形成的历史。

我们将通过对案例的陈述，展示19世纪货币的状况及其问题，以及这一时期的货币状况与中世纪和17世纪欧洲货币状况与问题存在的巨大差异。目前，争论的焦点在于明确或科学构思相互对立的理论。摆在世界面前的实际困难，与其说是货币之间提供不变的兑换比率，不如说是在进行国际结算时，如何在使用金本位制和银本位制的不同货币体系的国家之间提供不变的货币结算比率。17世纪时，欧洲国家根本没有货币理论的概念，其实际的困难是如何阻挠金银通货主义者、套利者、政客的运作，以及金银通货主义者、套利者、政客基于不同国家间普遍存在的金银兑换比率差异进行导致国家财富损耗的活动。

国际商业理论变革的第二个实际结果是发展出控制黄金余额流动的现代体制，即通过银行牌价和套利交易方式控制黄金的流动，银行牌价和套利交易的价格一般在利息和贴现率之上。

现代国际贸易理论并没有假定两个特定国家之间，或在任何一个特定时间点上都存在等价交易，而是假定有商业联系的国家形成的商业圈之间，在一定的时间周期或运营周期内，商品和服务的交易是等价的。就即时结算而言，最基本的货币价值变动有助于促进商品和服务的等价交易。当国家需要延期付款时，汇票有助于促进商品和服务的等价交易。譬如，一个国家全年进口稳定，但假定在收获庄稼后只有一次出口时间，那么最后，银行采取贴现率，不时提供货币中介，从而促使等价交易的形成，否则银行无法吸引货币的供应。完成运作的整个商业圈存在着交换平衡，实现交易均衡的机制是广义上的货币。整个商业圈均衡交易的指标和安全阀是利率。基于银行利率，现代黄金交易商或套利者的业务操作有助于实现贵金属价值的平衡或保持贵金属在全世界的均衡分布。

因此，我们一目了然地看到，商业以必然的和完全自发的方式，实现了国家采取野蛮镇压企图实现但未实现的一切。因此，这可以证明干预铸币和货币兑换比率是不科学的处理方法。现代世界和17世纪世界的巨大区别在于货币体系的差异。货币体系的差异只能建立在真正的国际贸易理论基础之上，真正的国际贸易理论此时已经形成了。国际贸易理论的独自发展使发展现代银行业、发明纸币媒介、打破国际贸易限制等都成为可能。就商业而言，所有无意识和科学的创意使世界联系在一起，成为一个整体。简而言之，现代商业体系包括了两个世纪或更长时间以来整个商业发展的本质特征。很难说现代商业与以往的商业在多大程度上互为因果关系。

在欧洲货币史第二阶段，就铸币法令而言，每个独立国家各自的货币史逐渐失去了独特性。因此，迄今为止，如果探究复本位制功能下每种单独货币的历史，那么我们必须将其放到更广泛的世界货币的领域中去探究。此时，每个国家的货币体系只是构成整个货币体系的一部分，并且不是独立的一部分。

## 第5节　17世纪法兰西的货币改革

在欧洲货币史第三阶段，1674年，法兰西政府对法兰西的银币做出了第一次改变。法兰西政府一度铸造了四索尔迪的银币，其价值比一埃居价值的五分之一还要低。对此，铸币厂官员和商业团体提出强烈抗议，反对铸造低价值的四索尔迪银币。

1679年，法兰西流通的货币中存在着数量可观的西班牙皮斯托尔和大埃居。作为货币贬值的补救措施，法兰西政府要求将皮斯托尔和大埃居重铸成金路易或银路易。为鼓励人们将皮斯托尔和大埃居带到铸币厂重新铸造，法兰西国王路易十四提出取消铸币税。然而，1686年，一金路易的价值从十里弗尔上升到十一里弗尔十索尔迪。因此，白银与黄金

法兰西国王路易十四

的兑换比率变为$15\frac{1}{2}:1$。黄金与白银的兑换比率大大超过法兰西政府规定的比率，1687年，一金路易的价值降低到十一里弗尔五索尔迪，白银与黄金的兑换比率变为$15\frac{1}{4}:1$。1689年，银币和金币的价值再次上升，一金路易的价值上涨到十一里弗尔十二索尔迪，一银路易的价值上涨到三里弗尔二索尔迪，但法兰西政府几乎立刻就制定了货币重铸的总体方案。1689年结束时，在法兰西政府进行货币重铸的大操作中，以前的货币重量和标准被精确地保留下来，但一金路易的发行价值变为十二里弗尔十索尔迪，一银路易的发行价值为三里弗尔六索尔迪。1691年，仅仅两年后，法兰西的铸币标准发生变化。1693年，法兰西铸造的货币价值有所提高。我们可以稍微了解一下货币的磨损情况，1691年，法兰西铸造的一金路易的价值为十二里弗尔十索尔迪。1693年，法兰西政府以十一里弗尔十四索尔迪的价格回收每枚金路易，并且其新铸造的一金路易和一银路易的价值分别为十三里弗尔和三里弗尔八索尔迪。

## 第6节　1726年法兰西的货币改革

十年后的1703年，法兰西政府第三次重铸货币，一金路易以十五里弗尔的价值发行，一银路易以四里弗尔的价值发行。1709年，一金路易和一银路易的价值分别下降到十二里弗尔十五索尔迪和三里弗尔八索尔迪。然而，在同一年，一金路易和一银路易的发行价值分别提高到二十里弗尔和五里弗尔。离奇武断地提高货币价值的行为对法兰西的商业很不利，法兰西想要将一金路易和一银路易的价值逐步恢复到十四里弗尔和三里弗尔十索尔迪的标准。1713年9月30日，法兰西政府发布公告，将一金路易和一银路易的发行价值恢复到十四里弗尔和三里弗尔十索尔迪，并且直到1715年，这份公告确定的发行价值都有效。随后，法兰西政府再次进行货币改革，重铸后的一枚金路易和一枚银路易的发行价值

约翰·劳

上升到二十里弗尔和五里弗尔，磨损的一金路易和一银路易的价值维持在十六里弗尔和四里弗尔。从法兰西政府确定重铸货币及回收磨损的金路易和银路易到1721年，金融家约翰·劳的运作为货币带来巨大的灾难。1716年5月2日，银行成立时，法兰西有四种金路易和三种银路易。1720年，金路易增加到四十种，银路易增加到十种[①]。1726年，法兰西政府颁布的重要法令就是为纠正约翰·劳引起的法兰西货币的混乱。大革命时期，1726年的法令几乎构成了法兰西货币体系的基础。这项法令规定每马克黄金铸造三十枚金路易，每枚金路易以二十里弗尔的价值发

---

① 如果要了解约翰·劳时期法兰西货币的混乱状况，请参阅附录六的法兰西货币体系的账簿。——原注

行。每马克白银铸造八又十分之三枚银埃居,每枚银埃居以五里弗尔的价值发行,并且按金属含量的比例区分货币。因此,白银兑换黄金的法定比率为$14\frac{5}{8}:1$。所有外国货币和古老的金银货币品种都被禁止流通,并且被要求运到铸币厂重新铸造。法兰西政府重新颁布了原来管理制度中禁止切割和输出货币等所有禁止性规定,增加了严厉的惩罚条款。但旧货币经铸币厂重新铸造后的价值并不代表法兰西货币当时的商业价值。因此,旧货币并没有被带到铸币厂。1749年,法兰西政府尚未完成货币重铸,尽管在不同时期,货币的价值已经总体上涨了30%或更多。1759年,货币严重匮乏,法兰西国王路易十五将自己的盘子送到铸币厂,许多

法兰西国王路易十五

人效仿路易十五的做法。当时,每马克纯金可以得到八百六十一里弗尔五索尔迪的补偿,每马克纯银可以得到五十九里弗尔五索尔迪十但尼尔的补偿。

直到1771年,黄金和白银的价值才发生变化。当时,在外国铸币价值发生变化的借口下,每马克黄金和每马克白银的价值分别定为七百零九里弗尔和四十八里弗尔九索尔迪。

在法兰西货币变革的过程中,由于货币问题过于复杂,法令一般都避免提及金银货币。但在18世纪法兰西政府的立法行动中,有一项法令必须暂时违背不提金银货币的观念。

1738年,荷兰政府将索尔迪的价值降低了一半。法兰西政府担心荷兰降低索尔迪的价值会导致数量巨大的索尔迪涌入法兰西。于是,法兰西政府决定效仿荷兰政府的做法。1738年8月1日,法兰西政府的法令规定,重新铸造货币后,每枚杜赞币和每枚三十但尼尔实际上只值十八但尼尔。需要注意的重要一点是,为减少缩减货币的影响,1738年8月1日的法令限制使用金银货币清偿款项。法兰西政府要求,支付不超过四百里弗尔的款项时,可以使用金银货币支付不超过十里弗尔的金额,支付超过四百里弗尔的款项,使用金银货币支付的金额不得超过总支付款项的四十分之一。实际上,法令规定的限制措施既不能有效阻止国外的金银货币流入,也不能有效阻止基于流通中各种金银货币不同价值的套利操作。1738年10月颁布的法令在序言中明确写道:限制措施不能发挥作用。1738年10月的法令试图回收三十但尼尔,以结束混乱的货币状态。

### 第7节　1785年法兰西的货币改革

法兰西限制措施的失败完全符合以上记录的所有以前的经验,不值得特别提及。值得注意的一点是,限制低价值货币在偿付中使用的想法是逐渐演化并被采用的,这一想法为的是使交易者使用主要种类的货币签订契约。限制低价值货币使用的想法形成了对贴水想法的补充。这涉及在较大的货币基础上，以更低的标准发行辅币。这一想法是在很长一段时间内形成的，但缺少另外一个想法，这种想法是无法实行的。然而最终，限制低价值货币的使用和发行辅币，这两种想法经过演变，被人们彻底掌握并付诸实践，共同构成了最真实的现代货币体系的主要基础。

我们回到对纯金和纯银货币种类的讨论。1785年前，1726年法令规定的货币基础一直维持不变。1785年10月30日的法令要求重铸货币。银币的价值没有任何变化，其价值依然按照1773年5月的价值表，即每马克纯银的价值为五十二里弗尔九索尔迪两但尼尔。然而，每马克纯金的价值发生了变化，达到了八百二十八里弗尔十二索尔迪。1726年起，白银兑换黄金的名义比率为 $14\frac{5}{8}:1$。但当时白银与黄金的兑换比率变成令人难忘的 $15\frac{1}{2}:1$。明确地说，白银兑换黄金比率变化的原因是前几年黄金价值的增加——黄金价值增加使法兰西铸币厂甚至整个法兰西的黄金流出境外或留在外国。

1785年，提出并执行了货币重铸的法兰西财政大臣夏尔·亚历山大·德·卡洛纳写道：

> 1726年，法兰西法定的白银兑换黄金比率为十四马克五盎司白银兑换一马克黄金。很长一段时间内，在法兰西的流通媒介中，每一种金属相对另一种金属都保持着均衡比例。通过已知的事实证明，法兰西法定的白银兑换黄金比率是很有远见的。然而，法兰西的金币逐渐不容易见到了。几年来，法兰西的金币极其匮乏，这恰恰是因为金币的法定价值始终保持不变，金币的金属价值却逐年增加。

夏尔·亚历山大·德·卡洛纳估计，1785年，法兰西重新铸币时，其拥有的金路易的数量相当于六点五亿里弗尔,仅占1726年到1785年铸造货币总数十三亿里弗尔的一半。夏尔·亚历山大·德·卡洛纳确定采用$15\frac{1}{2}:1$作为白银与黄金的兑换比率,其原因似乎是,西班牙白银兑换黄金的法定比率为16∶1,并且未来黄金升值的可能性很大。至于市场价格,夏尔·亚历山大·德·卡洛纳承认,1785年,白银与黄金的兑换比率只有15.08∶1到15.12∶1。因此,货币重铸为法兰西国王路易十六带来了七百二十五万五千二百一十六里弗尔的利润,为原来金路易的拥有者带来了二千一百六十万里弗尔的利润。

法兰西国王路易十六

## 第8节　1785年夏尔·亚历山大·德·卡洛纳的货币政策

1790年，夏尔·亚历山大·德·卡洛纳的政策形成报告，提交给国民议会，但这份报告受到严厉的批评。国民议会提出了银本位制，允许金币流通，规定白银与黄金的兑换比率为$14\frac{7}{9}:1$，取消铸币税。众所周知，国民议会规定的白银与黄金的兑换比率更接近市价。因此，夏尔·亚历山大·德·卡洛纳确定的白银与黄金的兑换比率肯定被认为是武断的和另有企图的。实际上，1790年的国民议会委员会提交的文件的最后一项建议已经在1785年10月30日的法令中得到承认，因为1785年10月30日的法令规定铸币税不能超过重新铸造货币的净成本。

法兰西政府通过著名的卡洛纳法令，制定了货币重铸方案，实际上最终取消了铸币税。法兰西将银币作为主要货币，并且确定了银币与金币的固定兑换比率，金币作为支持银币的货币，与银币共同流通。卡洛纳法令的主要论点或特征为后来的法兰西第一共和国法令的形成提供了精确的模式，但法兰西第一共和国无知地将其视为建立复本位制。后来，法兰西第一共和国建立后第七个月的法令只是重现和延续了1785年的法令。

重申并强调法兰西第一共和国的法令只是1785年法令的重现和延续是十分重要的，因为人们对法兰西第一共和国后来的活动已经形成了相当疯狂和盲目的评价。事实上，法兰西第一共和国后来的措施并没有创造出新的货币秩序，也没有提出新的货币思想，甚至没有公布自己的货币理论。

## 第9节　法兰西革命时期的货币立法

法兰西第一共和国以投机的方式临时开始了货币改革。法兰西政府发行了大量十五苏和三十苏的劣质货币，作为纸券的基础，代替几乎在流通中完全消失的金银货币。然而，1793年10月7日，法兰西第一共和国建立后，法兰西政府颁布第二项法令，决定采取不同寻常的方式规定货币的标准。根据这项法令，货币单位由一千克的百分之一组成，命名为格雷夫，代表每枚货币包含纯度为十分之九和重量为十格令的银，在同样的重量和标准情况下，金币价值在流通中为银币价值的十五倍。

　　法兰西第一共和国的法令仍然是一纸空文，两年后的1795年，法郎被确定为法兰西货币体系的基础货币。根据法兰西第一共和国于1795年8月15日及热月28日颁布的两个法令，重五克、纯度为十分之九的银法郎为法兰西第一共和国货币体系的基础。铸造的金币也规定了同样的纯度，每枚金币重十克，但金币与单位法郎的价值比率并没有固定。法兰西第一共和国的货币体系正是1790年，米拉波伯爵奥诺雷·加布里埃尔·里凯蒂向制宪议会建议的货币体系。在法兰西第一共和国建立的货

米拉波伯爵奥诺雷·加布里埃尔·里凯蒂

皮埃尔·路易·普里厄

币体系下,指定的五法郎银币得到了认可,铜币遭到抵制并不得不被回收,金币甚至都没有尝试发行。两年后的1797年,法兰西第一共和国督政府宣布支持维持十克重的金币,但要求固定金币价值,提出白银与黄金的兑换比率为16:1。为反对督政府的方案,皮埃尔·路易·普里厄向"五百人院"提交了采用银币和金币的方案,与上文叙述的方案一样,金币的价值根据市场的变化而波动,但金币的价值每年以公告的形式公布两次。虽然经过五百人院的重大修改,但最终,皮埃尔·路易·普里厄提出的方案被元老院否决。几年来,法兰西第一共和国货币体系的问题一直没有得到重视。法兰西第一共和国成立第十年,即1802年,在执政官的提议下,法兰西第一共和国重新恢复对货币问题的审议。根据执

马丁-米歇尔-夏尔·戈丹

政官的要求,法兰西第一共和国财政部长马丁-米歇尔-夏尔·戈丹向国务委员会提出一个方案。在该方案中,马丁-米歇尔-夏尔·戈丹提出发行面值为二十法郎和四十法郎的金币,金币的价值根据1785年法令宣布的比率确定,即白银与黄金的兑换比率为$15\frac{1}{2}:1$。与此同时,马丁-米歇尔-夏尔·戈丹很谨慎地解释,银币仍然是基础货币,如果不同的市场迫使白银与黄金的兑换比率发生变化,金币可以重新发行。递交给执政官的报告中,马丁-米歇尔-夏尔·戈丹承认,白银与黄金的兑换比率很长时间在15:1以下。促使马丁-米歇尔-夏尔·戈丹维持1785年确立的白银与黄金的兑换比率的关键是,采用15:1的比率改变现状将会给金币持有者带来巨大的损失,况且没有足够的理由做出如此巨大的改变。

最初，国务委员会的财务委员会否决了马丁-米歇尔-夏尔·戈丹的方案，并且更倾向于选择已经叙述过的皮埃尔·路易·普里厄的方案。但根据第一执政拿破仑·波拿巴的要求，国务委员会的财务委员会开展了调查。第一执政拿破仑·波拿巴的调查促使事情画上了句号，马丁-米歇尔-夏尔·戈丹通过国务委员会提出了自己的主张，但重要的不同之处在于，黄金与基础货币白银的兑换比率未来会有变化的说法被默认了。马丁-米歇尔-夏尔·戈丹在国务委员会提出的主张成为1803年3月28日法律的基础，最终法兰西第一共和国的货币体系在1803年3月28日法律的基础上建立起来了。

拿破仑·波拿巴

1803年3月28日的法律用以下话语陈述金币：

到现在为止，流通中的金币是在图尔城铸造的二十四里弗尔和四十八里弗尔。本法第六条规定，以二十法郎和四十法郎代替二十四里弗尔和四十八里弗尔。十进制的采用使法郎代替里弗尔成为必要，并且会使货币体系中所有部分的变化保持一致。基于同样的考虑，二十法郎和四十法郎包含的黄金纯度规定为十分之九，与银币的标准相同。

1803年3月28日的法律对金银兑换比率只字不提，更强调对国家利益更重要和更有利的措施，即压制金币价值和取消铸币税。根据1803年3月28日法律第十一条，法兰西第一共和国货币体系的货币单位定为银法郎，每枚银法郎重量为五克，纯度为十分之九。与银法郎和银法郎的倍数相对应，法兰西第一共和国将发行面值二十法郎和四十法郎的金币，银法郎与金法郎的基础兑换比率为 $15\frac{1}{2}:1$。在接下来的时期里，即1819年到1850年，白银兑换黄金的实际兑换比率低于 $15\frac{1}{2}:1$。

## 第10节 1803年法兰西货币的改革

我们从过去的历史进程可以看出，1803年3月28日的法律并没有为法兰西的货币制定新的原则、理论或体制。法兰西政府采用十进制取代了原来的图尔里弗尔体制，取消了铸币税，确定了单位货币的价值，并且停止使用金银与其他金属混合铸造的合金货币。但在货币标准和体系方面，法兰西第一共和国没有创新。与弗朗索瓦一世时期、1610年或1785年相比，1803年3月28日的法律建立的货币体系不再是复本位制，但与其相差无几。复本位制理论并没有占据立法者的头脑，正如我们知道的，任何关于复本位制理论或体制的观念都不会展现其痕迹。第一执政拿破仑·波拿巴在手边发现了两种金属，组成了他所在国家几个世纪以来的货币。几个世纪以来，执政官们及其前任面临的监管问题是一样的，第一执政拿破仑·波拿巴用没有理论依据的实际方法解决了监管问题。

法兰西所有货币只能逐渐地适应在法兰西建立起来的十进制货币体系。直到1829年6月，十二里弗尔、二十四里弗尔、四十八里弗尔的旧金币才被取消，实际上，直到1845年，金银与其他金属混合铸造的合金货币的废止才完成。1852年到1856年，法兰西重铸劣质货币。但这都只是细节问题，与主题无关。

因此在本质上，法兰西在第一共和国新政权时期的经验与其前几个世纪的经验没有任何不同。直到复本位制理论提出，以及复本位制作为一种理论在拉丁货币联盟的形成中得到体现时，19世纪的法兰西货币体系及其形成的经验才比17世纪的法兰西货币体系及其形成的经验更具特殊意义。货币状况的主要区别不是法兰西改变了货币体系，从而使法兰西使用货币经验不同了，并且产生的意义也不同了，而是英国已经改变了货币体系，英国贵金属的价值变动对金银固定兑换比率的冲击主要维持在较小的承受范围。因此，贵金属价值变动的影响和实例可以在更深程度上说明，但在性质上并没有任何不同。

人们普遍认为的第二种看法是，法兰西第一共和国后期的行动使全世界获得了固定和稳定的兑换比率。实际上，这种看法同样是不合理的。19世纪的任何时间点，白银和黄金的实际市场兑换比率取决于白银的商业价值。与法兰西白银与黄金的兑换比率一样，任何时候，法兰西都无法摆脱法定兑换比率与商业兑换比率不一致带来的灾难性影响。目前，在转瞬即逝的复本位制文献中，盛行并表达出的相反观点完全是因为无知。1815年起，英国摆脱了复本位制法则，现代狭隘的檄文作者并没有看到复本位制在自己国家运作的任何迹象。因此，现代狭隘的檄文作者假定法兰西第一共和国的经验具有普遍性，并且将固定和稳定的金银兑换比率归因于法兰西的法定金银兑换比率。讨论法兰西货币体系问题并不是出于争论的精神，而仅仅是为了科学的兴趣，将历史经验滥用到理论的方方面面是需要受到批判的。因此，在历史上，最简单的事实被完全歪曲了，因果关系的假设很不真实，以致有人将19世纪英国货币史的停滞归咎于复本位制的缺失，而不是复本位制的存在及其影响。我们暂且以法兰西为例。

## 第11节　法兰西金银兑换比率的变化过程

实际或市场兑换比率的变化过程在后面的表中说明。白银与黄金的实际兑换比率和法定兑换比率在任何时候都不一致。经历了1803年到1806年的三年波动后，实际兑换利率有时比法定兑换利率高，有时比法定兑换利率低。1807年到1813年，实际兑换比率持续下降了七年。1813年，实际兑换比率为16.24∶1，达到最低点。随后的五年或六年时间，即1813年到1819年，实际兑换比率一直高于法定兑换比率，尽管实际兑换比率偏离法定兑换比率不是太大。在接下来的时期里，从1819年到1850年，白银兑换黄金的实际兑换比率低于$15\frac{1}{2}:1$。接下来的1851年到1867年是澳大利亚和美国黄金产量的高峰期，白银兑换黄金的实际比率高于法定比率。实际上，1868年法兰西结束复本位制，直到我们现在的时代，实际兑换比率再次持续低于$15\frac{1}{2}:1$，并且众所周知，实际兑换比率与法定兑换比率的分歧越来越大。

关于法兰西货币规则为世界带来了稳定兑换比率的说法就谈这么多。

那么，商业兑换比率与法定兑换比率的差异对法兰西的贵金属储备产生了什么影响？在法兰西前四个世纪的货币史上，兑换比率的影响及其力量与类似事件和环境产生的效果和作用是完全相似的。1822年前，我们无法获得法兰西金银进出口的确切官方数据。1830年前，我们无法获得法兰西金银进出口的连续数据，即金银两种金属的进出口是各自独立的。

## 第12节　1803年到1875年法兰西复本位制的经验

然而，1830年后，法兰西有着明确而有说服力的金银进出口数据。1830年到1850年，白银与黄金的商业兑换比率持续低于法定兑换比率，进口白银能获得利润，法兰西持续进口了大量白银。1830年，法兰西在国际上进口的白银总计达六百万英镑，1831年达到七百二十五万英镑，1834年达到了四百万英镑，1834年为四百万英镑，1837年超过五百二十五万英镑，1838年接近五百万英镑，1841年接近五百万英镑，1843年超过四百万英镑，1848年为八百五十万英镑，1848年接近一千万英镑。实际上，无论哪一年，法兰西都在大量进口白银。在整整二十二年里，法兰西白银进口总额达到了大约九千二百万英镑。我们必须清楚地认识到，法兰西进口白银的数额并不代表进口总额，而是代表进口数量必须超过出口数量的进口净额或差额，进口的白银以货币形式进入法兰西的流通领域当中，并且在流通中获得认可，取代黄金在流通中的地位。与此同时，黄金的价格变动在图表中被表现出来。除了几个重要的异常值，白银价格波动与黄金价格波动的对应关系显而易见。根据法兰西现行的法律，银币的铸造利润或溢价只能提供给个人，银币只能通过黄金或服务和货物的出口来购买或支付。显然，从1830年到1850年，法兰西采用后一种方法，即通过货物的汇款，使这段时期法兰西的黄金储量略有增加，价值达到近三百万英镑，与复本位制法则期望实现的结果相反。然而，从1834年到1839年和从1841年到1848年，白银的进口和黄金的出口同时发生，有着明显的对应关系。总金额的不一致之处可以用所述年份法兰西对外贸易余额的统计数字解释。

随着1852年的到来，以及新黄金的流入，白银与黄金的兑换比率发生了极大的变化。白银与黄金的兑换比率上升到法兰西法定比率15.5∶1以上，进口白银和铸造银币的利润也消失了。白银的地位被黄金取代，黄金进口和铸造金币可以获得相应的利润。白银与黄金的商业兑换比率高于法定兑换比率的1852年到1865年，法兰西进口了总额为一点三五亿英镑的黄金净额或差额，出口了六十六又三分之二百万英镑的白银净额。白银与黄金的实际价格波动具有一致性。随着1865年的结束，19世纪的商业兑换比率发生了重大变化。事实上，尽管拉丁货币联盟联合铸造货币，但金价仍然持续不断下降，白银与黄金的商业兑换比率相对法定兑换比率越来越低，进口和铸造黄金的溢价立刻转变成进口和铸造白银的溢价。1865年到1875年法兰西政府放弃铸造五法郎货币和随后放弃复本位制的前一年，法兰西净进口的白银达到了五千六百万英镑。

　　进出口的数字只是显示了复本位制法则作用的最终结果。法兰西通过铸造货币获得溢价，铸造货币需要的大量金属依靠进口获得是明显的事实。相应金属的出口可以获得溢价，互惠的事实并没有很清晰地显示出来。随着更大范围贸易差额的总体变动，金属出口问题变得更加复杂。然而，金属出口可以获得溢价的事实可以清晰地感知到，这是显而易见的，但这只是对最终结果的概括。我们只有根据铸造厂的铸造记录，结合两种金属的净进出口记录，才能充分掌握摇摆不定、不稳定的金属进出口事件的中间过程。

### 1822年到1875年法兰西净进口或净出口黄金数量表

| 年份 | 净进口（法郎） | 净出口（法郎） | 年份 | 净进口（法郎） | 净出口（法郎） |
|---|---|---|---|---|---|
| 1822 | 4,000,000 | ... | 1852 | 17,000,000 | ... |
| 1823 | ... | 19,000,000 | 1853 | 289,000,000 | ... |

续 表

| | | | | | |
|---|---|---|---|---|---|
| 1824 | 37,000,000 | ... | | 1854 | 416,000,000 | ... |
| 1830 | 10,000,000 | ... | | 1855 | 218,000,000 | ... |
| 1831 | 10,000,000 | ... | | 1856 | 375,000,000 | ... |
| 1832 | ... | 39,000,000 | | 1857 | 446,000,000 | ... |
| 1833 | 24,000,000 | ... | | 1858 | 488,000,000 | ... |
| 1834 | ... | 7,000,000 | | 1859 | 539,000,000 | ... |
| 1835 | ... | 20,000,000 | | 1860 | 311,000,000 | ... |
| 1836 | ... | 14,000,000 | | 1861 | ... | 24,000,000 |
| 1837 | ... | 6,000,000 | | 1862 | 165,000,000 | ... |
| 1838 | ... | 4,000,000 | | 1863 | 12,000,000 | ... |
| 1839 | 24,000,000 | ... | | 1864 | 125,000,000 | ... |
| 1840 | 49,000,000 | ... | | 1865 | 150,000,000 | ... |
| 1841 | ... | 5,000,000 | | 1866 | 465,000,000 | ... |
| 1842 | ... | 12,000,000 | | 1867 | 409,000,000 | ... |
| 1843 | ... | 41,000,000 | | 1868 | 212,000,000 | ... |
| 1844 | ... | 6,000,000 | | 1869 | 275,000,000 | ... |
| 1845 | ... | 14,000,000 | | 1870 | 119,000,000 | ... |
| 1846 | ... | 9,000,000 | | 1871 | ... | 214,000,000 |
| 1847 | ... | 13,000,000 | | 1872 | ... | 53,000,000 |
| 1848 | 38,000,000 | ... | | 1873 | ... | 108,000,000 |
| 1849 | 6,000,000 | ... | | 1874 | 431,000,000 | ... |
| 1850 | 17,000,000 | ... | | 1875 | 454,000,000 | ... |
| 1851 | 85,000,000 | ... | | | ... | ... |

## 1822年到1875年白银的变动表

| 年份 | 净进口（法郎） | 净出口（法郎） | 年份 | 净进口（法郎） | 净出口（法郎） |
|---|---|---|---|---|---|
| 1822 | 125,000,000 | ... | 1852 | ... | 3,000,000 |
| 1823 | 114,000,000 | ... | 1853 | ... | 117,000,000 |
| 1824 | 124,000,000 | ... | 1854 | ... | 164,000,000 |
| 1830 | 151,000,000 | ... | 1855 | ... | 197,000,000 |
| 1831 | 181,000,000 | ... | 1856 | ... | 284,000,000 |
| 1832 | 60,000,000 | ... | 1857 | ... | 360,000,000 |
| 1833 | 75,000,000 | ... | 1858 | ... | 15,000,000 |
| 1834 | 101,000,000 | ... | 1859 | ... | 171,000,000 |
| 1835 | 74,000,000 | ... | 1860 | ... | 157,000,000 |
| 1836 | 27,000,000 | ... | 1861 | ... | 62,000,000 |
| 1837 | 144,000,000 | ... | 1862 | ... | 86,000,000 |
| 1838 | 120,000,000 | ... | 1863 | ... | 68,000,000 |
| 1839 | 75,000,000 | ... | 1864 | ... | 42,000,000 |
| 1840 | 96,000,000 | ... | 1865 | 72,000,000 | ... |
| 1841 | 117,000,000 | ... | 1866 | 45,000,000 | ... |
| 1842 | 92,000,000 | ... | 1867 | 189,000,000 | ... |
| 1843 | 103,000,000 | ... | 1868 | 109,000,000 | ... |
| 1844 | 82,000,000 | ... | 1869 | 112,000,000 | ... |
| 1845 | 90,000,000 | ... | 1870 | 35,000,000 | ... |
| 1846 | 47,000,000 | ... | 1871 | 15,000,000 | ... |
| 1847 | 53,000,000 | ... | 1872 | 102,000,000 | ... |
| 1848 | 214,000,000 | ... | 1873 | 181,000,000 | ... |
| 1849 | 244,000,000 | ... | 1874 | 360,000,000 | ... |
| 1850 | 73,000,000 | ... | 1875 | 194,000,000 | ... |
| 1851 | 78,000,000 | ... | | | |

### 1803年到1875年法兰西采用复本位制时期的金银货币铸币表

| 年份 | 金币（法郎） | 银币（法郎） | 年份 | 金币（法郎） | 银币（法郎） |
|---|---|---|---|---|---|
| 1803 | 10,209,840 | 23,171,988 | 1810 | 46,070,600 | 57,170,216 |
| 1804 | 38,463,980 | 47,517,195 | 1811 | 132,135,740 | 256,399,040 |
| 1805 | 20,474,500 | 46,385,909 | 1812 | 97,717,880 | 160,786,409 |
| 1806 | 38,533,760 | 25,241,651 | 1813 | 62,659,680 | 134,900,313 |
| 1807 | 18,019,920 | 5,008,903 | 1814 | 64,544,720 | 61,244,121 |
| 1808 | 32,311,260 | 67,833,922 | 1815 | 55,379,840 | 37,673,806 |
| 1809 | 15,206,440 | 44,296,494 | 1816 | 15,151,280 | 34,917,526 |
| 1817 | 52,197,080 | 37,143,579 | 1847 | 7,706,020 | 78,285,157 |
| 1818 | 95,410,460 | 12,406,076 | 1848 | 39,697,740 | 119,731,095 |
| 1819 | 52,410,660 | 21,235,077 | 1849 | 27,109,560 | 206,548,663 |
| 1820 | 28,781,080 | 18,436,620 | 1850 | 85,192,390 | 86,458,485 |
| 1821 | 404,140 | 67,533,866 | 1851 | 269,709,570 | 59,327,308 |
| 1822 | 4,718,100 | 100,679,137 | 1852 | 27,028,270 | 71,918,445 |
| 1823 | 408,180 | 82,911,680 | 1853 | 312,964,020 | 20,099,488 |
| 1824 | 7,071,700 | 114,476,007 | 1854 | 526,528,200 | 2,123,887 |
| 1825 | 45,616,360 | 75,203,291 | 1855 | 447,427,820 | 25,500,305 |
| 1826 | 925,540 | 90,835,623 | 1856 | 508,281,995 | 54,422,214 |
| 1827 | 3,160,940 | 153,868,978 | 1857 | 572,561,225 | 3,809,611 |
| 1828 | 8,025,740 | 161,466,133 | 1858 | 488,689,635 | 8,663,568 |
| 1829 | 1,118,180 | 102,642,617 | 1859 | 702,697,790 | 8,401,813 |
| 1830 | 23,516,640 | 120,187,089 | 1860 | 428,452,425 | 8,034,198 |
| 1831 | 49,641,380 | 205,223,764 | 1861 | 98,216,400 | 2,518,049 |
| 1832 | 2,046,260 | 141,353,915 | 1862 | 214,241,990 | 2,519,397 |
| 1833 | 16,799,780 | 157,482,863 | 1863 | 210,230,640 | 329,610 |
| 1834 | 30,231,200 | 218,288,304 | 1864 | 273,843,765 | 7,296,609 |
| 1835 | 4,550,060 | 99,966,149 | 1865 | 161,886,835 | 9,222,394 |

续 表

| | | | | | |
|---|---|---|---|---|---|
| 1836 | 5,097,040 | 43,242,399 | 1866 | 365,082,925 | 44,821,409 |
| 1837 | 2,026,740 | 111,858,697 | 1867 | 198,579,510 | 113,758,539 |
| 1838 | 4,940,140 | 88,489,324 | 1868 | 340,076,685 | 129,445,268 |
| 1839 | 20,670,000 | 73,637,742 | 1869 | 34,186,190 | 68,175,897 |
| 1840 | 40,998,240 | 63,795,527 | 1870 | 55,394,800 | 69,051,256 |
| 1841 | 12,375,060 | 77,517,941 | 1871 | 50,169,880 | 23,878,499 |
| 1842 | 1,852,720 | 68,391,170 | 1872 | — | 26,838,369 |
| 1843 | 2,826,600 | 74,148,998 | 1873 | — | 156,270,160 |
| 1844 | 2,742,260 | 69,134,980 | 1874 | 24,319,700 | 60,609,988 |
| 1845 | 119,140 | 89,967,609 | 1875 | 234,912,000 | 75,000,000 |
| 1846 | 2,086,420 | 47,886,145 | | | |

1820年到1850年，商业兑换比率维持在法定兑换比率 $15\frac{1}{2}:1$ 以下，进口白银可以获得利润，法兰西铸币厂铸造的银币总值为一亿二千七百四十五万八千三百二十二英镑，铸造的金币总价值仅为一千九百三十三万三千八百五十四英镑。随后的1850年到1866年，商业兑换比率发生变化。在这一时期，黄金价值上升，法兰西铸币厂铸造的金币总价值达到了两亿九千二百四十一万六千九百五十一英镑，铸造的银币总价值略高于一百二十五万英镑，为一百三十一万五千五百三十二英镑。

白银兑换黄金的商业兑换比率开始高于法定兑换比率的1851年，法兰西银行只储备价值约三百五十万英镑的黄金，但法兰西银行储备的白银价值超过一千九百万英镑。截至白银与黄金的商业兑换比率高于法定兑换比率结束的1866年，法兰西银行储备价值二千三百万英镑的黄金，储备的白银价值接近五百五十万英镑。在前一种情况下，白银储备占比达到85%左右。但在后一种情况下，白银储备占比仅为19%左右。

法兰西银行

## 1851年到1876年法兰西银行储备表

| 年份 | 黄金<br>(百万法郎) | 白银<br>(百万法郎) | 白银占<br>金银总<br>储备的<br>比例<br>(%) | 年份 | 黄金<br>(百万法郎) | 白银<br>(百万法郎) | 白银占<br>金银总<br>储备的<br>比例<br>(%) |
|---|---|---|---|---|---|---|---|
| 1851 | 83 | 478 | 85 | 1864 | 273 | 94 | 27 |
| 1852 | 69 | 442 | 86 | 1865 | 238 | 208 | 44 |
| 1853 | 102 | 214 | 67 | 1866 | 576 | 136 | 19 |

续　表

| | | | | | | | |
|---|---|---|---|---|---|---|---|
| 1854 | 301 | 193 | 39 | 1867 | 697 | 318 | 31 |
| 1855 | 72 | 147 | 66 | 1868 | 662 | 474 | 42 |
| 1856 | 94 | 104 | 53 | 1869 | 461 | 798 | 63 |
| 1857 | 110 | 126 | 52 | 1870 | 429 | 69 | 14 |
| 1858 | 294 | 260 | 47 | 1871 | 554 | 80 | 13 |
| 1859 | 250 | 329 | 56 | 1872 | 656 | 134 | 17 |
| 1860 | 144 | 272 | 65 | 1873 | 611 | 148 | 19 |
| 1861 | 225 | 100 | 30 | 1874 | 1013 | 314 | 24 |
| 1862 | 187 | 108 | 36 | 1875 | 1168 | 504 | 30 |
| 1863 | 119 | 72 | 37 | 1876 | 1349 | 540 | $28\frac{1}{2}$ |

拉丁货币联盟从成立到复本位制结束为止的白银储备数字，将另行描述。

谈到法兰西多年采用货币复本位制的经验，在整个实施复本位制时期最显著的特点一直是市场兑换比率的变动。法定兑换比率并没有与市场兑换比率一致，到目前为止，法定兑换比率还没有为法兰西提供一种稳定的货币。法定兑换比率与市场兑换比率的不一致使法兰西不安，使法兰西不可能拥有稳定的货币。1876年的法律表露出来的动机将在下面另外的相关事件中提到，并且用官方简洁的话陈述兑换比率。"1824年到1867年，商业兑换比率的变动与法定兑换比率相比，保持正常。尽管如此，商业兑换比率的变化仍足以大大地改变法兰西流通领域内的货币构成。1847年，银币占主导地位并成为主要货币后，商业兑换比率的变化使1847年到1867年，大量金币流入法兰西。因此，法兰西必须采取措施保留较小的银币。为保留较小的银币，我们铸造了含零点八三五克纯银的银币。"

从理论和国际的角度看待复本位制问题，而不考虑法兰西的国家利益，是十分荒谬的。19世纪50年代发现黄金时，法兰西恰好拥有大量白银储备。法兰西通过将储备的白银抛售到市场，稳定了全世界白银与黄金的兑换比率。对法兰西来说，抛售白银是无关紧要的事。然而，重要的是，在一种金属与另一种金属的交换过程中，公众蒙受了损失，保持稳定利润的只有非法的私人利润，并且较小银币的消失扰乱了法兰西各个城镇的贸易。在每次市场比率波动到低于或高于法定比率或相反的情况下，法兰西或任何其他国家是否被要求成为一种典范，为维护复本位制、调节兑换比率、履行职责牺牲自己的利益，这应该由常识来决定。

1867年，法兰西货币委员会描述了法兰西货币兑换比率的状况：

> 众所周知，1803年确定的法定兑换比率无法保持的正确原因只是简单地因为这一比率是固定不变的。金币很快就有了溢价，大约1850年前，银币几乎一直是流通中唯一的货币。加利福尼亚和澳大利亚矿藏的发现向欧洲市场投放了大量的黄金，改变了银币作为唯一货币的状况。欧洲市场往往通过增加黄金的供应量降低金币价值，从而造成市场兑换比率与法定兑换比率背离。此外，这还引起银币价值上升。我们无法一一列举在各种情况的影响下，远东地区对银币需求以不同寻常的比例增长。由于远东地区只青睐银币，因此大量白银被运送到远东。银币的溢价达到千分之八，导致其几乎从流通中消失了，并且为金币让出了位置。

> 政府全神贯注地关注白银从流通领域消失的状况，并且委托一个委员会研究应该采取的措施。委员会的工作成果体现在1857年，德·博斯勒东提交的报告中。在仔细审查了通过降低金币价值保持银币价值不变的方案，以及减少国家金银货币中

的银币并采用金本位制这两种相反的方案后，委员会没有在两种方案中做出选择。事实上，委员会仅限于建议政府采取临时手段，即提高白银的出口税……因此，白银的输出仍在继续。没人注意五法郎的银币是否消失，因为金币取代了银币，金币取代银币与小额支付中需要使用小面额货币的匮乏是不一样的。

1861年，接到参议院收到的阻碍零售商业发展的投诉后，受1860年瑞士简化不同类型货币标准的启示，法兰西财政部长成立了一个委员会，研究对银币的消失采取补救措施。委员会建议将每枚五法郎银币含纯银量的标准降低到百分之八十三点四。委员会是在完全了解原因的情况下做出决定的，并且充分认识到，不管银币在流通领域的构成中占多大比例，降低单位银币的含银量会破坏法兰西货币体系的特征，因为法律上不再存在法郎，实际上五法郎的银币正在消失。因此，委员会提出的措施相当于建立了金本位制。

然而，根据1864年的法律，委员会的建议只适用于面值为五十生丁或者二十生丁的货币。

法兰西货币改革的下一步是在1865年成立拉丁货币联盟。委员会谈到拉丁货币联盟成立的动机时，说："拉丁货币联盟约定，将金币作为首位货币，并且降低两法郎或者更小面额银币的含银量，让两法郎或者更小面额的银币作为辅币。因此，拉丁货币联盟明确规定了金法郎在法兰西货币体系中的优势地位，并且解决了复本位制带来的实际困难。"

拉丁货币联盟成立的动机说明写于1867年，在拉丁货币联盟成立后不到二年。目前，复本位制主义者并不认同拉丁货币联盟成立的目的和意图。但历史的真相依然不会改变，1871年起，人们能感觉到，贵金属的生产条件发生了彻底的改变，这为拉丁联盟防备复本位制而非维持复本位制的目的提供了理论依据。1871年，如果白银没有贬值的话，那么拉丁货币联盟仍然是保证实行复本位制的法兰西不受复本位制法则功能影响的堡垒。

## 第13节 拉丁货币联盟

因此，拉丁货币联盟的成立是采用法兰西货币体系并暴露在法兰西货币体系下所有经历了货币价值灾难性波动的国家防备复本位制活动的结果。比利时是加入拉丁货币联盟的第一个国家，也是联盟中最活跃的国家。就银币而言，根据1832年6月5日的货币法，比利时采用了法兰西的货币体制。依据1832年6月5日货币法第一条，比利时的货币单位确定为重量为五克，纯度为90%的银法郎。多年来，比利时努力维护1832年6月5日货币法的完整性。然而，公众舆论要求比利时政府以正常价值接受法兰西金币，比利时政府接受了公众的要求，并且在1861年6月4日颁布相关法令。从颁布以正常价值接受法兰西金币的法令时起，比利时感受到法兰西正在经历的金银兑换比率的震荡。1832年，比利时货币法的第一条成为一纸空文，金本位制取代了银本位制。与法兰西、意大利和瑞士一样，比利时见证了小银币的消失。相比以前充裕的白银储备，比利时出现了小面值银币匮乏的情况，但由于比利时国家银行拥有等同于四千八百万法郎的大量重量为五克的银法郎储备，小银币短缺的状况并没有立即在比利时出现。1861年6月1日到1862年11月8日，短短一年多一点的时间内，比利时国家银行储备的重量为五克的银法郎从四千八百六十四万五千法郎降到一千四百六十二万九千法郎，随后，比利时国家银行惊慌地停止了接受所有五法郎的付款。随着五法郎银币的耗尽，更小价值银币的储备也开始由于消耗严重受到严重影响。从1861年到1863年，由于美洲的战争，贵金属的贸易几乎停止了。但1863

年，比利时重新开始流失货币。五法郎和低面额的各种辅币的储备迅速下降，下降到很低的数量，以致无法满足国家日常贸易对于零钱的需求。1865年9月后，比利时经济略有复苏，但银币储备量下降的趋势仍在继续。更小面额的货币，重量为一克的银法郎和五十生丁特别稀缺，以至于银行无法提供足够的小面额银币满足厂商支付工资的需求。比利时政府为满足民众对于小额货币的需求，不得不铸造五分镍币。与此同时，瑞士和意大利的经历虽然不能准确地陈述和精确地表达，但其性质相似。1865年以前，包括银币和其他形式的白银在内，意大利流失的所有白银价值超过一千二百万英镑。众所周知，完全失去银币是危险的，这导致1866年4月30日，意大利停止现金支付，并且默许加入拉丁货币联盟。然而，第一个发出警报的不是意大利，而是比利时。比利时政府意识到自己与法兰西形成的货币共同体导致比利时对阻止货币外流做出的任何单独努力都是徒劳的。因此，比利时向法兰西建议所有采用法郎作为基础货币的国家建立货币联盟。法兰西接受了比利时的建议，邀请意大利、瑞士及比利时派代表参加在巴黎举行的货币会议。在货币会议上，比利时提出了采用单一的金本位制，并且通过折价降低包括五法郎在内的银币价值，使银币成为铺币。意大利和瑞士的观点相同，但这项方案在法兰西的反对下未能获得通过。货币会议的最终结果是确立了1865年12月23日的公约。

1869年8月17日，创立拉丁货币联盟的公约生效。按照这份公约，法兰西内部货币体系做出微小的改变。迄今，面值两法郎和更小面额的银币变为辅币，其包含的白银纯度降到83.5%，五法郎仍然为法定货币。

拉丁货币联盟维持了十五年。就发行货币的重量和标准而言，拉丁货币联盟在四个国家间建立了统一的货币体系，并且规定任何将贵金属带到铸币厂的人可以免费铸币。于是，黄金被铸造成任何形式的金币，白银被铸造成五法郎的货币。拉丁货币联盟的任何一个国家都接受联盟中其他国家的货币。最后，每个国家出于国家或货币目的，铸造的货币不能超过每人六法郎。

拉丁货币联盟规定的每人不能超过六法郎来铸造货币的限制与小货币发行速度应低于本位制货币发行速度的规则被拉丁货币联盟成员国共同采用。这被视为相互保护的措施，以防备先前经历过的小货币损耗。根据拉丁货币联盟约定的条款，出于国家或货币目的，各国最大铸币数被提了出来（见下表）。

| 国家 | 法郎 |
| --- | --- |
| 比利时 | 32,000,000 |
| 法兰西 | 239,000,000 |
| 意大利 | 141,000,000 |
| 瑞士 | 17,000,000 |

一段时间内，拉丁货币联盟的各成员国欣欣向荣，铸币业变得兴旺发达，个人或外国人在损害法兰西利益的情况下获得利润。然后，1873年，随着金银兑换比率大幅度下降，甚至对拉丁货币联盟来说，银币贬值变得十分严重。对此，比利时政府主动采取措施，通过法律使比利时政府暂停或限制铸造五法郎货币。随后，拉丁货币联盟所有国家都采纳了比利时政府的措施。1874年到1876年，拉丁货币联盟在巴黎举行了三次年度会议，三次会议的结果是限制了各国五法郎货币的铸造数量。

|  | 1874年的铸造数额（法郎） | 1875年的铸造数额（法郎） | 1876年的铸造数额（法郎） |
| --- | --- | --- | --- |
| 比利时 | 12,000,000 | 15,000,000 | 10,800,000 |
| 法兰西 | 60,000,000 | 75,000,000 | 54,000,000 |
| 意大利 | 60,000,000 | 50,000,000 | 36,000,000 |

续 表

| | | | |
|---|---|---|---|
| 瑞士 | 8,000,000 | 10,000,000 | 7,200,000 |
| 希腊 [A] | | | 12,000,000 |

[A]1868年,希腊加入拉丁货币联盟。

在拉丁货币联盟的成员国中,只有瑞士的铸造数量没有达到总限额。瑞士的代表们在1876年2月召开的会议上强烈要求完全停止铸造五法郎,并且要求采取金本位制。然而对此,意大利代表强烈反对。由于采用了不可兑换的纸币,意大利的金属货币消失了,意大利对拉丁货币联盟铸币的限制没有兴趣。1874年的会议上,意大利甚至寻求拉丁货币联盟授予意大利铸造超出拉丁货币联盟规定数量货币的权利,即铸造总价值不少于八十万英镑的五法郎货币。与此同时,意大利政府提出的条件是,相应价值的金属应该存入意大利银行作为其金属储备。

然而,环境的力量很快打破了拉丁货币联盟的限制政策。1876年,白银的贬值更具有明显的灾难性。此外,1874年、1875年和1876年的会议为拉丁货币联盟的每个成员国分配的铸币数额为最高限额,而不是最低限额,这不是秘密。

如果没有进一步的条约延长拉丁货币联盟的存在时间,那么1878年11月的下一次铸币大会将宣布拉丁货币联盟于1885年12月31日解散。随着铸币大会时间的临近,曾致力于大规模铸造货币的小国,如比利时,不得不按充足的估值清算或收回在其边境之外铸造的五法郎货币。面对白银市场价格的急剧下跌,比利时政府逃避责任,寻求延长按拉丁货币联盟确定的各国铸造货币数量的限额继续铸造银币的现状的方法,并且成功地通过协议将现状延长到1891年年底。此后,拉丁货币联盟成员国每年均签订年度协议。

莱昂·赛

法兰西政府发现,各成员国将约定的铸币数量视为最低限额,决定完全停止铸造五法郎货币。因此,1876年3月21日,法兰西财政部长莱昂·赛就约定铸币的影响向参议院提交了法案。八天后,即1876年3月29日,法兰西政府以法律的形式通过了一项提议,即为铸造纯度为90%的银币暂停发行法兰西公债。法案的动机十分值得注意:

过去一段时间里,发生的与贵金属相关的事件使我们将货币问题摆在首位,尽管从1815年起,英国制定了一些原则,这些原则吸引了越来越多周边国家的兴趣。

我们1814年的货币法依据的复本位制理论,自诞生起就一直遭到质疑。

在我们看来，与其说这是理论，还不如说是除了让金银两种金属无限制地同时存在于流通领域内，立法者根本无力将金银两种贵金属结合在一起的结果。这两种金属注定要进入货币体系，但最近立法者已经学会通过让金币独立发挥其无限作用并将银币降为辅助货币来协调两种金属的关系。从1857年起，法兰西政府就研究了两种金属的关系问题，可以说，1857年以后，金本位制原则在我们几届政府中获得越来越多的支持。

接下来，这项法案描述了这一时期的法兰西货币史。正如前面已经给出的简要概括一样，这项法案的序言继续写道，"如果从1874年起，法兰西政府没有采取某些预防措施阻止金银兑换比率剧烈波动带来的影响，那么法兰西及其货币同盟国将会看到白银入侵国家流通领域内的货币，并且相应地耗尽国家的黄金"。因此，1874年、1875年和1876年的约定限制了拉丁货币联盟成员国的铸币数量，尽管"据我们所知，1875年的规定甚至让白银价格在当年就完全停止下跌，并不是简单地限制下跌"。

## 第14节 19世纪德意志的货币状况

在实现统一前，德意志采用了帝国货币体系，其货币史不断重现了中世纪货币体系的所有原理。事实上，复本位制并没有相关理论。1816年，英国放弃了复本位制，法兰西还没有完全摆脱复本位制的束缚。

德意志感受过复本位制的痛苦，并且在三十年战争危机结束时，其痛苦程度达到了顶点。为抵御复本位制带来的不幸，德意志只能无力地采用无效的铸币约定机制。一个世纪以来，德意志坚持不懈地努力想要建立共同的货币标准和铸币制度，但徒劳无功。德意志必须放弃尝试建立共同的货币标准和铸币制度，并且让德意志摇摇欲坠的货币体系自行解体。最后，当1871年的事件使德意志的政治生活和货币实现统一时，德意志至少存在九种不同的、独立的货币体系。

三十年战争的危机刚刚从人们的脑海中消失，货币体系就开始产生让人苦恼的影响。

## 第15节　津纳标准

1665年，由于货币外流和货币的人为选择，人们高声抱怨国家货币状况的恶化和国家货币的贬值。事实上，德意志有很多抱怨货币状况恶化和货币贬值的文献。1666年9月12日，在雷根斯堡的帝国国会上，德意志明确将货币外流归因于外国特别是威尼斯过高规定黄金的价值。早在1666年5月，法兰克尼亚、巴伐利亚、施瓦本三个流通圈铸币局的负责人就递送了报告。在报告中，他们叙述了优质德意志货币杜卡特已经被意大利、法兰西、英格兰和荷兰的低价值货币代替。因此，法兰克尼亚、巴伐利亚、施瓦本三个较高级别的流通圈举行了会议，决定进行彻底调查。通过调查，三地流通圈提出的方案意味着白银与黄金的兑换比率从 $15:1$ 降到了 $14\frac{1}{8}:1$。1667年，这三个流通圈铸币局提出的方案为议会接受，议会决议的第五条特别提到挤占德意志基础货币的外国货币。勃兰登堡选侯国和萨克森选侯国坚持认为，考虑到黄金的生产条件，方案规定的金银兑换比率并没有被充分降低。在同一年，根据勃兰登堡选帝侯腓特烈·威廉一世与萨克森选帝侯尤里乌斯·弗朗茨的铸币约定，勃兰登堡选侯国和萨克森选侯国采用了津纳标准。根据津纳标准，一帝国塔勒的价值被提升到一百零五克罗伊茨，即一弗罗林四十五克罗伊茨，并确定了白银与黄金的兑换比率为 $13\frac{5}{9}:1$。

勃兰登堡选侯国和萨克森选侯国一致行动的结果是剥夺了法兰克尼亚、巴伐利亚、施瓦本三个流通圈的银币，并且在两年后的1669年，法兰克尼亚、巴伐利亚、施瓦本再次开会讨论货币问题。在这次会议中，三地政府不但考虑到处流通的外国劣币，而且考虑"从流通中不断熔化并兑换合适货币"的破坏性兑换。

经过艰苦努力，法兰克尼亚、巴伐利亚、施瓦本三个流通圈在1680年的神圣罗马帝国议会上提出了解决方案，将一帝国塔勒的价值降到九十克罗伊茨，白银与黄金的兑换比率为$15\frac{1}{4}:1$。根据决议，神圣罗马帝国皇帝利奥波德一世孤立地站在一边，将一帝国塔勒的价值定为九十六克罗伊茨，将神圣罗马帝国的货币体系与巴伐利亚和萨尔斯堡两地的货币体系分离开来。

神圣罗马帝国皇帝利奥波德一世

萨克森选帝侯约翰·乔治三世

鉴于兑换比率的矛盾，以及神圣罗马帝国不可能有整体上的货币管理制度，神圣罗马帝国实际上放弃了进一步改革货币体系的尝试。1690年，由于商界及各个不同邦国认识到货币体系混乱造成的后果，神圣罗马帝国建立了莱比锡标准。莱比锡标准由萨克森选帝侯约翰·乔治三世提出的，并且在萨克森、勃兰登堡和不伦瑞克-吕讷堡建立协议。根据莱比锡标准，一帝国塔勒的价值上升到一百二十克罗伊茨，或者两弗罗林，一马克白银被铸造成十二塔勒或十八古尔登。

引入莱比锡标准的结果是，几年内，一帝国塔勒的价值在整个神圣罗马帝国升到一百二十克罗伊茨。在同一年即1690年，瑞典接受了莱比锡标准。三年后的1693年，法兰克尼亚、巴伐利亚、施瓦本三个上层流通圈子默许了莱比锡标准。与此同时,一古尔登金币的价值升到两弗罗林五十六克罗伊茨,以前白银与黄金的兑换比率为15∶1,此时提高到了15.1∶1。

1738年,神圣罗马帝国议会决定在其境内采用莱比锡标准。一帝国塔勒的价值没有任何变动,仍然为两弗罗林,并且每马克白银铸造十二枚帝国塔勒。然而,辅币的标准遭到缩减,每马克白银从铸造十二又八分之三枚塔勒变为铸造十三又三分之二枚塔勒。这一改变意味着辅币贬值。

## 第16节 德意志货币兑换公约标准

起初,莱比锡标准没有取得比以前标准更大的成功。虽然从理论上说,莱比锡标准被德意志北部所有地区接受,并且在1738年的神圣罗马帝国议会上被采纳。但事实上,莱比锡标准并没有获得整个神圣罗马帝国的认可。甚至从1690年莱比锡标准产生时起,竞争性提高货币价值的行为一直在延续,面额为三十、二十、十五和十的克罗伊茨是以每马克白银铸造二十枚到二十一又三分之一枚古尔登为基础的。结果,1730年后,德意志西南部地区大量铸造的双柱币成为牺牲品,其含银量缩减了10%。奥地利王位继承战带来的混乱加剧了货币含银量的缩减。双柱币含银量的迅速缩减将众多具有完整价值的货币赶出流通市场。在奥地利王位继承战持续期间,奥地利和德意志南部的货币几乎全部贬值为辅币。于是,货币兑换商获得数不清的利益。1748年,战争结束时,神圣罗马帝国皇帝弗朗茨一世带着奥地利人特有的自私及其前任从未有过的勇敢,决定将二十古尔登的标准作为奥地利货币体系的单独标准。因此,一马克纯银被铸造为十三又二分之一帝国塔勒或二十古尔登。巴伐利亚加入这一货币体系后,一马克纯银铸造二十古尔登的体系获得了公约标准的名称。在公约标准下,两古尔登被铸造为新的货币品种公约塔勒。

神圣罗马帝国皇帝弗朗茨一世

1857年的《维也纳铸币公约》签订前，这一货币公约体系在奥地利一直有效，公约塔勒在德意志南部获得更广泛的流通。

货币是由奥地利金币杜卡特和大量外国银币，如法兰西的六里弗尔塔勒①、克朗或布拉班特塔勒②维持的。1807年起，德意志南部邦国模仿铸造了布拉班特塔勒，尤其是在巴伐利亚，巴伐利亚铸造的皇冠塔勒采用了新标准，一马克纯银铸造二十四又二分之一古尔登。

---

① 在流通中，法兰西的六里弗尔塔勒相当于两弗罗林四十八克罗伊茨。——原注
② 在流通中，一布拉班特塔勒相当于两弗罗林四十二克罗伊茨。——原注

奥地利自私的新铸币方案被普鲁士和德意志南部各诸侯国效仿。1761年到1765年，莱因邦联和德意志南部各诸侯国采用了每马克白银铸造二十四古尔登的标准。随后，这一标准改为每马克白银铸造二十四又二分之一古尔登。克朗塔勒价值的高估导致新标准从每马克白银铸造二十四古尔登变成最新的每马克白银铸造二十四又二分之一古尔登的标准，这是德意志西南部大量流通法兰西的六里弗尔，在德意志被称为劳布塔勒的结果。对由于战争和法兰西武器的进步导致法兰西货币在德意志南部过度扩张并引发货币混乱的观点，约翰·菲利普·格劳曼提出质

约翰·菲利普·格劳曼

疑。他将德意志南部地区货币的混乱归因于法兰西货币贬值及法兰西背离了1726年确立的铸币标准。

## 第17节　德意志南部和普鲁士的货币体系

普鲁士第一任国王腓特烈一世实施了普鲁士货币体系的改革，腓特烈一世是腓特烈大帝的祖父。1750年，腓特烈大帝采用十四塔勒或者二十四古尔登作为标准，每塔勒被划分为二十四格罗申，每格罗申价值

腓特烈一世

腓特烈大帝

为十二芬尼。腓特烈大帝采取的措施专门针对当时金币外流的状况。采用低于公约标准的铸币标准有效地阻止了普鲁士货币的外流。直到19世纪初，法兰西大革命引起新的铸币混乱时，普鲁士的货币才流入萨克森、汉诺威、黑森甚至德意志西南部。腓特烈大帝改革的第二个措施是廉价购买黄金，但没有取得成功。腓特烈大帝试图用五普鲁士塔勒换取一皮斯托尔，一皮斯托尔需要用五公约塔勒才能买到。但五普鲁士塔勒兑换一皮斯托尔的兑换比率，从未获得市场公认。起初，一皮斯托尔价值五又四分之一普鲁士塔勒。七年战争期间，腓特烈大帝发行的货币贬值了，其构建的货币体系崩溃了。但1763年，《胡贝尔图斯堡和约》的签订结束了七年战争。从此，普鲁士政府开始积极改革其货币体系，并且重新建立了十四塔勒的货币体系。普鲁士政府发行的较小面额的辅助银币被其周边小国模仿，并且一直贬值到19世纪。

1821年，普鲁士政府对其货币体系做出小幅变更，将一塔勒划分为三十格罗申，而不是先前的二十四格罗申。一塔勒划分出来的三十格罗申被称为银格罗申，从而与以前的二十四格罗申区分。1848年，萨克森加入了普鲁士的十四塔勒体系，随后梅克伦堡和奥尔登堡也加入进来。但在细节上，萨克森、梅克伦堡和奥尔登堡等地的货币体系与普鲁士的货币体系存在许多微小差别。譬如，萨克森将一银格罗申划分为十芬尼；梅克伦堡将一塔勒划分为四十八先令，每先令价值为十二芬尼；奥尔登堡将一塔勒划分为七十二格罗申，每格罗申价值为五施瓦本币。金币由普鲁士和汉诺威的五塔勒和十塔勒组成。腓特烈大帝发行的金币是德意志北部贸易中最受欢迎的货币，甚至在德意志南部的贸易中也是最受欢迎的货币。在流通中，西班牙的一皮斯托尔的价值相当于四十六里弗尔。

### 第18节　1837年的慕尼黑会议

普遍存在的不确定和不同的重量单位加剧了德意志货币体系的混乱。仅仅奥地利就使用两种不同的马克，一维也纳马克等于二百八十八点六四四克，一科隆马克等于二百四十三点八七零克。然而，在德意志北部及随后的德意志西南地区，人们普遍使用普鲁士马克，一普鲁士马克等于二百三十三点八五五克。人们希望立即纠正不幸的货币混乱情形，以及不确定的重量标准。1837年8月25日，德意志召开了慕尼黑会议。在慕尼黑会议上，巴伐利亚、符腾堡、巴登、黑森、达姆施塔特和自由邦法兰克福采用古尔登标准为各自国家的标准。与此同时，相当于二百三十三点八五五克、普鲁士一磅一半的普鲁士马克被确定为缔约成员国铸币时采用的马克。六克罗伊茨和三克罗伊茨的辅币采用了每马克

法兰西大革命标志性事件——攻占巴士底狱

签订《胡贝尔图斯堡和约》

铸造二十七古尔登的标准，各种辅币的具体铸造标准由不同邦国自行决定。接下来的几年内，黑森、汉堡和两个霍亨索伦王朝统治的邦国也加入了这项公约。

德意志南部的铸币活动为统一铸币理念提供了新动力，并促成德意志关税同盟的成员邦国签订了《总体铸币公约》。1838年7月30日，在德累斯顿的会议上，全体与会代表就这份公约内容达成一致。1839年1月7日，《总体铸币公约》在德累斯顿获得批准。其实，《总体铸币公约》是德意志各邦国自1738年尝试建立统一货币体系以来首次实际尝试。《总体铸币公约》的缔约国有普鲁士、巴伐利亚、萨克森、符腾堡、巴登、黑森、萨克森-魏玛、爱森纳赫、萨克森-迈宁根、萨克森-阿尔滕堡、萨克森-科堡、哥达、拿骚、施瓦茨堡-鲁多尔施塔特、施瓦茨堡-松德斯豪森、罗伊斯、罗伊斯-施莱茨、罗伊斯-洛本施泰因、埃伯尔斯多夫和法兰克福。

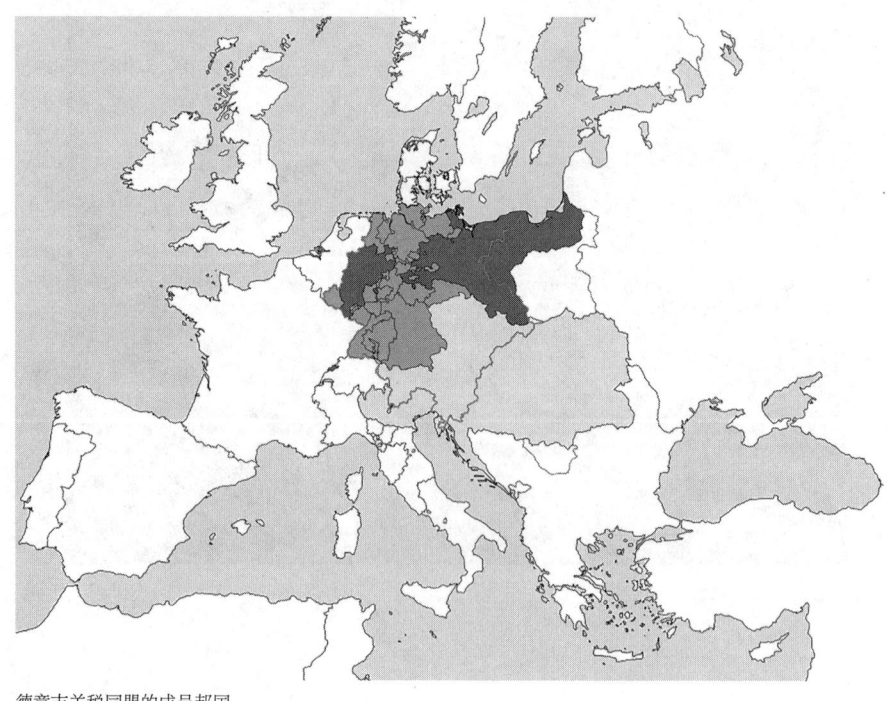

德意志关税同盟的成员邦国

简短地说,《总体铸币公约》的主要条款如下:

一、所有德意志关税同盟缔约国的铸币重量单位马克应为普鲁士马克,即一马克相当于二百三十三点八五五克。

二、根据确定的共同重量标准,各缔约国的铸币应当符合缔约国之间现存的两种体系,即塔勒或格罗申按照十四塔勒体系或普鲁士体系铸造,古尔登和克罗伊茨根据古尔登的标准或德意志南部的标准铸造。出于方便各种货币间换算的目的,一塔勒估算为一又四分之三古尔登,一古尔登等于七分之四塔勒。

三、普鲁士、萨克森、黑森、萨克森-阿尔滕堡、萨克森-科堡、哥达县、普鲁士统治范围内的施瓦茨堡-鲁多尔施塔特、施瓦茨堡-松德斯豪森和罗伊斯采用十四塔勒体系。巴伐利亚、符滕堡、巴登、黑森、萨克森-迈宁根,萨克森-科堡、哥达、拿骚、拥有自主权的施瓦茨堡-鲁多尔施塔特及自由邦法兰克福采用二十四又二分之一古尔登标准。

四、每个邦国将把自己的铸币限制为在货币体系中占主导地位的货币。

五、每个邦国都要约束自己,尽最大努力保持较大面值货币和辅币的铸造标准和重量。

七、为了缔约国的商业目的,应该铸造统一的货币或公约货币,每马克纯银铸造七公约货币,一公约货币为两塔勒或三又二分之一古尔登,公约货币可以在整个联盟内流通交易。

八、铸造货币的合金为90%的银和10%的铜,六又十分之三枚货币等于一铸造马克的重量,需要补充的银的重量为零点零零三克。

九、1839年1月1日到1842年,至少有二百万枚公约货币被铸造出来，每年除了统一铸造三分之一的货币，剩余部分由各个邦国按人口比例铸造。1842年起，在没有新条约的情况下，铸币速度为每四年铸造两百万枚公约货币，各邦国仍像以前一样按人口比例铸造货币，并且要说明货币铸造的情况。

十、各邦国也可以尝试采用单独的铸造标准及重量标准。

十一与十三、任何缔约国均不得通过提前三个月发出通知的方式变更特定国内货币，并且在贬值的情况下按面值更新货币。

十二、各邦国需要约束自己，并且不得发行超过其人口比例需要数量的辅币。

十四、辅币采用1837年慕尼黑会议的标准，即二十七古尔登标准。

十八、公约有效期将维持到1858年年底，想要退出公约的国家需要提前两年发出通知。从公约有效期到期那天起，如果没有宣布放弃公约，那么公约将定期延期五年。

后来，1857年，在更著名的《维也纳公约》签订前，《总体铸币公约》名义上一直有效，汉诺威、不伦瑞克和奥尔登堡一直遵守着这项公约的规定。

因此，维也纳铸币会议召开时，从总体上说，德意志在奥地利、普鲁士和德意志南部或巴伐利亚存在三种相互竞争的货币体系。

1857年会议的一个重要议题是金币，我们将另行讨论金币。1857年的会议试图将三种德意志货币体系纳入同一货币体系，并且达成协议，协议采取以下形式：

第一，五百克为一磅，采用十进制进一步细分磅，将磅作为铸币的基础重量单位。

第二，通过以下规则将竞争的货币体系同化为以磅为基础的货币体系：

按塔勒标准或普鲁士标准，三十塔勒相当于一磅银，取代十四塔勒标准，并且在普鲁士、汉诺威、萨克森、黑森和一系列小国家获得普遍认可。

奥地利标准是基于每磅纯银铸造四十五古尔登，并且在奥地利帝国和列支敦士登公国获得普遍认可。

德意志南部的标准是基于每磅银铸造五十二又二分之一古尔登，而不是以前使用每磅白银铸造二十四又二分之一弗罗林的标准。这一标准在巴伐利亚、符滕堡、巴登、黑森、法兰克福和德意志南部一些其他地方获得普遍认可。

货币体系的等价折算规则是：

公约货币一塔勒，即三十分之一磅，相当于奥地利货币一又二分之一弗罗林，或者德意志南部地区货币一又四分之三弗罗林。

所有货币在所有邦国都无条件有效，辅币的标准比国家铸币标准要轻，但更轻的重量必须在国家规定范围内。辅币的偿付限制为二十塔勒或者四十古尔登。

## 第19节　1857年的维也纳会议

《维也纳公约》采用的关于金币的规则十分重要，值得特别注意。

由于加利福尼亚和旧金山发现金矿，白银相对黄金的价格上涨，影响了使用银币的国家。一旦每标准盎司的白银价格超过六十又八分之七便士，白银与黄金的兑换比率为 $15\frac{1}{2}:1$ 的、采用复本位制国家的银币就会被重新熔化和外流。

1865年，正是因为法兰西和法兰西货币同盟国白银外流的经历，导致拉丁货币联盟成立。仅就时间而言，维也纳会议召开的时间早于拉丁货币联盟成立时间八年。就与金币有关的规则而言，有证据表明，法兰西政府采用复本位制促使德意志成立1857年的货币联盟。德意志1857年的货币联盟仅仅出于自卫，正如后来1857年的货币联盟促使1865年相关国家成立拉丁货币联盟一样。成立1857年的联盟和1865年的拉丁货币联盟的根本动机是希望保护国家货币体系中受到复本位制法则威胁的那部分货币。金币铸造存在溢价，产生溢价的原因是由于法兰西与其他地方黄金价格存在差异。在铸造金币的过程中，法兰西白银与黄金的兑换比率为 $15\frac{1}{2}:1$，但在德意志和其他地方，黄金的市场价值十分低。于是，法兰西与其他地方黄金价格的差异驱使黄金流向法兰西。因此，认为法兰西仅仅吸引了加利福尼亚和澳大利亚的黄金是错误的。法兰西复本位制法则的功能是从邻国德意志吸引黄金，并且铸造五法郎银币代替金币。维也纳会议之前的时间里，法兰西的五法郎银币在德意志南部流通十分广泛，以至于法兰克福银行的现金储备一度几乎全部是五法郎银币。

维也纳会议处理货币问题的方式看似可信，但最终证明维也纳会议处理货币问题的方式是无效的。维也纳会议决定不规定固定的白银与黄金的兑换比率，而是遵循黄金的市场价格，显然是希望吸引黄金的自发或市场供应。

> 为进一步促进彼此的贸易，提升与邻国的贸易，缔约国可采用黄金铸造用于约定贸易的货币，货币名称为克朗和半克朗。
> 
> 一克朗＝五十分之一磅纯银
> 
> 半克朗＝一百分之一磅纯银
> 
> 除奥地利外，缔约国不得铸造其他金币。直到1865年年底，奥地利保留以现值铸造金币杜卡特的权利。
> 
> 在日常交易中，约定金币相对于银币的价值完全由供需关

系决定。因此，金币不应该被视为与国家法定银币具有相同支付媒介性质的货币。在法律上，没有人有义务接受金币。

各邦国有权允许约定的金币按照以前确定的兑换比率代替银币，支付到国家办事机构，并且有权决定是否扩大约定金币代替银币支付的权限到所有的交易或办事机构，或者只是扩展到某项交易或某个办事机构。然而，确定的兑换比率不能持续超过六个月，并且必须在最后一个月到期时，在下一个官方财政期更新兑换比率。约定金币的兑换比率不能高于前六个月官方公布的商业汇率的平均值。在规定期限内，各邦国政府还保留随时改变兑换比率的权利，并且只可以在政府认为合适时暂停兑换。

此后，国债的利率只适用于约定金币，而不适用于其他种类的金币。

官方确定的兑换比率的公告需要广泛传播。即使下一个固定时期的兑换比率没有改变，官方确定的兑换比率也必须事先公布，而且必须包含下述内容。

一、主要兑换场所前六个月贸易平均兑换比率的说明。

二、相应的国债利率。

三、相同价值的持续时间。

四、必要时，指定的期限届满前，保留改变或取消兑换比率的权利。

五、声明的兑换比率只会影响支付给国家机构的款项。

今后，缔约各邦国不得允许国家的支付机构、公共机构、银行等在支付时对支付媒介银币和金币提出任何附带条件。缔约各邦国政府通过事先采用银币表示金币价值，确定金币固定的相对价值。

从奥地利的观点来看，约定的目的是要逐步采用金币，并且终止强制发行的纸币流通。然而，维也纳会议的结果与愿望截然相反，因为最终达成的协议确定维持纯银货币的地位。包含十格令纯金的金币克朗继续发行，并且只被当作贸易媒介。采用金币进行贸易结算的尝试完全失败了，但在本质上，维也纳会议还是很有趣的，也反映了对法兰西大革命早期提出的类似方案的反思。铸造金币的溢价吸引黄金流入法兰西，而不是其他任何一个以简单的市场价格为主导的地方。结果，法兰西发行的二十法郎金币泛滥，德意志的克朗却无法生存。

## 第20节　德意志：1860年到1870年的改革尝试

维也纳会议召开时，汉堡举行的商业会议试图让汉堡银行引入黄金而不是白银作为储备，但同样没有效果。

德意志想要建立一套简单的单一货币体系。1871年重建德意志的货币体系前，《维也纳公约》是我们看到的最后一个重要公约。与1838年的《总体铸币公约》或者所有17世纪和18世纪的公约一样，《维也纳公约》是无用的。

然而，德意志实行简单和统一的货币体系的意图变得更加明显。1861年5月，德意志在海德堡召开了首次德意志商业交易会议，首次特别关注建立共同货币体系的问题。最后，会议总结出的建议是三分之一塔勒为一单位马克，并且采用十进位制进行细分。1865年9月，在法兰克福举行的第三次商业会议确认了第一次会议的决议，并且提出另外一项建议：铸造与二十法郎价值相等的金币，金币价值需要时常调整。这项方案与以前的方案一样，是一个以银币为主的货币标准，金币作为贸易货币。因此，第三次会议的方案与以往的方案一样，是以金币作为贸易货币的银本位制。1868年10月，第四次商业交易会议在柏林召开，会议再次对货币问题进行了严肃的讨论。除了个别参加商业交易会议国的代表，其他与会代表都公开宣布采用金本位制。由于1867年，奥地利退出了1857年组建的德意志货币联盟，因此，奥地利不再反对金本位制的建议。显然，建立北德意志联邦有利于推动实施金本位制。

1870年6月，北德意志联邦议会为准备进行全面货币改革，决定改革和统一纸币。1870年6月，北德意志联邦首相奥托·冯·俾斯麦决定召开铸币会议。然而，随即爆发的法德战争中止了他的这项提议的实施。

奥托·冯·俾斯麦

德意志已经为统一货币体系做了一系列准备。毫无疑问，即使没有战争，德意志货币立法的最终方向也将是实现货币体系统一，并且伴随货币体系统一建立德意志帝国。然而，毋庸置疑，德意志帝国的建立极大地促进了德意志货币的统一进程。

### 第21节　德意志：1871年的新帝国货币体系

法德战争结束后，建立统一的德意志货币体系再次被提上议程，德意志政府才逐渐决心采用金币。获得和平后不久，最初起草的方案提议，新金币暂时不能用于私人贸易。原方案的规定激起商业界的反对，并且由于商业界的反对，最终提交给德意志帝国议会的方案采用的是黄金单本位制体系。1871年12月4日，德意志以法律形式确定了黄金单本位制的方案，货币重铸和兑换等重要货币运作立即开始。目前存在的兑换比率和世界上的金属状况都支持德意志的货币重铸和兑换。货币兑换比率的基础是法兰西白银与黄金的兑换比率15.5∶1，因为法兰西的兑换比率被长期广泛使用并接受。

以前的银本位制的货币体系下，一塔勒相当于三马克。

30塔勒=90马克=1 磅纯银。

90马克纯金×15.5=1395马克。

因此，一磅纯金铸造一百三十九又二分之一枚十马克金币。

有人向德意志帝国议会建议，二十法郎应该等同于英国的一枚君主币，或者二十五法郎等同于英国的一枚君主币。因此，白银与黄金的兑换比率分别为15.17∶1或者15.31∶1，但当时，伦敦市场的白银价格在每盎司六十又八分之七便士和六十又四分之三便士之间波动，即白银兑换黄金的商业兑换比率为15.49∶1到15.52∶1。正是伦敦市场上白银的价格，使德意志政府决定采用法兰西的兑换比率。

德意志政府完成改革的主要法令是1871年12月5日的法令和1873年7月9日的法令，第一个法令说明货币制度，第二个法令说明偿付规则。

德意志货币体系的单位是马克，纯度90%的五百克黄金的重量为一磅，一马克为一磅黄金的一千二百五十五点五分之一。黄金被铸造成二十马克和十马克的货币。一枚克朗金币相当于十马克，根据德意志重量单位磅来计算，纯度为90%的一磅黄金被铸造成一百三十九又二分之一枚十马克。

一磅纯银被铸造成一百枚马克，马克包含的白银纯度为90%。银币总数不超过人均十马克。任何人在支付时都不需要接受超过二十马克的银币。金币和银币被德意志帝国和德意志北部联邦同盟接受。

除塔勒外，所有其他德意志货币都不再是法定货币，并且已经被收回。仍然在流通领域中的塔勒，不管还有多少，都是法定货币。其价值与帝国金币一样，每枚塔勒等于三马克。1870年4月20日的法令规定，奥地利在1867年以前铸造的三分之一塔勒也应当全部是法定货币。1876年1月6日的法令授权德意志联邦议会将塔勒和奥地利的三分之一塔勒置于与帝国银币相同的地位，即将塔勒和奥地利的三分之一塔勒作为法定货币，但支付中最多只能使用二十马克，一塔勒的价值仍然为三马克。1879年5月，由于德意志帝国暂停出售白银并回收银币塔勒，德意志联邦议会不可能利用被授予的权力将塔勒和奥地利的三分之一塔勒置于法定货币地位。

简短地说，19世纪银币的发展历程可以介绍如下。

### 一 德意志塔勒的发展历程

|  |  | 塔勒 |
|---|---|---|
| 1750 年到 1816 年铸造的总数 |  | 64,380,936 |
| 各地政府回收的数量 | 27,788,956 |  |

续 表

| | | | | |
|---|---|---|---|---|
| 新的帝国体系下回收的数量 1871—1873 | | | 5,652,999 | |
| " | " | 1874 | 6,319,170 | |
| " | " | 1875 | 2,900,202 | |
| " | " | 1876 | 2,582,123 | |
| " | " | 1877 | 1,465,424 | |
| " | " | 1878 | 864,253 | |
| | | | | 47,573,127 |
| | | 未回收的余额 | | 16,807,809 |
| | | | | |
| | | | | 塔勒 |
| 1817年到1822年铸造的总数 | | | | 24,261,735 |
| 新的帝国体系下回收数量， 1871-1873 | | | 3,623,511 | |
| " | " | 1874 | 5,147,970 | |
| " | " | 1875 | 2,580,580 | |
| " | " | 1876 | 2,373,496 | |
| " | " | 1877 | 1,421,719 | |
| " | " | 1878 | 766,908 | |
| | | | | 15,914,184 |
| | | 未收回的余额 | | 8,347,551 |
| | | | | |
| | | | | 塔勒 |
| 1823年到1856年铸造的总数 | | | | 91,031,741 |
| 新的帝国体系下回收的数量 1874 | | | 40,000 | |
| " | " | 1875 | 566,677 | |
| " | " | 1876 | 11,250,277 | |
| " | " | 1877 | 5,753,269 | |
| " | " | 1878 | 4,640,068 | |

续 表

|  |  |  |  |  | 22,250,291 |
| --- | --- | --- | --- | --- | --- |
|  |  |  |  | 未收回的余额 | 68,781,450 |
|  |  |  |  |  |  |
|  |  |  |  |  | 塔勒 |
| 1857 年到 1871 年铸造的总数 |  |  |  |  | 215,863,120 |
| 各地方政府回收的数量 |  |  |  | 2,538 |  |
| 新的帝国体系下回收的数量， |  | 1875 |  | 3,000 |  |
| " | " | 1876 |  | 25,958 |  |
| " | " | 1877 |  | 64,806,347 |  |
| " | " | 1878 |  | 18,915,167 |  |
|  |  |  |  |  | 83,753,010 |
|  |  |  |  | 未收回的余额 | 132,110,110 |
|  |  |  |  |  |  |
|  |  |  |  |  | 塔勒 |
| 1750 年到 1871 年整个时期塔勒的总铸造数 |  |  |  |  | 395,537,532 |
|  |  |  |  | 总回收数 | 169,490,612 |
|  |  |  |  | 未收回的余额 | 226,046,920 |

考虑到大致有八千三百零六万二千八百八十二塔勒被消耗掉了，仍有货币重铸或套利造成的一亿四千二百九十八万四千零三十八塔勒或约17,557,650磅标准纯银的赤字。

### 1872年到1878年12月重建的德意志帝国铸造金币的记录

| 提供给铸币厂的金块的来源 | 供应给帝国 | 供应给私人账户 |
| --- | --- | --- |
|  | 按磅衡量的纯金重量 | 按磅衡量的纯金重量 |
| 德意志原来的金币类型 | 64,092.3 | 11.4 |
| 金属条 | 402,382.6 | 214,825.7 |

续　表

| | | |
|---|---|---|
| 奥地利金币 | 381.7 | 711.9 |
| 法郎和刻有拿破仑头像的法兰西金币 | 391,166.5 | 809.7 |
| 君主币 | 30,181.3 | 223.1 |
| 俄罗斯金币 | 28,252.3 | 20,862.1 |
| 伊莎贝拉币 | 12,822.9 | ... |
| 金币和鹰洋 | 16,860.1 | 20,548.8 |
| 奥斯曼土耳其金币 | 51.0 | 1,084.0 |
| | 946,191.2 | |

将包括1877年到1878年，德意志帝国铸造但目前已经不再流通的金币在内，来自各处零散的货币数量做一个完整合计，结果金币总重量达到一百二十万五千七百八十六磅，相当于八千四百一十万三千五百八十四马克。

## 从1873年德意志开始销售白银到1879年5月停止销售白银时的白银价格

| 时间 | 按磅衡量纯银的重量 | 生产量 马克 | 每盎司价格 便士 |
|---|---|---|---|
| 1873 | 105,923.372 | 9,296,682.77 | $59\frac{5}{16}$ |
| 1874 | 703,685.175 | 61,135,670.29 | $58\frac{3}{4}$ |
| 1875 | 214,898.594 | 18,208,449.08 | $57\frac{1}{4}$ |
| 1876 | 1,211,759.204 | 93,936,482.37 | $52\frac{3}{8}$ |
| 1877 | 2,868,095.533 | 230,424,238.51 | $54\frac{5}{16}$ |
| 1878 | 1,622,696.403 | 126,203,852.08 | $52\frac{9}{10}$ |

续 表

| 1879 | 377,744.712 | 27,934,417.89 | 50 |
|---|---|---|---|
| | 7,104,895.993 | 567,139,992.99 | |

截至1880年年底，流通中回收的银币总量为十亿八千零四十六万六千一百三十八马克。

其中，三亿八千二百六十八万四千八百四十一马克的银币被送到铸币厂铸造成新的帝国银币。

剩下的六亿九千七百七十八万一千二百九十七马克的银币被熔化成银块，生产出七百四十七万四千六百四十四磅的纯银。其中，1879年5月，七百一十万二千八百六十二磅纯银被销售出去。未售出的白银余额为三十七万一千七百八十二磅，仍然掌握在德意志帝国政府手中。

## 第22节　17世纪英格兰的货币状况

1661年1月29日，英格兰国王查理二世通过公告宣布开始管理货币，确定了流通中的货币及其价值。1661年6月10日，这份公告发布后，英格兰政府通过了另一项禁止黄金或白银出口的公告，并且禁止以高于铸币厂规定价格买卖金银等金属。另外，公告将货币的匮乏归咎于在实际中，人们以高于铸币厂的价格买卖贵金属。这份公告被证明是无效的，因为虽然公告禁止出口金银和以高于铸币厂的价格买卖金银等金属，但金币外流数量仍然十分巨大，以至于国外流通的英格兰金币数量比在英格兰国内流通的金币数量还要多。在将金币外流归因于国外黄金的价格比英格兰黄金价格更高的贸易委员会和铸币厂官员的辅助下，枢密院成员经过深思熟虑，决定将金币的价值提高到与当时欧洲大陆金币一样或接近的价值。因此，1661年8月26日，英格兰政府宣布，一联合金币的价值从二十二先令上涨到二十三先令六便士，其他金币的价值按相应比例上涨，银币价值保持不变。

谈到黄金和白银的自由贸易时，我们已经分析了立法者的动机，即增加金属进口，为铸币厂提供更多金属。1666年，英格兰国王查理二世颁布法令的前言表达了同样的意图。1666年的法令废除了铸币税，从而在英格兰建立了自由和无偿的铸币制度。直到现在的英国，免费铸币原则仍然有效。

在法令和公告中，货币短缺的证言得到了实际记录的证实。接下来的1667年，货币严重短缺，金匠们和银行家以四先令三便士的价格收购一金币和一克朗金币，而不是将金币送到铸币厂。随后，他们立即以四先令十便士的价格将收购的金币出售到法兰西，以五先令的价格出售到爱尔兰和苏格兰。

根据1670年的新铸币契约，金币中黄金含量的标准略有下降，一磅二十二克拉纯度的克朗金币被铸造成四十四英镑十先令的货币。然而，货币短缺的情况仍在继续，爱尔兰的单独经历只是证实了英格兰的经历。因此，达德利·诺思爵士在其著作《贸易论》中概括了自英格兰国王查理二世通过法令开始免费铸币以来铸造货币的命运："自免费铸币制度建立以来，我想起自己作为证人见证了英格兰铸造了大量的货币。但所有的一切变成了什么？没有人相信铸造的货币留在了英格兰国内，并且铸造的货币也不可能全部被运走，运走货币的惩罚十分严重。情况很简单，熔炉吞噬了一切。据我所知，没有聪明的人会怀疑新铸货币是在铸币厂离开英格兰的。与其他商品一样，金银的价格有波动。铸币厂通常会对西班牙运输来的白银给出最好的价格，即用铸造好的银币换取未经处理的白银，用同等重量的银币换取同等重量的白银。因此，西班牙的白银被带入塔中并被铸造成货币。不久，英格兰将再次出现出口金

达德利·诺思爵士

条的需求。如果英格兰没有金条,碰巧所有的金条都铸造成金币,那么会发生什么?将金币再次熔化掉,再次熔化掉的金条铸造成金币后没有任何损失,因为铸币的成本为零。因此,英格兰的免费铸币制度被滥用了,使英格兰需要为给驴子吃的稻草支付费用。"

英格兰国王威廉三世继位时,银币短缺的数量极其巨大,以致1690年4月9日,在伦敦城及其周边工作的工匠们纷纷向下议院提交请愿书。请愿书陈述道:"海关调查发现,从1689年10月起,英格兰已经以银条形式进口了二十八万六千一百零二盎司白银,不同的个人出口了八万九千九百四十九盎司的银币和八字金币。海关从未怀疑货币外流的事实,但看起来,从事货币输出的似乎不仅是东印度公司,还有犹太人及商人。最近，从事货币输出的人收购了大量白银并将白银带出国门，并且每盎司白银给出了比英格兰政府规定的价格多一又二分之一便士的价格，鼓励了许多金属的熔化和货币的碾磨加工。过去的六个月内，不仅请愿者停止了交易，铸币厂也停止了铸造货币。"

## 第23节　1690年英格兰货币的输出

请愿书递交给了下议院委员会。下议院委员会在1690年5月8日的报告中说，大量白银被运送出去，其中八分之七的白银被犹太人用船运到国外。为获取利润，犹太人会做任何事情。白银外流的原因也很简单，因为最近法兰西的货币十分匮乏，法兰西国王路易十四将法兰西货币的价值提高了10%，鼓励运送白银到法兰西装满自己的保险箱。因此，犹太人每天将大量白银送到法兰西。每输出经过碾压熔化的一千英镑的货币，可以获得二十五英镑或更高利润。经铸币厂铸造后，银币的价值为每盎司五先令二便士。但当时，运到国外的每盎司白银通常是以五先令三又二分之一便士的价格出售。提交请愿书的人向下议院委员会建议的补救办法是禁止输出英格兰货币或提高英格兰货币的价值。

至少三项有关禁止输出的措施提交给了下议院，其中一项措施是理查德·坦普尔爵士提出的，但这三项措施都没有起到作用。与此同时，英格兰货币仍被继续运到荷兰和法兰西。根据估算，1690年11月以前的十六个月，英格兰大约输出了十四万盎司的白银。

英格兰国王查理二世和英格兰国王詹姆斯二世统治时期，除了货币的实际流失，货币的挑选、裁剪和伪造一直在进行，这引发了英格兰流通领域内剩余货币史无前例的大幅贬值。其中，很大一部分货币的成份是铁、黄铜、镀金的铜，这些货币具有优质银币的性质，但价值不到银币价值的一半。

詹姆斯二世

1695年，在重铸货币的过程中，英格兰政府进行了相当可靠的计算，充分证明了以上说法。中等大小袋子装的可以被称为货币的金属价值五万七千二百英镑，重量应该为二十二万一千四百一十八盎司十六英钱八格令，但实际重量只有十一万三千七百七十一盎司五英钱。根据当时铸币厂的掌管者和看守人尼尔的会计账簿，重量为四百六十九万五千三百零三英钱十五盎司两格令的经过剪除的银币只能提炼出七十九万零八百六十磅一盎司十九格令的白银，意味着仅依据重量计算货币的贬值幅度就超过了47.75%。

为了支持威廉王之战，英格兰政府不断投入大量资金，加剧了英格兰货币被掠夺的过程,如此巨额汇款造成的损失使货币的不幸变得再明显不过。每年为英格兰军队汇往欧洲大陆的一百万到二百万英镑,是在荷兰用一千种方式谈判达成的,是对英格兰利益的损害。党人报告指出,威廉王之战开始时,荷兰允许四十三先令兑换一英镑,但后来,逐渐将兑换价格降到二十八先令。银币基尼的价值也不断上涨,一基尼从二十一先令六便士逐渐上涨到三十先令。另外,在支付时,如果财政部和公共收入的接收者没有拒绝按增加的价值接受基尼,基尼还会继续上升到更高的价值水平。

1695年,下议院讨论了货币的贬值问题,并且成立了委员会。委员会报告的基础是提议降低货币的金属含量标准,但这份报告未获得通过。在哈利法克斯伯爵查尔斯·蒙塔古的影响下,委员会的建议被抛弃

哈利法克斯伯爵查尔斯·蒙塔古

约翰·洛克

了。直到1695年11月22日,补救不幸的国家货币法令才得以通过。众所周知,由于受到财政大臣哈利法克斯伯爵查尔斯·蒙塔古的行为和应对办法及约翰·洛克著作的影响,英格兰国王威廉三世的政府坚持保留已经存在的货币标准,这是不明智的。随后,一系列法令都是基于商人关于金币价值的不确定性带来的不幸抱怨而颁布的。商人要求一基尼的价值从三十先令逐步降低到二十八先令。最后,1696年4月10日前,一基尼的价值降低到二十二先令。

### 第24节  1696年英格兰重铸货币

1699年,英格兰才完成重要的货币重铸方案,货币重铸工作占据了

1696年到1699年四年中的大部分时间。英格兰政府发布了一系列的法令和公告，其中，偶然也闪现出令人难以置信的智慧。

根据铸币厂官员的账簿，新铸造的银币达六百八十八万二千九百零八英镑十九先令七便士。回收磨损和剪除的货币粗略估计大致为四百万英镑，损失约为二百万英镑。按规定，所有铸币费用和损失不低于二百七十万英镑。可以肯定的是，在某种程度上，所有回收的银币都是在英格兰国王爱德华六世统治时期和1662年之间铸造的，这明确表明了自斯图亚特王朝复辟以来英格兰发行的货币面临的命运。

英格兰国王爱德华六世

货币重铸最终完成前，英格兰政府已经采取了货币制度最后的保护和补救措施，规定了金币与新发行银币之间的兑换比率。1698年9月22日，包括约翰·洛克在内的四人签名的报告提交给了下议院。这份报告指出，荷兰和周边国家的黄金价值可以通过货币媒介进行计算，白银与黄金的兑换比率为15∶1。根据黄金的价值，等值于二十二先令的一基尼价值太高了。基尼价值过高导致进口黄金和出口白银的比例失调。将一基尼的价值降到二十一先令六便士，将使英格兰银币和金币的价值十分接近15.5∶1的比率。虽然这一比率没有荷兰的比率低，但在提交报告的人看来，15.5∶1的比率足以纠正因比率过低导致进口黄金和出口白银比例失调的错误。

由于约翰·洛克等人提交的报告，下议院决定，根据英格兰国王威廉三世第七号和第八号法令的第十九条规定，任何人都不必以二十二先令的价值接受一基尼。接着，一基尼的价值再次下跌到二十一先令六便士，这是被税收官员接受的价值。除公布的基尼价值外，人们需要记住的是，英格兰国王威廉三世统治时期的货币重铸是根据哈利法克斯伯爵查尔斯·蒙塔古阐明的原则进行的，并且得到约翰·洛克权威观点的支持。换句话说，虽然面临银价明显上升的情况，但英格兰保留了原来的铸币标准。面对约翰·洛克的所有论点，英格兰政府给予了无可辩驳的回答。方案立刻获得了成功，不利于英格兰货币兑换的局面立即得到改变。货币重铸后，1698年的白银兑换黄金比率远远超过以往持续的比率，足以扭转黄金的流动。毫无疑问，在采用的新货币的方案中，未说明的计划也想要扭转黄金的流动。根据吉尔伯特·伯内特的说法，1699年冬，来自法兰西的邮船很少不带一万金路易，甚至更多金路易到英格兰。"英格兰确实到处都是金路易。在六个月的时间里，英格兰从金路易当中铸造出一百万基尼。事实上，商人们说，当时巨大的贸易差额很大程度上转向了英格兰，但我们习惯于将超过一百万的英格兰货币留待以后处理。后来，我们没有将货币送到法兰西，并且至少有一半的货币被用来保持贸易平衡。"

## 第25节 1698年英格兰确定的兑换比率的影响

法兰西和其他外国金币的流通量变得巨大，1701年2月5日，枢密院发布公告，一金路易和西班牙的一皮斯托尔的价值不应该超过十七先令。枢密院的行动立刻使外国金币被带到铸币厂，并且从外国金币中铸造出一百五十万的英格兰金币。

当时，英格兰政府没有发现，1698年建立的白银与黄金的兑换比率在有利于金币的同时，以相同比例不利于银币。人们认为，法兰西金币是用来贿赂英格兰议员的，即使仅仅出于政治原因。法兰西金币是用来贿赂英格兰议员的假设是不必要的，事实上也是不正确的。1698年确立的白银与黄金的兑换比率使金币在英格兰的价值高于其在国外的价值。实际上，由于相同的原因，为购买黄金，白银离开英国。一种金属价格的变动与另一种金属价格的变动相互对应，最后，英格兰让自己的货币太显眼了。

早在大不列颠女王安妮统治的第七年，即英格兰政府完成重要的货币重铸之后仅仅九年，大不列颠王国政府发现，自己有必要通过增加外国货币中包含的每盎司白银的溢价进一步鼓励铸造银币。外国货币要在限定时间内送到铸币厂，每盎司白银溢价不超过二又二分之一便士，并且外国货币送到铸币厂的时间被限制为1709年4月17日到1709年12月1日。

历史上，法兰西已经采用过为外国货币提供溢价的措施。提供外国货币溢价确实是各国政府以高价买进贵金属的名义经常采用吸引贵金属流入本国的措施，但总被证明是无效的。正如大不列颠女王安妮的政府发现的一样。随着货币继续流出，铸币厂的官员向财政部做了报告。

大不列颠女王安妮

1717年，下议院要求铸币厂的官员在1717年12月1日以前提交货币外流的报告。1717年12月1日和1717年12月2日，议员约翰·艾斯拉比做了一次精彩的演讲，约翰·艾斯拉比注意到银币极度短缺的状况，并且提出降低金币价值的补救措施。1717年12月2日，演讲第二天，约翰·艾斯拉比

乔治·卡斯沃尔

得到乔治·卡斯沃尔的支持。乔治·卡斯沃尔认为，当时，在大不列颠的货币中，金币价值过高已经导致大量银币外流。"为了达到降低金价的目的，乔治·卡斯沃尔揭露了近些年来由荷兰人、汉堡人和其他外国人及在大不列颠的犹太人和其他商人之间进行的秘密交易，包括出口白银，进口黄金代替白银。在塔中，进口的黄金被铸造成基尼，每基尼大约可以获取十五便士的利润，占基尼价值的5%。由于出口白银并进口黄金获得的回报可能在一年内能达到五六次，因此从事金银秘密交易的人获得了相当可观的利润。显然，这一事实不利于大不列颠王国的利益。因此，大不列颠耗尽了白银，储备了过多的黄金。"最后，乔治·卡斯沃尔提议降低基尼和所有其他金币的价值。

## 第26节　1717年艾萨克·牛顿爵士的报告

艾萨克·牛顿爵士的演讲收到了热烈的掌声,下议院成员一致请求大不列颠国王乔治一世将一基尼价值下降到二十一先令,其他金币的价值也按相应比例下降。乔治一世立即同意了下议院的请求。第二天,即1717年12月22日,乔治一世发布了与下议院降低金币价值的请求一字不差的公告。

大不列颠国王乔治一世

1717年12月21日，下议院公开发布1717年12月19日的报告。该报告是应财政部专员的要求，几个月前铸币厂厂长艾萨克·牛顿爵士做出的著名报告。艾萨克·牛顿爵士的报告是值得每一位学习货币史的学生仔细研究的文献。艾萨克·牛顿爵士评论了当时每个商业国家的兑换比率，并且展示了比率差异对一种金属或其他金属在出口和价格波动方面的影响。"西班牙和葡萄牙的黄金价值是同等重量白银价值的十六倍。按照西班牙和葡萄牙黄金的价值，一基尼的实际价值为二十一先令一便士。如此高的黄金价格使西班牙和葡萄牙国内储备有充足的黄金，并且将西班牙的白银运到整个欧洲。因此，西班牙人在国内用金币支付，没有溢价时不会用银币支付。载满白银的舰队到来时，白银没有溢价或者溢价很少。但随着白银的离开，白银变得稀有，白银的溢价不断增加，通常为6%左右。"

在法兰西，白银与黄金的兑换比率是15∶1。因此，一基尼的价值为二十先令八又二分之一便士。在荷兰，一基尼的价值为二十先令七又二分之一便士。在意大利、德意志、波兰、丹麦、瑞典，一基尼的价值为二十先令四便士到二十先令七便士不等。

在中国和日本，一磅纯金相当于九磅或者十磅纯银，而在印度东部，一磅纯金可能值十二磅纯银，黄金相对白银的价格较低，带走了整个欧洲的白银。

如果大不列颠王国只降低黄金的价格，使大不列颠白银与黄金的兑换比率与欧洲大陆其他国家的兑换比率相同，那么欧洲任何一个地区都不会有出口白银换取黄金的动机。为完成降低白银兑换黄金比率的任务，大不列颠王国似乎没有比将一基尼的价值降低十便士或者十二便士更重要的事了。

## 第27节　1760年大不列颠王国的货币状况

随后，在1717年9月21日的报告中，艾萨克·牛顿爵士指出，1702年年初到1717年9月21日，大不列颠铸币厂铸造黄金的数量达七百一十二万七千八百三十五磅。与此同时，白银的铸造数量仅为二十二万三千三百八十磅，其中十四万三千零八十六磅白银是为获得国家提供的溢价被带到铸币厂的。1709年和1711年，出于自愿，金匠们只为铸币厂带来了二万一千二百二十磅白银。1718年年初，贵族院证实，1717年，东印度公司出口了约三百万盎司白银。

1717年12月22日公告的直接目的是在一段时间内阻止囤积白银及其导致的投机活动，以等待黄金进一步贬值。1718年1月，为先行采取措施阻止白银投机买卖，贵族院和下议院都表明决心，宣称不会改变大不列颠金币和银币的标准。为了防止改变英格兰的金银货币标准，贵族院和下议院起草了禁止熔化大不列颠货币的法案。

即使是艾萨克·牛顿爵士自己的数据，也可以表明一基尼价值下降到二十一先令。虽然基尼价值下降幅度很大，但不能完全有效减少与荷兰套利交易的利润。当一基尼的价值为二十一先令时，英格兰白银与黄金的兑换比率仍然是 $15\frac{14295}{68200} : 1$。然而，法兰西或者荷兰白银与黄金的兑换比率是15∶1甚至更低。1738年的银币铸造报告表明，商人们仍在继续挑选最重的银币并将其运送到国外。大不列颠政府发现，先令的重量不足，其重量缺少了6%到11%。银币六便士的重量缺少了11%到22%，所有币种都重量不足，这为每一个贸易部门带来了巨大的困惑。1760年，大不列颠国王乔治三世继位时，大不列颠银币的质量不合格，克朗几乎完全消失。然而，1795年起，大不列颠政府铸造了超过一百五十万标准银币，以及价值相当于二百三十二万九千三百七十英镑的半克朗，但在流通中，只存在磨损和削减了的半克朗样本，先令和六便士在流通中已经失去了交易媒介的功能。1763年，铸币厂只发行了价值约五千七百九十一英镑的银币。实际上，流通中根本没有货币。

然而，由于广泛适用的法则的作用，白银与黄金的兑换比率逐渐恢复了正常。从1756年起，欧洲的黄金价格一直上涨。1759年，与大不列颠白银与黄金的兑换比率为15.2∶1相比，欧洲大陆估算的白银与黄金的兑换比率仍为14.5∶1。但1773年，欧洲大陆白银与黄金的兑换比率已经超过了大不列颠的兑换比率，并且标准白银的市场价已经升到五先令两便士每盎司，这与大不列颠的铸币价格相同。据说，大不列颠四分之三的银币是劣质银币。在银币大幅贬值的情况下，即使采用公平的兑换比率，也会对金币的价值产生有利影响。早在1771年，大不列颠政府就注意到套利者向荷兰出口黄金的现象，并且宣称金币从来没有像当时那样短缺过。金币被运到荷兰，然后在荷兰被重新铸造、送回到大不列颠并投入到流通中。在流通领域中，这是包含两种不同贬值原理并重复出现的复本位制现象。

## 第28节　1774年大不列颠的铸币状况

有观点认为，复本位制的作用是用另一种金属取代一种优质金属，两种金属具有相同的重量，优质的未贬值银币替代优质的未贬值金币，或者相反，但历史上没有一个实例能证明复本位制的作用。复本位制的作用总是用较少的量来代替较多的量，无论是重量还是价值。较少贵金属含量的货币代替较多贵金属含量的货币后，货币逐渐贬值，或者说完全符合标准的货币贬值了。

1774年的特殊例子中，银币贬值是1717年以来过高的白银与黄金的兑换比率造成的。金币贬值发生在1770年到1773年，其贬值时间更短，贬值原因很简单，是因为银币贬值导致价值分化。这是重商主义者的机会，大不列颠金币的贬值正好与整个欧洲大陆黄金价格自发上涨的时间吻合。因此，1724年到1774年五十年的复本位制管理的结果是，包括金银两种货币在内的大不列颠货币都贬值了，流通的货币数量和单位货币的重量均达不到标准。另外，大不列颠当时的复本位制与目前成熟的复本位制不一样。根据目前的复本位制理论，一种货币转变为另一种货币需要在相等的价值上进行，替代金属的价值与被替代金属的价值相等。1774年的货币状况不是理论，而是真实的历史，讲述了一个与复本位制理论不同的故事。

利物浦伯爵查尔斯·詹金森说："不幸如此巨大，致使政府发现，有必要立即考虑货币短缺的棘手问题。在货币短缺的情况下，我向一位

利物浦伯爵查尔斯·詹金森

贵族勋爵,即当时的财政大臣弗雷德里克·诺思,写了一封信,向他提出我认为的合适的解决货币短缺的方案。我提议,大不列颠要着眼于货币的总体改革。首先,大不列颠所有分量不足的金币应该被回收并重铸。在未来,流通中的金币应该根据重量和总数调整。如果某些金币重量减少到一定重量以下,那么就不能作为法定货币。1774年1月13日,国王乔治三世陛下十分高兴地同意了我的建议,并且向议会提议回收和重铸所有重量不足的金币。财政大臣向下议院公开了整个计划,下议院批准了回收和重铸金币的措施,相关措施立即被执行。没有收到任何抱怨,相关措施取得了巨大的成功,重量不足的货币以前存在的缺陷被消

弗雷德里克·诺思

除了。随后，大不列颠政府建立起管理规则，使流通中金币保持规定的黄金重量。"

## 第29节 1774年大不列颠重铸货币

1774年5月10日，下议院通过重铸货币的决议。在说明金币贬值后，下议院宣称，新铸金币发行后不久，商人们为获得私人利益，输出并熔化新发行的黄金含量达到标准的金币。这种行为极大地损害了大不列颠的利益，并且成为一种惯例。然而，在重量方面，金币相差极大，但被允许以相同的面值、相同的兑换比率和价值流通。于是，大量新发行金币仍将继续被输出并熔化。因此，人们有理由担心，黄金含量达到标准的完好金币将会被重铸成在流通中使用的黄金重量不足的金币。

接下来，下议院继续采用任何一种货币在一定贬值范围内继续流通的原则，即在允许的重量损耗范围内，货币可以流通。

随后，下议院将注意力转向流通中的银币。起初，显而易见的事实是，所有针对金币的操作中，贬值的银币成为获得金币的工具。根据1774年发布的法令第四十二条的内容，"然而，在银币当中，大量旧银币，或者声称是旧银币的类似货币，重量远远低于铸币标准。因此，制定一些规定阻止商人们重铸新银币并用重量不足的银币代替完好银币的惯常做法是有利的"。于是，这项法令禁止从外国向英国输入重量不足的银币，如果发现有人输入重量不足的银币，那么在被发现时，这些银币将被没收。"并进一步规定，在大不列颠的支付中，没人必须采用王国银币偿付。在任何时候，每次支付金额超过二十五英镑的货币应该为大不列颠或爱尔兰法律认可的货币或者被允许流通的法定货币。按重量计算，货币的价值应该为每盎司白银的价值超过四先令两便士，任何采取符合法令规定用银币支付的人不应该因用银币支付而受到任何限制，并且商品销售人有义务在清偿中接受上述方式以外任何方式付款。任何与规定相反的法律、法规或惯例,不具有法律效力。"

其中,后一项条款意义重大,至关重要。这项条款是大不列颠货币立法史上首次颁布的清偿法,也是大不列颠朝摆脱中世纪货币体系的噩梦迈出的第一步。实际上,当时,人们才认识到中世纪货币体系存在严重的危害性。就政治手腕而言,唯一能与1774年大不列颠发布法令相提并论的是短命的法兰西国王亨利三世的法令。1774年颁布的法令是向1816年最终建立安全的货币体系演变的第一步。

1776年,禁止输入重量不足银币法令的效力又向后延长了两年,并且1778年,这项法令再次延续到1783年5月1日。接着,这项法令一直延续到下一届议会结束。1798年6月21日,禁止输入重量不足银币法令的有效期到期时,大不列颠议会通过了一项新的法令,规定禁止输入重量不足银币的法令重新生效,并且其有效期将延续到1799年6月1日。1799年7月12日发布的法令第七十五条规定禁止输入重量不达标的银币的法令永久有效。

随后与银币有关的立法行为属于英国货币体系的最终建设工作。从大体上来说,1774年,大不列颠王国完成了金币重铸。但1775年到1778年,金币重铸工作一直在进行,并且出现在拨款法案的条款中。

政府对于货币重铸的补助金账目如下。

| 年份 | 款项名称 | 金额(英镑) |
| --- | --- | --- |
| 1774 | 第一批补助金 | 25,000,000 |
| 1775 | 为银行收取重量不足的金币提供的补助金 | 4,684,600 |
|  | 为铸币厂的铸币手续费提供的补助金 | 2,282,190 |
| 1776 | 更多补助金 | 9,242,449.25 |
| 1778 | 更多补助金 | 10,522,783 |
|  | 总计 | 51,732,022.25 |

1774年系列法令的适用范围一目了然。1774年的系列法令表明了政策的偏好，即政策有利于金币。金币重新回到了流通当中，作为防止货币未来贬值的保护措施，按照1774年的法令，当时流通中贬值了的货币在清偿时根据重量计算价值，从而阻止了逐渐削减货币贵金属含量的行为。因为重量的限制，现有货币的贬值幅度下降。至于银币的更新，除了禁止输入重量不足的银币，大不列颠政府没有采取任何实际措施。

二十多年来，银币重量不足一直没有引起注意。由于银币的功能和银币对同伴金属的区分作用已经部分地受到了约束和限制，因此，银币显然不会再导致国际困窘。

1787年，大不列颠政府通过实验确定了银币的贬值程度。大不列颠政府发现，相对于银币适当的重量，半克朗的重量缺失超过了9%，先令的重量缺失了24%，六便士的重量缺失了38%。1792年，法兰西政府发行纸币，加剧了银币和金条的短缺。实际上，法兰西政府发行纸币是大不列颠银币加速贬值的外部原因。1792年，不少于二百九十万九千盎司的白银被运送到法兰西，用来购买法兰西的纸币。1797年，大不列颠政府试图通过发行西班牙银元弥补银币的不足，西班牙银元上刻有大不列颠国王的头像，作为品质的证明。发行西班牙银元是在英格兰银行根据1797年2月26日枢密院会议纪要的要求暂停现金支付之后发生的。

### 第30节　1798年大不列颠政府的法令

1798年2月7日，大不列颠政府解散了原来的货币委员会，并任命了一个新的委员会审议货币状况和铸币情况。在新的委员会审议货币状况及重新确立新规则前，1798年6月21日的法令暂时中止了铸造银币，并且恢复了禁止输入重量不足银币法令的法律效力。停止铸造银币只是临时的预防措施。这项法令写道："然而，乔治三世陛下已经任命枢密院下一个委员会审议国内的货币状况。目前，这一委员会正在为乔治三世陛下制定铸币章程。在必要的铸币章程制定好以前，任何铸造银币的行为都可能带来更多不便。但由于当前的货币环境，目前银条的价格很低，一小部分银条被运到铸币厂铸造成银币，并且我们有理由认为，可能会有更多银条被送到铸币厂。因此目前，我们有必要中止铸造银币。铸币厂不得铸造银条，也不得交付在铸币厂已经铸造好的任何银币。"

几乎可以肯定的是，1798年6月21日的法令是由于利物浦伯爵查尔斯·詹金森的缘故。如果是利物浦伯爵查尔斯·詹金森的缘故，那么法令会带有特殊的意图和导向，以故意阻止铸造银币。实际上，1773年，利物浦伯爵查尔斯·詹金森就形成了自己的货币理论。

正如曾经做过的那样，暂停铸造银币的目的十分明确而清楚，暂停铸造银币只是出于自卫的暂时措施或临时措施，将暂停铸造银币强行与利物浦伯爵查尔斯·詹金森的黄金单本位制理论画等号，依然是不可接受的。到目前为止，银币作为法定货币，还没有受到任何限制。无论银币数量多少，银币都是法定货币。实际上，银币确实是英国的本位货币。此时，仅仅为避免银币贬值带来的影响，并且为防止银币进一步贬值，大不列颠法律规定，采用银币支付金额超过二十五英镑，应当按银币的重量确定银币的价值，并且暂时停止铸造更多银币。

暂停铸造银币不是黄金单本位制。1816年，利物浦伯爵查尔斯·詹金森去世八年后和《1810年的黄金报告》出版六年后，确定黄金单本位制的法令才获得通过。

## 第31节 英国对银行的管制

此外，顺带提到的暂停现金支付的时期和《1810年的黄金报告》与本书的主旨不一致。《1810年的黄金报告》描述的是银行业的现象，读者将在有关货币论述中找到相关论述，以便更全面地接受《1810年的黄金报告》的术语，而不是将其明确限制在金属货币主题的论述中。1797年的一系列事件，如为实现战争目的向欧洲大陆汇款、信贷失败、国家的银行挤兑、伦敦的银行挤兑，导致了大不列颠王国暂停了现金支付。事实上，1797年发生的一系列事件与1793年曾发生过的事件一样严重。根据《1810年的黄金报告》的明确陈述，1796年和1797年，即使大不列颠的银行家为了增加存款，对黄金产生了巨大需求，黄金的市场价格也从未高过铸币厂规定的价格。因此，1797年的系列事件只是大不列颠国内经历的一个阶段，与1794年明确规定的白银与黄金过高的兑换比率造成的黄金外流无关。仅基于复本位制的基本原理，利用类似银行管制的事件进行论证，并且判断和说明复本位制适用于解决更大范围的货币问题是不可接纳的。此外，有人对复本位制的作用进行了论证，即如果1773年到1797年，大不列颠王国拥有真实的而不是停滞的复本位制管理体制，那么大不列颠将通过自己的方式获得大量白银，增加金属储备并提高国家实力，从而避免出现暂停现金支付时期的观点也是不可接受的。事实上，这一论据本身是站不住脚的。利用复本位制的作用补充白银的举措仅仅是暂停现金支付三年前，即1794年才开始实施的。复本位制要发挥作用，也只能用一种金属替代另一种金属，不是在拥有黄金储备的同时增加白银储备，而是通过带走高价值黄金，提供低价值白银的方式发挥作用。实际上，这样做降低了大不列颠贵金属储备和拥有贵金属带来的优势。最后，还有一个特殊事实需要解释。在银行管制期间，一直到1816年铸币法颁布前，英国可能经历了历史上最大规模的白银输出。1801年到1810年，英国输出了价值近一千万英镑的白银，重量超过三千八百一十七万六千零一十六盎司。与此同时，输出的黄金价值仅为二百零八万八千四百八十三英镑。换句话说，黄金和白银的输出数量均按净额计算，在输出金属总额中，白银占了82%。白银大量输出给英国造成的困境是众所周知的。几乎每个有劳动力雇佣需求的小镇商人们都不得不发行自己的代用货币——先令代用币、六便士代用币、半克朗本票和五先令本票。为缓解银币短缺造成的困境，并且满足现实需要，人们采取了所有能想到的未经批准的货币形式，勉强维持现实需要。工薪阶层应该记得周末陷入用一英镑纸币购买东西却没办法找零的困境。对一英镑纸币无法找零的唯一解释是，仅仅根据复本位制法则的另一种形式，一英镑纸币将金币逐出流通领域，流通中只剩下供汇款到欧洲大陆用于贷款和战争用途的银币。但无论怎样解释，事实与复本位制可以让英国避免出现银行管制的论证背道而驰。如果银币不是法定货币①，或者银币在1808年像在1816年那样通过贴水得到保护，那么白银可能就不会离开英国。在困苦的岁月中，贫困阶层的困境是既有复本位制体系造成的。因此，我们必须将银行管制的加强而不是减少银行管制归咎于复本位制。

如果需要证实复本位制加强了对银行的管制而不是减少了对银行的管制，那么我们可以从确定了英国金本位制的1816年法令的特别条款，即1816年法令第六十八条中找到证据。这项条款揭示的事实是，1816年法令不是单本位制哲学的或理论的声明，而是保护银币的措施，几乎全部与银币有关。如果利物浦伯爵查尔斯·詹金森还活着的话，那么1816年法令保护银币的条款可能在他的预料中。

## 第32节　1816年英国的法令

然而，由于长期使用及其他情况，英国银币在数量上大大减少了，价值也下降了。因此，银币已经不足以支付按现行金币价值进行交易需要的款项。由于大量重量不足和伪造的银币

---

① 总价值在二十五英镑以下按货币面值计算价值，超过二十五英镑按重量计算价值。——原注

等货币进入英国的流通领域,其产生的不幸结果只能通过铸造新的银币来补救……

法令规定了银币的标准,重量为十一盎司两英钱的纯银为一金衡磅,每金衡磅纯银的价值为六十六先令。无论被铸造为克朗、半克朗、先令、六便士或更低面值的银币,纯银都按六十二先令每金衡磅的价格向银币进口商或公众发行。

"迄今为止,在各个不同时期,黄金和白银铸造的货币通常是支付任何金额的法定货币,金银两种贵重金属既同时是标准的价值尺度,又是财产的等价物,这造成极大的不便。根据铸币契约,此后在支付中,金币将成为唯一标准的价值尺度和法定货币,并且不受金额的限制。这只是权宜之计,并且为了交易和商业的便利,银币也应该是法定货币,但使用银币支付金额应当被限制在一定范围内。"因此,这项法令将银币的清偿金额限制为四十先令。

1816年的法令被废止了,但事实上,1870年的铸币法令重新颁布了与1816年法令一样的内容。在本质上和事实上,1816年的法令仍是英国法律和英国货币单本位制体系的基础。

## 第33节　1816年到1893年英国的铸币状况

自颁布1816年法令之日起,英国退出了几个世纪以来一直困扰自己的复本位制体系。黄金流入或流出成为自发行为,这代表着在世界范围内贵金属平稳的自发流动形成了贸易平衡,从而证明贵金属的自发流动有利于促进贸易的发展,是最重要的贸易指标。英国遭遇的商业危机是因其区别于现代体系的特别敏感的信贷组织引起的,这是属于银行业而不是金属货币领域的现象。

1816年到1875年，英国铸币总额包括价值二亿三千四百一十三万九千八百八十六英镑的金币和价值二千四百六十六万三千三百零九英镑的银币。

| 年份 | 黄金铸币（英镑） | 进口的金块和金币（英镑） | 出口的金块和金币（英镑） |
|---|---|---|---|
| 1855 | 9,008,663 | ? | 11,847,000 |
| 1856 | 6,002,114 | ? | 12,038,000 |
| 1857 | 485,980 | ? | 15,062,000 |
| 1858 | 1,231,023 | 22,793,000 | 12,567,000 |
| 1859 | 2,649,509 | 22,298,000 | 18,081,000 |
| 1860 | 3,121,709 | 12,585,000 | 15,642,000 |
| 1861 | 8,190,170 | 12,164,000 | 11,238,000 |
| 1862 | 7,836,413 | 19,904,000 | 16,012,000 |
| 1863 | 6,607,456 | 19,143,000 | 15,303,000 |
| 1864 | 9,535,597 | 16,901,000 | 13,280,000 |
| 1865 | 2,367,614 | 14,486,000 | 8,493,000 |
| 1866 | 5,076,676 | 23,510,000 | 12,742,000 |
| 1867 | 496,397 | 15,800,000 | 7,889,000 |
| 1868 | 1,653,384 | 17,136,000 | 12,708,000 |
| 1869 | 7,372,204 | 13,771,000 | 8,474,000 |
| 1870 | 2,313,384 | 18,807,000 | 10,014,000 |
| 1871 | 9,919,656 | 21,619,000 | 20,698,000 |
| 1872 | 15,261,442 | 18,469,000 | 19,749,000 |
| 1873 | 3,384,568 | 20,611,000 | 19,071,000 |
| 1874 | 1,461,565 | 18,081,000 | 10,642,000 |
| 1875 | 243,264 | 23,141,000 | 18,648,000 |
| 1876 | 4,696,648 | 23,476,000 | 16,516,000 |
| 1877 | 981,468 | 15,442,000 | 20,374,000 |

续　表

| 1878 | 2,265,069 | 20,871,000 | 14,969,000 |
| 1879 | 35,050 | 13,369,000 | 17,579,000 |
| 1880 | 4,150,052 | 9,455,000 | 11,829,000 |
| 1881 | ... | 9,963,000 | 15,499,000 |
| 1882 | ... | 14,377,000 | 12,024,000 |
| 1883 | 1,403,713 | 7,756,000 | 7,091,000 |
| 1884 | 2,324,015 | 10,744,000 | 12,013,000 |
| 1885 | 2,973,453 | 13,377,000 | 11,931,000 |
| 1886 | ... | 13,392,000 | 13,784,000 |
| 1887 | 1,908,686 | 9,955,000 | 9,324,000 |
| 1888 | 2,277,424 | 15,000,000 | 14,250,000 |
| 1889 | 7,257,455 | 17,570,000 | 14,000,000 |
| 1890 | 7,662,898 | 23,900,000 | 14,250,000 |
| 1891 | 6,869,119 | 29,500,000 | 25,000,000 |
| 1892 | 13,944,963 | 21,250,000 | 15,450,000 |
| 1893 | 9,318,021 | 23,630,000 | 18,800,000 |

| 年份 | 白银铸币（英镑） | 进口的银块和银币（英镑） | 出口的银块和银币（英镑） |
| --- | --- | --- | --- |
| 1855 | 195,510 | ? | 6,981,000 |
| 1856 | 462,528 | ? | 12,813,000 |
| 1857 | 373,230 | ? | 18,505,000 |
| 1858 | 445,896 | 6,700,000 | 7,062,000 |
| 1859 | 647,064 | 14,772,000 | 17,608,000 |
| 1860 | 218,403 | 10,394,000 | 9,893,000 |
| 1861 | 209,484 | 6,583,000 | 9,573,000 |
| 1862 | 148,518 | 11,753,000 | 13,314,000 |

续　表

| | | | |
|---|---|---|---|
| 1863 | 161,172 | 10,888,000 | 11,241,000 |
| 1864 | 535,194 | 10,827,000 | 9,853,000 |
| 1865 | 501,732 | 6,977,000 | 6,599,000 |
| 1866 | 493,416 | 10,777,000 | 8,897,000 |
| 1867 | 193,842 | 8,021,000 | 6,435,000 |
| 1868 | 301,356 | 7,716,000 | 7,512,000 |
| 1869 | 76,428 | 6,730,000 | 7,904,000 |
| 1870 | 336,798 | 10,649,000 | 8,906,000 |
| 1871 | 701,514 | 16,522,000 | 13,062,000 |
| 1872 | 1,243,836 | 11,139,000 | 10,587,000 |
| 1873 | 674 | 12,988,000 | 9,828,000 |
| 1874 | 890,604 | 12,298,000 | 12,212,000 |
| 1875 | 594,000 | 10,124,000 | 8,980,000 |
| 1876 | 222,354 | 13,578,000 | 12,948,000 |
| 1877 | 420,948 | 21,711,000 | 19,437,000 |
| 1878 | 613,998 | 11,552,000 | 11,718,000 |
| 1879 | 549,054 | 10,787,000 | 11,006,000 |
| 1880 | 761,508 | 6,799,000 | 7,061,000 |
| 1881 | 997,128 | 6,901,000 | 7,004,000 |
| 1882 | 209,880 | 9,243,000 | 8,965,000 |
| 1883 | 1,274,328 | 9,468,000 | 9,323,000 |
| 1884 | 658,548 | 9,633,000 | 9,986,000 |
| 1885 | 720,918 | 9,434,000 | 9,852,000 |
| 1886 | 417,384 | 7,472,000 | 7,224,000 |
| 1887 | 861,498 | 7,819,000 | 7,807,000 |
| 1888 | 755,113 | 6,000,000 | 7,500,000 |
| 1889 | 2,215,742 | 9,000,000 | 10,500,000 |

续 表

| 1890 | 1,708,415 | 10,300,000 | 10,500,000 |
| 1891 | 1,049,113 | 10,500,000 | 11,800,000 |
| 1892 | 773,353 | 12,375,000 | 14,075,000 |
| 1893 | 1,089,707 | 11,320,000 | 13,532,000 |

## 第34节 美国的货币制度

在大不列颠王国的统治下,其美洲殖民地与宗主国一样,保留了银本位制。随着实际情况的变化,大不列颠美洲殖民地真实的货币价值和真实货币的兑换率发生了变化,这导致不同殖民地的金属货币价值普遍存在巨大差异。流通最广的货币是西班牙的八雷亚尔,但八雷亚尔的度量衡制度采用的是大不列颠的制度,并且用英镑、先令和便士计算价值。管理美洲殖民地复本位制下货币价值的方法包括早期欧洲货币史上十分熟悉的铸币税。根据1750年发布的价值表,每盎司白银的价值为六先令八便士,西班牙的一枚八雷亚尔的价值与六先令相等。"然而,完全有理由担心,如果任何铸造的银币、金币、大不列颠半便士和法新以比西班牙八雷亚尔或按者八雷亚尔的贵金属含量比例铸造的银币流通速度要快,那么可能会带来诸多巨大的不便"。根据附上的价值表清单,一基尼的价值为二十八先令,英国的一克朗的价值为六先令八便士,其他欧洲货币的价值在清单上均有明确规定。

## 第35节 1782年罗伯特·莫里斯的方案

根据美洲殖民地的体制,1775年大陆会议首先采取的财政措施是发行信用纸币，信用纸币以西班牙银币或八雷亚尔为基础，到期可偿付西班牙银币或八雷亚尔。根据1776年4月19日任命的特别委员会的报告，不同殖民地按不同标准流通的各类金币和银币均按价值表估价。重量为五英钱八格令的一基尼相当于四又三分之二美元，英国的一克朗等价于一又九分之一美元。

按金衡制，每盎司黄金估价为十七美元，每盎司标准纯银的价值为一又九分之一美元。

假设货币包含的贵金属重量充足，美国规定的银币与金币的兑换比率几乎与英国规定的银币与金币的兑换比率15.21∶1差不多。金银块的兑换比率略有不同，但没有实质性差别。

1782年1月15日，应美国国会委员会的要求，财政总监罗伯特·莫里斯提交了国家铸币方案。在罗伯特·莫里斯的方案中，值得注意的是其清晰的规划和对大局的把握，也是对当时令人厌烦的欧洲货币体系的论证。报告决定将银币作为强制使用的货币后，继续补充道：

> 在美国流通的各种货币的价值发生了不同的变化。因此，除了西班牙银元，几乎没有一种货币可以被视为一般标准货币。同一枚货币在流通中的价值在佐治亚州相当于五先令，在北卡罗来纳州和纽约州相当于八先令，在弗吉尼亚州和四个东部州相当于六先令，在除南卡罗来纳州外的其他地区相当于七先令六便士，在南卡罗来纳州相当于三十二先令六便士。

依照部分数字估计出的共同标准，罗伯特·莫里斯提出以四分之一格令纯银作为一单位货币，并且采用十进制进位。一美元包含一千四百四十单位货币，每磅纯银的铸币价值为二万二千二百三十七单位货币。

托马斯·杰斐逊

　　1782年2月21日,美国国会批准建立铸币厂。另外,美国国会要求罗伯特·莫里斯准备和公布铸币方案,并且实施铸币方案。

　　与此同时,一份值得注意的关于建立美国单位货币和货币体系的文件中,托马斯·杰斐逊反对罗伯特·莫里斯的方案,并且提出以美元为基础的十进制货币体系,白银与黄金的兑换比率为15∶1。

### 第36节　1785年托马斯·杰斐逊的报告

　　陈述了欧洲主要国家的白银与黄金的法定兑换比率后,托马斯·杰斐逊表示:"公正原则将导致我们完全无视法定兑换比率,我们调查了与我们有商业往来的多个主要国家黄金的市场价格,并且计算其平均值。考虑到周边地区和商业中货币的来源,以及西班牙黄金较高的价格使对岸所有金矿开采的黄金都流向西班牙,只给美国和其他市场留下白银,我们或许可以稳定提高金币的价值到略高于票面价值的水平。"

然而,调整金币价值被推迟了。罗伯特·莫里斯宣称:"我们所有的美元都迅速流向对手那里,以换取重量不足的金币。最终,这会让人们深切感受到金币巨大的损失及银币的短缺。"

在金币价值未被确定的情况下,金币价值问题一直搁置到1785年5月13日货币单位常设委员会做出报告时才解决。

货币单位常设委员会提议的白银与黄金的兑换比率是合理的,因为"在法兰西,一格令纯金的价值相当于十五格令银的价值。在西班牙,十六格令银可以换一格令纯金。在大不列颠,一格令纯金可以换取十五又二分之一格令银。在大不列颠和西班牙,由于银币价值被低估,金币是当地主要的货币。在法兰西,银币是主要货币。银币可能成为主流货币会为我们带来各种好处。银币成为主流货币会使我们受益,并且帮助我们从邻国获取银币,因为邻国并不十分看重银币。白银的输出不像黄金输出那么容易,白银是一种更有用的金属。当然,我们兑换一格令黄金不能超过十五格令白银"。金币的铸币费用为2.5%,银币的铸币费用略超过3%。一单位美元含有三百六十二格令纯银,能被五美元的多倍金币采用十进制整除。

1785年7月6日,美国国会以投票方式通过了以银币美元为基础的十进制货币体系,但没有通过建立铸币厂的决议,尽管伯明翰制造的低劣铜币的流通使美国正遭受巨大损失。

1786年4月8日,美国财务部向美国国会提交了一式三份的报告。这份报告主张银币美元的纯银含量为三百七十五点六四格令,白银与黄金的兑换比率定为15.256∶1。在1786年8月8日和1786年10月16日的决议中，美国国会采纳了财政部的提议，并且最终通过设立铸币局和规范货币价值和合金含量的法令。

根据1876年8月8日的决议，每金衡磅黄金的铸币价值固定为二百零九美元七十分硬币七美分，每金衡磅白银的铸币价值固定为十三美元七十分硬币七美分七美厘。

铸币局收取的铸币费用大约是2%，银币与金币的铸币费用都一样，"使银块和金块在铸币局的兑换比率为15.22∶1，略低于银币兑换金币的比率"。

### 第37节　1791年亚历山大·汉密尔顿的报告

多年来，国会的所有规定都没有生效。直到1791年5月5日，财政部长亚历山大·汉密尔顿的报告才再次将货币问题提交给参议院。

正如亚历山大·汉密尔顿卓越的论文表述的，他的方案是一单位银币或一美元含有三百七十一又四分之一格令纯银，白银与黄金的兑换比率应该为15∶1，免费铸币原则取代了2%的铸币费用，即在铸币局交付货币的纯金属重量应与带到铸币厂的金银块或外国货币的重量相同。亚历山大·汉密尔顿证明了这一兑换比率的合理性，因为"根据美国的惯例，铸造金币和铸造银币存在差别，金币和银币的兑换比率差不多为1∶15.6。如果情况真的如此，那么这意味着黄金在美国被极度高估。在欧洲，白银与黄金的最高兑换比率超过15∶1的地方很少。在整个欧洲，白银与黄金的平均兑换比率不超过14.8∶1"。亚历山大·汉密尔顿还推算出前两次发行美元时白银兑换黄金的平均比率为15∶1。"以之前发行的含银三百七十四格令的美元估值为例，黄金与白银的兑换比率应该是1∶15.11。以最新发行的含银三百七十四格令的美元估值为例，黄金与白银的兑换比率应该是1∶14.87。两次发行美元的金银兑换平均比率接近1∶15，高于大不列颠货币的法定兑换比率1∶15.2，但略低于不到1∶15的实际比率或市场比率"。对于为单位货币明确选择一种金属或其他金属，亚历山大·汉密尔顿提出了新的看法。这清楚地标志着亚历山大·汉密尔顿在创造一种体制而不是延续原来的体制，如果复本位制是现代货币概念，那么这一概念起源于美国而不是法兰西的政治手腕。"与以前建议的美国货币体系相反，尽管财政部长亚历山大·汉密尔顿没有太多犹豫就同意了相关观点，但总的来说，亚历山大·汉密尔顿坚决倾向于两种金属都不应该作为货币单位的观点……因为要将某种金属作为偿付单位，就必须破坏其中一种金属作为货币的地位和特性，并且使其中一种金属沦为单纯的商品。将一种金属作为货币单位的建议曾在不同时间由不同有名望的人提出过，但与单位货币的偶然变动相比，这可能会引起更大的不幸，因为金属的相对价值会出现波动，尤其是在调节金属之间的兑换比率时，要注意金属的平均商业价值。取消两种金属中任何一种金属的货币用途，就是减少流通媒介的数量。"

## 第38节 1792年美国的货币方案

  1792年4月2日的法案全面接受了亚历山大·汉密尔顿的方案，但对银币的标准进行了轻微的调整，并且小幅调整银的纯度，将银币纯度标准从十二分之十一调整为一又一千六百六十四分之四百一十五。因此，每枚银币美元的总重量为四百一十六格令，其中纯银重三百七十一又四分之一格令。在确定了银币美元标准的基础上，按白银兑换黄金为15∶1的比率，一银币美元等值的金币包含二十四点七五格令黄金（$371\frac{1}{4}/15=27\frac{3}{4}$）。相应地，在确定了银币美元标准的基础上，美国政府确定了总重量为二百七十格令、包含纯金重量为二百四十七点五格令的金币鹰洋或者十美元的标准。1793年2月9日，美国政府又颁布了一项法令管制外国货币的兑换比率。当时，大不列颠和葡萄牙公认的优质金币是用来支付所有债务和满足国家需求的法定货币，以实际重量为基础，每二十七格令大不列颠或葡萄牙金币兑换一百美分，法兰西和西班牙的金币与美元的兑换比率为二十七又五分之二格令兑换一百美分。

1792年确立的白银与黄金的兑换比率尽管不利于黄金，但维持了一段时间。但1810年后，如同在英国曾经发生的一样，美国自发形成金币外流的现象。由于金属无形的退出，金币在美国流通领域中完全消失了。

遵照1817年3月3日参议院的决议，美国国务卿约翰·昆西·亚当斯撰写了关于度量衡的报告。在报告中，约翰·昆西·亚当斯质疑了1791年亚历山大·汉密尔顿计算货币兑换比率依据数据的正确性。

约翰·昆西·亚当斯

1819年1月26日，众议院下的一个委员会上交了一个考虑不周的方案。这份方案建议改变白银与黄金的兑换比率以支持金币，并且对铸造银币征收高额铸币税。1819年3月1日，众议院要求财政部长威廉·哈里斯·克劳福德报告可能有利于美国获得并保持充足数量金币和银币的措施。

威廉·哈里斯·克劳福德的报告提到了上次危机的特点，即1814年暂停黄金支付的必要性。他叙述道，从美国第二次独立战争开始到1814年暂停黄金支付期间，英国政府以15%到20%的折扣廉价出售英国政府的票据，并且从美国带走大量货币。

最后，威廉·哈里斯·克劳福德建议将白银与黄金的兑换比率提高5%，意味着白银与黄金的兑换比率为15.75∶1。

威廉·哈里斯·克劳福德

1832年3月17日，提交给众议院的报告进行了完全不同的陈述，即从1792年到1821年，美国没有输出黄金，并且"毫无疑问，没有任何迹象表明，1821年前，英国开始对黄金产生需求时，在我们的标准中，黄金兑换白银的比率为1∶15，黄金的价格太低了"。

### 第39节　1820年美国的黄金外流

1821年2月2日，通过比较递交给众议院货币委员会报告中的条款与1819年1月26日报告的条款，货币委员会认为，"与银币相比，美国金币的价值应该比目前法律规定的价值要高一些。货币委员会通过调查发现，无论是外国金币还是美国金币，大部分都消失了，并且根据货币委员会最乐观的估计，有理由担心金币将完全从流通领域中被驱逐出去。根据我们现行的规章制度，金币完全从流通领域中被驱逐出去不应该是令人惊讶的事……美国铸币局铸造了六百万美元的金币。值得怀疑的是，目前，美国铸币局铸造的金币是否有很大一部分能在美国境内找到……经确认，1819年11月，美国银行贴现和存款处的金币总计为十六万五千美元，银币总计为十一万八千美元。1819年11月起，美国的银币已经增加到七十万美元。然而，金币已经减少到一千二百美元，但在金币中，只有一百美元留在了美国"。在报告中，货币委员会提出一项议案，但在长达七年的严重商业危机和灾难中，美国政府没有采取实际的措施。1820年11月，朗兹先生将金币从流通领域消失的议题提交给众议院。然而，1828年12月，参议院要求财政部长理查德·拉什查明白银与黄金的兑换比率，并且说明金币可能的变化，以使金币与银币真实的相对价值一致。

在朗兹先生的报告中，财政部长塞缪尔·德卢森纳·英厄姆坚持认为，采用单本位制具有优点。但如果同时在流通领域保持金币和银币，

塞缪尔·德卢森纳·英厄姆

那么塞缪尔·德卢森纳·英厄姆提议,白银与黄金的兑换比率应该规定为15.625∶1,这接近法兰西的货币体制。如果不改变兑换比率,那么他建议,金币的溢价万一超过2%,就停止铸造金币。

然而,美国政府没有根据报告采取行动。美国政府既没有根据随后1829年和1830年的类似事件采取行动,也没有根据1832年6月货币特别委员会的报告采取任何行动。货币委员会收到的部分指示是:"调查使银币成为唯一法定货币的便利性,以及铸造和发行固定重量和纯度金币的便利性。金币在向美国支付债务时应该完全被接受,规定的金银兑换比率可以修改,但金币不应该是法定货币。"

1832年3月26日,怀尔德向众议院提出了金本位制并使金币成为限制性法定货币的相反主张。然而,当这份报告呈现在公众面前时,它却提倡银本位制。

## 第40节　1834年美国的货币法令

1834年5月，就在国会因怀尔德的主张推迟审议至关重要的议题时，纽约的银行家迫切要求监管金币，以将金币留在美国。

1834年7月31日，长期以来提高金币价值的目标以不同寻常的形式获得美国国会的通过。美国政府将每枚金币包含的纯金重量降低到二十三点二零金衡格令，并且不久后，根据1837年7月18日的法令，美国政府将每枚金币包含的纯金重量降低到二十三点二二格令。与此同时，金币的标准发生变化，包含的黄金纯度从十二分之十一降低到十分之九，金银兑换比率一下子从1∶15变为1∶16，更精确的表示为1∶15.988。

导致长期骚动事件突然结束的动机和智慧可以用托马斯·哈特·本顿在《三十年观察》中的话判定：

托马斯·哈特·本顿

现在，有一项补救措施正在实施。在补救措施面前，不幸的机器将停止漫长而残酷的任务。补救措施是，通过了平衡金银价值并使两种金属铸造的外国货币在偿付中获得合法地位的议案。这项议案是由纽约的坎贝尔·H.怀特先生在众议院提出的，并且在经历了一场激烈的辩论后获得通过。辩论的主要问题是金银两种金属的实际相对价值因某些人对国家银行票据的偏好有所不同，好像几乎所有采用最好的方法进行过估算的人能从估算中理解白银与黄金的兑换比率。大部分人都支持的兑换比率是以亚伯拉罕·阿方斯·艾伯特·加勒廷先生为首的纽约市十八家银行支持的兑换比率。多年来，两种金属中任何一种金属都不能将另一种金属驱逐出流通领域，这一直是调整金

亚伯拉罕·阿方斯·艾伯特·加勒廷

银兑换比率的绊脚石。因此，调整金属兑换比率的难度很大。现在，这一问题似乎和以前一样令人感到难以解决。精确的运算在探究，科学之光在探寻，历史追溯到罗马帝国的时代。无论是科学之光、历史的声音，还是计算的结果，似乎都无法达成一致观点。《三十年观察》的作者关于金银兑换比率的言论，是从实践的角度看兑换比率的问题，没有考虑历史、计算和银行官员的意见。在考察了两种金属在不同国家同时以真实的价值平稳流通后，《三十年观察》的作者发现平稳性和真实性已经在属于西班牙领土的墨西哥和南美洲存在了三百年以上。在上述地区，白银与黄金的兑换比率为16∶1。《三十年观察》的作者将以上事实作为解决金银兑换比率问题的实际经验，所有类型的金币价值都很快上升了。坎贝尔·H.怀特先生放弃了最初提出的议案，并且采用西班牙的兑换比率。对此，南卡罗来纳州的威廉·肯尼迪·克洛尼先生、纽约州的兰塞姆·胡克·吉勒特先生和邱吉尔·卡尔多姆·坎布伦先生、印第安纳州的约翰·尤因先生、马里兰州的艾萨克·麦金先生和其他发言者给予了热烈的支持。约翰·昆西·亚当斯先生也投了赞成票，虽然约翰·昆西·亚当斯认为金币价值被高估。如果发现金币价值被高估，那么价值差异可以在以后纠正。反对16∶1的兑换比率并支持更低兑换比率的主要人员是：马萨诸塞州的本杰明·戈勒姆、纽约州的达德利·塞尔登、宾夕法尼亚州的宾尼和佐治亚州的怀尔德。最后，议案获得多数众议员的支持，以一百四十五票赞成、三十五票反对获得通过。在参议院，议案很容易获得通过。约翰·考德维尔·卡尔霍恩先生和丹尼尔·韦伯斯特先生支持议案，亨利·克莱先生反对议案。在参议院的最终投票中，只有七人投了反对票。他们是马里兰

兰塞姆·胡克·吉勒特

邱吉尔·卡尔多姆·坎布伦

约翰·考德维尔·卡尔霍恩

亨利·克莱

州的埃策希尔·福曼·钱伯斯先生、罗得岛州的尼赫迈亚·莱斯·奈特先生、肯塔基州的亨利·克莱先生、路易斯安那州的亚历山大·波特先生、马萨诸塞州的纳撒尼尔·西尔斯比先生、新泽西州的萨缪尔·刘易斯·索瑟德先生及缅因州的皮莱格·斯普拉格先生。这项议案产生的良好效果立即显现出来。金币开始通过所有商业渠道流入美国,以前的资金不再成群结队地离开美国,铸币局忙碌了起来。在几个月的时间内,像变魔术一样,被驱逐了三十年的货币重新遍布美国的土地,这为工业界带来了欢乐和信心。

尼赫迈亚·莱斯·奈特

然而，这份被称赞为灵丹妙药的方案很快被事实证明比低效率的货币流通速度还糟糕。白银与黄金的兑换比率太高了，银币无法维持。于是，银币被过度输出，特别是1848年到1851年，为了在国内保留充足的小面值货币，美国国会在1853年2月24日通过了降低半美元及以下面值小货币白银含量的法令。与此同时，小货币只能由政府铸造发行，并且只有金额达到五美元的情况下才能成为法定货币。

调整小面值货币含银量的目的一目了然，即维持金币的价值。美国的情况与拉丁货币联盟的情形一样，已经成为采用降低小面值货币含银量以维持金币价值的失败例证。邓纳姆进一步构想并清晰阐明了降低小货币含银量的方案，并且引导众议院通过了法案。邓纳姆说："过去三四年里，我们建立了单本位制。过去和现在都是金本位制，我们建议保持金本位制不变，使银币适应金本位制，并且根据金币的价值调整银币的价值。"从法律方面来看，原来的银币美元没有受到影响，金币和银币的估价也没有被明确废除。降低小货币含银量的法案没有影响美元的价值，其原因很简单——多年来，人们在美国已经没有见到美元，美元没有出现在流通领域也不能流通。美国有大量金币，人们实际上根本没有注意到美国货币标准的改变和银币的匮乏。即使注意到，人们也只是漠不关心地看待这一现象。

美国政府简化和统一货币体系的最后一步始于1870年。当时，美国政府编写了修改货币法的议案。根据这份议案，修改后的货币法规定，美国政府将采用单纯的金本位制，废除银币的法定货币地位。众议院和参议院都没有反对废除将金币和银币同时作为法定货币的双重标准。以前铸造但很少出现在流通领域的美元作为法定货币，保持了原来的质量。但无论是政府还是私人，都被禁止铸造新美元。

## 第41节　1873年到1874年美国的货币法律

因此，1870年的法令仅仅是对1853年法令的补充。

1874年修订成文的法令第三千五百八十六条的规定，标志着美国确立了金本位制。根据这项法令，只有价值达到五美元的美国银币才是法定货币。因此，1873年12月起，美国停止使用银币，并且根据英国的计划完成金本位制的建立。但由于纸币的普及，1874年法令确立的方案虽然有效，但意义不大。

然而，1874年法案通过后很短时间内，贵金属的相对价值发生了巨大变化，并且一直持续变化。内华达州大量矿藏被发现前，生产白银可以获得利益的事实就引起人们的注意。与此同时，对恢复现金支付的预期为人们生产白银带来额外的动机和兴趣。因此，1875年8月14日，美国政府组建调查标准问题委员会，委员会大多数成员建议确立双重标准。因此，委员会成员理查德·布兰德在众议院提议，采用原来1∶15.988的金银兑换比率重新建立双重标准，并且允许自由铸造银币。

恢复货币支付的问题迫在眉睫。1879年1月1日，美国各州计划恢复现金支付。恢复现金支付应该以什么为基础？应该维持1873年的法令，还是应该回到1873年以前盛行的复本位制？美国政府的意见是维持1873年的法令，但国会大多数议员赞成恢复复本位制。

支持恢复银币的人发现，由于总统拉瑟福德·伯查德·海斯的否决，他们提出的措施未获通过。因此，他们只能妥协，放弃自由铸币条款。1878年2月28日，在支持恢复银币的人做出妥协后，理查德·布兰德法令获得通过，"批准标准银币美元的铸造，并且将银币恢复为法定货币"。

支持金本位制的人认为，白银与黄金的兑换比率应该维持以前的法定比率15.988∶1，保留美元用于国库结算，以及确定每月的最高铸造数

拉瑟福德·伯查德·海斯

量限制为四百万美元。复本位制论者增加了每月最低铸造二百万银币及禁止美国总统采取措施召开国际会议的条款。

### 第42节 理查德·布兰德法令和谢尔曼法令

理查德·布兰德提出的方案立即成为法律。就美国真实的流通状况而言,恢复银币支付只是在名义上有效。此时,使用可赎回票据的习惯已经深入人心,并且持续了很长时间,甚至1882年7月12日,位于纽约银行大厦的票据交换所只使用金币的规则也已经由国会法令正式废除。虽然没有完全废除票据,但票据结算所不接受金券和银券支付余额。1882年7月12日的法令规定,任何国家的银行都不应该成为票据交换所的成员。理查德·布兰德法令欺骗了支持复本位制的人和支持金本位制的人,因为签署这项法令时,支持复本位制的人和支持金本位制的人有可能达成妥协。尽管如此,1890年8月前,理查德·布兰德法令仍然有效,1878年到1890年,美国铸造了三亿七千万美元,铸造银币使用了九百万千克的白银,占同一时期美国白银生产总量的三分之一。

1887年以前,几乎每年的总统咨文和财政部长的报告都会向国会建议废除理查德·布兰德法令中的白银购买条款,并且暂停铸造银币。

1889年12月,本杰明·哈里森总统和财政部长威廉·温德姆明确建议停止铸造银币,并且将银券发行额度限制为按当时市场价格计算存储的白银的价值。经过与理查德·布兰德法令同样的争辩过程,本杰明·哈里森总统和财政部长威廉·温德姆的建议形成折衷方案,称为谢尔曼法令,并且1890年7月14日在国会获得通过。

谢尔曼法令体现的内容不是原则的妥协,而是追逐私利的妥协。1890年8月13日,谢尔曼法案生效,其主要条例如下:

一、只要白银价格低于一百二十九点二九美分每盎司,财政部长将按市场价格购买白银,但每月购买数量不超过四百五十万盎司。

二和三、根据购买白银情况发行国库券,国库券为完好的法定货币,并且是构成银行准备金的一部分。

四、1891年7月1日以前,每月有二百万盎司的白银被铸造成美元。除非出于保证国库券安全的必要,铸造的美元在规定

本杰明·哈里森

日期后将停止流通。与此同时,谢尔曼法令宣布美国政府打算维持稳定的金银兑换比率的目的。

谢尔曼法令对白银价格的刺激很快就结束了,银币铸造问题又成为迫切需要解决的问题,支持银币的人强烈要求用自由铸币代替迄今为止没有效果的白银购买方案。1893年2月,国际货币会议在布鲁塞尔闭幕,但没有取得任何成果。1893年6月26日,为了自由铸造银币,印度总督兰

兰斯多恩侯爵亨利·佩蒂－费茨莫里斯

斯多恩侯爵亨利·佩蒂-费茨莫里斯在政务会议上通过了关闭印度铸币厂的法令。实际上，在保护银币的问题上，美国被孤立了，美国政府简单地出于维护黄金储备的目的，不得不放弃白银。1893年11月，经过激烈争论，谢尔曼法令中强制购买白银的条款被废除了。

### 第43节　1793年到1893年美国的货币状况

我们距离废除谢尔曼法令中强制购买白银条款的时间太近了，无法估计其被废除后美国货币后来的发展状况。然而，到目前为止，废除强制购买白银条款的报告涉及两个明显的事实：第一个事实是白银的直接贬值及向印度输出白银的影响并不像人们事先猜测的那样。第二个事实是停止购买白银使美国货币丧失了唯一能扩张的因素。在世界各国中，美国最需要一种能不断扩张的货币。

## 美国铸币厂铸造的货币

| 年份 | 金币（美元） | 银币（美元） | 年份 | 金币（美元） | 银币（美元） |
| --- | --- | --- | --- | --- | --- |
| 1793–1795 | 71,485.00 | 370,683.80 | 1813 | 477,140.00 | 620,951.50 |
| 1796 | 77,960.00 | 77,118.50 | 1814 | 77,270.00 | 561,687.50 |
| 1797 | 128,190.00 | 14,550.45 | 1815 | 3,175.00 | 17,308.00 |
| 1798 | 205,610.00 | 330,291.00 | 1816 | ... | 28,575.75 |
| 1799 | 213,285.00 | 423,515.00 | 1817 | ... | 607,783.50 |
| 1800 | 317,760.00 | 224,296.00 | 1818 | 242,940.00 | 1,070,454.00 |
| 1801 | 422,570.00 | 74,758.00 | 1819 | 258,615.00 | 1,140,000.00 |
| 1802 | 423,310.00 | 58,343.00 | 1820 | 1,319,030.00 | 501,680.70 |
| 1803 | 258,377.50 | 87,118.00 | 1821 | 189,325.00 | 825,762.45 |
| 1804 | 258,642.50 | 100,340.50 | 1822 | 88,080.00 | 805,806.50 |
| 1805 | 170,367.50 | 149,388.50 | 1823 | 72,425.00 | 895,550.00 |
| 1806 | 324,505.00 | 471,319.00 | 1824 | 93,200.00 | 1,752,477.00 |
| 1807 | 437,495.00 | 597,448.75 | 1825 | 156,385.00 | 1,564,583.00 |
| 1808 | 284,665.00 | 684,300.00 | 1826 | 92,245.00 | 2,002,090.00 |
| 1809 | 169,375.00 | 707,376.00 | 1827 | 131,565.00 | 2,869,200.00 |
| 1810 | 501,435.00 | 638,773.50 | 1828 | 140,145.00 | 1,575,600.00 |
| 1811 | 497,905.00 | 608,340.00 | 1829 | 295,717.50 | 1,994,578.00 |
| 1812 | 290,435.00 | 814,029.50 | 1830 | 643,105.00 | 2,495,400.00 |

| 年份 | 金币（美元） | 银币（美元） | 年份 | 金币（美元） | 银币（美元） |
| --- | --- | --- | --- | --- | --- |
| 1831 | 714,270.00 | 3,175,600.00 | 1863 | 22,445,482.00 | 809,267.80 |
| 1832 | 798,435.00 | 2,579,000.00 | 1864 | 20,081,415.00 | 609,917.10 |
| 1833 | 978,550.00 | 2,759,000.00 | 1865 | 28,295,107.50 | 691,005.00 |
| 1834 | 3,954,270.00 | 3,415,002.00 | 1866 | 31,435,945.00 | 982,409.25 |
| 1835 | 2,186,175.00 | 3,443,003.00 | 1867 | 23,828,625.00 | 908,876.25 |
| 1836 | 4,135,700.00 | 3,606,100.00 | 1868 | 19,371,387.50 | 1,074,343.00 |

续表

| 1837 | 1,148,305.00 | 2,096,010.00 | 1869 | 17,582,987.50 | 1,266,143.00 |
|---|---|---|---|---|---|
| 1838 | 1,809,765.00 | 2,333,243.40 | 1870 | 23,198,787.50 | 1,378,255.50 |
| 1839 | 1,376,847.50 | 2,209,778.00 | 1871 | 21,032,685.00 | 3,104,038.30 |
| 1840 | 1,675,482.50 | 1,726,703.00 | 1872 | 21,812,645.00 | 2,504,488.50 |
| 1841 | 1,091,857.50 | 1,132,750.00 | 1873 | 57,022,747.50 | 4,024,747.60 |
| 1842 | 1,829,407.50 | 2,332,750.00 | 1874 | 35,254,630.00 | 6,851,776.70 |
| 1843 | 8,108,797.50 | 3,834,750.00 | 1875 | 32,951,940.00 | 15,347,893.00 |
| 1844 | 5,427,670.00 | 2,235,550.00 | 1876 | 46,579,452.50 | 24,503,307.50 |
| 1845 | 3,756,447.50 | 1,873,200.00 | 1877 | 43,999,864.00 | 28,393,045.50 |
| 1846 | 4,034,177.50 | 2,558,580.00 | 1878 | 49,786,052.00 | 28,518,850.00 |
| 1847 | 20,202,325.00 | 2,374,450.00 | 1879 | 39,080,080.00 | 27,569,776.00 |
| 1848 | 3,775,512.00 | 2,040,050.00 | 1880 | 62,308,279.00 | 27,411,693.75 |
| 1849 | 9,007,761.50 | 2,114,950.00 | 1881 | 96,850,890.00 | 27,940,163.75 |
| 1850 | 31,981,738.50 | 1,866,100.00 | 1882 | 65,887,685.00 | 27,973,132.00 |
| 1851 | 62,614,492.50 | 774,397.00 | 1883 | 29,241,990.00 | 29,246,968.45 |
| 1852 | 56,846,187.50 | 999,410.00 | 1884 | 23,991,756.50 | 28,534,866.15 |
| 1853 | 39,377,909.00 | 9,077,571.00 | 1885 | 27,773,012.50 | 28,962,176.20 |
| 1854 | 25,915,962.50 | 8,619,270.00 | 1886 | 28,945,542.00 | 32,086,709.90 |
| 1855 | 29,387,968.00 | 3,501,245.00 | 1887 | 23,972,383.00 | 35,191,081.40 |
| 1856 | 36,857,768.50 | 5,142,240.00 | 1888 | 31,380,808.00 | 33,025,606.45 |
| 1857 | 32,214,540.00 | 5,478,760.00 | 1889 | 21,413,931.00 | 35,496,683.15 |
| 1858 | 22,938,413.50 | 8,495,370.00 | 1890 | 20,467,182.50 | 39,202,908.20 |
| 1859 | 14,780,570.00 | 3,284,450.00 | 1891 | 29,222,005.00 | 27,518,856.00 |
| 1860 | 23,473,654.00 | 2,259,390.00 | 1892 | 34,787,222.50 | 12,641,078.00 |
| 1861 | 83,395,530.00 | 3,783,740.00 | 1893 | 56,997,020.00 | 8,802,797.30 |
| 1862 | 20,875,997.50 | 1,252,516.50 | | | |

## 1851年到1893年美国进口和出口的贵金属

| 黄金和白银 | | | |
|---|---|---|---|
| | | 进口（美元） | 出口（美元） |
| 年度平均数 | 1851—1855 | 5,151,817 | 39,432,522 |
| " | 1856—1860 | 10,385,770 | 59,589,841 |
| " | 1861—1863 | 24,112,923 | 43,611,777 |
| 黄金 | | | |
| | | 进口（美元） | 出口（美元） |
| 年度平均数 | 1864—1870 | 11,117,584 | 58,757,484 |
| " | 1871 | 6,883,561 | 66,686,208 |
| " | 1872 | 8,717,458 | 49,548,760 |
| " | 1873 | 8,682,447 | 44,856,715 |
| " | 1874 | 19,503,137 | 34,042,420 |
| " | 1875 | 13,696,793 | 66,980,977 |
| " | 1876 | 7,992,709 | 31,177,050 |
| " | 1877 | 26,246,234 | 26,590,374 |
| " | 1878 | 13,330,215 | 9,204,455 |
| " | 1879 | 5,624,948 | 4,587,614 |
| " | 1880 | 80,758,396 | 3,639,025 |
| " | 1881 | 100,031,259 | 2,565,132 |
| " | 1882 | 34,377,054 | 32,587,880 |
| " | 1883 | 17,734,149 | 11,600,888 |
| " | 1884 | 22,831,317 | 41,081,957 |
| " | 1885 | 26,691,696 | 8,477,892 |
| " | 1886 | 20,743,349 | 42,952,191 |
| " | 1887 | 42,910,601 | 9,701,187 |
| " | 1888 | 43,934,317 | 18,376,234 |

续 表

| | 1889 | 10,284,858 | 59,951,685 |
|---|---|---|---|
| " | 1890 | 12,943,342 | 17,274,491 |
| " | 1891 | 45,298,928 | 79,187,499 |
| " | 1892 | 18,165,056 | 76,735,592 |
| " | 1893 | 73,280,575 | 80,010,633 |
| | 白银 | | |
| | | 进口（美元） | 出口（美元） |
| 年度平均数 | 1864—1870 | 5,469,798 | 16,818,279 |
| " | 1871 | 14,382,463 | 31,755,780 |
| " | 1872 | 5,026,231 | 30,328,774 |
| " | 1873 | 12,798,490 | 39,751,859 |
| " | 1874 | 8,951,769 | 32,587,985 |
| " | 1875 | 7,203,924 | 25,151,165 |
| " | 1876 | 7,943,972 | 25,329,252 |
| " | 1877 | 14,528,180 | 29,571,863 |
| " | 1878 | 16,491,099 | 24,535,670 |
| " | 1879 | 14,671,052 | 20,409,827 |
| " | 1880 | 12,275,914 | 13,503,894 |
| " | 1881 | 10,544,238 | 16,841,715 |
| " | 1882 | 8,095,336 | 16,829,599 |
| " | 1883 | 10,755,242 | 20,219,445 |
| " | 1884 | 14,594,945 | 26,051,326 |
| " | 1885 | 16,550,627 | 33,753,633 |
| " | 1886 | 17,850,307 | 2,954,219 |
| " | 1887 | 17,260,191 | 26,296,504 |
| " | 1888 | 15,403,189 | 28,027,949 |
| " | 1889 | 18,678,215 | 36,689,248 |

续 表

| | 1890 | 21,032,984 | 34,873,929 |
|---|---|---|---|
| " | 1891 | 27,910,193 | 28,783,393 |
| " | 1892 | 31,450,968 | 37,541,301 |
| " | 1893 | 27,765,696 | 47,463,399 |

### 1878年美国货币的全部构成

| | 1878 | 1879 |
|---|---|---|
| 金币(美元) | 82,500,000 | 123,700,000 |
| 银币(美元) | ... | 11,100,000 |
| 银币(小硬币) | 53,600,000 | 54,100,000 |
| 金券 | 44,400,000 | 14,800,000 |
| 银券 | ... | 12,000,000 |
| 州票据 | 311,400,000 | 327,700,000 |
| 国家银行票据 | 313,900,000 | 330,000,000 |
| 总量 | 805,800,000 | 873,400,000 |

### 1893年美国货币的全部构成

| 金属货币 | |
|---|---|
| 1893 | 美元 |
| 金条 | 84,631,966 |
| 银条 | 128,479,587 |
| 金币 | 582,366,998 |
| 银币美元 | 419,332,777 |
| 辅助银币 | 76,267,586 |
| 总量 | 1,291,078,914 |

续　表

| 纸币 | |
|---|---|
| 原来发行的法定的国库券 | 346,681,016 |
| 依据1890年7月14日的法令发行的法定国库券 | 153,160,151 |
| 金券 | 77,487,769 |
| 银券 | 334,584,504 |
| 国家银行票据 | 208,538,844 |
| 货币凭证 | 39,085,000 |
| 总量 | 1,159,537,284 |

在上述所有构成美国的货币中,只有五千七百八十六万九千五百八十九美元在流通中,其余的三千六百一十四万三千一百八十八美元在财政部的金库中。

## 第44节　1816年荷兰的货币状况

18世纪,荷兰货币史失去了重要性,不再处于欧洲货币史的中心地位,也不再具有决定性作用。因此,19世纪后,荷兰铸币法律发展状况的详细说明列在了附录四中。

荷兰与比利时境内各省联合起来成为一个国家荷兰时,两地都有大量各种各样的货币,因为以前几乎每个省都有铸币的权利。1816年,为满足对简单而单一货币体系的期望,荷兰王国在威廉一世的领导下,通过一项货币法律。货币法律的目的是统一原来的弗罗林,形成统一的货币,将相当于二百阿斯的一弗罗林作为货币单位。但与此同时,十弗罗林金币被允许流通。一弗罗林包含九点六三克白银,十弗罗林包含六点

荷兰王国国王威廉一世

零五六克黄金。因此，白银与黄金的兑换比率为15.873∶1。但在法兰西，白银与黄金的兑换比率为15.5∶1。

此外，为满足比利时居民的期待，荷兰王国的公共财政接受法郎，但兑换比率太高。一法郎相当于四十七点五生丁，但一法郎的实际价值仅为四十六点八生丁。这导致新发行的三弗罗林离开了比利时布鲁塞尔的铸币厂后，被运送到法兰西里尔的铸币厂，并且以五法郎的货币形式重新回到比利时。

相关法律执行得很缓慢。金币作为主要货币被铸造出来，但按金银兑换比率铸造相应比例的银币越来越困难。

1830年，比利时从荷兰王国分离出来。直到1844年，旧货币的重铸才得到认真执行。1839年，货币法已经发生了改变。荷兰政府还发行了五弗罗林金币和十弗罗林金币，并且与已经磨损了的银币同时流通。为此，荷兰政府共铸造了一亿七千二百五十万弗罗林。磨损和剪除的银币不可用于国际贸易，金币成为交易的基础。交易不是以弗罗林为基础进行的，而是以十弗罗林金币为基础进行的。人们认为，所有的困难都可以通过采用十进制计算的重量恰好为十克、纯度为零点九四五的弗罗林消除。只要金币仍在流通，重铸货币仍在继续，金币就有重要用途。因此，荷兰存在白银兑换黄金比率为15.504∶1的复本位制。1842年到1849年，票面价值超过八千五百二十一万的弗罗林被回收到铸币厂，重新铸造为银币。荷兰政府为回收及重铸弗罗林花费了八百万弗罗林的经营成本，其中，旧货币的损失为七百万弗罗林。

开始重铸货币前，荷兰政府已经仔细考虑了货币标准的问题，并且确定铸造银币。一个半多世纪以来，弗罗林一直是所有交易采用的货币单位。随着货币重铸的推进，人们进一步注意到制定单一货币标准的必要性。根据1847年9月26日法律的规定，荷兰采用了单一的银本位制。1850年6月，荷兰政府回收了金币。在回收的金币中，公众提供了五千万金币，不到曾经铸造的金币数量的三分之一。1850年到1851年，荷兰政府卖掉了回收的金币，损失了超过一百万金币。

## 第45节　1872年荷兰的货币状况

确定单一银本位制的改革有一个十分值得注意的地方。1847年9月的法律允许使用法定银币和辅币进行交易，也允许使用金币进行交易。在金币中，除了不时仍有需求的杜卡特，还有吉洛梅金币、双吉洛梅金币和半吉洛梅金币。金币仅仅根据重量和纯度用来记账。

1847年9月法律确定的体系完全失败了。尽管金币吉洛梅被铸造成与原来广受欢迎的十弗罗林一样的重量和纯度，但人们不愿意接受吉洛梅金币。吉洛梅金币价值的不确定性使吉洛梅不受欢迎。1851年到1853年，只有一万吉洛梅、一万半吉洛梅，和二千六百三十六双吉洛梅被铸造出来。1853年后，没有吉洛梅被铸造出来。

1872年加利福尼亚州和澳大利亚发现黄金以前，白银的价格在大宗交易中保持平稳。只有在小额交易中，白银价格才不时出现轻微波动。

| 1847年到1872年，每个人都能将白银卖给荷兰银行，价格为 | 104弗罗林65生丁 |
|---|---|
| 银行保存的白银在进行重铸及其他用途时收取的手续费为 | 1弗罗林17生丁 |
| | 105弗罗林82生丁 |

按照荷兰的标准，十弗罗林的价值相当于一千克纯度为零点九四五白银的价值。

阿姆斯特丹的白银价格也没有变化。

随着1871年的变化，平稳的白银价格被扰乱了。于是，1872年10月，荷兰政府委任一个委员会审议荷兰境内货币的状况。1873年12月，委员会提交了一份报告，报告建议禁止自由铸造银币。1873年5月21日，荷兰政府颁布禁止自由铸造银币的法律。只要德意志帝国仍有希望继续维持复本位制，委员会就建议在铸造银币的同时铸造金币。

然而，1873年6月26日，德意志帝国采用金本位制时，委员会提交的附加报告建议荷兰也采用金本位制，引入黄金铸造的五弗罗林和十弗罗林作为法定货币，并且回收根据1847年法律发行的银本位制下的货币。然而，这份报告提出的措施没有得到荷兰议会的批准。因此目前，荷兰货币没有价值标准,铸币厂拒绝接收白银,黄金也被铸币厂忽略。随之而来的结果是白银与黄金的兑换比率大幅下跌,引发骚乱,并且导致荷兰政府颁布了1875年6月6日的法令。这份法令规定,荷兰政府向公众开放铸币厂,为公众铸造纯度为90%的十荷兰盾金币。这种金币与银弗罗林同为法定货币,按六十点三五生丁每盎司白银的报价计算,十荷兰盾与银弗罗林的比率为1∶15.625。1876年5月,1875年6月6日的法律颁布不满一年,荷兰政府试图通过引入单一金本位制和停止银币流通的法令。第一议院否决了1876年5月试图通过的法令,1875年法律的效力延长了一年。接着,根据1877年12月9日的法律,1875年6月6日的法律一直延续到"直到法律另有规定"为止。

结果是,荷兰形成了长期畸形的货币标准,即金币可以被自由铸造,与金币同时流通的银币的铸造受到限制,但金币和银币都是在支付时不受限制的法定货币。

1877年3月28日,荷兰议会通过一项法律。荷属东印度群岛实行与荷兰相同的双重标准,即暂停铸造更多银币但允许已铸造的银币与金币同时流通。1877年6月7日,这项法律在爪哇岛颁布。

## 第46节　葡萄牙的货币状况

1688年8月4日,葡萄牙政府颁布了关于黄金的第一部法律。

根据1688年8月4日的法律,里斯本和波尔图的铸币厂给出黄金价格,一马克纯度为二十二克拉的黄金价格为九万六千里斯,相当于五百三十三弗罗林三十三生丁。同样重量的黄金被铸成金币后,价值为十万二千四百里斯,相当于五百六十八弗罗林八十八生丁。每马克纯度为十二分之十一的白银价格被规定为六千里斯,相当于三十三弗罗林三十三生丁。铸造成银币后,每马克白银价值为六千三百里斯,相当于三十五法郎。按金属购买价格计算，黄金兑换白银的比率为1∶16，铸币厂发行的金币与银币的兑换比率为1∶16.25。

1747年，每马克白银铸造出的银币价值发生变化，从三十五法郎上升到四十一法郎六十六生丁，相当于七千五百里斯。一项法令立即将白银与黄金的兑换比率变为13.6∶1。

13.6∶1的兑换比率一直维持到19世纪初，并且导致金币从货币流通中被驱逐出去。

1822年3月6日的法律规定，每马克黄金铸造成金币后的发行价值为一百二十米尔里斯，相当于六百六十六法郎六百六十六生丁。每枚金币的价值为六千四百里斯，相当于三十五法郎五十五生丁，但每枚金币的商业价值为四十一法郎六十六生丁，等值于七千五百里斯。随后，1822年3月6日的法律与1820年议会通过的法律一起被废除。但1823年11月24日的另一项法律和1824年6月5日的特别宪章重新恢复和承认了1822年3月6日的法律。

1822年法律的序言公开声明，白银与黄金的兑换比率为13.5∶1，远远不能表现白银与黄金的商业价值比率。由于金币法定价值低于金币中包含的黄金的相应价值，因此实际上，金币没有进入流通当中。于是，1825年，葡萄牙政府将白银兑换黄金的法定比率提高到了16∶1。

1835年4月24日，葡萄牙政府颁布新的法律，规定每马克铸造好的银币的价值为七千五百里斯，相当于四十一法郎六十六生丁，这使白银与黄金的兑换比率变为15.5∶1。15.5∶1的比率被认为是葡萄牙国内和国外银币和金币的平均兑换比率。

1847年3月3日，葡萄牙政府通过一项新的法律，每马克黄金的价值升到十二万八千里斯，相当于七百一十一法郎十一生丁，每枚金币价值也从1822年规定的四十一法郎六十六生丁，相当于七千五百里斯，上升到四十四法郎四十四生丁，相当于八千里斯。1847年3月3日的法律出台后，葡萄牙政府采取了其他法律措施，使白银与黄金的兑换比率变为16.5∶1。

正是不断变化的兑换比率使葡萄牙政府放弃了复本位制，创立了单一的金本位制。1854年法律的序言表述了不断变化的兑换比率，证明流通中金银兑换比率缺乏一致性，并且由于兑换比率变化引起混乱，白银与黄金的法定比率高于商业比率，阻碍了货币流通，增加了各项交易的成本。

葡萄牙议会全体议员一致通过1854年的法律。

## 第47节  1867年的国际货币会议

在应对现代货币的动荡中，国际货币会议和构建国际货币体系的尝试起到了重要作用，这主要是由于法兰西快速发展的复本位制理论、美国提出货币制度的新方案，以及满足现状或世界的需要、国际法或道德准则的扩展。

认为欧洲货币史新时期始于1871年德意志帝国货币体系的变化及各国政府在金银两种金属之间就用哪种金属作为法定货币产生广泛分歧的观点是错误的。拉丁货币联盟的形成尽管只是在小范围内采用统一的货币体系，但的确是形成国际货币体系进程的第一步。几个世纪以来，我们熟知的德意志货币史就是在各种不同货币体系之间铸币的约定，不久前的1857年维也纳会议提供了另一例证。然而，第一次被广泛接受的国际货币会议是拉丁货币联盟秘密会议。1867年6月17日，在法兰西政府的邀请下，第一次国际货币会议在巴黎召开。参加会议的国家包括奥地利、巴登、巴伐利亚、比利时、丹麦、西班牙、美国、法兰西、英国、希腊、意大利、荷兰、葡萄牙、普鲁士、俄国、瑞典、挪威、瑞士、奥斯曼土耳其和符腾堡。国际货币会议举行了八次，第八次会议一直持续到1867年7月6日。除了荷兰，其他所有与会国家都宣称支持金本位制。会议结束时没有达成任何实际或实用的共识，但在总结致辞中，会议主席费利克

费利克斯·费利西安·德·帕里克

斯·费利西安·德·帕里克认为,他有理由断言,这次会议的意义在于各国达成近似意见,支持黄金单本位制,并且只要将来各国铸币厂规定的金银兑换比率发生的变化在允许范围内,就允许以五法郎作为货币单位[①]。

## 第48节 1868年的国际货币会议

虽然国际货币会议没有立刻产生实际结果,但国际货币会议发起了一场广泛的运动。1868年2月18日,国际货币会议结束后,英国成立了一个委员会,"审议并报告国际货币会议的事项……检验并公布会议建议,以及讨论建议是否适合英国的情况,英国是否需要改变货币体系及

---

① 一千克黄金的价值为六百二十塔勒。——原注

需要做出哪些改变。为完全或者部分建立与国际货币会议设想一致的货币体系，英国已经在思考相关措施"。

1868年3月13日到1868年6月8日，委员会召开会议。考虑到构建国际货币体系存在的实际困难，委员会没有做出任何实质性决定，尤其是将一英镑价值降到二十五法郎的提议被否决了。

无论是1876年会议前后，还是1865年到1869年进行的最后调查，法兰西的民意都强烈支持黄金单本位制，采用黄金单本位制得到坚定的支持，并且只有法德战争爆发才阻止法兰西政府和拉丁货币联盟采用黄金单本位制。毫不夸张地说，法兰西在法德战争失利后，由于背负了巨额战争赔款，在货币立法方面，法兰西政府立即采取了新方案。

随着原来帝国货币体系的重建，德意志帝国实现了重要且十分必要的货币统一和改革。在原来依据法兰西规定的白银兑换黄金比率15.5∶1的基础上，德意志帝国完成了货币改革。进行货币改革的两年时间里，德意志的白银价格保持在适度水平。然而，1873年7月9日，根据《法定货币法》，德意志帝国建立黄金单本位制，银币失去了通用货币的资格，不再流通。另外，德意志帝国逐渐回收了原来发行的三分之二以上的德意志银币，并且将其重新熔化成银条，投放到市场。与此同时，欧洲大陆发生了许多其他变化。1872年，斯堪的纳维亚地区的国家效仿德意志帝国，采用金本位制取代以前的银本位制。根据1872年12月18日的条约，瑞典、挪威和丹麦建立了共同的货币体系。瑞典的银币兑换金币比率以15.57∶1为基础，丹麦的为15.43∶1，挪威的为15.44∶1。1875年，荷兰紧跟着建立了金本位制。根据荷兰1875年6月6日和1876年5月10日的法律，基于15.625∶1的白银与黄金的兑换比率，荷兰采用金本位制取代了原来的银本位制。

各国货币制度大范围改变前，白银相对黄金的价值开始大幅度下降。美国关心白银生产获得的利益，英国关心与其殖民地印度和使用银币国家贸易往来获取的利益。从整体上来说，整个商业世界的国际交易处于混乱状态，各个国家都意识到自己面临着严重的威胁。

### 第49节　白银的贬值

白银涌入铸币厂前，由于白银贬值，拉丁货币联盟最早限制铸造银币。随后，该联盟放弃铸造五法郎银币。

因此，白银价格下跌得更加剧烈。1876年7月，白银已经贬值到每盎司四十六又四分之三便士。各国普遍感到忧虑，英国和美国指派新的委员会考虑白银贬值问题。1876年3月，英国政府组建了研究白银贬值问题的委员会。1876年3月20日到1876年5月8日，委员会在主席乔治·戈申子

乔治·戈申

爵的领导下召开了会议。针对白银迅速贬值的原因，委员会展开调查，但没有尝试提出任何积极的补救方案。

1876年8月15日，美国国会组建了一个委员会，调查白银贬值的原因及重建复本位制的可行性。与此同时，这个委员会要设计合理的金银兑换比率及帮助美国恢复现金支付的措施。美国的委员会产生了两份报告，即"多数派"和"少数派"报告。包括琼斯先生、博吉先生、威拉德先生、威廉·斯洛克姆·格罗斯贝克先生和理查德·布兰德先生在内的大多数人建议将白银重新货币化，并且召开一次新的国际货币会议。后一份报告建议与已知的理查德·布兰德法令提出的妥协方案相同，即

威廉·斯洛克姆·格罗斯贝克

"1878年2月28日授权发行标准银币并恢复银币作为法定货币的法令"。1878年2月28日法令的第二条强制要求美国总统拉瑟福德·伯查德·海斯邀请拉丁货币联盟成员国和其他对货币问题感兴趣的国家参加国际货币会议。1878年8月10日,在法兰西政府的邀请下,国际货币会议在巴黎举行。在国际货币会议上,美国代表提议自由铸造银币,并且在清偿时,银币拥有与金币完全平等的地位,可以不受限制地使用。比利时、瑞士和挪威的代表反对美国代表的提议。至于英国方面,乔治·戈申子爵宣布,尽管银币完全停止流通预示着前所未有的商业危机,但英国政府不可能同意对其货币体系展开大规模改革。德意志帝国没有派代表参加这次货币会议。在德意志帝国代表缺席的情况下,法兰西政府采取了等待政策,没有明确表态。由于无法取得一致意见,此次国际货币会议闭幕。鉴于与会代表的意见存在分歧,讨论国际通用兑换比率是毫无用处的。虽然对于世界来说,保持银币流通是必要的,但每种金属或两种金属中的一种金属的选择和处理必须根据每个独立国家的具体货币状况和需要决定。

我们不能期望,1878年的会议能产生满足现状需求的有用结论。1879年5月19日,德意志帝国继承的土地利益使德意志帝国首相奥托·冯·俾斯麦进一步暂停出售白银。德意志帝国暂停出售白银给复本位制论者带来了新的希望,整个欧洲和美国都在忙于宣传采用复本位制。1881年,重新召开的国际货币会议是积极宣传采用复本位制的结果。

## 第50节 1881年的国际货币会议

1881年4月19日,在美国政府和法兰西政府的邀请下,第三次国际货币会议在巴黎召开。所有欧洲国家、加拿大、印度和美国都派代表参加了本次国际货币会议。

亨利·塞努斯基

通过派驻的会议代表、会议主席马尼安和亨利·塞努斯基，法兰西政府立即大胆地宣布实行复本位制。紧随法兰西代表之后，美国、意大利、奥地利、荷兰及英属印度的代表也宣布实行复本位制。英国和德意志帝国的代表分别代表各自国家宣布，其货币体系不会发生任何改变，但如果主要与会国家达成协议，英国和德意志帝国政府可能会制定一些增加使用银币的规定。比利时、瑞士、希腊和斯堪的纳维亚国家宣布反对采用复本位制。1881年5月19日到1881年6月30日，本次国际货币会议休会。1881年7月8日，本次国际货币会议结束，但名义上，这次会议再次休会到1882年4月12日，以便为可能的货币立法提供时间。然而，我们可以想象，规定复会时间到来时，会议并没有重新召开。

实际上，第二次和第三次国际货币会议的间隔期内，各国的货币状况没有明显改变。1878年，白银的价格为每盎司五十二又十六分之九便士。1881年，白银的价格为每盎司五十一又十六分之十一便士：如果有什么不同，那么是白银的价格总体上略有上涨。1878年，白银的产量为二百五十五万一千千克。1881年，白银的产量为二百五十九万三千千克。因此，白银的产量没有出现较大增长，但黄金的产量肯定有所下降。接着，第三次国际货币会议结束后，英国和德意志帝国内部出现了采用复本位制的呼声。1882年10月，科隆举行的复本位制大会统一发出了采用复本位制的呼声。

科隆复本位制大会一致通过了下列决议：

> 关于建立黄金和白银之间稳定的兑换比率，英国和德意志方面认为是十分必要的：
> 一、在限制铸造用于偿付的辅助银币的基础上，铸造纯银币，增加银币的使用。
> 二、德意志帝国应该回收所有价值在十马克以下的金币和纸币，并且用银币代替回收的金币和纸币。
> 三、德意志帝国不应该再出售白银。
> 四、英格兰银行应该在其章程中增加允许使用银币作为银行储备一部分的条款。

然而，科隆复本位制大会的决定对英国和德意志帝国两国的政策没有实质影响。

与此同时，美国发生了一场类似但更有意思的煽动活动，美国的煽动活动围绕每年提议一次的废除理查德·布兰德法令中强制铸币的条款进行。

## 第51节　英国的金银委员会

英国经历了商业萧条时期，导致白银价格下跌及其与印度和东方交易的混乱，这为当时刚刚成立的复本位制联盟宣传复本位制提供了新的依据。

1886年，英国白银的价格已经跌到每盎司四十二便士，英国调查贸易和工业萧条的皇家专门调查委员会结束调查时，表达了希望调查贵金属状况的要求，英国政府欣然接受。1886年9月20日，皇家专门调查委员会被委派"调查当前贵金属相对价值的变化"。1888年10月，皇家专门调查委员会完成了最终调查报告。正如人们记得的那样，最终报告具有多种不同意见。皇家专门调查委员会的全体成员一致认为，1873年拉丁货币联盟的措施打破了金银的关系，维持了采用黄金衡量白银价值的稳定做法，使金银兑换比率总是维持在法定兑换比率左右，从而使白银处于决定商品价格所有因素的影响下。关于复本位制的问题，根据实际和任何可能的货币体系，专门调查委员会委员们有不同的看法，并且分别提交了报告。法勒·赫舍尔男爵、查尔斯·弗里曼特尔爵士、埃夫伯里男爵约翰·卢伯克、托马斯·亨利·法勒男爵、伯奇和佩尼奇的考特尼男爵伦纳德·亨利·考特尼都表明了自己反对采用复本位制的立场。

虽然我们不推荐采用通常所知的复本位制，但我们依旧渴望被理解，我们完全意识到价值标准的缺陷。作为价值标准的贵金属不但处在波动状态，而且其波动也是相互独立的。我们不会对未来国家之间可能实施降低波动的措施视而不见。毫无疑问，对所有商业国家来说，建立统一的价值标准会获得巨大的优势。但我们认为，除了可能会带来其他危险及不便，任何过早和难以预料的改变货币体系的措施可能会损害和阻碍建立统一价值标准的进程。

埃夫伯里男爵约翰·卢伯克

考特尼男爵伦纳德·亨利·考特尼

我们还认为，许多国家的货币状况带来的不幸和危险被夸大了。如果采用复本位制，改变货币体系，那么从改变货币体系中获得好处的期望注定会落空。

在改变货币体系不能获得预期好处的情况下，我们认为更明智的做法是不建议对帮助英国商业取得目前发展成就的货币体系开展任何根本性改变。

包括路易斯·马利特爵士、金罗斯男爵约翰·鲍尔弗、亨利·查普林子爵、戴维·巴伯、霍兹沃思爵士和斯韦斯林塞缪尔·蒙塔古爵士在

金罗斯男爵约翰·鲍尔弗

内的其余皇家专门调查委员会成员在报告第三部分直接表达了与上述意见不相同的意见。

## 第52节　委员会报告的异议

我们毫不怀疑，如果1873年以前盛行的货币体系完全被取代，那么我们上面描述的大多数不幸将会消失。我们提出的补救措施无非是恢复变化以前存在的货币体系，即在足够大的范围内，两种金属以确定的兑换比率被自由铸造成法定货币的体系。

从本质上来说，我们建议的补救措施具有国际化特征，具体实施情况必须与其他相关国家协调解决。

我们只需要指出将要达成协议的基本特征就足够了，这些特征是：

一、将金银两种金属免费铸造成法定货币。

二、确定两种金属的兑换比率，根据确定的兑换比率，任何一种金属铸造的货币可供债务人选择，用于支付所有债务。

因此，我们提议，英国首先要联合世界上主要的商业国家，如美国、德意志帝国和拉丁货币联盟的成员国，举办一次国际货币会议，听取主要商业国家的意见。任何想要参加会议的地区，如印度和任何英属殖民地都可以派代表参加这次会议。如果可能，这次货币会议的目的在于免费将金银铸造成法定货币并在确定两种金属兑换比率的基础上达成共同协议。

皇家专门调查委员会的报告被认为是复本位制支持者和反对者双方的胜利，但这份报告的要旨不明确，只是证实了英国政府对货币体系的任何变化都存在根深蒂固的怀疑。1889年，巴黎世博会期间，作为众多与庆典有关的特别大会之一，自由国际货币大会召开。应组委会邀请，一百九十四个国家和地区的代表参加了本次大会，但英国没有派代表参加。1889年9月11日到1899年9月15日，法兰西银行行长马尼安主持了本次货币大会。与上一次国际货币会议一样，本次国际货币大会结束时依旧没有形成直接或实际的决议。1889年的大会可以看作是从1881年的巴黎国际货币会议到1893年的布鲁塞尔国际货币会议召开之间十二年内的一次非正式会议。到目前为止，1889年的会议是在美国倡议下召开的最后一次会议，但此次会议一开始，各国对补救当前货币体系的态度和方法存在明显差异。美国政府认识到，一些欧洲国家可能不愿意采用美国方面青睐的补救措施，即"在黄金和白银之间建立固定的价值，将白银作为铸造货币的金属自由使用，并且根据世界上主要商业民族达成的协议确定白银与黄金的兑换比率"。邀请各国参加本次货币会议的目的传达得很笼统，即"如果采取措施的话，那么考虑采取什么措施在各国货币体系中增加使用银币"。

## 第53节　布鲁塞尔国际货币会议

所有重要国家都接受了参加布鲁塞尔国际货币会议的邀请。1892年11月26日，二十个国家的代表参加了第一次布鲁塞尔货币会议，参加会议的二十个国家是奥地利、匈牙利、比利时、丹麦、法兰西、德意志帝国、英国和英属印度、希腊、意大利、墨西哥、荷兰、挪威、葡萄牙、罗马尼亚、俄国、西班牙、瑞典、瑞士、奥斯曼土耳其和美国。

本次会议由比利时首相兼财政大臣奥古斯特·贝尔纳特主持。会议推选比利时参议员兼会议代表乔治·蒙特菲奥里-利瓦伊维为会议主席，美国驻比利时大使兼参会代表埃德温·H.特雷尔为会议副主席。

奥古斯特·贝尔纳特

乔治·蒙特菲奥里-利瓦伊维

在布鲁塞尔国际货币会议第二次会议上,美国代表提交了一项试图在国际范围内实施复本位制的方案。但与会议邀请的条款一致,美国代表表示,希望参加会议的各国能考虑并提交其他扩大银币使用的方案。美国方面提供了两项供讨论的方案:第一项是在1881年国际货币会议上,莫里茨·利维提出的方案。第二项是已故的阿道夫·索特贝尔博士提出的方案。这两项方案的主要构想是增加使用银币,并且以白银为基础的银币或者纸币代替目前流通中以黄金为基础的小金币和小额纸币。

在本次国际货币会议上,德意志帝国、奥地利和俄国的代表们解释,他们接到指令,要求不得发表意见或者投票表决任何决议。罗马尼亚、葡萄牙、奥斯曼土耳其和希腊的与会代表没有得到特别指示,但觉得自己不得不采取类似态度。可以看出,法兰西和拉丁货币联盟的成员国明显更倾向于批评美国代表提出的方案,而不是维护本次会议友好合作的目标。在会议中,针对复本位制的更多问题,美国代表没有催促会议做出决议,会议的注意力相应地集中在次要的方案上。关于上面提到的附属建议,在美国代表提出讨论方案的同一天,艾尔弗雷德·德·罗斯柴尔德先生提出第三个方案,其大概内容是,如果美国继续每年购买五千四百万盎司的白银,那么多个欧洲国家应该联合起来,每年购买一定数量的白银,如每年购买五百万英镑的白银。购买白银的行动将持续五年,购买价格不超过每盎司四十三便士。如果白银价格高于四十三便士每盎司,那么各国将暂停购买白银一段时间。

会议委员会审议了提出的方案后,修改了后一项购买白银的建议。

一、欧洲国家同意,按照提议,每年将购买三千万盎司的白银,条件是美国同意继续按目前的白银购买量购买白银,并且无条件维持英属印度和墨西哥的自由铸币制度。

二、各国之间购买白银的比例将根据协议决定。

艾尔弗雷德·德·罗斯柴尔德

三、购买白银的方式将由各国政府自行决定,并且按照各国政府喜欢的方式购买。

四、各国购买的白银将投入国家立法授权的货币用途中。在各国政府认为合适的情况下,白银可以被铸造成银币或者选择成为普通票据或特别票据的担保物。

五、各国将连续五年购买白银。如果伦敦市场的金属价格达到政府间协议确定的价格,那么根据协议强制性购买白银的行动将暂停。如果对白银感兴趣的多个国家的代表同意确定新的限制价格,那么各国可以根据新确定的限价重新购买白银。如果白银价格低于协议规定的限制价格,那么无论出现什么情况,各国都应该恢复购买白银。

会议委员会放弃了阿道夫·索特贝尔的计划。然而，莫里茨·利维的计划按以下条款拟订。

一、在一段时间内，价值相当于二十法郎、包含纯金重量小于五点八零六克的金币退出流通……

二、回收价值低于二十法郎或者代表等值货币的纸币，但代表白银存款的纸币除外。

会议委员会同时提议实施艾尔弗雷德·德·罗斯柴尔德和莫里茨·利维的方案是奇怪的。英国代表查尔斯·弗里曼特尔爵士表示，除非莫里茨·利维的方案与艾尔弗雷德·德·罗斯柴尔德的方案能结合在一起，否则他将不能接受莫里茨·利维的方案。与此同时，查尔斯·弗里曼特尔爵士向会议提议讨论艾尔弗雷德·德·罗斯柴尔德的方案。拉丁货币联盟的成员国表示，即使会议通过莫里茨·利维的方案，拉丁货币联盟成员国的代表也不会向各自政府推荐这一方案。

在第四次会议上，阿道夫·布瓦塞万表示，荷兰政府采用莫里茨·利维的方案存在不可克服的障碍。理查德·斯特雷奇将军说，除非莫里茨·利维的方案能提供比其报告更多的证据证明其合理性，否则他无法支持莫里茨·利维的方案。比利时参会代表阿拉德表示，莫里茨·利维的方案不够完善。查尔斯·里弗斯·威尔逊爵士代表自己和查尔斯·弗里曼特尔爵士表示，即使不考虑莫里茨·利维的方案与他们二人支持的单本位制的不一致，莫里茨·利维的方案也缺少足够的证据支持。这阻止了里弗斯·威尔逊爵士和查尔斯·弗里曼特尔爵士向英国政府推荐莫里茨·利维的方案。此外，查尔斯·里弗斯·威尔逊爵士和查尔斯·弗里曼特尔爵士将不参与详细的讨论。随后，美国代表克里里表示，自己将不会考虑艾尔弗雷德·德·罗斯柴尔德的提议，并且认为根

理查德·斯特雷奇

据当前的情况,艾尔弗雷德·德·罗斯柴尔德先生的提议对美国不公平。因此,他不能支持艾尔弗雷德·德·罗斯柴尔德先生的提议。

## 第54节 布鲁塞尔国际货币会议闭幕

鉴于各种不同声明,艾尔弗雷德·德·罗斯柴尔德收回自己的方案,会议只剩下莫里茨·利维的方案。莫里茨·利维的方案得到重视,但根本不足以应对当时的世界货币状况。莫里茨·利维的方案并没有被认为很重要,也不能得到各方真正有力的支持。

会议的进程随即回到对美国提出的复本位制方案的一般性讨论中。

皮埃尔·蒂拉尔

在讨论当中，法兰西代表皮埃尔·蒂拉尔放弃了对货币储备的保留态度，并且十分明确地表示，除非其他国家就开放铸币厂自由铸造银币达成总体协议，否则他不能建议法兰西政府开放自己的铸币厂自由铸造银币。因此，在英国、德意志帝国、奥地利、斯堪的纳维亚国家和其他单本位制国家明确改变对复本位制的观点前，自由铸造银币的问题已经被视为解决了。

美国代表综合考虑了各国政府的声明，宣布美国政府不会敦促对复本位制问题进行投票。经各国政府同意，布鲁塞尔国际货币会议正式休会，并且在1893年5月30日闭幕。

对于支持采用复本位制的人而言，本次国际货币会议的闭幕是一个沉重的打击。这充分说明，任何复本位制的方案都不可能实现。德意志帝国、丹麦、瑞典、挪威方面明确宣布不会改变以黄金为基础的货币体系。奥匈帝国的代表明确在声明中表示，奥匈帝国政府愿意完全遵守正在使用的金本位制。

瑞士、意大利、比利时和希腊的政府追随了法兰西政府的英明领导。荷兰政府准备加入复本位制联盟，但条件是英国成为复本位制联盟的成员国。西班牙和墨西哥政府愿意采用复本位制，或者采用其他提高白银价格的措施。尽管俄国政府的一位代表以个人名义发言，表示自己是金本位制的积极支持者，但他没有代表俄国政府发表任何声明。罗马尼亚政府认为，复本位制没有实现的可能性，奥斯曼土耳其和葡萄牙代表没有表态。

实际上，只有美国政府独自倡导复本位制。除了各国政府不支持复本位制外，由于在美国总统选举中民主党执政，美国新总统切斯特·阿伦·阿瑟和美国国会的态度及意图存在很大的不确定性，这使美国代表

切斯特·阿伦·阿瑟

们的处境更尴尬。"在这种情况下,很快能明显看出,美国代表迫切希望延期讨论复本位制问题,以给新政府机会表达其观点。在没有达成任何实际结论的情况下,布鲁塞尔国际货币会议休会了。尽管如此,在讨论过程中,各国代表团发表了一些重要报告,提出了一些声明。首先,除了一些最重要的欧洲国家明确声明不会接受复本位制,美国代表以十分明确的语言表示,美国政府随时可能不再继续购买白银,并且决心保护美国现有的黄金储备。英属印度的代表们暗示,英属印度政府可能会根据需要,关闭自由铸造银币的铸币厂。"

## 第55节 英属印度的金本位制

布鲁塞尔国际货币会议召开前,英属印度政府已经认识到,如果未能达成复本位制协议,那么英属印度有必要关闭目前自由铸造银币的铸币厂,并且试图建立金本位制。1892年6月21日,戴维·巴伯爵士在写给英国国务大臣乔治·纳撒尼尔·寇松的信中,立刻传达了英属印度关闭铸币厂和建立金本位制的必要性,并且附上金币计划的草案。1892年10月21日,即布鲁塞尔国际货币会议召开前一个月,英国枢密院负责印度事务的国务大臣乔治·纳撒尼尔·寇松与英属印度政府通信的结果是,英国政府将组建一个委员会审议英属印度政府提交的停止在英属印度自由铸造银币并考虑引进金本位制的建议。

这个委员会的成员有上议院议长、保守党议员伦纳德·亨利·考特尼、托马斯·亨利·法勒爵士、马特爵士、雷金纳德·韦尔比男爵、阿瑟·戈德利先生、理查德·斯特雷奇中将、伯特伦·沃德豪斯·柯里先生。

起初,英属印度政府表示,希望委员会能在布鲁塞尔会议召开前提交报告,但直到1893年5月31日,委员会才真正完成相关报告。

乔治·纳撒尼尔·寇松

伯特伦·沃德豪斯·柯里

## 第56节　印度的货币状况

起初，印度在世界货币史扮演的角色具有典型性，并且其货币状况的变化与世界货币史中货币状况的变化一致。自国际贸易诞生之日起，印度一直是西方世界贵金属的容器或水池。事实上，正是由于接受了西方世界的贵金属，印度成为世界货币的安全阀，并且一直延续至今。印度成为世界货币的安全阀尤其对今日国际货币体系作用很大，是因为我们的银行和信贷机构将金属储备集中在某一危机爆发的中心点，并且在这一中心点上建造了十分庞大的信贷交易上层建筑，实现了一种微妙的平衡。这导致任何不适当增加金属储备的行为都会刺激整个货币体系，引发货币市场的震动及投机买卖，诱发过度交易和过度筹资，最终引发危机。庞大的信贷交易及微妙的贵金属之间的平衡构成了世界商业体系，印度为可能带来任何突发危机并流入欧洲的贵金属提供了出口或排水口，以此保持了欧洲货币体系的稳定。印度为流入欧洲的贵金属提供出口或排水口的事实在当代更加明显，因为欧洲的信贷和银行系统的性质是可以理解的。但事实上，多年来，印度一直履行着维持信贷和银行体系的功能。

目前，印度在高度脆弱的信贷体系中发挥着影响力。以前，在并不一致和易受破坏的货币体系中，印度通过影响贵金属的整体价格发挥其影响力。16世纪和17世纪参与东方贸易的收益并不是用现代股息或贸易利润的概念衡量的。对欧洲商人来说，欧洲与东方的贸易带来了商业和金融的双重收益。实际上，在复本位制下，金融的收益是由于当时印度白银与黄金的兑换比率较高带来的。

如果用一句话形容当时的状况，那么对印度来说，持续不断流入贵金属意味着对印度有利的永久贸易平衡。在欧洲和美国的货币体系不变的情况下，印度吸收金属的能力似乎与以往一样强大且无法满足。如果欧洲和美国不改变其货币体系，那么印度在世界货币体系中仍可持续发挥作用，并且从欧洲和美国的货币体系中获利。面对现代货币危机，最困难的问题是是否允许欧美货币体系不变的假设存在。

此外，还有一个简单的事实是，目前，英属印度面临的货币困境纯粹是政府和商业的问题。英属印度政府每年要向英国政府支付一大笔款项，以清偿英属印度的黄金债务。1873年到1874年，白银价格大幅度下跌前，英属印度汇出金额高达一千三百二十八万五千六百七十八英镑。由于一卢比相当于一先令十点零三五便士，这意味着英属印度方面汇出了一亿四千二百六十五万七千卢比。1892年到1893年，英属印度方面汇出的金额是一千六百五十三万二千二百一十五英镑。按当年平均货币兑换比率一卢比兑换一先令二点九八五便士计算，英属印度方面需要支付二亿六千四百七十八万四千一百五十卢比。如果按1873年到1874年的货币兑换比率汇款，英属印度方面只需要支付一亿七千七百五十一万九千二百卢比，差额为八千七百二十六万四千九百五十卢比。货币兑换比率变化使英属印度原本的收入盈余变为巨额赤字。根据前一年每卢比兑换一先令四便士的汇率估计，英属印度收入超过支出，其收入盈余为一百四十六万六千卢比。当货币兑换比率下降到每卢比兑换一先令三便士时，根据估计，英属印度的收支状况变为一千零八十一万九千卢比的赤字。尽管英属印度方面的收入比预期提高了一千六百五十三万三千卢比，但1892年年底的收支状况使英属印度政府面临双重危险。1892年，英属印度政府甚至无法维持每卢比兑换一先令二又八分之五便士的兑换比率。如果英属印度拒绝以低于每卢比兑换一先令二又八分之五便士的兑换比率出售票据，那么银币价值还将继续下降。此外，如果英属印度不参加布鲁塞尔会议，那么美国政府必然会放弃单独购买白银以维持银币价值的计划。在美国政府放弃购买白银的情况下，白银价格可能会出现前所未有的下跌。解决白银价格下跌的实际办法是英属印度采用金本位制。为采用金本位制，英属印度政府需要确定切实可行的卢比与其他货币的兑换比率，有必要预测银价进一步的下跌程度。

英属印度政府面临的情况就简单地说到这里。商业领域的汇率波动、投资的制约、兰开夏郡产品的滞销……所有领域都充满了争论和分歧。至于纯粹而简单的货币问题，正如本书中设想的，即金属几乎无法代替货币或者实现货币功能。英属印度方面除了将贵金属当作货币使用，还特别喜欢将贵金属制作成金属制品或者将贵金属当作商品。几个世纪以来，一直发挥作用的一般欧洲货币法则在印度失效了。当然在多大程度上失效，我们完全不可能估计。在廉价金属可以自由铸造的情况下，铸造银币是预料中的事情。根据历年铸造的银币年度平均数量计算，银币的铸造量已经上升到与白银净进口数量相等的水平。但与此相反，自由铸造银币并没有像欧洲那样对英属印度的黄金储备产生不利影响。白银的进口与黄金的净进口而不是黄金的出口同时进行。对此，英属印度没有可追踪的复本位制产生作用的证据。

因此，在英属印度建立金本制主要是政府的措施。就纯粹的科学现象和考证而言，正如几个世纪以来欧洲对货币的管理一样，英属印度对货币领域的研究仍然很少，甚至出现了令人怀疑的研究结果。

### 1835年到1875年印度贵金属的顺差或净进口额表

| 年份 | 黄金（英镑） | 白银（英镑） | 枢密院票据（英镑） |
|---|---|---|---|
| 1835—1836 | 329,918 | 1,611,896 | 2,045,254 |
| 1836—1837 | 419,724 | 1,338,882 | 2,042,232 |
| 1837—1838 | 430,870 | 1,966,944 | 1,706,184 |
| 1838—1839 | 258,925 | 2,645,130 | 2,346,592 |
| 1839—1840 | 226,643 | 1,650,471 | 1,439,525 |
| 1840—1841 | 137,312 | 1,401,670 | 1,174,450 |

续　表

|  |  |  |  |
|---|---|---|---|
| 1841—1842 | 165,623 | 1,283,228 | 2,589,283 |
| 1842—1843 | 211,161 | 2,952,445 | 1,197,438 |
| 1843—1844 | 406,523 | 3,695,442 | 2,801,731 |
| 1844—1845 | 710,100 | 1,988,561 | 2,516,951 |
| 1845—1846 | 544,476 | 932,490 | 3,065,709 |
| 1846—1847 | 846,949 | 1,378,249 | 3,097,042 |
| 1847—1848 | 1,039,116 | (–491,191) | 1,541,804 |
| 1848—1849 | 1,348,918 | 313,904 | 1,889,195 |
| 1849—1850 | 1,116,993 | 1,273,607 | 2,935,118 |
| 1850—1851 | 1,153,294 | 2,117,225 | 3,236,458 |
| 1851—1852 | 1,267,613 | 2,865,357 | 2,777,523 |
| 1852—1853 | 1,172,301 | 4,605,024 | 3,317,122 |
| 1853—1854 | 1,061,443 | 2,305,744 | 3,850,565 |
| 1854—1855 | 731,290 | 29,600 | 3,669,678 |
| 1855—1856 | 2,506,245 | 8,194,375 | 1,484,040 |
| 1856—1857 | 2,091,214 | 11,073,247 | 2,819,711 |
| 1857—1858 | 2,783,073 | 12,218,948 | 628,499 |
| 1858—1859 | 4,426,453 | 7,728,342 | 25,901 |
| 1859—1860 | 4,284,234 | 11,147,563 | 4,694 |
| 1860—1861 | 4,232,569 | 5,328,009 | 797 |
| 1861—1862 | 5,184,425 | 9,086,456 | 1,193,729 |
| 1862—1863 | 6,848,159 | 12,550,155 | 6,641,576 |
| 1863—1864 | 8,898,306 | 12,796,719 | 8,979,521 |
| 1864—1865 | 9,839,964 | 10,078,798 | 6,789,473 |
| 1865—1866 | 5,724,476 | 18,668,673 | 6,998,899 |
| 1866—1867 | 3,842,328 | 6,963,074 | 5,613,746 |
| 1867—1868 | 4,609,467 | 5,593,961 | 4,137,285 |

续　表

| | | | |
|---|---|---|---|
| 1868—1869 | 5,159,352 | 8,601,022 | 3,705,741 |
| 1869—1870 | 5,592,117 | 7,320,337 | 6,980,122 |
| 1870—1871 | 2,282,121 | 941,937 | 8,443,509 |
| 1871—1872 | 3,565,344 | 6,512,827 | 10,310,339 |
| 1872—1873 | 2,543,362 | 704,644 | 13,939,095 |
| 1873—1874 | 1,382,638 | 2,451,383 | 13,285,678 |
| 1874—1875 | 1,873,535 | 4,642,202 | 10,841,615 |

### 1870年到1892年白银净进口额和新铸造的银币数

| 年份 | 净进口额（卢比） | 新铸造的银币（卢比） |
|---|---|---|
| 1870—1871 | 9,419,240 | 17,181,970 |
| 1871—1872 | 65,203,160 | 16,903,940 |
| 1872—1873 | 7,151,440 | 39,809,270 |
| 1873—1874 | 24,958,240 | 23,700,070 |
| 1874—1875 | 46,422,020 | 48,968,840 |
| 1875—1876 | 15,553,550 | 25,502,180 |
| 1876—1877 | 71,988,720 | 62,711,220 |
| 1877—1878 | 146,763,350 | 161,803,260 |
| 1878—1879 | 39,706,940 | 72,107,700 |
| 1879—1880 | 78,697,420 | 102,569,680 |
| 1880—1881 | 38,925,740 | 42,496,750 |
| 1881—1882 | 53,790,500 | 21,862,740 |
| 1882—1883 | 74,802,270 | 65,084,570 |
| 1883—1884 | 64,051,510 | 36,634,000 |
| 1884—1885 | 72,456,310 | 57,942,320 |

续　表

| | | |
|---|---|---|
| 1885—1886 | 116,066,290 | 102,855,660 |
| 1886—1887 | 71,557,380 | 46,165,370 |
| 1887—1888 | 92,287,500 | 107,884,250 |
| 1888—1889 | 92,466,790 | 73,122,550 |
| 1889—1890 | 109,378,760 | 85,511,580 |
| 1890—1891 | 141,751,360 | 131,634,740 |
| 1891—1892 | 90,221,840 | 55,539,700 |
| 1892—1893 | 128,635,690 | 127,052,100 |
| 总计 | 1,652,256,020 | 1,525,044,460 |

### 1875年到1893年黄金的净进口量和新铸造的金币数

| 年份 | 净进口量<br>（卢比） | 新铸造的金币<br>（卢比） |
|---|---|---|
| 1875—1876 | 15,451,310 | 171,500 |
| 1876—1877 | 2,073,490 | 无 |
| 1877—1878 | 4,681,290 | 156,360 |
| 1878—1879 | 出口 8,961,730 | 850 |
| 1879—1880 | 17,505,040 | 147,300 |
| 1880—1881 | 36,551,990 | 133,550 |
| 1881—1882 | 48,439,840 | 339,700 |
| 1882—1883 | 49,308,710 | 174,950 |
| 1883—1884 | 54,625,050 | 无 |
| 1884—1885 | 46,719,360 | 129,650 |
| 1885—1886 | 27,629,350 | 225,850 |
| 1886—1887 | 21,770,650 | 无 |
| 1887—1888 | 29,924,810 | 无 |

续 表

|  |  |  |
|---|---|---|
| 1888—1889 | 28,139,340 | 226,090 |
| 1889—1890 | 46,153,030 | 230,500 |
| 1890—1891 | 56,361,720 | 无 |
| 1891—1892 | 24,137,920 | 248,010 |
| 1892—1893 | 28,126,830 | ... |

# 附录1 商业活跃和独立时期的佛罗伦萨的货币体系

单独看佛罗伦萨的货币史，佛罗伦萨的主要金币一直是弗罗林。起初，佛罗伦萨的货币体系与重建的神圣罗马帝国的货币体系有关。第一次提到的银币弗罗林相当于十二德纳里，这与查理曼大帝时期货币体系中的规定一样。一银弗罗林大概相当于若干索尔迪，一金弗罗林的价值相当于多倍银弗罗林的价值。一金弗罗林相当于二十索尔迪，其重量相当于一里拉、一磅或者一单位重量。这可以解释为什么在实际发行金弗罗林约一个世纪前，有人提到金弗罗林。实际上，早在1180年，法兰西的货币条例和货币目录表就提到过弗罗林。

然而，佛罗伦萨对具体的重量单位或者里拉的定义是不确定的。根据内里①的研究报告，佛罗伦萨方面的重量方案是

|  |  | 德纳里 | 格拉尼 |  |  |
|---|---|---|---|---|---|
| 银弗罗林 | = | ... | 38 | 23 | 26 |
| 里拉（或20波波里尼） | = | 32 | 11 | 15 | 21 |

① 见《阿尔格拉图斯》第157页。——原注

金弗罗林实际出现时，一枚金弗罗林的重量为五十三英格兰格令，或者七十二佛罗伦萨格令。在佛罗伦萨，每马克为六千九百一十二格令。金弗罗林的标准是二十四克拉的纯金，并且在整个佛罗伦萨货币史上，金弗罗林从未偏离二十四克拉纯金的标准。整个欧洲货币史上，金弗罗林重量的变化也很小，总体上几乎不超过四又二分之一格令，或者6.25%。

一金弗罗林按二十索尔迪的价格发行，即相当于已知的二十银弗罗林。

金弗罗林与较低面额单位货币的兑换变化可以在下面的表格中找到。

显然，与金弗罗林自身有关的另一变化引起了很多误解。在这里，需要我们给出解释。由于钱币在使用过程中会发生磨损和损耗，因此随着时间的流逝，人们习惯于将重量和状况都合乎标准的金弗罗林分割或者抵押，并且作为交易的标准。完全符合标准的金弗罗林变成了账簿或者银行票据，与金弗罗林比，实际流通媒介的价值会打一定折扣。理想状态的弗罗林被称为苏吉洛弗罗林或西吉洛，印有弗罗林的标志，并且有一系列不同面额的货币。在汉堡和阿姆斯特丹货币史上，第一次公开分割金弗罗林是在1321年。1321年的弗罗林被称为"最初的西吉洛"。第二次分割金弗罗林是在1324年，第三次分割是在1345年……1328年到1462年，西吉洛共有八个系列，如下表所示：

| | | |
|---|---|---|
| 1328 年 | 相对流通中磨损的弗罗林的重量优势 | 5% |
| 1345 年 | 相对流通中磨损的弗罗林的重量优势 | 3% |
| 1347 年 | 相对流通中磨损的弗罗林的重量优势 | 5% |
| 1402 年 | 相对流通中磨损的弗罗林的重量优势 | 5% |
| 1402 年 | 相对流通中磨损的弗罗林的重量优势 | 1.25% |
| 1442 年 | 相对流通中磨损的弗罗林的重量优势 | 4% |
| 1461 年 | 相对流通中磨损的弗罗林的重量优势 | 7% |

随后，根据1464年5月30日颁布的法律，相对流通中磨损的金币，苏吉洛弗罗林具有的多方面优势转移到新货币拉戈弗罗林上面，金币拉戈弗罗林比苏吉洛弗罗林重20%。根据1501年10月14日颁布的法律，金币拉戈弗罗林被再次分割。人们支持新的货币奥罗拉戈弗罗林，它比拉戈弗罗林重19%。

因此，最新的奥罗拉戈弗罗林比1461年的苏吉洛弗罗林重39%。

显然，重量上的优势体现了不同金币的区别。这不是从银行提取的优质金币与流通中磨损了的金币的区别，而是从银行提取的优质金币与实际流通支付媒介的区别。事实上，实际流通的支付媒介是银币。

金币不断获得优势的原因是银币贬值，多个面值的银币合计在一起构成了里拉，里拉表现了弗罗林金币的价值。

对此，具体说明如下。

1464年，一百二十苏吉洛弗罗林相当于一百拉戈弗罗林，每拉戈弗罗林为四里拉八索尔迪四但尼尔，相当于五百三十里拉。然而，根据当时流通中真实价值的表格，我们可以看出，每拉戈弗罗林应该相当于五里拉六索尔迪。

同样，1501年，一百奥罗拉戈弗罗林相当于一百一十九拉戈弗罗林，每拉戈弗罗林为五里拉十一索尔迪四但尼尔，相当于六百六十里拉。然而，实际上，一奥罗拉戈弗罗林应该相当于六里拉十二索尔迪。

佛罗伦萨的银价以银弗罗林为基础，一银弗罗林相当于二十分之一金弗罗林，或者三十八又二分之一格令黄金。

1296年的铸币法颁布之日起，银币被命名为格罗申，随后又被命名为索尔迪、格罗斯、归尔浦币……

货币的合金含量逐渐下降。

|  | 盎司 | 钱（百分之一公斤） |
|---|---|---|
|  | 11 | 18 |
|  | 11 | 17 |
| 1280 年 | 11 | 15 |
| 1314 年 | 11 | 12 |

最后规定的货币合金含量一直保留到1597年比萨铸币厂重新开放时。

由于黄金升值，二十索尔迪或一金弗罗林相当于一里拉的兑换比率变得不再符合实际情况，里拉被视为金币或弗罗林金币的小数部分。12世纪初，佛罗伦萨将里拉视为金币或者弗罗林金币小数部分的习惯开始形成，这一直延续到托斯卡纳大公美第奇的科西莫一世统治时期。1534年，托斯卡纳大公美第奇的科西莫一世铸造了第一枚里拉，即真正的银币。

中世纪时，佛罗伦萨当局虚构的里拉本身就有分歧。如同弗罗林被划分成索尔迪和德纳里，里拉同样是能被弗罗林整除的部分。因此，佛罗伦萨人保持的记账习俗是：第一选择是黄金，第二选择是货币皮乔洛。黄金依据弗罗林金币记账，货币皮乔洛按照虚构的里拉记账。

虚构货币的性质不稳定，并且引发了混乱。与实际坚挺的金弗罗林相比，1312年起，里拉开始不断贬值。1314年，佛罗伦萨当局实行了一系列改革措施，规定一金弗罗林相当于二十九索尔迪或一里拉，并且金弗罗林永远不应该偏离这项规定。为实现金弗罗林不偏离规定的目标，佛罗伦萨当局引进了两种不同的货币，即比安卡和内拉。16世纪，佛罗伦萨当局不再遵守关于金弗罗林的规定，导致各种混乱产生。

为了说明本书第一部分提到的佛罗伦萨货币，我们只需要补充说明二十索尔迪组成的虚构的里拉。

## 1252年到1534年佛罗伦萨的银币表

| 年份 | 名称 | 标准 | | | | 每枚货币重量 | 每枚货币中的纯银重量 | 每马克白银铸币数量 | 每马克白银铸造成货币后发行给商人的货币数量 | 流通中的价值 | |
|---|---|---|---|---|---|---|---|---|---|---|---|
| | | 银 | | 合金 | | | | | | | |
| | | 盎司 | 格令 | 盎司 | 格令 | 格令 | 格令 | | | 索尔迪 | 但尼尔 |
| 1252 | 银弗罗林 | … | | … | | $43\frac{1}{5}$ | … | 160 | | 1 | 0 |
| 1280 | 同上 | 11 | 15 | 0 | 9 | $45\frac{3}{4}$ | $45\frac{1}{4}$ | 151 | … | 相当于弗罗林金币 1 | 8 |
| 1296 | 索尔迪格罗斯 | 11 | 15 | 0 | 9 | $40\frac{9}{19}$ | $39\frac{3}{19}$ | 171 | 167 | 2 | 0 |
| 1305 | 小格罗斯 | 11 | 12 | 0 | 12 | $40\frac{9}{19}$ | $38\frac{3}{4}$ | 171 | … | 2 | 0 |
| | = 小银币 | | | | | | | | | | |
| 1314 | 归尔浦奥雷币 | 11 | 12 | 0 | 12 | $41\frac{5}{8}$ | $39\frac{7}{8}$ | 166 | 163 | 2 | 6 |
| 1345年8月19日 | 新归尔浦币 | 11 | 12 | 0 | 12 | $51\frac{7}{12}$ | $49\frac{5}{12}$ | 134 | 132 | 4 | 0 |
| 1345年8月23日 | 格罗斯归尔浦币 | 11 | 12 | 0 | 12 | $52\frac{4}{11}$ | $50\frac{2}{11}$ | 132 | … | 相当于皮乔洛 4 | 0 |
| 1345年10月23日 | 格罗斯归尔浦币 | 11 | 12 | 0 | 12 | $48\frac{2}{3}$ | $46\frac{5}{8}$ | 142 | 140 | 4 | 0 |
| 1347 | 归尔浦格罗斯币 | 11 | 12 | 0 | 12 | $59\frac{1}{13}$ | $56\frac{8}{13}$ | 117 | $111\frac{2}{3}$ | 5 | 0 |
| 1368 | 波波里尼 | 11 | 12 | 0 | 12 | $23\frac{1}{25}$ | $22\frac{2}{25}$ | 300 | | 2 | 0 |
| 1390 | 格罗斯 | 11 | 12 | 0 | 12 | $56\frac{8}{41}$ | $53\frac{35}{41}$ | 123 | | 5 | 6 |
| | | | | | | | | | | 皮乔洛 | |
| 1402 | 格罗斯 | 11 | 12 | 0 | 12 | $52\frac{4}{11}$ | $50\frac{2}{11}$ | 132 | 130 | 5 | 6 |

续 表

| 1448 | 格罗斯 | 11 | 12 | 0 | 12 | | | | | 5 | 4 |
|---|---|---|---|---|---|---|---|---|---|---|---|
| 1460 | 格罗索 | 11 | 12 | 0 | 12 | 54 | $51\frac{3}{4}$ | 128 | $125\frac{2}{3}$ | 6 | 8 |
| 1471 | 格罗斯 | 11 | 12 | 0 | 12 | $49\frac{1}{47}$ | $46\frac{38}{47}$ | 141 | 138 | 6 | 8 |
| 1481 | 格罗索尼 | 11 | 12 | 0 | 12 | $47\frac{1}{49}$ | $45\frac{3}{49}$ | 147 | 143 | 6 | 8 |
| 1489 | 格罗斯 | 11 | 12 | 0 | 12 | $47\frac{1}{49}$ | $45\frac{3}{49}$ | 147 | 144 | 6 | 8 |
| 1503 | 格罗索尼 | 11 | 12 | 0 | 12 | $40\frac{1}{2}$ | $38\frac{19}{24}$ | $170\frac{2}{3}$ | $166\frac{2}{3}$ | 7 | 0 |
| 1503 | 格罗索尼 | 11 | 12 | 0 | 12 | $71\frac{72}{345}$ | $68\frac{76}{145}$ | $96\frac{2}{3}$ | $94\frac{1}{3}$ | 10 | 0 |
| | | | | | | | | | 比安奇 | 13 | 4 |
| | | | | | | | | | 内里 | | |
| 1504 | 卡洛诺或巴里莱 | 11 | 12 | 0 | 12 | $71\frac{73}{145}$ | $68\frac{76}{145}$ | $96\frac{2}{3}$ | $94\frac{1}{3}$ | 10 | 0 |
| | | | | | | | | | 比安奇 | | |
| 1506 | 格罗索尼 | 11 | 12 | 0 | 12 | $39\frac{165}{173}$ | $38\frac{50}{173}$ | 173 | 169 | 7 | 0 |
| 1508 | 格罗索尼 | 11 | 12 | 0 | 12 | $39\frac{201}{347}$ | $38\frac{62}{347}$ | $173\frac{1}{2}$ | 169 | 7 | 0 |
| 1508 | 格罗塞蒂 | 11 | 12 | 0 | 12 | $28\frac{268}{731}$ | $27\frac{135}{731}$ | $243\frac{2}{3}$ | $237\frac{2}{3}$ | 4 | 0 |
| | | | | | | | | | 比安奇 | | |
| | | | | | | | | | | 5 | 0 |
| | | | | | | | | | 内里 | | |
| 1524 | 巴里利 | 11 | 12 | 0 | 12 | $68\frac{1}{4}$ | $65\frac{13}{32}$ | $101\frac{1}{4}$ | 99 | 13 | 4 |
| | （半巴里莱与头像硬币成比例，1头像硬币等于3巴里利） | | | | | | | | | | |

续 表

| 1531 | 格罗斯 | 11 | 12 | 0 | 12 | 38 | $36\frac{5}{12}$ | $181\frac{17}{19}$ | ... | 7 | 0 |
| 1531 | 巴里利 | 11 | 12 | 0 | 12 | 70 | $67\frac{1}{12}$ | $98\frac{35}{46}$ | ... | 10 | 0 |
| | | | | | | | | | 比安奇 | 13 | 4 |
| | | | | | | | | | 内里 | | |
| 1531 | 杜卡托金托 | 11 | 12 | 0 | 12 | 152 | $145\frac{2}{3}$ | $45\frac{9}{19}$ | ... | 30 | 0 |
| | | | | | | | | | 皮乔洛 | | |

## 1252年到1534年佛罗伦萨的金币表

| 年份 | 名称 | 标准 | | 重量 | | 每马克黄金铸造的金币数量 | 流通中的价值 | |
|---|---|---|---|---|---|---|---|---|
| | | 克拉 | | 格令 | | | 索尔迪 | 但尼尔 |
| 1252 | 弗罗林金币 | 24 | | 72 | | 96 | 20 | 0 |
| 1275 | 同上 | 24 | | 72 | | 96 | 30 | 0 |
| 1282 | 同上 | 24 | | 72 | | 96 | 32 | 0 |
| 1286 | 同上 | 24 | | 72 | | 96 | 36 | 0 |
| 1296 | 同上 | 24 | | 72 | | 96 | 40 | 0 |
| 1302 | 同上 | 24 | | 72 | | 96 | 51 | 0 |
| 1321 | 第一次发行的苏吉洛弗罗林（5%的重量优势） | 24 | | 69 | | 100 | ... | |
| 1324 | 第二次升值的弗罗林 | 24 | | $70\frac{1}{2}$ | | $98\frac{1}{4}$ | 60 | 0 |
| 1328 | 加快发行的弗罗林 | 24 | | $70\frac{1}{2}$ | | $98\frac{1}{4}$ | 66 | 1 |
| 1331 | 同上 | 24 | | $70\frac{1}{2}$ | | $98\frac{1}{4}$ | 60 | 0 |

续　表

| 1345 | 第三次升值的弗罗林（5%的优势） | 24 | $70\frac{1}{2}$ | $98\frac{1}{4}$ | 62 | 0 |
|---|---|---|---|---|---|---|
| 1347 | 同上 | 24 | $70\frac{1}{2}$ | $98\frac{1}{4}$ | 68 | 0 |
| 1352 | 同上 | … | … | … | 67 | 6 |
| 1353 | 同上 | … | … | … | 68 | 6 |
| 1356 | 同上 | … | … | … | 70 | 0 |
| 1375 | 新弗罗林 | 24 | $71\frac{3}{5}$ | $96\frac{2}{5}$ | 70 | 0 |
| 1378 | 同上 | … | … | … | 68 | 0 |
| 1380 | 最新的弗罗林 | … | … | … | 70 | 0 |
| 1402 | 第五次发行的新苏吉洛弗罗林（6.25%的重量优势） | 24 | 68 | $101\frac{11}{117}$ | 73 | 4 |
| 1422 | 全新弗罗林或拉戈迪加莱亚 | 24 | $71\frac{3}{5}$ | $96\frac{2}{5}$ | 80 | 0 |
| 1442 | 拉戈弗罗林 | 24 | 72 | 96 | … | |
| | 第六次发行的苏吉洛弗罗林（10%的重量优势） | 24 | 72 | 96 | … | |
| | 第七次加快发行的卡梅拉苏吉洛弗罗林（7%的重量优势） | 24 | $69\frac{1}{8}$ | 100 | … | |
| 1448 | 第八次发行的苏吉洛弗罗林（4%的重量优势） | 24 | … | … | 85 | 0 |
| 1460 | 第九次发行的苏吉洛弗罗林（7%的重量优势） | 24 | $71\frac{6}{7}$ | $96\frac{1}{3}$ | 86 | 8 |
| 1462 | 弗罗林（比萨重量） | 24 | $71\frac{6}{7}$ | $96\frac{1}{3}$ | 87 | 0 |
| 1464 | 拉戈弗罗林（比苏吉洛弗罗林重20%） | 24 | 72 | 96 | 106 | 0 |
| 1471 | 同上 | 24 | 72 | 96 | 108 | 0 |
| 1480 | 同上 | 24 | 72 | 96 | 111 | 0 |
| 1485 | 同上 | 24 | 72 | 96 | 111 | 4 |

续表

| 1501 | 奥罗拉戈弗罗林（比拉戈弗罗林重19%） | 24 | 72 | 96 | 140 | 0 |
|---|---|---|---|---|---|---|
| | | | | | | 内里 |
| | | | | | 111 | 4 |
| | | | | | | 格罗斯 |
| 1508 | 同上 | 24 | 72 | 96 | 142 | 0 |
| | | | | | | 内里 |
| 1531<br>1534 | 杜卡托金币 | 24 | 72 | 96 | 150 | 8<br>皮乔洛 |

### 1300年到1534年佛罗伦萨铸造的合金货币（硬币内拉或狮头鲉币）

| 年份 | 名称 | 标准 | | | | 每枚货币重量 | 每枚货币中纯银含量 | 每马克铸造的货币数 | 每马克发行给商人的货币数 | 流通中的价值 |
| | | 银币 | | 铜币 | | | | | | |
| | | 盎司 | 格令 | 盎司 | 格令 | 格令 | 格令 | | | 德纳里 |
|---|---|---|---|---|---|---|---|---|---|---|
| 1316 | 达塞菲奥里尼 | 1 | 0 | 11 | 0 | ... | ... | ... | ... | 6 |
| 1321[E] | 内里菲奥晨尼 | 1 | 0 | 11 | 0 | $12\frac{4}{5}$ | $1\frac{1}{15}$ | 540 | ... | 1 |
| 1325 | 皮乔洛 | 1 | 0 | 11 | 0 | $12\frac{4}{5}$ | $1\frac{1}{15}$ | 540 | 444 | 1 |
| 1332 | 夸特里尼拉纳乔利 | 2 | 0 | 10 | 0 | $26\frac{1}{2}$ | $4\frac{5}{12}$ | 261 | 240 | 4 |
| 1337年7月19日 | 夸特里尼 | 2 | 0 | 10 | 0 | $21\frac{45}{327}$ | $3\frac{11}{24}$ | 327 | 301 | 4 |
| 1337年7月28日 | 同上 | 2 | 0 | 10 | 0 | $21\frac{3}{4}$ | $3\frac{5}{8}$ | 318 | 297 | 4 |
| 1366 | 皮乔洛内里 | 1 | 0 | 11 | 0 | $8\frac{1}{4}$ | $\frac{2}{3}$ | 840 | 660 | 1 |
| 1371 | 同上 | 0 | $23\frac{1}{2}$ | 11 | $\frac{1}{2}$ | 8 | $\frac{5}{8}$ | 864 | 708 | 1 |

续 表

|  |  |  |  |  |  |  |  |  |  |  |
|---|---|---|---|---|---|---|---|---|---|---|
|  | 夸特里尼 | 2 | 0 | 10 | 0 | $18\frac{5}{12}$ | $3\frac{1}{12}$ | 375 | 370 | 4 |
| 1417 | 皮乔洛内里 | 1 | 0 | 11 | 0 | $6\frac{78}{83}$ | $\frac{7}{12}$ | 996 | … | 1 |
| 1432 | 夸特里尼 | 2 | 0 | 10 | 0 | $18\frac{5}{12}$ | $3\frac{1}{12}$ | 375 | … | 4 |
| 1462 | 索尔迪尼 | 6 | 0 | 6 | 0 | 15 | $7\frac{1}{2}$ | 460 | 446 | 12 |
| 1471 | 夸特里尼 | 2 | 0 | 10 | 0 | $26\frac{42}{87}$ | $4\frac{5}{12}$ | 261 | 240 | 4 |
|  | 索尔迪尼 | 6 | 0 | 6 | 0 | $13\frac{2}{3}$ | $6\frac{5}{6}$ | 505 | 483 | 12 |
|  | 皮乔洛内里 | 1 | 0 | 11 | 0 | … | … | … | … | 1 |
| 1472 | 夸特里尼 | 1 | 12 | 10 | 12 | $16\frac{1}{2}$ | $2\frac{1}{24}$ | 420 | 366 | 4 |
|  | 皮乔洛 | 0 | 6 | 11 | 18 | 8 | $\frac{1}{6}$ | 864 | 252 | 1 |
| 1490 | 夸特里尼比安奇 [F] | 2 | 0 | 10 | 0 | 16 | $2\frac{2}{3}$ | 432 | … | 4 |
|  | 夸特里尼 | 1 | 0 | 11 | 0 | $14\frac{7}{8}$ | $1\frac{1}{4}$ | 465 | … | 4 |
| 1509 | 同上 | 1 | 0 | 11 | 0 | $16\frac{5}{12}$ | $1\frac{1}{3}$ | 420 | … | 4 |
| 1512 | 克雷齐 | … | … | … | … | … | … | … | … | … |

[E]开始了白色货币和黑色货币的区别（货币比安卡和内拉）。
[F]其中三夸特里尼比安奇相当于四分之一德纳里。

# 附录2 威尼斯的货币体系

在历史上,威尼斯的货币体系采用了双重基础或单位。

第一,公元10世纪到1806年引入十进制前,里拉-皮乔洛作为主要的货币体系,始终贯穿整个威尼斯共和国的历史。

第二,里拉-格罗索是一种假想的货币体系,即只作为账单记账的款项,在相对较短的时期内具有重要意义。里拉-格罗索的货币体系起源于13世纪,16世纪末被弃用。

在各种货币体系中,里拉第一次出现,源自法兰克国王查理曼大帝时期的磅。与查理曼大帝时期一样,每里拉被划分为二十索尔迪,每索尔迪被细分为十二德纳里。

长久以来,在威尼斯唯一被真正铸造的货币是银币德纳罗①。其中,威尼斯当局第一次发行的银币完全依照查埋曼帝国的体系。威尼斯当局以814年到840年在位的法兰克国王、罗马皇帝"虔诚者"路易的名义发行银币,发行的银币重量与法兰克国王、罗马皇帝"虔诚者"路易发行的银币重量接近。查理曼帝国解体后,威尼斯铸币出现空档期。不过,11世纪时,威尼斯开始重新铸币。威尼斯11世纪的铸币体系仍然属于再

---

① 银币德纳罗又称为帕尔乌斯、帕尔乌鲁斯、皮科洛或米努托。——原注

神圣罗马帝国皇帝康拉德二世

生的神圣罗马帝国货币体系，并且以1002年到1024年在位的神圣罗马帝国皇帝亨利二世、1024年到1039年在位的神圣罗马帝国皇帝康拉德二世和1056年到1106年在位的神圣罗马帝国皇帝亨利四世的名义发行。

神圣罗马帝国皇帝亨利四世驾崩后，威尼斯当局停止以神圣罗马帝国皇帝的名义发行货币，并且发行了一系列公爵货币，即威尼斯共和国自己的货币。威尼斯共和国以自己的名义发行货币始于1156年到1172年担任威尼斯总督的维塔莱二世的统治时期。维塔莱二世统治时期开始时，威尼斯货币的重量明显下降。货币重量下降是中世纪欧洲所有货币体系的一个标志。1172年到1178年担任威尼斯总督的塞巴斯蒂亚诺·齐亚尼和随后两位威尼斯总督发行的德纳里的重量都不到查理曼大帝时期发行的第纳尔重量的四分之一。

货币贬值导致1200年威尼斯发行了一种更高面额的货币，即格罗索。格罗索仍然是银币，但一格罗索价值为二十六皮乔洛或者二十六德纳里。1200年到1270年大约七十年的时间，格罗索取代了皮乔洛。然而，大约1270年，威尼斯当局在总督洛伦佐·蒂耶波洛的领导下，恢复铸造皮乔洛，但其价值略有下降。当时，二十八皮乔洛相当于一格罗索，而不是1200年的二十六皮乔洛相当于一格罗索。直到1476年，开始重铸重要货币时，格罗索仍然是被主要提及的货币。后面给出的银币表格显示了格罗索缓慢但持续的贬值过程。

1280年到1289年担任威尼斯第十一任总督的乔瓦尼·丹多洛统治时期，威尼斯开始铸造金币。1284年，威尼斯首次发行金币，威尼斯的金币杜卡特或者古威尼斯金币，又被称为达克特，一杜卡特的估值为十八格罗索，使白银与黄金的兑换比率变为10.6∶1。随后白银兑换黄金比率的变化已经在前文中进行了陈述。从1282年起，每威尼斯马克黄金铸造六十七杜卡特。1491年，每威尼斯马克黄金铸造杜卡特的数量增加到六十七枚又二分之一枚，1570年增加到六十八又四分之一枚。后面的表格将描述每马克黄金铸造古威尼斯金币数量变化的过程。正由于每威尼斯马克黄金铸造金币的数量不断增加，货币困境爆发了，并且导致重铸货币。在1471年到1473年担任总督的尼科洛·特隆及其继任者、1473年到1474年担任总督的尼科洛·马塞洛和1474年到1476年担任总督的彼得罗·莫切尼戈的领导下，威尼斯当局完成了重要货币的重铸。

威尼斯重铸货币之日起，作为货币的银币格罗索被废除了，威尼斯当局发行了一种新银币里拉，一里拉价值二十索尔迪。威尼斯当局发行的里拉是里拉首次作为真实货币出现。在威尼斯铸造出里拉之前，里拉只是重量单位。根据1472年的法令，每马克白银铸造三十六枚里拉。

由于威尼斯共和国总督的名字,多个世纪以来,威尼斯当局发行的货币里拉被称为里拉特隆。随后,里拉特隆不断贬值。

16世纪中期,威尼斯铸币厂有许多白银等待着被铸成银币并发行给商人,但威尼斯当局发现,铸币厂每月只能发行三万五千枚里拉,每枚里拉相当于更小的货币四百四十二枚索尔迪。另外,威尼斯当局发现需要一年时间才能耗尽铸币厂的白银库存。为了减轻白银库存和鼓励商人使用银币进行贸易,威尼斯当局决定发行大银币杜卡特。每马克白银铸造七又四分之一枚杜卡特,一枚杜卡特价值一百二十四索尔迪。

1578年到1585年担任威尼斯总督的尼科洛·达蓬特统治时期,大银币变成斯库多。1578年,斯库多开始发行,一斯库多相当于七里拉。

| 1578 年 | 斯库多 | 价值为 | 7 | 里拉 | 0 | 索尔迪 |
|---|---|---|---|---|---|---|
| 1608 年 | " | " | 8 | " | 8 | " |
| 1621 年 | " | " | 8 | " | 10 | " |
| 1630 年 | " | " | 9 | " | 0 | " |
| 1635 年 | " | " | 9 | " | 6 | " |
| 1665 年 | " | " | 9 | " | 12 | " |
| 1702 年 | " | " | 10 | " | 0 | " |
| 1703 年 | " | " | 10 | " | 10 | " |
| 1704 年 | " | " | 11 | " | 0 | " |
| 1705 年 | " | " | 11 | " | 4 | " |
| 1706 年 | " | " | 11 | " | 8 | " |
| 1708 年 | " | " | 11 | " | 10 | " |
| 1709 年 | " | " | 11 | " | 12 | " |
| 1718 年 | " | " | 11 | " | 14 | " |
| 1739 年 | " | " | 12 | " | 8 | " |

威尼斯发行大银币的体系一直延续到1797年民主派夺取铸币厂时。

在把持铸币厂的数年时间里，民主党人发行了一种货币托勒罗，其名义价值为十威尼斯里拉，即五点一六意大利里拉，但实际上只相当于四点九九意大利里拉。

1802年，拿破仑·波拿巴建立了意大利共和国。1804年4月30日颁布的意大利货币法规定，根据1803年10月27日法律规定的重量，意大利政府将以四但尼尔和90%的纯度为标准，以银币里拉为单位或者基础铸造意大利的国家货币。

以相当于八但尼尔的单位金币为基础建立的一里弗尔，包含的黄金纯度标准为90%，相当于三十一里拉。

1805年，拿破仑·波拿巴宣布自己为意大利国王，但意大利政治体制的变化并没有引发货币体系的根本性变革。

1806年起，意大利引进十进制，使意大利消除了众多独立的货币体系，一威尼斯里拉被估算为零点五一一六意大利里拉，即五十一点一六意大利辅币。

然而事实上，威尼斯里拉并没有立即从流通领域中完全消失。

根据1807年12月21日的法令，威尼斯发行重量为六十七又四十七分之四十一威尼斯格令的杜卡特，一杜卡特估价为十二点零三意大利里拉。

伦巴多-威尼斯王国继承了被奥地利货币体系同化的意大利主要货币体系。米兰的计账货币是奥地利里拉，一奥地利里拉等于二十奥地利索尔迪或一百意大利辅币，奥地利索尔迪相当于五意大利辅币。

威尼斯货币体系第二个基础，即次要基础为里拉格罗索，仍有待我们描述。里拉格罗索从13世纪开始产生，一直使用到16世纪末，贯穿整个威尼斯商业繁荣时期。里拉格罗索是一个假想的体系，即仅在记账时使用。

一假想里拉格罗索被分成四十索尔迪，一索尔迪被细分为十二德纳里，一德纳里相当于一格罗索，这在货币体系中实际存在的货币的讲述中已经描述过了。

因此最初，里拉皮乔洛与里拉格罗索的关系与实际货币皮乔洛和实际货币格罗索的关系保持一致，即保持26∶1的比例，然而，随着实际货币格罗索，或者里拉的贬值，这一比例关系随后发生了变化。

| 1278年 | 皮乔洛和格罗索的比例为 | 28∶1 |
| --- | --- | --- |
| 1282年 | 〃 | 32∶1 |
| 1343年 | 〃 | 48∶1 |
| 1472年 | 原有货币体系废止时皮乔洛和格罗索的比例为 | 62∶1 |

威尼斯货币体系的奇怪特征是，威尼斯当局又对假想货币进行细分。1343年，威尼斯当局采用了假想的双格罗索体系。真实的货币一格罗索相当于四十八皮乔洛，假想的一枚双格罗索相当于三十二皮乔洛，真实的一格罗索和假想的一枚双格罗索都被再次分为三十二部分，作为假想的货币体系。

因此，1472年，威尼斯的白银货币体系包括：

第一，里拉皮乔洛，代表真实的货币特罗诺，每枚特罗诺含一百二十八格令纯度为零点九四七二的银。

第二，一里拉格罗索相当于十杜卡特，被划分为假想的二十索里迪，每假想索尔迪相当于二分之一杜卡特，每索尔迪又被分为十二格罗索。此时，格罗索不再是真实的货币格罗索，而是假想的货币，就像上面的复合货币一样。每格罗索被划分为三十二部分，每部分格罗索被称为皮乔洛，尽管皮乔洛与格罗索一样是假想的。或许是为了便于区分，在历史记载中，假想格罗索和皮乔洛都以奥罗格斯和奥罗皮乔洛的形式出现。

## 威尼斯的金币杜卡特或古金币表[①]

| 年份 | 硬币 | | | 历史上威尼斯里拉公开宣布或推断的价值 | | 历史上的威尼斯里拉在近代意大利的价值 | |
|---|---|---|---|---|---|---|---|
| | | | | 里拉 | 索尔迪 | 里拉 | 分 |
| 1284 | 杜卡特 | = 18 | 1格罗索相当于32皮乔洛 | 2 | 8 | 5 | 012 |
| 1324 | " | = 24 | 格罗索 | 3 | 2 | 3 | 883 |
| 1350 | " | = 96 | 索尔迪 | 4 | 16 | 2 | 506 |
| 1399 | " | = 93 | " | 4 | 13 | 2 | 587 |
| 1417 | " | =100 | " | 5 | 0 | 2 | 406 |
| 1429 | ... | | | 4 | 4 | 2 | 313 |
| 1443 | ... | | | 5 | 14 | 2 | 110 |
| 1472 | ... | | | 6 | 4 | 1 | 940 |
| 1517 | ... | | | 6 | 10 | 1 | 850 |
| 1520 | ... | | | 6 | 16 | 1 | 769 |
| 1529 | ... | | | 7 | 10 | 1 | 604 |
| 1562 | ... | | | 8 | 0 | 1 | 504 |
| 1573 | ... | | | 8 | 12 | 1 | 398 |
| 1594 | ... | | | 10 | 0 | 1 | 203 |
| 1608 | ... | | | 10 | 15 | 1 | 119 |
| 1638 | ... | | | 15 | 0 | 0 | 802 |
| 1643 | ... | | | 16 | 0 | 0 | 752 |
| 1687 | ... | | | 17 | 0 | 0 | 707 |
| 1739 | ... | | | 22 | 0 | 0 | 546 |

[①] 根据尼科洛·帕帕多波利、苏尔·瓦洛雷·迪莉娅的《威尼斯的货币》第33页整理。——原注

## 威尼斯的金币杜卡特或古金币表[①]

| 年份 | 一杜卡特的价值 | | 年份 | 一杜卡特的价值 | |
| --- | --- | --- | --- | --- | --- |
| | 里拉 | 索尔迪 | | 里拉 | 索尔迪 |
| 1284 | 3 | 0 | 1594年10月12日 | 10 | 0 |
| 1287 | 3 | 2 | 1601 | 10 | 12 |
| 1310 | 3 | 4 | 1605 | 10 | 14 |
| 1320 | 3 | 6 | 1608 | 10 | 15 |
| 1360 | 3 | 10 | 1633 | 14 | 0 |
| 1370 | 3 | 12 | | 14 | 10 |
| 1377 | 3 | 13 | 1638 | 15 | 0 |
| 1378 | 3 | 14 | 1643 | 16 | 0 |
| 1379 | 3 | 16 | 1687 | 17 | 0 |
| 1380 | 3 | 18 | 1697 | 17 | 10 |
| 1382 | 4 | 0 | 1698 | 17 | 15 |
| 1384 | 4 | 4 | 1699 | 18 | 0 |
| 1399年10月7日 | 4 | 13 | 1701 | 18 | 10 |
| 1401 | 4 | 18 | | 18 | 15 |
| 1417年11月11日 | 5 | 0 | 1702 | 19 | 0 |
| 1421 | 5 | 3 | | 19 | 5 |
| 1429年7月29日 | 5 | 4 | | 19 | 10 |
| 1433 | 5 | 10 | | 20 | 0 |
| 1443年1月23日 | 5 | 14 | 1704 | 20 | 5 |
| 1472年3月29日 | 6 | 4 | 1707 | 20 | 8 |
| 1517年10月16日 | 6 | 10 | 1708 | 20 | 10 |
| 1518 | 6 | 14 | | 20 | 15 |
| 1520 | 6 | 16 | 1711 | 21 | 5 |

① 根据温琴佐·帕多万《威尼斯的数字记录》第135和第365页整理。——原注

续 表

| | | | | | | |
|---|---|---|---|---|---|---|
| 1524 | 7 | 4 | | 21 | 10 |
| 1529 | 7 | 10 | 1713 | 21 | 15 |
| 1533 | 7 | 18 | 1716 | 21 | 18 |
| 1562 | 8 | 0 | 此时起一直到共和国沦陷 | 22 | 0 |
| 1573 | 8 | 12 | | | |
| | 8 | 16 | | | |
| 1584 | 9 | 0 | | | |
| | 9 | 12 | | | |

## 威尼斯银币表[①]

| 年份 | 硬币 | 相当于公认或计算出的威尼斯里拉的价值 | | 威尼斯里拉的重量（格令） | 纯度标准 | 相当于采用近代意大利十进制计算的威尼斯里拉的价值 |
|---|---|---|---|---|---|---|
| | | 里拉 | 索尔迪 | | | |
| 1200 | 格罗索由恩里科·丹多洛创建发行；重量为42.1威尼斯格令；价值为26皮乔洛；八又二十八分之十六格罗索相当于1里拉 | 0 | 108 | 388.61 | 0.9652 | 4.313 |
| 1270 | 1格罗索 = 28皮乔洛；八又二十八分之十六格罗索相当1里拉 | 0 | 116 | 360.85 | ... | 4.005 |
| 1282 | 1格罗索 =32皮乔洛；七又二分之一格罗索相当于1里拉 | 0 | 13 | 315.75 | ... | 3.504 |
| 1350 | 1格罗索 =48皮乔洛；5格罗索相当于1里拉 | 0 | 2 | 210.5 | ... | 2.336 |
| 1379 | 格罗索的重量减少到38.4威尼斯格令；其中5格罗索相当于1里拉 | ... | | 192.0 | ... | 2.130 |

---

[①] 来自前文提及的尼科洛·帕帕多波利、苏尔·瓦洛雷·迪莉娅的《威尼斯的货币》附录部分。——原注

续 表

| | | | | | | |
|---|---|---|---|---|---|---|
| 1399 | 格罗索的重量减少到 35.17 威尼斯格令 | ... | | 175.85 | ... | 1.951 |
| 1429 | 新规定：1 马克白银铸造 31 里拉 | 1 | 0 | 148.64 | ... | 1.649 |
| 1472 | 里拉特隆，1 马克白银铸造 36 里拉 | ... | | 128.0 | ... | 1.395 |
| 1527 | 里拉莫塞尼戈 | 1 | 4 | 105.0 | 0.9479 | 1.144 |
| 1561 | 发行银币杜卡特；银币杜卡特重量=635.5586 威尼斯格令；1 马克白银铸造七又四分之一枚杜卡特 | 6 | 4 | 102.51 | ... | 1.117 |
| 1578 | 发行斯库多 | 7 | 0 | 87.86 | ... | 0.957 |
| 1608 | 斯库多升值 | 8 | 8 | 73.21 | ... | 0.798 |
| 1630 | " " | 9 | 0 | 68.33 | ... | 0.746 |
| 1665 | " " | 9 | 12 | 63.96 | ... | 0.697 |
| 1704 | " " | 11 | 0 | 55.81 | ... | 0.608 |
| 1718 | " " | 11 | 14 | 52.47 | ... | 0.573 |
| 1739 | " " | 12 | 8 | 49.35 | ... | 0.537 |
| 1797 | 民主派人士发行的托勒罗；1 托勒罗的重量 =550 威尼斯格令 | 10 | 0 | 55.0 | ... | 0.522 |

## 附录 3  西班牙的货币体系

信奉基督教的西班牙的货币体系始于哥特人入侵时期。与德意志、意大利和法兰西的货币体系不同，西班牙最初的货币体系是从罗马帝国的货币体系衍生出来的，没有经过查理曼大帝的整合。

哥特人统治时期，西班牙货币的基础单位是罗马磅，细分如下：

1磅=8盎司=4608格令

1盎司=8欧恰瓦=576格令

1欧恰瓦=6托明=72 格令

1托明=3克拉或斯里克=12 格令

西班牙金币的单位名称为苏埃尔多，一苏埃尔多包含六分之一盎司纯度为二十三又四分之三开，相当于纯度为98.9%的黄金，恰好与罗马帝国奠基人盖乌斯·尤利乌斯·恺撒时代的罗马金币奥里斯纯度相同。

与金币类似，银币为重量为六分之一盎司的银苏埃尔多和重量为八分之一盎司或者一欧恰瓦的迪纳厄斯。最初，西班牙纯度为87.5%的一枚银币相当于十二迪内罗，但后来仅相当于十点一二迪内罗。

在这两种货币中，银币迪纳厄斯更加常见，使用更加频繁。

西班牙货币的名称发生了重要改变，在改变货币名称的过程中，西班牙货币体系经历了无数的事件，西班牙货币的细节也发生变化。直到

阿拉贡国王斐迪南二世

阿拉贡国王斐迪南二世和卡斯蒂尔女王伊莎贝拉一世大规模改革西班牙的货币体系时，西班牙一直维持了这一货币体系。

西班牙货币名称发生变化在于其货币体系引入了被征服的摩尔人采用的马拉维迪，以及征服托莱多后开始指定使用的苏埃尔多金币。

可以说，马拉维迪这一货币名称的历史概括了西班牙的货币史。最初，马拉维迪是西班牙面值最高的金币。随后，马拉维迪变成银币。最终，马拉维迪成为像现在一样面值极低的合金货币。甚至从整个欧洲范围来看，马拉维迪贬值的过程也是绝无仅有的。此外，马拉维迪的贬值产生概念上的混淆。马拉维迪这一货币名称的广泛使用增加了概念上的不确定性，即马拉维迪不是某一特定货币或货币系列的名称，而是几乎完全适用于任何货币的名称。事实上，马拉维迪成了货币的同义词。

如果忽略马拉维迪是货币的同义词，并且只将马拉维迪作为货币名称，那么马拉维迪的贬值过程为：

摩尔人的货币一马拉维迪包含的纯金重约五十六格令。到阿拉贡国王詹姆斯一世统治时期，一马拉维迪的纯金含量已经降到十格令。

卡斯蒂尔国王"智者"阿方索十世统治时期，一马拉维迪的纯金重量进一步下降到十格令。由于马拉维迪包含的纯金重量太小，价值无法用黄金表示，因此被制成银币。

阿方索十世

附录3 西班牙的货币体系 | 363

**马拉维迪制成银币及第三种形式的合金货币后贬值情况**

| 年份 | 每科隆马克白银铸造的马拉维迪的数量 | 每马拉维迪包括的纯银重量（格令） |
|---|---|---|
| 1312 | 130 | 25.85 |
| 1324 | 125 | 26.86 |
| 1368 | 200 | 16.79 |
| 1379 | 250 | 13.43 |
| 1390 | 500 | 6.71 |
| 1406 | 1000 | 3.35 |
| 1454 | 2250 | 1.49 |
| 1550 | 2210 | 1.52 |
| 1808 | 5440 | 0.62 |

回到西班牙最初使用的马拉维迪，西班牙的基督教政权采用马拉维迪时，一马拉维迪，或者一金苏埃尔多的价值相当于六分之一盎司黄金的价值。

随后，马拉维迪被称为阿尔方西，可能是因为莱昂和卡斯蒂尔国王阿方索六世首次发行了马拉维迪。

在莱昂国王斐迪南二世的影响下，哥特式的西班牙货币体系发生第一次重要变化，虽然莱昂国王斐迪南二世只改变了货币体系的某些细节，并没有从根本上改变货币体系。1157年，莱昂国王斐迪南二世铸造了银币狮子币，一狮子币价值为一银苏埃尔多的一半，相当于十二迪内罗。

1222年，卡斯蒂尔国王斐迪南三世引进了银币佩皮内。

1金苏埃尔多=10梅勒斯或米勒盖尔，1梅勒斯=18佩皮内。

但卡斯蒂尔国王"智者"阿方索十世禁止所有新引入的货币流通。

1252年，卡斯蒂尔国王"智者"阿方索十世铸造了白色马拉维迪或伯加尔塞，取代佩皮内。

6迪内罗=1 苏埃尔多

卡斯蒂尔国王斐迪南三世

15 苏埃尔多=1伯加尔塞

卡斯蒂尔国王"智者"阿方索十世铸造的货币与原来马拉维迪金币的兑换比例为1∶6。

随后，伯加尔塞被称为旧莫内达、旧马拉维迪、或白色莫内达。

然而，西班牙引入伯加尔塞六年后，为了给自己发行的货币内格罗或普里托斯提供流通空间，卡斯蒂尔国王"智者"阿方索十世禁止伯加尔塞的流通。在流通领域，内格罗一直使用到阿拉贡国王斐迪南二世和卡斯蒂尔女王伊莎贝拉一世统治时期。

1281年，卡斯蒂尔国王"智者"阿方索十世发行了第二种"白色货币"，即白色塞贡多。这种货币之所以被称为第二种"白色货币"，是为了与经常被提到的伯加尔塞区分。

第二种"白色货币"有个普通的新名字诺维诺，其发行价格是普里托斯价格的四分之一。因此，诺维诺与普里托斯的关系及推断出来的诺维诺与标准金币马拉维迪的关系可以表达如下：

15 普里托斯=1马拉维迪

1旧马拉维迪=75苏埃尔多

因此，1普里托斯=5苏埃尔多

1旧马拉维迪=60诺维诺

因此，1普里托斯=4诺维诺

在卡斯蒂尔国王"智者"阿方索十世统治时期，西班牙的货币体系如下：

10迪内罗=1诺维诺

4诺维诺=1普里托斯=5苏埃尔多，每苏埃尔多相当于8迪内罗。

10诺维诺=1伯加尔塞

60诺维诺=1旧马拉维迪

在整个14世纪，诺维诺，或者货币白色塞贡多，仍然在继续流通。卡斯蒂尔国王恩里克三世的法律称"目前，我们流通中的马拉维迪"，仍然相当于伯加尔塞，伯加尔塞被称为"良好的货币马拉维迪"。

简单地说，卡斯蒂尔国王"智者"阿方索十世对货币体系的唯一重要补充是：

第一，卡斯蒂尔国王"智者"阿方索十世的继任者、1284年到1295年在位的卡斯蒂尔国王桑乔四世革新了货币体系，并且在1286年引入新货币，一新货币相当于一迪内罗。随后，引入的货币被命名为科罗纳多。

卡斯蒂尔国王桑乔四世

在托莱多召开的议会确定了科罗纳多与诺维诺的关系：

6科罗纳多=10诺维诺=1旧马拉维迪=1伯加尔塞。

第二，1312年到1350年在位的卡斯蒂尔国王阿方索十一世发行了一系列的金币。

正是阿方索十一世统治时期，西班牙首先受到采用金币运动的影响。最早的金币是卡斯蒂尔国王阿方索十一世发行的多卜拉，后来它被

附录3 西班牙的货币体系 | 367

称为阿斯塔斯特拉诺。多卜拉有不同的重量，每马克黄金铸造四十八多卜拉、五十多卜拉或者五十一多卜拉。

根据每马克黄金铸造五十多卜拉的标准，每枚多卜拉重量为九十二又二十五分之四格令，相当于四点六零九克，包含的黄金纯度为二十三又四分之三开，即黄金纯度为98.9%。

卡斯蒂尔国王佩德罗一世制作了重量为九十格令的金币多卜拉，并且一直延续使用到1379年到1390年在位的卡斯蒂尔国王胡安一世统治时期。胡安一世统治时期，金币多卜拉与佩德罗一世统治时期重量相同，但黄金纯度的标准下降。卡斯蒂尔国王亨利三世统治时期，多卜拉的纯度恢复到二十三又四分之三开的标准。阿拉贡国王斐迪南二世和卡斯蒂尔女王伊莎贝拉一世统治时期金币的变动见后面的表格。

第三，银币雷亚尔第一次出现是在1350年到1369年在位的卡斯蒂尔国王佩德罗一世统治时期。雷亚尔按每马克白银铸造六十六枚的价值发行，一雷亚尔的价值为十一迪内罗，一雷亚尔含四格令纯银。

1369年到1379年，卡斯蒂尔国王恩里克二世统治时期，雷亚尔经历了非同寻常的贬值，一雷亚尔含纯银的标准先后降到零点二七九格令、零点一二九格令、零点零六零格令……但1379年到1390年，卡斯蒂尔国王恩里克二世的继任者卡斯蒂尔国王胡安一世统治期间，雷亚尔的含银标准恢复到佩德罗一世统治时期的标准。胡安一世以"布兰卡"和"上帝羔羊"的名义发行银铜合金货币，取代贬值的雷亚尔。后来，银铜合金货币被称为布兰卡斯、马拉维迪斯或者布兰卡。

然而，与其说西班牙货币体系的修复者是胡安一世，还不如说是1390年到1406年在位的恩里克三世。1391年1月21日，根据1390年在马德里召开的议会的要求，恩里克三世发布法令。这项法令规定，胡安一世发行的一布兰卡等同于一科罗纳多。金币恢复为阿方索十一世统治时期的标准，银币雷亚尔恢复到佩德罗一世统治时期的标准。

然而，正是在恩里克三世统治时期，银铜合金货币特别是布兰卡呈现出迄今为止令最博学的人士感到困惑的混乱情况。据统计，亨利三世统治时期，卡斯蒂尔流通了一百三十二种不同面值的货币。

简略地说，恩里克三世统治时期到阿拉贡国王斐迪南二世和卡斯蒂尔女王伊莎贝拉一世统治时期，西班牙的货币体系可以表述如下：

| 朝代 | 金币名 | 发行价值 | 实际价值 | 银币名称 | 发行价值 | 实际价值 | 合金货币名称 | 发行价值 | 实际价值 |
|---|---|---|---|---|---|---|---|---|---|
|  |  |  | 雷亚尔 |  |  | 雷亚尔 |  |  | 雷亚尔 |
| 里克三世 1393 | 阿拉贡的弗罗林 | 21 旧马拉维迪 | 19.420 | 银雷亚尔 | 3 旧马拉维迪 | 2.775 | 梅雅维伊（假想货币） | $\frac{1}{60}$ 旧马拉维迪 | 0.15 |
| 394—1406 | 阿拉贡的弗罗林 | 22 旧马拉维迪 | 20.350 | 半银雷亚尔，四分之一银雷亚尔，五分之一银雷亚尔 | 按比例估值 |  | 新梅雅（假想货币） | $\frac{1}{60}$ 新马拉维迪 | 0.007 |
|  | 较低和较高面额分别在1393年、1398年和1402年出现 |  |  | 这一段统治时期，银币雷亚尔有不同的估价，相当于七新马拉维迪、七又二分之一新马拉维迪及八新马拉维迪。 |  |  | 旧迪内罗 | $\frac{1}{10}$ 旧马拉维迪 | 0.092 |
|  | 达克特（纳瓦拉王国） | 30 旧马拉维迪 | 27.750 |  |  |  | 新迪内罗 | $\frac{1}{10}$ 新马拉维迪 | 0.046 |
|  | 许多其他不同名称的货币 |  |  |  |  |  | 旧科罗纳多 | $\frac{1}{6}$ 新马拉维迪 | 0.154 |
|  | 卡斯蒂尔的多卜拉 | 35 旧马拉维迪 | 32.375 |  |  |  | 新科罗纳多 | $\frac{1}{6}$ 新马拉维迪 | 0.077 |
|  | 卡斯蒂尔的班达多卜拉 |  |  |  |  |  | 圣阿格努斯 | 1 旧科罗纳多 | 0.154 |
|  | 克鲁扎多 |  |  |  |  |  | 布兰卡（出现1440年之后） | $\frac{1}{4}$ 旧马拉维迪 | 0.231 |
|  | 班达克鲁扎多 |  |  |  |  |  | 辛昆 | $\frac{1}{12}$ 雷亚尔 | 0.231 |
|  | 多卜拉 |  |  |  |  |  | 旧马拉维迪 | $\frac{1}{3}$ 雷亚尔 | 0.925 |

| | | | | | | | | | |
|---|---|---|---|---|---|---|---|---|---|
| | 许多不同的名称 | | | | | | 新马拉维迪 | $\frac{1}{2}$旧马拉维迪 | 0.40 |
| 胡安二世 1406—1454 | 弗罗林 | 22.5 旧马拉维迪 | 22.662 | 雷亚尔，相当于 11 迪内罗，每迪内罗含 4 格令纯银，每马克铸造 66 雷亚尔 | 同上 | 同上 | | 同上 | |
| | 许多其他不同的名称 | | | | | | 苏埃尔多 | $\frac{1}{2}$马拉维迪（假想货币） | |
| | 多卜拉和科罗纳斯 | 35 旧马拉维迪 | 32.375 | | | | 欧武罗 | $\frac{1}{8}$苏埃尔多（假想货币） | |
| | | | | | | | 布兰卡维尹 | 如上面的布兰卡 | |
| | 还有许多其他不同的面值 | | | | | | 新布兰卡 | $\frac{1}{6}$旧马拉维迪 | 0.15 |
| | | | | | | | 新科罗纳多 | $\frac{1}{2}$新马拉维迪 | 0.07 |
| 1434 | 班达多卜拉 | 104 新马拉维迪 | 48.048 | | | | | | |
| 1442 | 100 新班达多卜拉（纯度为 19 开，每马克铸造 49 枚） | | 46.2 | | | | | | |
| 恩里克四世 1454—1574 | 阿拉贡的弗罗林（纯度为 18 开） | 20 旧马拉维迪 | 18.220 | 银雷亚尔 | 3 旧马拉维迪斯（多种倍数） | 2.734 | 梅雅维伊 | $\frac{1}{10}$旧马拉维迪 | 0.09 |
| | | | | | | | 新梅雅 | $\frac{1}{2}$旧马拉维迪 | |
| | 56 其他种类相同，及其他不同名称的货币 | | | | | | 旧迪内罗 | $\frac{1}{10}$旧马拉维迪 | 0.09 |

续　表

| | | | | | | | 新迪内罗 | $\frac{1}{2}$旧马拉维迪 | |
| --- | --- | --- | --- | --- | --- | --- | --- | --- | --- |
| | | | | | | | 圣阿格努斯，布兰卡，旧科罗纳多 | $\frac{1}{8}$旧马拉维迪 | 0.152 |
| | | | | | | | 新科罗纳多 | $\frac{1}{2}$旧马拉维迪 | |
| | | | | | | | 辛昆，布兰卡 | $\frac{1}{2}$旧马拉维迪 | 0.457 |
| | | | | | | | 旧马拉维迪 | $\frac{1}{3}$雷亚尔 | 0.911 |
| 1455 | 杜卡多（纯度为$23\frac{3}{4}$开，每马克铸造$65\frac{1}{3}$杜卡多） | 165旧马拉维迪斯 | 30.074 | | | | | | |
| | 38种其他不同名称的货币 | | | | | | | | |
| | 多卜拉 | 150旧马拉维迪 | 27.340 | | | | | | |
| | 卡斯特利亚诺 | 420旧马拉维迪斯 | 37.040 | | | | | | |
| | 恩里克斯 | 210旧马拉维迪斯 | 38.276 | | | | | | |

　　1406年到1454年在位的卡斯蒂尔国王胡安二世的统治标志着一段货币体系极其混乱，以及尝试无效的立法补救的时期。1454年到1474年在位的恩里克四世统治期间，西班牙货币的混乱状况进一步加剧，这是西班牙货币贬值最严重的时期。西班牙当局授予私人铸币权，铸币厂由六个官方铸币厂增加到不少于一百五十个，导致了难以预测的货币混乱、必需品短缺及商业恐慌。金币的纯度有二十三又二分之一开、十九开、

十八开、十七开……甚至有纯度为七开的金币,银币纯度同样出现多种变化。合金货币有八个不同类别,代表银币雷亚尔的分数部分……

仅仅为了便于归纳或计算平均数,我们采用如下方法。在恩里克四世统治时期,每马克纯度为二十三又四分之三开的黄金铸造五十枚金币恩里克斯,每马克纯度为十一点四格令的银铸造六十七枚银雷亚尔,一银雷亚尔相当于三十马拉维迪,这段时期内白银与黄金的兑换比率为9.824∶1。

信奉天主教的斐迪南二世和伊莎贝拉一世统治时期,西班牙混乱的货币状况有所缓和。斐迪南二世和伊莎贝拉一世进行了西班牙有史以来最可悲的货币改革。15世纪结束时,西班牙当局颁布了不少于十一项货

伊莎贝拉一世

币改革法令。实际上，只有第一项和最后一项改革法令需要注意。根据1475年6月26日西班牙政府发给塞维利亚铸币厂负责人的铸币合同，金币的基准如下：

艾克塞琳：每马克纯度为二十三又四分之三开的黄金铸造二十五枚艾克塞琳，一艾克塞琳价值二卡斯特利诺。

银币基准如下：

银雷亚尔：每马克纯度为十一迪内罗四格令的白银铸造六十七枚银雷亚尔，一银雷亚尔价值三十马拉维迪。

然而，第一个也是最重要的法令是1497年在梅迪诺·德尔坎波颁布的法令。因此，这一法令被称为梅迪诺·德尔坎波法令。根据这项法令，所有原来的货币及其体系均被废除，并且建立了新的货币体系。新货币体系成为西班牙金属货币流通史的起点，从此西班牙成为新世界金银的接受者和分配者。

金币的标准规定铸造金币的黄金纯度为二十三又四分之三开。金币的基准是艾克塞琳·德·拉·格拉纳达，两枚金币的价值相当于原来的一艾克塞琳，每马克黄金铸造六十五又三分之一枚金币。

银雷亚尔的体系和1475年一样，但在一银雷亚尔相当于三十四马拉维迪的情况下发行。此后，每枚银币一直以三十四马拉维迪的价格发行。

合金货币由布兰卡构成，每马克纯度为七格令的白银铸造一百九十二枚布兰卡。

| 1 艾克塞琳 = | 11 雷亚尔 1 马拉维迪 | = | 375 马拉维迪 |
|---|---|---|---|
| | 1 雷亚尔 | = | 34 马拉维迪 |

随后，西班牙货币体系的变化以线性形式表示，见另附表格。

1523年，在巴利亚多利德的议会上，议会代表提出一份请愿书。请愿书中提到了金银两种金属关系的变化，并且要求按照变化后的比率重铸货币。1537年的法令结合议会上的提议，制定了如下方案。

| 金币 | 标准 | 22开 |
|---|---|---|
| " | 枚 | 每马克黄金铸造68枚 |
|  | 价值 | 1金币相当于350马拉维迪 |
| 银币 |  | 没有发生改变 |
| 合金货币 |  | 标准增加到7.5格令。|

西班牙国王腓力二世统治时期，根据1566年11月23日的法令，金币价值增加了，银币价值保持不变。金币价值增加的部分原因是人为造成的，也是毫无原则的，部分原因是由于白银供应量的增加自然带来的白银总体贬值。

西班牙国王腓力三世统治时期，金币的内在价值或者其黄金含量降低了，银币再次保持原来的标准。

1621年到1665年在位的西班牙国王腓力四世和1665年到1700年在位的西班牙国王查理二世统治时期，西班牙遭受了无数灾难，并且导致西班牙引进大量合金货币。在很大程度上，合金货币的价值降到以前价值的八分之一。这只会使西班牙的货币状况更加复杂并增加了不幸。结果是，优质货币的溢价越来越高，外加优质货币通常会消失。根据1625年3月8日的公告，西班牙政府制定了最严厉的惩罚措施，规定优质货币的溢价不得超过10%。随后，根据1636年4月30日和1641年9月7日的公告，西班牙政府将优质货币的溢价限制提高到25%和50%。

西班牙国王腓力四世首次改变了1497年改革以来确定的银币体系。

每马克白银铸造的银币数量从六十七枚增加到八十三又四分之三枚。此后，八雷亚尔以相当于十雷亚尔的价值发行。

西班牙国王腓力四世对银币的改变相当于降低了银币中25%的纯银含量。

西班牙国王查理二世统治时期，1680年前，银币中纯银含量一直在大幅降低。1680年，金币达布隆相当于合金货币一百银雷亚尔，八雷亚尔相当于合金货币二十九银雷亚尔。

根据1686年10月14日的法律，西班牙政府试图重建和改革摇摇欲坠的货币体系。每马克纯度为十一迪内罗四格令的白银铸造八十四枚银币。八雷亚尔有了一个新名字：埃斯库多，并且一枚八雷亚尔以相当于十新银雷亚尔的价格发行。

货币体系改革的显著效果是将银币重量降低了25%，这体现了优质货币对合金货币具有50%的溢价。此外，这次货币改革设立或者批准了四个独立货币单位：

1旧银雷亚尔=$\frac{1}{67}$马克

1新银雷亚尔=$\frac{1}{84}$马克

1合金货币雷亚尔=$\frac{1}{126}$马克

1合金货币雷亚尔=$\frac{1}{38}$两埃斯库多。

西班牙国王查理二世统治结束时，货币体系如下：

|  | 银币雷亚尔 |
| --- | --- |
| 每马克纯金 | 1408.94 |
| 内在价值 | 1363.15 |
| 铸币税 | 45.79 |
| 每马克纯银 | 90.32 |
| 内在价值 | 88.11 |
| 铸币税 | 2.21 |

续　表

|  | 马拉维迪 |
|---|---|
| 每马克铜 | 76 |
| 内在价值 | 68 |
| 铸币税 | 8 |

多年来，由于阿斯图里亚斯亲王卡洛斯叛乱造成的巨额开支，西班牙国王腓力五世无法改革查理二世建立的货币体系。实际上，腓力五世基本上贯彻实行了查理二世建立的货币体系。1707年，腓力五世将银币标准降低到十迪内罗，每马克白银铸造七十五枚雷亚尔。此后，新铸造出来的货币被命名为银省币，以与其他货币区别。

根据1728年6月9日的法规，银国币包含的白银纯度标准被降为十一迪内罗，即纯度为91.7%，每马克白银铸造六十八枚雷亚尔。

根据更重要的1730年7月16日颁布的铸币规则：

|  | 银省币雷亚尔 |  |
|---|---|---|
| 每马克纯度为22开的黄金被铸造成 | 1360 |  |
| 交付给进口商 | 1280 |  |
| 铸币税 | 80 | = 5.88% |
| 每马克纯度为11迪内罗的白银被铸造成 | 85 |  |
| 交付给进口商 | 80 |  |
| 铸币税 | 5 | = 5.88% |

查理二世建立的理想的货币体系是无法维持的，因为在短时间内，合金货币的价值相对规定下跌了5.5%。1737年5月16日的公告考虑了合金货币价值的变化，规定一埃斯库多的价值为十雷亚尔，每雷亚尔相当

于一百七十库拉托。随后,埃斯库多仍在继续贬值,一埃斯库多的价值降到二十合金货币雷亚尔。根据1742年6月22日发布的铸币规则,西班牙政府试图确定合金货币与金币之间的精确兑换关系,铸造的每枚金币相当于二十合金货币雷亚尔,或二十韦恩特。此外,每马克黄金铸造一百二十八枚金币,用纯度为二十一又四分之三开的金币取代原来纯度为二十二开的标准金币。

一埃斯库多相当于二十一又四分之一雷亚尔,韦恩特的价值与埃斯库多相同,仍然在流通领域内。

1746年到1759年在位的西班牙国王斐迪南六世的短暂统治时期,西班牙的货币体系没有发生任何重大变化。腓力五世设立并使用合金货币雷亚尔,而不是使用银币,即银省币的习惯被保留下来。

然而,斐迪南六世的继任者、1759年到1788年在位的查理三世对西班牙的货币体系展开意义深远的改革。根据1772年5月29日的法令,查理三世完成对西班牙的货币重铸。查理三世建立的标准是:

| | | 开 | 格令 |
|---|---|---|---|
| 金币 | 埃斯库多(金国币) | 21 | $2\frac{1}{2}$ |
| " | 韦恩特(金省币) | 21 | $1\frac{1}{2}$ |
| | | 迪内罗 | 格令 |
| 银币 | (银国币或格罗萨) | 10 | 20 |
| " | (银省币或门多萨) | 9 | 18 |

货币贵金属含量每下降1%,货币中贵金属含量降低数量如下:

| 金国币 | 1.31 格令 |
|---|---|
| 金省币 | 2.84 格令 |

续　表

| 银国币 | 1.59 格令 |
| --- | --- |
| 银省币 | 2.49 格令 |

查理三世对货币体系改革导致的金银比率变化对欧洲总体金银兑换比率带来的影响已经提到过了。为了再次和更好地保护金币，根据1779年7月17日的法律，西班牙的铸币税增加到7.48%。后来，1786年建立的体系也产生类似影响。

查理三世的儿子、1788年到1808年在位的西班牙国王查理四世没有改变其父查理三世1786年建立的货币体系。

1808年到1832年，西班牙国王斐迪南七世统治时期，在某种程度上，西班牙的货币是以法兰西的金币和银币为基础的。此时，斐迪南七世还降低了西班牙货币的铸币税。然而，无论是斐迪南七世统治时期，还是其继任者西班牙女王伊莎贝拉二世统治时期，在吸引商人将金属带到铸币厂铸成金币方面，降低铸币税并没有发挥作用。在无法吸引商人将黄金带到铸币厂铸造成金币的情况下，法兰西拿破仑金币的流通被认为是有益的。1834年实施的两项法律使西班牙的货币体系产生意义深远的改变：第一项法律建议将一雷亚尔的价值从三十四马拉维迪降到三十二马拉维迪，银币的纯度标准降到十迪内罗十二格令，相当于87.5%纯度。第二项法律的目的是阻止法兰西货币的流通。然而，1834年法律确定的方案失败了。1847年前，西班牙保持了原来的货币体系。

根据1847年5月31日的法令，西班牙政府采用雷亚尔十进制除法，规定每枚雷亚尔的重量为二十五格令，标准纯度为90%，并且引入价值为一百雷亚尔、纯度同样为90%、重量为一百六十一又二分之一格令的新金币。

根据1847年5月31日法令确立的货币体系自然是法兰西货币体系的复

西班牙女王伊莎贝拉二世

制品。但在接下来的一年里，西班牙的货币体系发生了微小的变化，这在前面已经讲述过了。根据1859年1月1日的法律，从整体上，西班牙采用了法兰西的金属货币体系。1876年1月1日起，西班牙政府认为，比塞塔代表法兰西的法郎，分代表法兰西的生丁，一百分相当于一比塞塔。新金币的价值是比塞塔的五倍、十倍、二十倍及其他倍数。比塞塔是辅币，相当于纯度为83.5%、重量为五克的银币。货币五比塞塔相当于纯度为90%、重量为二十五克银币，是法定货币。

5比塞塔=1杜罗[①]。

1杜罗=2埃斯库多

1埃斯库多=10雷亚尔

1雷亚尔=34马拉维迪

---

① 杜罗又称为"硬美元""西班牙元""皮阿斯特"。——原注

### 西班牙自1476年货币改革时期起铸造的金币表[①]

| 朝代 | 货币和法令 | 每马克黄金的铸币数量 | 标准 | | 每马克黄金的铸币价 | |
|---|---|---|---|---|---|---|
| | | | 克拉 | 格令 | 黄金价值 | 根据法行货币的 |
| | | | | | 雷亚尔 | 雷亚 |
| 斐迪南二世和伊莎贝拉一世 | 铸币条例 | | | | | |
| | 1476年2月22日，1497年6月14日的铸币法令 | | | | | |
| | 大艾克塞琳 | 25 | | | 716.98 | 720.2 |
| | 五分艾克塞琳<br>多卜拉<br>卡斯特利诺 | 50 | 22 | 3 | | |
| | 艾克塞琳<br>德拉格拉纳达<br>杜卡多 | 65 $\frac{1}{3}$ | 22 | 3 | | |
| | | | （=0.989） | | | |
| | 阿吉拉<br>弗罗林 | 67 | | | | |
| | 埃斯库多<br>科罗纳 | 68 | | | | |
| 查理一世 | 1537年<br>新埃斯库多的铸造 | 68 | 22 | 0 | 696.85 | 700 |
| | | | （=0.917） | | | |
| 腓力二世 | 1586年11月23日<br>一埃斯库多的价值增加到400马拉维迪 | 68 | 22 | 0 | 766.40 | 800 |
| | | | （=0.917） | | | |

---

[①] 摘自《西班牙货币的历史评论概述》，第93页。——原注

| 雷亚尔在近通中的价值 | 按不同发行时间的雷亚尔的价值计算的连续发行的每枚特定货币的价值 | | 连续发行每枚特定旧货币相对近代雷亚尔的价值 |
|---|---|---|---|
| | 雷亚尔 | 马拉维迪 | 雷亚尔（银铜合金） |
| 4.185 | 28 | 28 | 121.91 |
| | 14 | 14 | 60.95 |
| | 7 | 7 | 46.67 |
| | 10 | 25 | 45.48 |
| | 10 | 29 | 41.82 |
| 3.991 | 10 | 10 | 41.09 |
| 3.493 | 11 | 26 | 41.09 |

附录3 西班牙的货币体系 | 381

| | | | | | | |
|---|---|---|---|---|---|---|
| 腓力三世 | 1609 年 | 68 | 22 | 0 | 847.09 | 880.0 |
| | 一埃斯库多的价值增加到 440 马拉维迪斯 | | | | | |
| | 1612 年 12 月 13 日 | | | | | |
| | 纯度为 22 开的一卡斯特利诺相当于 576 马拉维迪 | | | | | |
| | (=0.917) | | | | | |
| 腓力四世 | 1642 年 12 月 23 日 | 68 | 22 | 0 | 1058.86 | 1100. |
| | 一埃斯库多的价值增加到 550 马拉维迪 | | | | | |
| | (=0.917) | | | | | |
| | 1643 年 1 月 12 日 | 68 | 22 | 0 | 1178.23 | 1224 |
| | 一埃斯库多的价值增加到 612 马拉维迪 | | | | | |
| | (=0.917) | | | | | |
| 查理二世 | 1686 年 10 月 14 日和 1686 年 11 月 26 日 | 68 | 22 | 0 | 1250.0 | 1292.0 |
| | 一埃斯库多的价值增加到 646 马拉维迪，和一卡斯特利亚诺的价值为 850 新银币马拉维迪 | | | | | |
| | (=0.917) | | | | | |
| 腓力五世 | 1719 年 3 月 17 日 | 68 | 22 | 0 | 1050.0 | 1088.0 |
| | 一卡斯特利亚诺的价值降低至 714 马拉维迪 | | | | | |
| | (=0.917) | | | | | |
| | 1726 年 1 月 14 和 1726 年 2 月 8 日 | | | | | |
| | 一埃斯库多的价值从 544 马拉维迪增加到 612 马拉维迪 | 68 | 22 | 0 | 1181.25 | 1224. |
| | (=0.917) | | | | | |

续表

| | | | |
|---|---|---|---|
| 3.175 | 12 | 32 | 41.09 |
| 2.54 | 22 | 17 | 41.09 |
| 2.283 | 22 | 17 | 41.09 |
| 2.163 | 38 | 17 | 41.09 |
| 2.567 | 20 | 4 | 41.09 |
| 2.282 | 33 | 10 | 41.09 |

| | | | | | | |
|---|---|---|---|---|---|---|
| 腓力五世 | 1728年9月2日，一埃斯库多的价值增加到680马拉维迪 | 68 | 22 | 0 | 1312 | 13 |
| | | | (=0.917) | | | |
| | 1730年7月16日 新的货币方案 | 68 | 22 | 0 | 1280.0 | 136 |
| | | | (=0.917) | | 雷亚尔（银铜合金） | |
| | 1742年6月23日和1742年6月29日 创造了金币韦恩特 | 130 $\frac{56}{100}$ | 21 | 3 | 2409.42 | 2611 |
| | | | (=0.906) | | | |
| 斐迪南六世 | 1755年8月19日和1755年9月16日 一比塞塔金币的价值从118八雷亚尔增加到119八雷亚尔 | | | | | |
| | 埃斯库多（金国币） | 68 | 22 | 0 | 2538.68 | 2560 |
| | | | (=0.917) | | | |
| | 韦恩特（金省币） | 130 $\frac{56}{100}$ | 21 | 3 | 2538.21 | 2611 |
| | | | (=0.906) | | | |
| 查理三世 | 1772年5月21日和1722年5月25日 总体改革和降低标准 | | | | | |
| | 埃斯库多（金省币） | 68 | 21 | 1 $\frac{1}{2}$ | 2495.18 | 2520 |
| | | | (=0.901) | | | |
| | 韦恩特（金省币） | 130 $\frac{56}{100}$ | 21 | 2 $\frac{1}{2}$ | 2476.15 | 2611 |
| | | | (=0.891) | | | |
| | 1779年7月16日和1779年8月24日 | | | | | |

续 表

| | | | |
|---|---|---|---|
| 2.054 | 37 | 22 | 41.09 |
| | | | |
| 2.054 | 31 | 22 | 41.09 |
| | | | |
| 1.069 | 20 | 0 | 21.38 |
| | | | |
| | | | |
| 1.091 | 37 | 22 | 41.09 |
| 1.069 | 20 | 0 | 21.38 |
| | | | |
| | | | |
| 1.076 | 37 | 17 | 40.38 |
| 1.039 | 20 | 0 | 20.78 |
| | | | |

| | | | | | | |
|---|---|---|---|---|---|---|
| 查理三世 | 相当于8埃斯库多的一达布隆的价值降低到320雷亚尔（金国币） | 68 | 21 | $2\frac{1}{2}$ | 2516.55 | 2720 |
| | | (=0.901) | | | | |
| | 相当于8埃斯库多的一达布隆的价值降低到320雷亚尔（金省币） | $130\frac{56}{100}$ | 21 | $1\frac{1}{2}$ | 2486.25 | 2611. |
| | | (=0.891) | | | | |
| | 1781年3月7日 每盎司黄金的价值增加到336雷亚尔 | 68 | 21 | $2\frac{1}{2}$ | 2642.2 | 2720 |
| | | (=0.901) | | | | |
| | 1786年2月26日和1786年6月5日 降低标准 金国币 | 68 | 21 | 0 | 2565.81 | 2720 |
| | | (=0.875) | | | | |
| | 金省币 | $131\frac{23}{35}$ | 20 | $1\frac{1}{2}$ | 2609.53 | 2633. |
| | | (=0.849) | | | | |
| 斐迪南七世 | 1821年10月19日 重新评估金银兑换比率 金国币 | 68 | 21 | 0 | 2686.26 | 2720. |
| | | (=0.875) | | | | |
| | 金省币 | $131\frac{23}{35}$ | 20 | $1\frac{1}{2}$ | 2606.53 | 2633. |
| | | (=0.849) | | | | |
| | 1824年8月20日 类似的改革 金国币 | 68 | 21 | 0 | 2660.16 | 2720. |
| | | (=0.875) | | | | |

续　表

| | | | |
|---|---|---|---|
| .009 | 40 | 0 | 40.38 |
| .039 | 20 | 0 | 20.78 |
| .009 | 40 | 0 | 40.38 |
| .980 | 40 | 0 | 39.2 |
| .982 | 20 | 0 | 19.65 |
| .980 | 40 | 0 | 39.2 |
| .982 | 20 | 0 | 19.65 |
| .980 | 40 | 0 | 39.2 |

| 朝代 | 名称 | | | | | |
|---|---|---|---|---|---|---|
| 斐迪南七世 | 金省币 | $131\frac{23}{35}$ | 20 | $1\frac{1}{2}$ | 2581.1 | 263 |
| | | | ( =0.849) | | | |
| 伊莎贝拉二世 | 1848年4月15日 货币体系改革 | | | | | |
| | 森特内 | $27\frac{6}{10}$ | 21 | $2\frac{3}{5}$ | 2736.0 | 276 |
| | | | ( =0.900) | | | |
| | 1850年5月17日 每马克黄金铸造的货币数量增加 | 28 | 21 | $2\frac{3}{5}$ | 2736.0 | 280 |
| | | | ( =0.900) | | | |
| | 1854年2月3日 货币制度改革 | $27\frac{43}{100}$ | 21 | $2\frac{3}{5}$ | 2716.20 | 274 |
| | | | ( =0.900) | | | |
| | 1861年1月18日 铸币税改革 | $27\frac{43}{100}$ | 21 | $2\frac{3}{5}$ | 2729.18 | 274 |
| | | | ( =0.900) | | | |

### 西班牙自1497年货币改革时期起的银币表

| 朝代 | 名称 | 每马克白银的铸币数量 | 标准 | | 根据铸币税每马克白银 |
|---|---|---|---|---|---|
| | | 银雷亚尔 | 迪内罗 | 格令 | 银雷亚尔 |
| 斐迪南二世和伊莎贝拉一世 | 1497年6月2日 货币的整体改革 | 67.0 | 11 | 4 | 66.0 |
| | | | ( =.930) | | |
| 腓力四世 | 1642年12月23日 1643年1月12日 货币重铸 | 83.75 | 11 | 4 | 81.0 |
| | | | ( =.930) | | |

续表

| | | | |
|---|---|---|---|
| 0.982 | 20 | 0 | 19.65 |
| 0.993 | 100 | 0 | 99.3 |
| 0.979 | 100 | 0 | 97.9 |
| 1.0 | 100 | 0 | 100.0 |
| 1.0 | 100 | 0 | 100 |

| 属铸币规则每马克白银铸成货币后的发行价值 | 当时银与其他金属的合金铸造的货币的发行价值 | | 旧雷亚尔相对现代雷亚尔的价值 |
|---|---|---|---|
| 银雷亚尔 | 雷亚尔 | 马拉维迪 | 雷亚尔 |
| 67.0 | 1 | 0 | 2.734 |
| 83.75 | 3 | 0 | 2.186 |

| | | | | | |
|---|---|---|---|---|---|
| 查理二世 | 1686年10月14日 货币重铸 | 84.0 | 11 | 4 | 82.0 |
| | | | (=.930) | | |
| 腓力五世 | 1706年 | | | | |
| | 简单的4雷亚尔、2雷亚尔、1雷亚尔 | 84.0 | 11 | 4 | 68.0 |
| | | | (=.930) | | |
| | 1707年 | | | | |
| | 简单的4雷亚尔、2雷亚尔、1雷亚尔（有分数和倍数） | 75.0 | 10 | 0 | 60.82 |
| | | | (=.834) | | |
| | 1709年7月15日 | 68.0 | 11 | 0 | 65.0 |
| | 8雷亚尔和4雷亚尔 | | (=.917) | | |
| | 1719年2月8日 | | | | |
| | 8雷亚尔含银量降低，原8雷亚尔包含的白银含量变为9.5雷亚尔的含量 | 80.75 | 11 | 0 | 77.18 |
| | | | (=.917) | | |
| | 1728年8月10日 | | | | |
| | 银省币雷亚尔（有细分） | 77.0 | 10 | 0 | 63.69 |
| | | | (=.834) | | |
| | 1728年9月8日 | | | | |
| | 8雷亚尔含银量降低，原8雷亚尔包含的白银含量变为10雷亚尔的含量 | 85.0 | 11 | 0 | 81.23 |
| | | | (=.917) | | |
| | 1730年7月16日 | | | | |
| | 新货币规则（银国币） | 85.0 | 11 | 0 | 80.0 |
| | | | (=.917) | | |

续　表

| | | | |
|---|---|---|---|
| 84.0 | 1 | 30 | 2.179 |
| 84.0 | 1 | 30 | 2.179 |
| 75.0 | 1 | 30 | 2.187 |
| 68.0 | 1 | 30 | 2.654 |
| 80.75 | 1 | 30 | 2.234 |
| 77.0 | 1 | 30 | 2.130 |
| 85.0 | 1 | 30 | 2.123 |
| 85.0 | 1 | 30 | 2.123 |

| | 日期/说明 | | 数值 | | | |
|---|---|---|---|---|---|---|
| 腓力五世 | 1737年5月10日 | 合金雷亚尔 | | | | |
| | 8雷亚尔含银量降低，原8雷亚尔的含银量 变为相当于20雷亚尔的含银量（1银雷亚尔 = 银铜合金铸造的1雷亚尔30马拉维迪） | | 85.170 | 11 | 0 | 160.0 |
| | | | | (=.917) | | |
| | 8雷亚尔含银量降低，变为相当于20雷亚尔的含银量（银省币） | | 77.154 | 10 | 0 | 145.45 |
| | | | | (=.834) | | |
| 查理三世 | 1772年5月21日 | | | | | |
| | 标准的整体降低（银国币） | | 170.0 | 10 | 20 | 157.59 |
| | | | | (=.903) | | |
| | 标准的整体降低（银省币） | | 154.0 | 9 | 18 | 141.81 |
| | | | | (=.812) | | |
| 斐迪南七世 | 1821年10月19日 | | | | | |
| | 改革（银国币） | | 170.0 | 10 | 20 | 164.67 |
| | | | | (=.903) | | |
| | 改革（银省币） | | 154.0 | 9 | 18 | 150.30 |
| | | | | (=.812) | | |
| | 1821年8月21日改革（银国币） | | 170.0 | 10 | 20 | 163.47 |
| | | | | (=.903) | | |
| | 改革（银省币） | | 154.0 | 9 | 18 | 147.07 |
| | | | | (=.812) | | |
| 伊莎贝拉二世 | 1848年4月15日 | | | | | |
| | 货币体系的整体改革 | | 175.0 | 10 | 19 | 172.80 |
| | | | | (=.900) | | |

续　表

|  |  |  |  |
|---|---|---|---|
| 170.0 | 2 | 0 | 1.061 |
| 154.0 | 2 | 0 | 1.065 |
| 170.0 | 1 | 0 | 1.045 |
| 154.0 | 1 | 0 | 1.038 |
| 170.0 | 1 | 0 | 1.045 |
| 154.0 | 1 | 0 | 1.038 |
| 170.0 | 1 | 0 | 1.045 |
| 154.0 | 1 | 0 | 1.038 |
| 175.0 | 100分 | 1.012 | |

| | | | | | |
|---|---|---|---|---|---|
| 伊莎贝拉二世 | 1849年10月14日<br>每枚银币的含银量下降 | 176.25 | 10 | 19 | 172.8 |
| | (=.900) | | | | |
| | 1851年2月3日<br>货币体系的整体改革 | 177.20 | 10 | 19 | 174.6 |
| | (=.900) | | | | |
| | 1861年1月18日<br>铸币改革 | 177.20 | 10 | 19 | 175.7 |
| | (=.900) | | | | |

### 西班牙自1497年货币改革时期起铸造的合金货币表

| 朝代 | 名称 | 每枚货币代表的价值 |
|---|---|---|
| 斐迪南二世和伊莎贝拉一世 | 1492年6月14日<br>铸造布兰卡 | 半马拉维迪 |
| 查理五世 | 1552年5月23日<br>降低了标准的合金货币 | 半马拉维迪 |
| 腓力二世 | 1566年12月14日<br>维洛里科 | 相当于 $8\frac{1}{2}$ 马拉维迪的库尔蒂洛 |
| | | 相当于4马拉维迪的库拉托 |
| | | 相当于2马拉维迪的梅迪奥 |
| | 布兰卡 | 梅迪奥 |

续　表

|  |  |  |  |
|---|---|---|---|
| 176.25 | 100 | 0 | 1.005 |
| 177.20 | 100 | 0 | 1.0 |
| 177.20 | 100 | 0 | 1.0 |

| 合金铸造币数量 | 每枚货币的重量 格令 | 标准 迪内罗 | 标准 格令 | 每枚铸币的铸造价值 雷亚尔 | 每枚铸币的铸造价值 马拉维迪 | 每枚货币的合金价值 雷亚尔 | 每枚货币的合金价值 马拉维迪 |
|---|---|---|---|---|---|---|---|
| 192 | 24.0 | 0 | 7 （=.024） | 2 | 28 | 2 | 3 |
| 192 | 24.0 | 0 | $5\frac{1}{2}$ （=.019） | 2 | 28 | 1 | $24\frac{5}{8}$ |
| 80 | 57.6 | 2 | 14 | 20 | 0 | 17 | 8 |
| 170 | 27.10588 | （=.216） |  |  |  |  |  |
| 340 | 13.55294 |  |  |  |  |  |  |
| 220 | 20.94545 | 0 | 4 （−.014） | 3 | 8 | 1 | $31\frac{1}{2}$ |

| | | |
|---|---|---|
| 腓力二世 | 1599 年<br>（纯铜） | 相当于 4 马拉维迪的库拉托 |
| | | 相当于 2 马拉维迪的奥查瓦 |
| 腓力四世 | 1642 年 12 月 23 日<br><br>维洛里科 | |
| | | 相当于 $8\frac{1}{2}$ 马拉维迪的库尔蒂洛 |
| | | 相当于 4 马拉维迪的库拉托 |
| | | 相当于 2 马拉维迪的梅迪奥 |
| | 1660 年 10 月 29 日<br>发行莫利诺 | |
| | | 每枚莫利诺相当于 16 马拉维迪 |
| | | （8 莫利诺、4 莫利诺和 2 莫利诺相当的马拉维迪数近比例计算） |
| | | |
| 查理二世 | 1680 年 5 月 22 日<br>（此时及以后都发行纯铜货币） | |

续 表

| | | | | | | | | |
|---|---|---|---|---|---|---|---|---|
| 4 | 135.52941 | 纯铜 | | 4 | 0 | 1 | 0 | |
| 8 | 67.76470 | | | | | | | |
| 0 | 57.6 | | | | | | | |
| 70 | 27.10588 | 2 | $14\frac{1}{2}$ | 20 | 0 | 12 | 5 | |
| 40 | 13.55294 | (=.217) | | | | | | |
| 51 | 90.35294 | 1 | 8 | 24 | 0 | 6 | 3 | |
| | | (=.069) | | | | | | |

# 附录 4 尼德兰的货币体系

已知最早的尼德兰货币体系再现了与意大利、法兰西加洛林王朝和英格兰货币体系相似的特征。

假想中佛兰德斯的一磅分成二十先令，每先令分成十二格罗滕。

最初，尼德兰的货币体系完全是假想的体系。尼德兰最早的实际货币是银币迪纳厄斯，一迪纳厄斯被分成多个奥波尔。磅、先令和格罗滕组成的假想货币体系在尼德兰北部省份，即联合省份的货币体系被另外一种由古尔登和斯蒂弗组成的假想货币体系取代后，还继续在佛兰德斯和尼德兰南部，即现在的比利时王国存在了很长时间。

根据尼德兰北部的体系，佛兰德斯的一磅被划分为六古尔登，一古尔登被分为二十斯蒂弗。因此，在尼德兰北部和南部的两个货币体系之间，尼德兰北部一古尔登相当于尼德兰南部三又三分之一先令，尼德兰北部一斯蒂弗相当于尼德兰南部二格罗滕。

最早提及斯蒂弗是在1355年。尼德兰北部省份的新货币体系取代旧货币体系前，斯蒂弗就存在了很长时间了。甚至在16世纪和17世纪，荷兰采用先令和格罗滕进行清算时，也采用古尔登和斯蒂弗进行清算。

贵金属的重量换算如下。

1金衡磅=2马克

1马克=8盎司

1盎司=20安格尔

1安格尔=32埃斯

因此,一百六十安格尔或者五千一百二十埃斯构成一马克。

根据标准或合金推算,重量体系如下:

银币——1马克=12芬尼或12但尼尔;

白银——1马克=288格令(12×24);

金币——1马克=24克拉;

黄金——1马克=288格令(24×12)。

虽然被包括在勃艮第内的尼德兰是神圣罗马帝国的一部分,但尼德兰从未受到神圣罗马帝国货币体系的影响。1256年及以后,荷兰伯爵弗洛里斯五世和荷兰伯爵扬一世创建了自己的记账体系。早些时候,佛兰

荷兰伯爵弗洛里斯五世

德斯伯爵创建了自己的记账体系。佛兰德斯发行的银币但尼尔至少可以追溯到964年到989年在位的佛兰德斯伯爵阿努尔夫二世统治时期。佛兰德斯模仿法兰西的货币，引进根源于格罗斯和格罗滕的"大格罗斯"，可追溯到1244年到1278年在位的佛兰德斯女伯爵玛格丽特二世统治时期，甚至更早。模仿法兰西国王腓力五世时期的金币和佛罗伦萨弗罗林铸造的金币皇室奥克斯可追溯到1322年到1346年在位的佛兰德斯伯爵路易·德·克雷西，即路易一世统治时期。

然而，15世纪末以前，佛兰德斯伯爵和荷兰伯爵发行的货币主要是出于他们对钱币学的爱好。因此，在没有一系列连续铸币契约的前提下，列出发行货币的清单几乎是无法解决的难题。

佛兰德斯女伯爵玛格丽特二世

在前文提到的货币价值表中，出于钱币学爱好铸币的迹象已经体现出来，但货币价值表明文规定了兑换比率，而不是铸币税率和铸币标准。

根据格罗滕的起源，一格罗滕的重量变化如下：

|  |  | 安格尔 | 埃斯 |
| --- | --- | --- | --- |
| 1336 年 | 重量为 9 芬尼 | 1 | 9 |
| 1376 年 | 重量为 4.16 芬尼 | 2 | 4 |
| 1388 年 | 重量为 5 芬尼 | 1 | 23 |
| 1393 年 | 重量为 5 芬尼 | 1 | 20 |
| 1422 年 | 重量为 4 芬尼 | 2 | 16 |
| 1489 年 | 重量为 5 芬尼 | 1 | 5 |

1489年12月14日，神圣罗马帝国皇帝马克西米利安一世在布雷达颁布法令，首次奠定了尼德兰铸币或货币体系的基础。

根据1489年12月14日的法令，一金衡马克纯度为二十三又八分之七克拉的黄金铸造四十四又四分之三枚双弗罗林金币，并且一双弗罗林以八十格罗斯的价格发行。

包括圣安德里斯弗罗林在内的一枚其他金币以四十格罗申或其一半的价格发行，银币的组成如下：

格罗斯=1格罗斯；

1帕塔特=2格罗斯；

1双帕塔特=4格罗斯；

1双格郎=8格罗斯。

在很大程度上，1489年12月14日法令确定的货币体系被认为是一种理想的或不现实的货币体系。首条关于银币的有效法规是神圣罗马帝国皇帝查理五世1542年2月22日颁布的。

1542年2月22日颁布的法令规定了银币卡洛斯的铸造标准，银币卡洛斯的铸造标准模仿了荷兰的塔勒。

| | |
|---|---|
| 重量为 | 14 安格尔 30 埃斯 |
| 标准为 | 10 芬尼 = 0.853 纯度 |
| 一卡洛斯的价值等同于 20 斯蒂弗 ||

因此，规定银币铸造标准的实际效果是，尼德兰引入了与迄今为止虚构的或者假想的古尔登等值的货币。

随后大约一百年，其他货币的价值及荷兰采用复本位制的经历，我们已经在前文中叙述过。

由于尼德兰北方省份宣布独立，以及随后荷兰共和国与南部尼德兰或者西班牙统治的尼德兰地区分离，低地国家两个地区的货币史形成了两个分支。

在此，我们只关注尼德兰北方省份，又被称为联合省份或者荷兰诸省，因为尼德兰北方省份在17世纪和18世纪欧洲货币史中更具有商业上的重要性。

根据联合省份协议第十二条，在铸币过程中和制定货币价值表时，七个联合省份中的每一个省份都必须遵守统一原则。与此同时，各省可以自由决定货币的种类和简单的货币细节。

因此，已经描述过的各种货币的不同价值表包括在联合省份的铸币法中。但直到1606年，联合省份才认真进行系统化尝试。根据1610年7月6日的重要法令，联合省份开始尝试将铸币标准和货币价值制度化。1606年3月21日的法令完成了铸币和货币价值制度化的工作。联合省份制定了新的、全面的货币价值表。联合省份还制定了一项重要规定，宣布对所有重量缺少一又二分之一安格尔以上的货币采取补救措施。重量缺少一又二分之一安格尔以上的货币被认为是金块，不被当作货币流通。此外，这项规定采用合约规定的金币铸造细节，在整个联合省份共和国的存在时间内得到了贯彻实行。

骑手金币和金币杜卡特的规定如下。

骑手金币

重量（毛重），207.2埃斯=9.95格令；

重量（纯金），187.77埃斯=9.11格令；

标准，黄金纯度为22克拉=纯度为91.67%的一骑手金币=10弗罗林2斯蒂弗。

金币杜卡特

重量（毛重），72.5埃斯=3.494格令；

重量（纯金），71.43埃斯=3.432格令；

标准=黄金纯度为23克拉8格令=黄金纯度为98.26%；

按以上标准铸造的1杜卡特=3弗罗林16斯蒂弗。

根据1606年联合省份共和国法令第二十三条，联合省份政府禁止铸造金块。与此同时，针对面额较低的银币，如先令和其他更小面值的货币，这项法令规定任何总结算金额超过一百古尔登的账目采用面额较低银币清偿的比例不得超过总金额的十分之一。

在随后的货币发展过程中，价值表发挥了作用，重要的银币几乎全部消失了，甚至到1638年，重要的银币完全消失。这导致1659年，荷兰政府发行了两种新银币：一种是银杜卡特，纯度为0.868，含有五百零七埃斯纯银。另一种是银骑手，纯度为0.937，含有六百三十四点七五埃斯纯银。

根据1681年12月25日的法令，荷兰省和西弗里斯兰省规定了古尔登的铸造标准，从而使长期以来只是一种假想货币或者记账货币的古尔登成为真正的货币。这为建立更真实的国家货币体系奠定了基础。

根据随后1694年3月17日和1699年12月31日荷兰议会的公告和决议，古尔登被所有联合省份采用。

单枚古尔登的纯度标准为十芬尼二十二又二分之一格令，包含二百埃斯纯银。

1806年以前，古尔登一直是荷兰体系的铸币，价值没有任何改变，也没有任何需要改变的地方。

关于具体清偿法律的发展历程，联合省份的法律都特别涉及了清偿法律。1686年9月26日，荷兰政府第一次大范围宣布将包括银杜卡特和其他两种银币在内的某些货币降低为贸易货币。1691年8月7日，荷兰议会发布的公告重复了1686年9月26日法令的内容。1749年8月1日的公告具有类似的限制，宣布除骑手金币和半骑手金币外的所有金币作为贸易货币。根据规定，一枚骑手金币和一枚半骑手金币分别相当于十四弗罗林和七弗罗林。金币杜卡特的价值没有具体规定，作为贸易货币，金币杜卡特的价值可能每天都在波动。金币杜卡特可以按重量自由地计算价值，也可以根据贸易的发展进程决定其价值。

规定金币价值的意义只能根据18世纪前半个世纪的经验理解。截至1749年，理论上，银本位制已经存在了，后续货币的价值都是以黄金相对白银的估价为标准确定的。整个17世纪，白银贬值对黄金产生了不利影响。长期以来，货币几乎全部由银币构成。18世纪早期，银币贬值幅度变小，却导致相反的趋势。金币重新回到流通领域当中，重量充足的银币开始从流通领域中流出并离开流通领域。因此，1720年，商业界发出痛苦的呼声，并且早在1720年，铸币当局建议采用骑手金币作为法定货币，阻止货币流失。

然而，1749年，铸币厂的官员们庆幸自己没有采纳将骑手金币作为法定货币的建议，并且在1749年3月26日，他们恳求杜卡特只应该被宣布为贸易货币。1749年3月31日的法令通过了铸币厂官员的建议，将杜卡特作为贸易货币。事实证明,将杜卡特作为贸易货币不足以阻止银币流出。1749年8月1日,荷兰议会发布暂时将骑手金币作为法定货币的命令。由于铸造权属于国家,骑手金币不具有与现代法定货币相同的意义。

将骑手金币作为法定货币的措施影响很小,一百七十二名阿姆斯特丹商人请求荷兰议会宣布再次将杜卡特设为清偿货币。铸币厂官员与议会进一步沟通的结果是宣布了1750年5月1日的法令。根据1750年5月1日的法令,只有骑手金币和半骑手金币是法定货币,其他所有种类的金币只作为贸易货币。然而逐渐地,政府通过立法无法实现的目标,仅仅依靠金价上涨或银价下跌就能实现。骑手金币开始消失,对银币消失的抱怨停止了。1749年和1750年的规定被废止了。因此,法兰西大革命时期,银本位制在荷兰实际上是有效的。名义上,骑手金币仍然是法定货币,一枚骑手金币相当于十四弗罗林。但实际上,流通领域中很少有骑手金币。

1798年,巴达维亚共和国的建立使成立巴达维亚铸币厂成为必要。1800年2月12日,荷兰议会第一院被要求考虑货币问题。

然而,直到1806年,拿破仑·波拿巴强行用荷兰王国取代巴达维亚共和国后,荷兰政府才宣布了有效的货币体系。根据1806年12月15日的决议,荷兰政府采用了双重标准。

### 标准金币

| |
|---|
| 等值于20法郎的金币佩宁,每马克黄金铸造18枚 |
| 合金货币,22克拉黄金,16格令白银 |
| 重量,8安格尔 $28\frac{4}{9}$ 埃斯 |
| 包含纯金 $260\frac{3}{4}$ 埃斯 |

| 标准银币 |
|---|
| 50斯蒂弗—每马克白银铸造九又一万七千五百四十三分之五千九百五十三枚 |
| 重量，17安格尔 $4\frac{7}{32}$ 埃斯 |
| 标准，10芬尼 $22\frac{3}{4}$ 格令 |
| 古尔登—每马克白银铸造铸造 $9\frac{5953}{17543}$ 枚 |
| 重量，6安格尔 $27\frac{23}{80}$ 埃斯 |

随着拿破仑·波拿巴构建的帝国毁灭，1806年12月15日决议确定的方案随之消失。1816年9月28日的法律建立了一个将原来存在的金银两种金属结合在一起的货币体系。

按照规定，货币由标准金币、标准银币及用于贸易的金币和银币组成。

**标准货币**

一、银古尔登。

一银古尔登的重量=7安格尔=10.766克；

纯银的含量=200埃斯=9.613克；

白银纯度标准=0.893。

以上是银币的标准，按十进制进行划分。

二、金币10-古尔登，纯度为0.900。

重量为140埃斯，相当于6.729克。

**贸易货币**

一、银杜卡特。

重量：18安格尔 $8\frac{2209}{11200}$ 埃斯，相当于28.78格令；
标准：10芬尼10格令=纯度0.868。

二、银骑手。

重量：21安格尔$5\frac{59}{80}$埃斯=52.574格令；
标准：11芬尼$5\frac{3}{4}$格令=纯度0.937。
三、金杜卡特。

重量：2安格尔$8\frac{24}{55}$埃斯=3.494格令；
标准：23克拉7格令=纯度0.983。

贸易货币是为私人铸造的。单位古尔登和三古尔登也是为私人铸造的，但作为辅币的银币、铜币和标准金币十古尔登只能由政府铸造。

根据1816年9月28日法令第十五条，尼德兰南部省份基于以下原则铸造了法郎：

1法郎=$47\frac{1}{4}$克拉；
1古尔登=2法郎$11\frac{61}{100}$生丁。

最后，根据1816年9月28日法令第十八条，在清算当中，铜币的偿付限制最高为一古尔登，比古尔登面值更小的银币的偿付金额最多为总结算金额的五分之一。

根据1839年3月22日的法令，荷兰的一枚古尔登银币重量被规定为十威格吉或者十克。

1839年3月22日法令规定的古尔登铸造标准在更重要的1847年11月26日法令中得到保留。

1847年11月26日的法令明确声明建立银本位制。荷兰政府宣布，标准货币为古尔登及半古尔登，里克斯达尔德尔。一里克斯达尔德尔相当于二又二分之一古尔登。威廉金币和金杜卡特被宣布为贸易货币，少数银币或者辅助银币，如面值在二十五生丁以下的银币，纯度被规定为0.645。一枚威廉金币的重量为六点七二九克，纯度为0.900。因此，一威廉金币包含纯金的重量为六点零五六克。一金杜卡特的重量为三点四九四克，纯度为0.983。因此，一金杜卡特包含纯金的重量为二点四二四五克。

1847年11月26日法令第十八条规定，标准银币和贸易金币免费为个人铸造。依据1847年11月26日法令第二十条规定，贸易货币被明确宣布为非法定货币。

辅助银币的清偿限额为十古尔登，铜币的清偿限额为一古尔登。

1872年以前，荷兰政府规定的银币标准一直有效。然而1872年，由于白银贬值，荷兰政府通过了暂停为私人铸造银币的法案。于是，荷兰的铸币厂停止铸币。一段时间内，荷兰根本没有货币的贵金属含量标准，因为金币只是商品或贸易货币。在根本没有货币金属含量标准的情况下，荷兰政府颁布了1875年6月6日的法令。在特殊安排下，1875年6月6日的法令引入金本位制。

除了新法律颁布前铸造的标准银币，标准货币还有十古尔登，纯度为0.900，含纯金六点零四八克。因此，十古尔登重量为六点七二克。

根据1875年6月6日法令的第五条和第六条，十古尔登被宣布免费为个人铸造，威廉金币被要求停止铸造。

在偿付方面，荷兰政府没有更多公告。因此，1875年6月6日法令确定的标准被认为是一种有缺陷的且不合适的金本位制。

**尼德兰的银币表**[①]

| 法律日期 | 货币名称 | 重量 | 标准 | | | 纯银重量 | 等值 | | 古尔登中纯银的重量 |
|---|---|---|---|---|---|---|---|---|---|
| | | 安格尔·埃斯 | 芬尼 | 格令 | | 埃斯 | 古尔登 | 斯蒂弗 | 埃斯 |
| 1542年2月22日 | 卡罗勒斯古尔登 | 14.30 | 9 | | 23 | 396.674 | 1 | 0 | 396.674 |
| 1567年6月4日 | 布贡德里希或克鲁斯达尔德 | 19.1 | 10 | | 16 | 541.333 | 1 | 12 | 338.333 |

---

① 来源于米斯《尼德兰银行业务的历史记录》，1690年及其后的记录为作者自己添加。——原注

续 表

| | | | | | | | | |
|---|---|---|---|---|---|---|---|---|
| 1577年2月10日 | 斯塔登达尔德 | 20.0 | 8 | 22 | 475.555 | 1 | 12 | 297.222 |
| 1583年4月19日 | 荷兰里杰斯达尔德 | 18.28 | 10 | 15 | 534.792 | 2 | 2 | 254.663 |
| 1586年8月4日 | 荷兰雷亚尔 | 22.13 | 9 | 23 | 595.01 | 2 | 10 | 238.004 |
| 1606年3月21日 | 荷兰里杰斯达尔德 | 18.28 | 10 | 12 | 528.5 | 2 | 7 | 224.894 |
| | 莱文达尔德 | 18.0 | 8 | 22 | 428.0 | 1 | 18 | 225.263 |
| | 10-斯蒂弗 | 3.28 | 11 | 0 | 113.666 | 0 | 10 | 227.333 |
| 法律默许 1608年6月28日 | 荷兰里杰斯达尔德 | 18.28 | 10 | 12 | 528.5 | 2 | 8 | 220.208 |
| 价值表 1610年7月6日 | 莱文达尔德 | 18.0 | 8 | 22 | 428.0 | 1 | 18 | 225.263 |
| | 10-斯蒂弗 | 3.28 | 11 | 0 | 113.666 | 0 | 10 | 227.333 |
| 1615年9月26日 | 荷兰里杰斯达尔德 | 18.28 | 10 | 12 | 528.5 | 2 | 8 | 220.208 |
| 1615年9月26日 | 莱文达尔德 | 18.0 | 8 | 22 | 428.0 | 2 | 0 | 214.0 |
| 1619年2月13日 | 莱文达尔德 | 18.0 | 8 | 22 | 428.0 | 2 | 0 | 214.0 |
| 1622年7月21日 | 荷兰里杰斯达尔德 | 18.28 | 10 | 12 | 528.5 | 2 | 10 | 211.4 |
| 法律默许 1638年10月9日 | 莱文达尔德 | 18.0 | 8 | 22 | 428.0 | 2 | 0 | 214.0 |
| | 荷兰里杰斯达尔德 | 18.28 | 10 | 12 | 528.5 | 2 | 10 | 211.4 |
| 1645年3月6日 | 布拉班特达卡顿 | 21.7 | 11 | $6\frac{1}{2}$ | 637.741 | 3 | 3 | 202.458 |
| 1645年3月6日 | 帕塔科或克鲁斯达尔德或克鲁斯里克斯达尔德 | 18.12 | 10 | 11 | 512.458 | 2 | 10 | 204.983 |
| 1659年8月11日 | 荷兰骑手银币 | 21.5.72 | 11 | 6 | 635.362 | 3 | 3 | 201.702 |
| 1659年8月11日 | 荷兰银杜卡特 | 18.8.2 | 10 | 10 | 507.118 | 2 | 10 | 202.847 |
| 1681年9月25日 1686年12月22日 | 3古尔登 | $20.17\frac{86}{100}$ | 11 | 0 | 603.038 | 3 | 0 | 201.013 |

续表

| 1691年8月7日<br>1694年3月17日 | 古尔登 | 6.27 $\frac{46}{100}$ | 10 | 22 $\frac{1}{2}$ | 200.035 | 1 | 0 | 200.035 |
|---|---|---|---|---|---|---|---|---|
| 1806年（国王为路易·波拿巴 | 古尔登 | 6.27 $\frac{20}{23}$ | 10.22 $\frac{3}{4}$ | ... | ... | | | |
| | 50斯蒂弗 | 17.4 $\frac{7}{32}$ | 10.22 $\frac{3}{4}$ | ... | ... | | | |
| 1816年9月28日 | 古尔登 | 7.0 | 纯度0.893 | 200埃斯 | ... | ... | | |
| 1847年10月26日 | 古尔登 | 10克 | 纯度0.945 | 9 $\frac{450}{1000}$ 克 | ... | ... | | |

## 尼德兰的金币表[①]

| 法律日期 | 货币名称 | 重量 | 标准 | | 纯金重量 | 等值 | | 古尔登中纯金的重量 |
|---|---|---|---|---|---|---|---|---|
| | | 安格尔 埃斯 | 克拉 | 格令 | 埃斯 | 古尔登 | 斯蒂弗 | 埃斯 |
| 1489年12月14日 | 匈牙利杜卡特 | 2.8 $\frac{24}{35}$ | 23 | 7 | 71.424 | 1 | 6 | 54.941 |
| 1520年2月4日 | " " | 2.8 $\frac{24}{35}$ | 23 | 7 | 71.424 | 1 | 18 | 37.591 |
| 1548年7月11日 | " " | 2.8 $\frac{24}{35}$ | 23 | 7 | 71.424 | 2 | 1 | 34.841 |
| 1573年2月7日 | " " | 2.8 $\frac{24}{35}$ | 23 | 7 | 71.424 | 2 | 15 | 25.972 |
| 1575年12月3日 | " " | 2.8 $\frac{24}{35}$ | 23 | 7 | 71.424 | 3 | 0 | 23.808 |
| 1583年5月7日和20日 | 荷兰杜卡特 | 2.8 $\frac{24}{35}$ | 23 | 7 | 71.424 | 3 | 5 | 21.976 |
| 1586年8月4日 | 荷兰杜卡特 | 2.8 $\frac{24}{35}$ | 23 | 7 | 71.424 | 3 | 8 | 21.007 |

---

[①] 来源于米斯《尼德兰银行业务的历史记录》，如上表一样，1690年及以后的记录为作者自己添加。——原注

续 表

| | | | | | | | | | |
|---|---|---|---|---|---|---|---|---|---|
| 1603年4月2日 | " | " | $2.8\frac{24}{35}$ | 23 | 7 | 71.424 | 3 | 14 | 19.304 |
| 1606年3月21日 | | 荷兰的骑手金币 | 6.16 | 22 | 0 | 190.666 | 10 | 2 | 18.878 |
| | " | 杜卡特 | $2.8\frac{24}{35}$ | 23 | 7 | 71.424 | 3 | 16 | 18.796 |
| 1610年7月6日 | 荷兰骑手金币 | | 6.16 | 22 | 0 | 190.666 | 10 | 12 | 17.987 |
| | " | 杜卡特 | $2.8\frac{24}{35}$ | 23 | 7 | 71.424 | 4 | 0 | 17.856 |
| 1615年9月26日 | " | 骑手金币 | 6.16 | 22 | 0 | 190.666 | 10 | 16 | 17.654 |
| | " | 杜卡特 | $2.8\frac{24}{35}$ | 23 | 7 | 71.424 | 4 | 1 | 17.635 |
| 1619年2月13日 | " | 骑手金币 | 6.16 | 22 | 0 | 190.666 | 10 | 16 | 17.654 |
| | " | 杜卡特 | $2.8\frac{24}{35}$ | 23 | 7 | 71.424 | 4 | 2 | 17.42 |
| 1622年7月21日 | " | 骑手金币 | 6.16 | 22 | 0 | 190.666 | 11 | 6 | 16.873 |
| | " | 杜卡特 | $2.8\frac{24}{35}$ | 23 | 7 | 71.424 | 4 | 5 | 16.805 |
| 法律默许 1638年10月9日 | " | 骑手金币 | 6.16 | 22 | 0 | 190.666 | 12 | 0 | 15.888 |
| | " | 杜卡特 | $2.8\frac{24}{35}$ | 23 | 7 | 71.424 | 4 | 10 | 15.872 |
| 1645年3月6日和1653年1月6日 | " | 骑手金币 | 6.16 | 22 | 0 | 190.666 | 12 | 12 | 15.132 |
| | " | 杜卡特 | $2.8\frac{24}{35}$ | 23 | 7 | 71.424 | 4 | 15 | 15.037 |
| 1749年3月31日 | " | 骑手金币 | 6.16 | 22 | 0 | 190.666 | 14 | 0 | 13.619 |
| 1806年（国王为路易·波拿巴） | | 金币佩宁 | $8.28\frac{4}{9}$ | 22克拉黄金 16克纯银 | | $8.4\frac{3}{4}$ | 10法郎 | | … |

续 表

| 1816年 | 10古尔登 | 4.12 | 纯度0.900 | ... | ... | ... |
|---|---|---|---|---|---|---|
| 1875年 | " | " | $6\frac{720}{1000}$克 | 纯度0.900 | 6.048克纯金 | ... | ... |

# 附录5 德意志的货币体系

德意志的货币体系继承了法兰克国王、神圣罗马帝国奠基人查理曼大帝设立的货币体系。这套体系与已经关注过的佛罗伦萨、尼德兰和其他国家的货币体系拥有共同特点,即一磅白银被划分为二十苏勒德斯或二十先令,一苏勒德斯被划分成十二迪纳厄斯或十二芬尼。因此,二百四十迪纳厄斯相当于一磅。理论上或账单记载上,苏勒德斯以金币和银币两种形式出现。在德意志的货币体系中,最初,苏勒德斯金币的重量比法兰克苏勒德斯金币的重量轻。在法兰克王国,一磅黄金被划分为七十二苏勒德斯。但在德意志,一磅黄金被划分为八十苏勒德斯。

白银与黄金的兑换比率为12∶1。因此在理论上,一磅白银相当于一盎司黄金,或者六又三分之二金先令。

在实际货币中,一金先令相当于三银先令,或者三十六芬尼。

渐渐地,以马克计算的体系取代了最开始的德意志货币体系。被广泛接受的特殊马克是科隆马克。因此,科隆马克被细分为

| 1科隆马克 | =8盎司 |
| --- | --- |
|  | =16洛特 |

续 表

|  |  |
|---|---|
|  | = 64 昆特林 |
|  | = 256 芬尼 |
|  | = 512 黑勒 |
|  | = 4352 埃申或格令。 |

出于计算合金标准的目的，我们细分了马克。

因此，合金金币的重量为：

1马克=12克拉=288格令（12×24）。

合金银币的重量为：

1马克=16洛特=288格令（16×18）。

每盎司黄金铸造六又三分之二金苏勒德斯。后来，古尔登金币开始被铸造，并且在货币体系当中取代了金苏勒德斯时，德意志采用了由古尔登、先令和芬尼计算的第三种体系。但采用的第三种体系被广泛接受的很久以前，芬尼已经急速贬值。

1255年，在施瓦本，一马克白银被铸造成六百六十枚芬尼。1276年，在马格德堡，纯度为十五洛特的一马克白银被铸造成五百二十八枚芬尼。

最初，黑勒和克罗伊茨只是芬尼的替代形式，而不是芬尼再细分的部分，即1黑勒=1哈雷芬尼，但后来两种货币不同步的贬值过程导致了两种货币价值的差异。

1407年，在维尔茨堡主教辖区里，纯度为六洛特的每马克白银被铸造为四百枚芬尼。纯度为四洛特的每马克白银被铸造成五百四十四枚黑勒。1457年后，在纽伦堡，纯度为五又四分之一洛特的每马克白银被铸造成五百一十二枚芬尼，相当于每马克纯银铸造成一千五百六十又二十一分之八枚芬尼，纯度为三又二分之一洛特的每马克白银被铸造成七百零四枚黑勒，即每马克纯银铸造成三千二百一十八又七分之二枚黑勒。

货币贬值的根源是小邦国不受管制、不负责任的铸币举措，以及卑鄙的金融家的工艺。14世纪，虽然神圣罗马帝国皇帝查理四世试图改革货币体系，但货币仍然急速贬值。1356年，神圣罗马帝国皇帝查理四世规定，每马克白银铸造成三十一先令四黑勒，或者三百七十六黑勒，但规定没有起到作用。

1356年的规定徒劳地试图阻止货币贬值，并且贬值的货币不只局限于像芬尼和黑勒这样的低价值货币种类。13世纪末，德意志引入新的大银币。一段时间内，新引入的大银币与先令同时流通。后来，大银币逐渐取代先令。13世纪末，德意志出现了新的大银币。新货币格罗申是模仿法兰西的图尔格罗斯铸造而成的。1296年，格罗申首次在波希米亚出现，纯度为十五洛特的每马克白银铸造成六十三又二分之一枚格罗申。然而，格罗申遭遇了同样的贬值。14世纪，货币贬值的过程十分迅速，特别是在萨克森。14世纪中叶，随着金币铸造的开始，导致货币混乱的第三种因素被引入货币体系，德意志很快盛行多种重量、合金含量和类型的金币，如同银币的状况。

1438年，神圣罗马帝国议会在纽伦堡举行会议，发现不得不记录不同标准和重量的货币，简单地说，每个邦国都有权按照自己喜欢的纯度和重量标准铸造货币，"看到共同的标准和重量是不可能的"。

15世纪末，德意志引入众多引发货币混乱因素中的最后一个因素，即塔勒，但最后引入的因素将成为德意志货币史上至关重要的因素。起初，塔勒相当于与金古尔登等价的银币，每马克白银铸造成八枚重一盎司的塔勒，并且是纯银的，或者十六洛特。1484年，奥地利的西吉斯蒙德大公首次铸造新银币时，将新银币命名为古尔登格罗申。但16世纪时，波希米亚铸造了大量新银币，新银币被称为约阿希姆塔勒、西里西亚塔勒，或者洛温塔勒。随后，塔勒自发贬值。在不同流通圈中，塔勒的价值是不相等的，其贬值在萨克森最明显。

我们即将谈到，根据帝国首个铸币条例，每枚新银币重量仍然为一盎司，但纯度标准降到十五洛特。1549年，萨克森选帝侯莫里斯将新银币的纯度标准规定为十四洛特八格令，并且仍然保持每马克白银铸造八枚新银币的铸造标准。

根据1551年的第二个帝国铸币条例，在铸币方面，德意志建立了两项基本原则。

萨克森选帝侯莫里斯

一、1古尔登格罗申（即塔勒）=1金古尔登=72克罗伊茨。

二、1古尔登格罗申（即塔勒）=1金古尔登=60克罗伊茨。

每马克白银铸造货币的数量从八枚变成七又二分之一枚，但货币的白银纯度标准进一步降低到十四洛特两格令，相当于每马克纯银铸造八又二百五十四分之一百二十枚货币。但由于铸币税，实际上，每枚塔勒相当于二十二格罗申，或者六十六克罗伊茨。

第三个帝国铸币条例确立的体系与1551年确立的体系有重要区别。实际上，相当于七十二克罗伊茨的一塔勒或者一银古尔登，被要求停止使用，不再铸造，并且采用了一个不同的货币基础，即银帝国古尔登。一银帝国古尔登相当于六十克罗伊茨。纯度为十四洛特十六格令的每马克白银铸造九又二分之一枚银帝国古尔登。

然而，神圣罗马帝国有意驱逐塔勒的措施被证明是无效的。对此，德意志民众提出了抗议。在奥格斯堡召开的帝国议会上，神圣罗马帝国再次允许铸造塔勒。纯度为十四洛特四格令的每马克白银铸造八枚塔勒。

塔勒随后的变动见本书中的表格。

此外，如上文所述，在简短的叙述中想要详细描述16世纪初神圣罗马帝国货币体系的混乱状态及相互冲突的变化过程是不可能的。16世纪，神圣罗马帝国曾经进行过三次独立的尝试，试图建立一个统一的货币体系，取代境内各诸侯国各不相同的货币体系，纠正混乱的货币体系。

1524年11月10日，神圣罗马帝国皇帝查理五世在埃斯林根颁布帝国铸币条例，首次尝试建立统一的货币体系。

1524年11月10日条例的基础是每马克白银相当于八弗罗林十先令八黑勒，做了如下货币的规定。

一、1银币=1帝国金古尔登，纯度为十五洛特的每马克白银铸造八枚银币，见上文关于塔勒的说明。

二、奥尔特，纯度为十五洛特的每马克白银铸造二十二枚奥尔特。

三、一扎亨德=十分之一帝国金古尔登，纯度为十五洛特的每马克白银铸造八十枚扎亨德。

四、一格罗申=二十分之一帝国金古尔登，纯度为十二洛特的每马克白银铸造一百三十六枚格罗申。

除了以上货币外，1524年11月10日的条例暂时认可了当时整个神圣罗马帝国境内流通的一系列芬尼。

| 斯特拉斯堡 | 芬尼 | 126枚 | 相当于1帝国金古尔登 |
|---|---|---|---|
| 符腾堡 | " | 168枚 | " |
| 拉宾 | " | 157.5枚 | " |
| 莱茵 | " | 210枚 | " |
| 萨克森 | " | 252枚 | " |
| 佛兰德尔 | " | 312枚 | " |

正如本文所说明的，1524年11月10日的条例没有得到遵守。1551年，在奥格斯堡召开的神圣罗马帝国议会上，神圣罗马帝国皇帝查理五世颁布了第二个帝国条例。

接着，神圣罗马帝国试图建立以每马克纯银相当于十弗罗林十二又二分之一克罗伊茨为基础的货币体系，但在面额方面采用了双重体系。

| 1 | 金古尔登 | =60克罗伊茨 |
|---|---|---|
| 2 | 金古尔登 银古尔登 | =72克罗伊茨 |

一、对相当于一金古尔登或七十二克罗伊茨的一帝国古尔登，规定如下：纯度为十四洛特两格令的每马克白银铸造七又二分之一枚帝国古尔登，见上文对塔勒的说明。

二、对克罗伊茨的规定为：纯度为六洛特一格令的每马克白银铸造二百三十七枚克罗伊茨，相当于每马克纯银铸造六百二十六又四分之三枚克罗伊茨。

三、一格罗申相当于二十四分之一帝国古尔登，纯度为七洛特五格令的每马克白银铸造九十四又二分之一枚格罗申，相当于每马克纯银铸造二百零七又一百三十一分之九十九枚格罗申。

然而，与以前一样，神圣罗马帝国在规定货币基础的同时，还征收货币兑换手续费，但暂时更全面地认可了尼德兰、下萨克森、上萨克森、法兰克尼亚和勃兰登堡的重量单位马克。

| 格罗申 | | | |
|---|---|---|---|
| 帝国格罗申，一帝国格罗申相当于 12 芬尼 | 24 枚 | = 1 古尔登 | 相当于 72 克罗伊茨 |
| 迈森和法兰克尼亚的格罗申，一格罗申相当于 12 芬尼 | $25\frac{1}{5}$ 枚 | = " | " |
| 帝国阿尔比和尼德兰的斯蒂弗，一帝国阿尔比或一斯蒂弗相当于 8 芬尼 | 28 枚 | = " | " |
| 吕贝克的先令，1 先令相当于 12 芬尼 | $28\frac{4}{5}$ 枚 | = " | " |
| 每马克纯银铸造的格罗申，每格罗申相当于 8 芬尼 | $38\frac{2}{5}$ 枚 | = " | " |
| 芬尼 | | | |
| 提洛尔 | 300 枚 | = 1 古尔登 | 相当于 60 克罗伊茨 |
| 吕贝克 | 288 枚 | = " | " |
| 勃兰登堡的单位马克铸造的 | 256 枚 | = " | " |
| 萨克森和法兰克尼亚的 | 252 枚 | = " | " |
| 奥地利，纯度为 4 洛特的每马克白银铸造 649 枚 | 240 枚 | = " | " |
| 巴伐利亚 | 210 枚 | = " | " |

续　表

| 莱茵省份 | $186\frac{2}{3}$ 枚 | = | " | " |
|---|---|---|---|---|
| 施瓦本 | 180 枚 | = | " | " |
| 符腾堡 | 168 枚 | = | " | " |
| 拉宾 | 250 枚 | = | " | " |
| 斯特拉斯堡 | 120 枚 | = | " | " |

与前一个条例相比，1551年第二个帝国条例没有得到更广泛的执行，主要原因是上萨克森和下萨克森不满塔勒的价值。上萨克森和下萨克森宣称，塔勒的价值太低。因此1555年，神圣罗马帝国将一塔勒的价值提高到二十四格罗申，相当于三十二马里安格罗申，或者七十二克罗伊茨。

1559年8月19日，神圣罗马帝国在奥格斯堡发布第三个帝国货币条例。实际上，第三个帝国货币条例维持了与第二个帝国货币条例相同的标准和基础，即在铸造较大币种时，每马克纯银铸造十弗罗林十三又二分之一克罗伊茨。

但在较大币种的铸造细节上，神圣罗马帝国政府制定了与第二个帝国货币条例的标准有重要差别的新标准。

迄今为止，银古尔登与金古尔登等值。在实际货币种类中，名义上，当时一银古尔登相当于六十克罗伊茨。但从1551年起，神圣罗马帝国铸造了帝国古尔登，一帝国古尔登相当于七十二克罗伊茨。

为显示不同种类货币的差别，神圣罗马帝国政府决定以后只铸造银古尔登，一银古尔登相当于六十克罗伊茨，一金古尔登估价为七十五克罗伊茨。

因此，第三个帝国条例授权的货币种类是：

一、金古尔登，纯度为十八又二分之一的每马克黄金铸造七十二枚金古尔登，一金古尔登相当于七十五克罗伊茨；

二、银币帝国古尔登，纯度为十四洛特十六格令的每马克白银铸造九又二分之一枚帝国古尔登，一帝国古尔登相当于六十克罗伊茨；

三、塔勒，或银古尔登，一银古尔登相当于七十二克罗伊茨，将停止使用；

四、克罗伊茨，一克罗伊次相当于八十分之一古尔登，纯度为六洛特四格令的每马克白银铸造二百四十三又二分之一枚克罗伊茨，相当于每马克纯银铸造六百二十六又七分之一枚克罗伊茨；

五、帝国格罗申，一帝国格罗申等值于二十四分之一古尔登，纯度为八洛特的一马克白银铸造一百零八又二分之一枚帝国格罗申，以及少数其他币种。

低面额货币，如便士和黑勒是以每马克白银价值相当于十一弗罗林五克罗伊茨为基础铸造的。

有人几乎立刻对第三个帝国货币条例提出抗议，特别是下威斯特伐利亚流通圈的抗议，并且第三个帝国货币条例完全没有发挥作用。随后，奥格斯堡召开的神圣罗马帝国议会再次授权发行塔勒，其标准为纯度十四洛特四格令的每马克白银铸造八枚塔勒。因此，每马克纯银相当于十弗罗林十二克罗伊茨。

直到1594年，神圣罗马帝国议会在雷根斯堡召开了多次会议，进行了断断续续的尝试，想要建立一个统一的货币体系，但所有建立统一体系的实际想法早已不复存在了，因为铸币规则处在各个诸侯国的单独管辖之下。1564年和1572年，在讷德林根和纽伦堡举行的会议上，上层政权各自按自己的标准铸币。1566年、1572年和1582年，科隆举行会议的下层政权各自按自己的标准铸币。

1568年，在吕讷堡举行的会议上，卜萨克森当局采用了与1559年颁布的第三个帝国铸币条例相差不大的货币体系。根据这套体系，每马克纯银被铸造成十弗罗林四十三又六十七分之十一克罗伊茨，一塔勒的价值被规定为二十四格罗申，相当于七十二克罗伊茨。

然而，在协调一致的行动下，各邦国获得铸币许可，发行十分容易贬值的小币种，引发广泛的货币混乱。在这种情况下，优质的、重量充足的银币消失了，并且留下了巨大的货币混乱。与此同时，伴随物价的持续上涨和铸币标准的下降，1571年1月20日和1571年9月24日的帝国公告对阻止优质的、重量充足银币的消失毫无作用。因此，1585年，商业兑换比率上升。

| | |
|---|---|
| 1 腓力塔勒 | = 82 克罗伊茨 |
| 1 帝国塔勒 | = 74 克罗伊茨 |
| 1 银古尔登 | = 64 克罗伊茨 |

1596年，法兰克福的帝国长官们暂时认可了以下价值：

| | |
|---|---|
| 1 金古尔登 | =80 克罗伊茨 |
| 1 帝国塔勒 | =72 克罗伊茨 |
| 1 银古尔登或 1 塔勒 | = 64 克罗伊茨 |

但1596年晚些时候，斯特拉斯堡官方规定，一帝国塔勒相当于八十四克罗伊茨，每马克纯银相当于十二弗罗林三十六克罗伊茨。货币困境导致的混乱在整个神圣罗马帝国爆发时，鉴于有意的货币贬值，1601年、1603年和1607年，神圣罗马帝国皇帝曾多次向各邦国政府发出信函，试图公开采取阻止货币贬值的策略。与此同时，一帝国塔勒的价值已经上升到九十克罗伊茨，每马克纯银相当于十三又二分之一弗罗林。

根据帝国塔勒的价值，此时，1551年相当于七十二克罗伊茨的一古尔登相当于九十四克罗伊茨，1559年相当于六十克罗伊茨的一帝国古尔登相当于七十九克罗伊茨。

正是在原来相当于六十克罗伊茨，1559年相当于七十九克罗伊茨的一帝国古尔登的基础上，18世纪，神圣罗马帝国发行了米斯尼亚、法兰克尼亚和卡米尔-杰里希特，后来发行的货币之间并没有太大差异。因此，

一米斯尼亚或三十一格罗申相当于七十八又三分之二克罗伊茨；

一法兰克尼亚或者二十巴岑相当于八十克罗伊茨；

一卡米尔-杰里希特相当于七十八克罗伊茨。

1623年，上层流通圈根据自己的铸币状况决定采用以下货币体系：

1塔勒=90克罗伊茨；

1金古尔登=1弗罗林44克罗伊茨；

1杜卡特=2弗罗林20克罗伊茨。

较小币种的体系基础为：1马克纯银=16弗罗林=$10\frac{2}{3}$塔勒。例如：

| 0.5巴岑 | 纯度为7洛特 | 每马克白银铸造210枚 |
| 克罗伊茨 | 纯度为5洛特 | 每马克白银铸造300枚 |
| 3黑勒 | 纯度为纯度为3.5洛特 | 每马克白银铸造560枚 |
| 芬尼 | 纯度为3洛特 | 每马克白银铸造720枚 |

同样是在1623年，下层流通圈试图执行1596年确定的一帝国塔勒相当于二十一巴岑或者八十四克罗伊茨的临时标准。失败后，下层流通圈加入了上层流通圈的铸币体系。

萨克森的货币体系从上层流通圈和下层流通圈的联动中独立出来，并且遵循完全不同的路线。其他地区塔勒价值上升时，萨克森当局却将一塔勒的价值降到原来的二十四格罗申。然而，在实际操作中，萨克森当局采取的措施被证明只是部分有效，因为贬值的塔勒一直被持续铸

造。因此，持续不断铸造贬值塔勒的结果是，萨克森产生了优质货币和劣质货币的双重体系，优质货币和劣质货币的价值相差约25%。在一段时间内，下萨克森和上萨克森选侯国的做法有所不同，这使货币更混乱。1610年，下萨克森采用了以下体系：

| | |
|---|---|
| 1帝国塔勒 | = 28 格罗申 |
| 1559年的1帝国古尔登 | = 24 格罗申 |
| 1腓力塔勒 | = 30 格罗申 |
| 1银格罗申 | = 每马克白银铸造234枚，纯度为14洛特4格令 |
| 1银先令 | = 306 格罗申 |
| 因此，1马克纯银 = 12弗罗林9克罗伊茨 ||

下萨克森当局发现，自己无法维持上述体系。于是在1617年，下萨克森当局改变了上述货币体系。最终在1622年，下萨克森当局采取了与上萨克森一致的货币体系，将一帝国塔勒的价值规定为二十四银格罗申。

1622年和1623年，萨克森选侯国和下萨克森的稳定体系如下：

| | | |
|---|---|---|
| 1帝国塔勒 | = 24 | 古尔登格罗申 |
| 1559年的1古尔登塔勒 | = 21 | 古尔登格罗申 |
| 1腓力塔勒或1金古尔登 | = 30 | 古尔登格罗申 |
| 1杜卡特 | = 36 | 古尔登格罗申 |

1623年，勃兰登堡的体系如下：

| | | |
|---|---|---|
| 1帝国塔勒 | = 24 | 优质格罗申 |
| 1金古尔登 | = 27 | 优质格罗申 |
| 1杜卡特 | = 38 | 优质格罗申 |

三十年战争结束时期，关于德意志铸币体系的记录很少。三十年战争的最后阶段，德意志出现了诸如对1620年广泛发行的小银币贬值太大的抱怨。于是，神圣罗马帝国政府进一步提高大银币的价值。因此，1665年，法兰克尼亚、巴伐利亚和施瓦本三地上层圈聚集在一起召开会议。通过试验，这三地上层圈子发现，每马克纯银的商业售价从十四弗罗林十五克罗伊茨上涨到十四弗罗林二十克罗伊茨。因此，除非一帝国塔勒的价格被规定为九十六克罗伊茨，否则，三地不可能铸造更大的银币。铸造更大银币将使每马克纯银的价格提高到十四弗罗林二十四克罗伊茨。与此同时，三地上层圈决定，将一杜卡特的价值定为三弗罗林，每马克纯金相当于二百零三弗罗林四十九克罗伊茨三又七十一分之三十一芬尼，白银与黄金的兑换比率相应地由15∶1变到$14\frac{1}{8}:1$。

1667年，法兰克尼亚、巴伐利亚和施瓦本共同决定的方案暂时被采纳。萨克森和勃兰登堡当局没有采纳上述方案，坚持认为帝国塔勒价值的上涨幅度还不够。因此，1667年，萨克森和勃兰登堡当局采用了所谓的津纳标准，将一帝国塔勒的价格规定为一弗罗林四十五克罗伊茨，即一百零五克罗伊茨，相当于十八优质格罗申，每马克纯银相当于十又二分之一塔勒或者十五弗罗林四十五克罗伊茨。

萨克森和勃兰登堡体系的实施，产生了一种新的银币品种：

| 1古尔纳德 | = $\frac{2}{3}$ 塔勒 |
| --- | --- |
| 1古尔纳德 | = 60 克罗伊茨 |
| 1古尔纳德 | = 16 优质格罗申 |
| 1古尔纳德 | = 32 先令 |

1669年，法兰克尼亚、巴伐利亚和施瓦本三地上层圈决定改变白银与黄金的兑换比率，作为保护黄金的措施，并且出于保护黄金的目的再

次将一塔勒的价值从九十六克罗伊茨降低到九十克罗伊茨。与此同时，法兰克尼亚、巴伐利亚和施瓦本三地上层圈决定维持一杜卡特相当于三弗罗林及一金古尔登相当于二弗罗林二十克罗伊茨的标准。

因此，每马克纯银相当于三弗罗林三十克罗伊茨。

每马克纯金相当于二百零四弗罗林

白银与黄金的兑换比率为$15\frac{1}{9}:1$，辅助货币将分等级并按提高的标准铸造。因此，

六克罗伊茨和四克罗伊茨，四克罗伊茨相当于一巴岑，每马克纯银相当于十三弗罗林五十五克罗伊茨。

格罗申，或者三克罗伊茨，每马克纯银相当于十四弗罗林十克罗伊茨。

克罗伊茨，每马克纯银相当于十四弗罗林四十克罗伊茨。

芬尼，每马克纯银铸造三千七百六十枚芬尼，每马克纯银相当于十五弗罗林四十三克罗伊茨。

因此，1670年，德意志同时存在三个体系。

一、帝国塔勒，一帝国塔勒等同于九十克罗伊茨，每马克纯银相当于十三弗罗林三十克罗伊茨。

二、帝国塔勒，一帝国塔勒等同于九十六克罗伊茨，每马克纯银相当于十四弗罗林二十四克罗伊茨。

三、帝国塔勒，一帝国塔勒等同于一百零五克罗伊茨，每马克纯银相当于十五弗罗林四十五克罗伊茨。

然而，法兰克尼亚、巴伐利亚和施瓦本三地上层圈无法维持上一次制定的货币标准，一帝国塔勒的价格再次上涨到九十六克罗伊茨，一杜卡特的价格上涨到三弗罗林十二克罗伊茨。

混乱的货币体系造成的总体危害在前文中已经提及。1680年，神圣罗马帝国议会通过法兰克尼亚、巴伐利亚和施瓦本三个上层圈提出的措

施，将一塔勒的价值规定为九十克罗伊茨，简单看来，只是不惜任何代价阻止货币贬值的权宜之计。

然而，神圣罗马帝国议会确定的货币体系中，神圣罗马帝国皇帝利奥波德一世与巴伐利亚和萨尔茨堡站在一起，将一帝国塔勒的价值规定为九十六克罗伊茨。1690年，萨克森、勃兰登堡、不伦瑞克和吕讷堡再次建立了一个独特的货币体系，即著名的莱比锡标准。

根据莱比锡标准，一帝国塔勒的价值为一百二十克罗伊茨或者两弗罗林，每马克纯银相当于十二塔勒十八古尔登。

几年内，莱比锡标准确定的塔勒估值得到整个神圣罗马帝国的认可。1690年，瑞典、不来梅、波美拉尼亚、美因茨、普法尔茨和法兰克福采用了莱比锡标准。1693年，上层圈也采用莱比锡标准。与此同时，一金古尔登的价值上涨到两弗罗林五十六克罗伊茨。

随后，神圣罗马帝国皇帝虽然承认了莱比锡标准，但在实际应用中，神圣罗马帝国皇帝并没有发挥莱比锡标准的作用。虽然官方没有正式承认塔勒价值进一步上涨，但由于不同邦国的铸币竞争再次使较低面额的货币发生贬值，面值为十克罗伊茨的货币根据每马克纯银铸造二十又三分之一到二十一又三分之一古尔登的标准铸造。1736年，货币标准问题再次摆在神圣罗马帝国议会面前。1738年9月10日，神圣罗马帝国议会决定在其境内采用莱比锡标准，一帝国塔勒相当于两弗罗林，一杜卡特相当于四弗罗林，一金古尔登相当于三弗罗林。对于辅币，神圣罗马帝国议会制定了每马克纯银相当于十三又三分之二塔勒的标准。

1738年9月10日确定的货币体系即使能维持，也只能维持几年时间。奥地利王位继承战的爆发使其货币出现不同程度的贬值。最后，奥地利政府果断采取措施。在没有采取任何措施确保其他诸侯国货币体系与神圣罗马帝国的货币体系一致的情况下，神圣罗马帝国皇帝弗朗茨一世采用了二十古尔登的标准，即每马克纯银相当于十三又三分之一帝国

奥地利女大公玛丽亚·特蕾莎

塔勒，或者二十古尔登。奥地利女大公玛丽亚·特蕾莎统治的领土匈牙利、波希米亚立刻采用神圣罗马帝国皇帝弗朗茨一世制定的货币标准。

1750年，萨克森选帝侯及波兰国王腓特烈·奥古斯特三世在德累斯顿率先采用奥地利的标准，但做出细微改变，将每马克纯银的价值规定为十三又八分之三帝国塔勒，取代原来的每马克纯银相当于十三又三分之一帝国塔勒的标准。1753年，经过1747年到1753年采用二十四古尔登标准的短暂尝试后，巴伐利亚政府同意采用二十古尔登的标准。1754年，勃兰登堡-安斯巴赫、拜罗伊特、维尔茨堡和纽伦堡等地都采用了神圣罗马帝国皇帝弗朗茨一世制定的奥地利货币体系。

1753年9月21日签订的《维也纳公约》正式确立了奥地利货币体系或者《维也纳公约》的标准，规定如下：

一、金币：每马克纯金相当于二百八十三弗罗林五克罗伊茨四又七十四分之四十七芬尼。主要货币为帝国杜卡特，纯度为二十三克拉八格令的每科隆马克黄金铸造六十七枚杜卡特，相当于每科隆马克纯金铸造六十又七十一分之六十七枚杜卡特，一杜卡特相当于四弗罗林十克罗伊茨。当时，荷兰和其他地区的一杜卡特价值为四弗罗林七又二分之一克罗伊茨。

二、银币：每马克纯银相当于二十古尔登，可以兑换成各种银币，甚至也可以兑换成格罗申或者三克罗伊茨，其金银兑换比率为 $1:14\frac{11}{21}$。

获得正式承认的银币

一、塔勒：一传统塔勒或者一公约塔勒相当于两弗罗林。

二、古尔登，或者二分之一塔勒，纯度为十三又三分之一的每马克白银铸造二十枚古尔登。

三、三十克罗伊茨，或者二分之一古尔登或者四分之一塔勒，纯度为十三又三分之一的每马克白银铸造四十枚三十克罗伊茨。

四、仅为奥地利采用的十七克罗伊茨，纯度为八又三分之二洛特的每马克白银铸造七十又十七分之十枚。

五、仅为奥地利采用的七克罗伊茨，纯度为六又十八分之十三的每马克白银铸造一百七十一又七分之三枚。

六、二十克罗伊茨，纯度为九又三分之一的每马克白银铸造六十枚。

七、十克罗伊茨，纯度为八洛特的每马克白银铸造一百二十枚。

八、格罗申或者三克罗伊茨，纯度为五又二分之一的每马克白银铸造四百枚。

对于最低面额的辅助货币半格罗申、克罗伊茨和芬尼，可根据货币或者地方的不同，允许其采用从每科隆马克白银铸造成二十又四分之三古尔登到三十三古尔登不等的不同标准。

对于法律认可的货币，确定了如下价值：

| | |
|---|---|
| 巴伐利亚的一枚大金币或一枚双古尔登金币 | =6 弗罗林 8 克罗伊茨 |
| 巴伐利亚的一枚卡罗勒斯或一枚三古尔登金币 | =9 弗罗林 12 克罗伊茨 |
| 克雷姆尼茨的一枚杜卡特 | =4 弗罗林 12 克罗伊茨 |
| 佛罗伦萨的一枚吉格利亚蒂 | |
| 威尼斯的一枚达克特 | |

所有其他金币都被视为金块，每科隆马克纯金的价值为二百八十弗罗林。价值在二分之一弗罗林以下的其他国家银币均被禁止流通。

以上就是公约体系或标准，随着普法尔茨选侯国和萨尔茨堡政府的加入，公约体系实际上可以被认为是帝国体系。

直到近代，公约体系，以及公约货币或者塔勒和其他货币，仍然构成了奥地利的货币体系。

1857年的《维也纳公约》导致奥地利体系的改变已在前文详细说明。

然而，根据1867年6月13日的《柏林条约》，奥地利政府退出《维也纳公约》约定的货币条约，并且试图加入将于1867年7月31日讨论的法兰西货币条约。1867年7月31日，奥地利政府停止铸造德意志的金币克朗和半克朗，转而铸造四杜卡特和一杜卡特的货币。1870年起，奥地利和匈牙利同时铸造了八弗罗林和四弗罗林，纯度为0.900的每磅黄金铸造七十七又二分之一枚八弗罗林。

根据1870年11月6日的法令，一枚八弗罗林金币的价值相当于八点一弗罗林。八弗罗林是根据法兰西白银与黄金的兑换比率15.5：1的基础铸造的法定货币。但实际上，与1857年公约以前的克朗和半克朗一样，八弗罗林只是商业货币。名义上，奥地利货币的标准仍然是1857年公约约定的银弗罗林，尽管其实际货币是纸币。1879年3月，奥地利和匈牙利的铸币厂禁止为私人铸造银币，并且准备以黄金为基础重新构建奥地利的货币体系。1892年，奥地利政府决定以黄金为基础重新构建货币体系，规定简要叙述如下：

货币单位是克朗，一克朗相当于两弗罗林，但需要铸造十克朗或者二十克朗的货币。一千克纯金等于三千二百八十克朗，克朗包含的黄金的纯度为0.900。一克朗又被划分为一百黑勒。

为采用黄金作为新体系的基础，奥地利采用了1∶18.22作为新金币兑换原来银币的比率，宣布现有的一弗罗林相当于两法郎十生丁。

银币只是辅助货币，原来一弗罗林以相当于两克朗的价值流通。

从约定的体系或者二十古尔登体系，即原来奥地利的体系，诞生了另外一种与原来体系同时存在的体系，即二十四古尔登标准。二十四古尔登标准只不过是以另一种名称命名的二十古尔登体系或者奥地利标准。公约标准制定后不久，巴伐利亚选帝侯马克西米利安三世·约瑟夫意识到或者预测出，只要其他邦国不加入货币公约，在巴伐利亚选帝侯统治的领土内，公约制定的标准会带来持续的混乱。因此，在其统治区域内，巴伐利亚选帝侯阻止了公约的执行，并且采用了一项临时安排的制度。然而，巴伐利亚选帝侯经过与奥地利女大公玛丽亚·特蕾莎的长期沟通，最终达成一项协议，即巴伐利亚铸造的货币标准和重量应该与奥地利公约的体系一致，但应该允许巴伐利亚选帝侯铸造货币的价值比公约约定的价值高出五分之一，即一塔勒不是价值两弗罗林，而是价值两弗罗林二十四克罗伊茨。以此类推，每马克白银的价值为二十四古尔登。这代替了奥地利体系或者公约体系规定的每马克白银价值为二十古尔登的规定。

这就是二十四古尔登标准的起源，二十四古尔登标准逐渐传遍除奥地利以外的整个德意志南部地区。1761年，三地上层流通圈采用了二十四古尔登标准。1765年，萨尔茨堡采用了二十四古尔登标准。1766年，莱茵政权、美因茨、特里尔、普法尔茨、黑森-达姆施塔特和法兰克福等地都采用了二十四古尔登标准。

18世纪末，由于1755年起，奥地利大公国为奥地利属尼德兰铸造的克朗塔勒或者布拉班特塔勒的流通，巴伐利亚二十四古尔登标准迅速得到发展。莱茵省将一塔勒的价值推高到高于铸币厂发行价值的水平，规定一塔勒的价值为两弗罗林四十二克罗伊茨。尽管根据二十四古尔登标准，一塔勒的价值只有两弗罗林三十八又十九分之十克罗伊茨。塔勒价值的提高意味着标准变为每马克纯银铸造二十四又十一分之六枚古尔登。大约19世纪初，巴伐利亚、符腾堡和拿骚等地逐渐根据相同的标准铸造了《维也纳公约》约定的塔勒。巴登、黑森和萨克森-科堡在铸造克朗塔勒时也采用了相同的标准。1837年，德意志南部国家的铸币会议正式认可了新的铸币标准，即将二十四古尔登标准作为德意志南部的标准。奥地利政府没有参加这次铸币会议。

详细叙述的新标准，即德意志南部的二十四古尔登标准，在1838年《德累斯顿公约》中被纳入普鲁士的货币体系中，并且在本书详细说明的近代货币标准发展以前一直保持了原有的标准。

普鲁士的货币体系作为一种独立存在，在上文详细描述的奥地利货币独立行动的同一时期兴起。普鲁士货币体系的创建者是腓特烈大帝。为创建普鲁士的货币体系，腓特烈大帝听取了荷兰商人菲利普·格劳曼的建议。1750年，正是由于菲利普·格劳曼的建议，普鲁士政府引入二十一古尔登或者十四塔勒的标准，又称格劳曼标准。

纯度为十二洛特的每马克白银铸造十又二分之一枚塔勒。因此，每马克纯银相当于十四塔勒或者二十一古尔登。

1塔勒=24格罗申=288芬尼（24×12）。

铸造的格罗申和二分之一格罗申作为银币的辅助货币，一格罗申相当于二十四分之一塔勒，二分之一格罗申相当于四十八分之一塔勒。

七年战争期间，银币经历了短暂的贬值时期。1764年，普鲁士政府重新建立了格劳曼标准，但与原来的格劳曼标准有两个不同之处。

一、从1766年起，纯度为十二洛特的银币二分之一塔勒及四分之一塔勒被要求停止铸造，并且从1764年起由下列标准的货币取代：

| | | |
|---|---|---|
| $\frac{1}{3}$塔勒 | 纯度为十又三分之二洛特的每马克白银铸造二十八枚 | |
| $\frac{1}{6}$塔勒 | 纯度为八又三分之一洛特的每马克白银铸造四十三又四分之三枚 | 14塔勒标准 |
| $\frac{1}{12}$塔勒 | 纯度为六洛特的每马克白银铸造六十三枚 | |

二、主要由普鲁士各省采用白银铸造的辅助货币的发行量大大增加，但根据西里西亚、克利夫斯等不同地区的铸币方案，铸币标准有不同程度的降低，某些情况下甚至达到十八塔勒标准。1772年，贬值的格罗申和双格罗申的发行总额相当于八百九十七万九千一百八十九塔勒。随后，辅助货币的标准降低到二十一塔勒。根据二十一塔勒标准，直到1786年腓特烈大帝驾崩时，普鲁士才发行了六便士及其他货币，发行总额价值一千二百五十八万六千八百六十三塔勒。从1786年腓特烈大帝驾崩到《提尔西特和约》反对发行低价值的辅币时，普鲁士铸造了价值二千九百六十二万八千八百零七塔勒的辅币。

因此，辅币的价值总共为四千二百二十一万五千六百七十塔勒，纯银含量的价值仅为二千八百二十四万三千七百八十塔勒。

根据1808年5月4日的公告和1811年12月13日的法令，大量发行的辅币的价值降低了，货币价值降低到正常价值的三分之二到七分之四，因此出现下表情况：

| | |
|---|---|
| 42 格罗申 | 1 优质塔勒 |
| 52 $\frac{1}{2}$ 格罗申（波希米亚） | |

但1821年9月30日的法律颁布前，普鲁士政府没有完成货币重铸。

1821年法律的主要规定

一、金币：

迄今为止，发行的腓特烈金币为每马克黄金铸造三十五枚，一腓特烈金币相当于五塔勒。

四、银币：

与以往一样，每马克粗银铸造十又二分之一枚普鲁士塔勒，相当于每马克纯银铸造十四枚普鲁士塔勒。

…………

七、一塔勒被细分成三十格罗申十二芬尼。在清偿中，芬尼只能占塔勒总价值的六分之一。

八、银格罗申，纯度为九分之二的每马克白银铸造一百零六又三分之二枚银格罗申，相当于每马克纯银铸造十六塔勒。

根据1821年的法律，新标准于1826年开始生效。直到近代，这项法令仍是普鲁士及其所辖各省的铸币标准。

普鲁士的金币与银币几乎没有相关性。

1838年7月30日的德累斯顿会议采用了普鲁士十四塔勒或者二十一古尔登的标准，德意志南部采用了普鲁士的十四塔勒或者二十一古尔登的标准。与此同时，德意志关税同盟采用了二十四又二分之一古尔登的标准。

在随后的时间里，汉诺威、不伦瑞克、奥尔登堡、梅克伦堡、瓦尔代克、利珀等地区都采用了普鲁士的货币体系。

从1809年货币改革开始到1836年年底，普鲁士的铸币情况如下表。

| | | | |
|---|---|---|---|
| 塔勒 | 数量 | 70,850,560 | |
| 六分之一塔勒 | 数量 | 16,942,307 | |
| 塔勒总数 | | | 87,792,867 |
| 存在于流通中以前重量充足银币的总数 | | | 95,709,282 |
| 重量充足的银币总数 | | | 183,502,149 |
| 从1809年到1811年铸造的三分之一塔勒 | | | 237,151 |
| 从1821年到1836年铸造的辅助银币 | | | 2,949,760 |
| 塔勒 | | | 186,689,060 |
| 从1809年到1836年回收的数量： | | | |
| 五分之一塔勒 | | 319,522 | 塔勒 |
| 十二分之一塔勒 | | 135,504 | 塔勒 |
| 十五分之一塔勒 | | 428,256 | 塔勒 |
| | | | 883,282 |
| | | | 185,805,778 |

普鲁士的金币与银币几乎没有相关性。

1750年起，普鲁士政府以腓特烈大帝的名义铸造了双皮斯托尔、单皮斯托尔和半皮斯托尔。所有的金币都被称为腓特烈金币，根据纯度为二十一又四分之三的每马克黄金铸造三十五枚金币的基础进行铸造。

1770年起，金币中包含的黄金纯度标准被降到二十一又三分之二克拉，并且这一标准在1821年9月的法令中得到认可。

确定的金币的铸造数量如下：

| 年份 | 铸造的塔勒 |
|---|---|
| 1764—1786 | 29，599，482.5 |
| 1787—1808 | 26，515，490 |
| 1809—1836 | 13，922，960 |

但早在1840年以前，铸造的所有金币几乎全部消失或被熔化。

在国家支付中，一腓特烈金币相当于五塔勒，但在普通贸易中，1783年以前，一腓特烈金币都相当于五又四分之一塔勒，一腓特烈金币的价值逐渐上升到五又三分之一塔勒和五又二分之一塔勒。1816年，英格兰银行为恢复现金支付而购买黄金，使一皮斯托尔或者一腓特烈金币的价值最高上升到五又四分之三塔勒。直到1826年，一皮斯托尔的价值才回落到五又三分之二塔勒。

虽然皮斯托尔是用于政府间的支付，并且1853年的铸币公约签订前被一直使用，但皮斯托尔仅仅是一种商品。普鲁士政府唯一的法定标准和清偿货币是银币，即银塔勒。在普鲁士，金币根据塔勒的市场价值波动，可以按不同的比率估价。

1857年1月24日的《维也纳公约》签订前，普鲁士货币体系一直有效，详情已经在前文中阐明。1857年5月4日的普鲁士铸币法通过了《维也纳公约》的各项决议，其主要内容如下：

一、重量单位换算如下：普鲁士的一磅为五百克，并采用十进制进行进一步细分，取代原来的一磅为二百三十三点八六五克的标准。

二到六、塔勒仍是普鲁士的正式银币。

每磅纯银铸造三十枚塔勒，塔勒包含的白银纯度为0.900。

因此，三十塔勒的标准取代了原来的十四塔勒标准，但这两个标准被视为相同的标准。

塔勒应该根据公约塔勒或者联盟塔勒的标准铸造，每塔勒将被分割成三十格罗申，相当于十二芬尼。

七到八、在偿付中，辅币与以前一样，每次支付时，限制为只能支付六分之一塔勒的金额，并且按每马克白银铸造三十四又二分之一塔勒的标准铸造。

十一、商业使用的金币应该以克朗和半克朗的名义铸造，形式和属性应为联盟货币，具体情况如下：

（一）克朗：每枚克朗的价值相当于五十分之一磅纯金的价值，克朗包含的黄金纯度为0.900；

（二）半克朗：每枚半克朗的价值相当于一百分之一磅黄金的价值，半克朗包含的黄金纯度为0.900。

克朗和半克朗应该是普鲁士的特殊金币，此后，普鲁士不再铸造其他金币。

十四、黄金相对白银的价值应当完全由供求关系决定，任何人都需要根据官方的法定银价来确定黄金的价格。

十六、普鲁士财政大臣有权决定克朗和半克朗在官方支付中的价值。

普鲁士的财政大臣可以随时宣布取消或者限制既定的金银兑换比率，以及允许官方接收克朗和半克朗，而不接收银币。

十九、普鲁士财政大臣还被授权稳定货币价值。在正常交易中，付款时不得提供外国金币和银币，或者采用外国金币和银币支付。

随后事件的进程及现有的普鲁士及德意志帝国的货币体系已经在前文中详细说明了。

吕贝克和汉堡的共同铸币标准起源于将每马克划分为十六先令，每先令分为十二芬尼。作为衡量金属重量的单位马克和货币单位马克很快分道扬镳。1255年的条约签订时，吕贝克和汉堡两地同意将每马克纯银铸成三十八先令十芬尼，相当于两马克六先令十芬尼。

1325年，维斯马和吕讷堡通过《汉堡-吕贝克条约》建立并采纳了温迪斯标准。

1433年，温迪斯标准采用了科隆马克作为计重标准。

### 标准下降的过程

| 时间（年） | 每马克被铸造成 | | |
|---|---|---|---|
| | 马克 | 先令 | 芬尼 |
| 1226 | | | |

续 表

| 1255 | 2 | 2 | 0 |
| --- | --- | --- | --- |
| 1293 | 2 | 9 | 5 |
| 1305 | 2 | 9 | 8 |
| 1325 | 2 | 15 | 5 |
| 1353 | 3 | 0 | 9 |
| 1375 | 3 | 10 | 11 |
| 1398 | 4 | 3 | 0 |
| 1403 | 4 | 15 | 2 |
| 1411 | 5 | 1 | 11 |
| 1430 | 5 | 12 | 5 |
| 1450 | 8 | 8 | 0 |
| 1461 | 9 | 12 | 2 |
| 1506 | 11 | 8 | 10 |
| 1255 | 12 | 8 | 0 |

  按照温迪斯标准铸币的国家联盟一直维持到17世纪初。17世纪初，人们已经感觉不到温迪斯标准的存在了。汉堡当局关于货币困境的经验及其根据货币困境经验成立的汉堡银行已经在前文提及。

  1667年，汉堡当局未经考虑就加入了津纳标准。根据津纳标准，每马克纯银被铸造成十又二分之一塔勒，相当于三十一马克八先令，或一汉堡科朗。然而，1690年，在德意志货币铸造标准向莱比锡标准转变的过程中，汉堡犹豫不决，经历了一段混乱的过渡时期。在过渡时期内，每马克纯银铸造的货币标准从三十马克变为三十四马克八先令。随后1725年，汉堡通过了所谓的吕贝克标准，即一马克纯银铸造的货币标准相当于三十四马克，即一汉堡科朗。

1693年起，吕贝克标准存在于荷尔斯泰因。1788年和1789年，汉堡就替换较轻或者较低的标准问题进行了长期和认真的讨论。1858年后，替代较轻或者较低标准的货币实际上已经影响到汉堡，尽管没有得到法律承认。1850年，汉堡的实际货币主要按照按普鲁士标准，即由十四塔勒标准铸造的银币组成。在流通中，一塔勒按二又二分之一汉堡科朗，或者四十先令的价值流通，意味着每马克纯银铸造三十五汉堡科朗的标准。

然而，从法律上来说，自由邦汉堡及新的德意志帝国货币体系在结合在一起前，三十四马克的标准仍然有效。

汉堡银行体系的贴水问题属于银行业史。

简而言之，在历史上，德意志的货币体系标准如下：第四条、第五条、第七条、第九条、第十一条、第十二条、第十三条代表了1871年重要的货币改革时期存在的体系。

一、1559年的旧帝国货币标准。这是基于神圣罗马帝国皇帝斐迪南一世时期的帝国货币体系。在这套体系中，每马克纯银的价值相当于八塔勒。1622年，这套体系发生了改变，因此，九塔勒包含的白银重量加二格令白银的重量相当于一马克纯银。

二、津纳标准。1667年，由萨克森当局和勃兰登堡当局在津纳商定。在这套标准中，一马克纯银相当于十又二分之一塔勒，或者十又四分之三古尔登。

三、莱比锡标准或者托尔高标准。在这套标准中，每马克纯银相当于十八古尔登。

四、普鲁士标准。在这套标准下，十四塔勒或者二十一古尔登，相当于一马克纯银。

五、《维也纳公约》标准或者奥地利标准。在这套标准下，一马克纯银相当于二十古尔登。

六、1766年的二十四古尔登标准或者新帝国标准。在这套标准下，一马克纯银相当于二十四古尔登。

七、二十四又二分之一古尔登标准或南部德意志标准。在这套标准下，一马克纯银相当于二十四又二分之一古尔登。

八、1808年到1837年，克朗-塔勒标准曾在德意志南部一些邦国或多或少地存在过。如果采用布拉班特铸造的克朗塔勒的标准，那么每马克纯银将铸造九点一八枚克朗塔勒，并且一克朗塔勒以两古尔登四十二克罗伊茨的价值发行，代表二十四又五分之四古尔登标准。正是二十四又五分之四古尔登标准体系演化成为二十四又二分之一古尔登标准，二十四又五分之四古尔登标准本身完全被二十四又二分之一古尔登标准取代了。

九、韦切尔扎哈龙或者韦奇塞尔标准，即美因河畔的法兰克福的银行清算体系。在这套标准中，二十又五十五分之四古尔登相当于十三又五十五分之二十一塔勒，或者一马克纯银。因此，法兰克福的标准规定的货币包含的贵金属重量比二十古尔登或者《维也纳公约》标准规定的货币包含的贵金属重量要轻。

十、1845年7月1日前，奥格斯堡一直存在着吉罗格尔德体系，并且根据吉罗格尔德体系与阿姆斯特丹和汉堡进行货币交换。在这套体系中，一马克纯银相当于十五又一百二十七分之九十五古尔登吉罗格尔德。实际上，一百古尔登吉罗格尔德相当于一百二十七《维也纳公约》标准的古尔登。吉罗格尔德制度被引入的二十四又二分之一古尔登标准取代。

十一、吕贝克科朗，或者如上所述汉堡科朗。在这套标准下，每马克纯银相当于十一又三分之一塔勒，或者三十四马克。

十二、汉堡银行的记账单位与清算体系。从1790年起，汉堡银行测算每马克纯银相当于九又二十四分之五记账塔勒，或者二十七又八分之五记账马克。然而，每马克纯银铸造成货币后发行价格为九又四分之一塔勒，或者二十七又四分之三记账马克，发行价格只是覆盖了银行费用后还有少量溢价。1846年，银行记账价格和发行价格之间的溢价被取消了,银的价值均为二十七又四分之三马克,相当于每马克纯银的价格为二十七马克十二先令。因此,汉堡记账单位在汉堡科朗的基础上上涨了22.5225%。

十三、石勒苏益格-荷尔斯泰因的科朗。在这套标准下,每马克纯银相当于十一又十六分之九塔勒,或者三十四又十六分之十一马克。

德意志的金币标准

一、帝国货币标准或杜卡特标准。在德意志法律中,1559年的帝国铸币条例首次提到杜卡特,并且规定纯度为二十三又二分之一克拉的每马克纯金铸造六十七枚杜卡特。随后,帝国货币标准略有变化。奥地利铸造的金币凯塞利申包含的黄金纯度为二十三克拉八格令,匈牙利铸造的金币克里姆尼策包含的黄金纯度为二十三克拉九格令。德意志其他邦国铸造的金币包含的黄金纯度大约在二十三克拉六格令和二十三克拉八令的标准之间。巴登将杜卡特包含的黄金纯度规定为二十二克拉六格令,每马克黄金铸造六十三点六九七枚杜卡特。

二、皮斯托尔标准,即腓特烈金币、威廉金币、卡洛斯金币或者一般金币、路易金币。这套标准主要为丹麦北部各个地区采用,大多数地区采用的标准是纯度为二十一又二分之一克拉的每马克黄金铸造三十五又六分之一枚金币。但各个地区存在许多变化,譬如,萨克森的奥古斯特金币的铸造标准是纯度为二十一克拉八格令的每马克黄金铸造三十五枚奥占斯特。在不来梅,皮斯托尔是法定货币,在流通中,一金路易的价值相当于五塔勒七十二格罗特。一格罗特相当于五施瓦伦。19世纪,在相当长的一段时间内,梅克伦堡、汉诺威和不伦瑞克的商人采用相当于五塔勒的一皮斯托尔金币记账。普鲁士将一皮斯托尔的价值规定为五又三分之二塔勒,但在其他地方,皮斯托尔有不同的价值,尤其是商业价值与普鲁士的规定不同。

三、金古尔登标准。1559年的二个帝国铸币条例的最后一个条例规定了纯度为十八又二分之一克拉的每马克黄金铸造七十二金古尔登。直到18世纪中叶，德意志南部各个地区和汉诺威仍然在铸造金古尔登。

### 德意志的金币表——古尔登、杜卡特和腓特烈金币

| 年份 | 每科隆马克铸造的货币枚数 | 标准 | | 根据20-弗罗林的铸造标准来衡量每枚金币的价值 | | |
|---|---|---|---|---|---|---|
| | | 克拉 | 格令 | 弗罗林 | 克罗伊茨 | 芬尼 |
| 1252 | | | | | | |
| 佛罗伦萨的弗罗林或金古尔登（每佛罗伦萨马克铸造64枚） | $44\frac{3}{8}$ | 24 | 0 | 6 | 22 | $3\frac{405}{2911}$ |
| 1371 | | | | | | |
| 库恩、特里尔大主教区、波希米亚文策斯劳斯的金古尔登 | 66 | 23 | 0 | 4 | 6 | $2\frac{434}{781}$ |
| 1386 和 1399 | | | | | | |
| 1402年，鲁伯特二世采用的莱茵诸侯国的金古尔登 | 66 | 22 | 6 | 4 | 1 | $1\frac{85}{781}$ |
| 1409 | | | | | | |
| 三个崇高的选帝侯的金古尔登。与此同时，尼德兰在施派尔采用了相同标准，神圣罗马帝国在科隆采用了相同标准 | 66 | 22 | 0 | 3 | 55 | $3\frac{517}{721}$ |
| 1419 | | | | | | |
| 勃兰登堡的选帝侯腓特烈一世的金古尔登（每纽伦堡马克铸造66枚） | $64\frac{1}{2}$ | 19 | 0 | 3 | 28 | $1\frac{2851}{3053}$ |
| 1422 | | | | | | |
| 罗马人的国王西吉斯蒙德的金古尔登（每纽伦堡马克铸造68枚） | $66\frac{1}{2}$ | 22 | 6 | 3 | 59 | $1\frac{3052}{8049}$ |
| 1428 和 1429 | | | | | | |
| 罗马人的国王西吉斯蒙德的金古尔登（1433年、1438年和1442年在法兰克福和纽伦堡正式认可） | 68 | 19 | 0 | 3 | 17 | $3\frac{18}{1207}$ |

续 表

| 年份/说明 | | | | | | |
|---|---|---|---|---|---|---|
| 1438 | | | | | | |
| 美因茨选帝侯的金古尔登 | 67 | 19 | 0 | 3 | 20 | $2\frac{3886}{4757}$ |
| 1442 | | | | | | |
| 德意志国王腓特烈三世的金古尔登 | 72 | 19 | 0 | 3 | 6 | $3\frac{14}{213}$ |
| 1477 | | | | | | |
| 多个选帝侯在法兰克福协商一致后采用的金古尔登 | $68\frac{2}{3}$ | 19 | 0 | 3 | 15 | $3\frac{2421}{7317}$ |
| | | 18 | 10 | 3 | 12 | |
| 1495 和 1497 | | | | | | |
| 沃姆斯采用的金古尔登以及1498年林道和弗莱堡采用的金古尔登 | $71\frac{1}{3}$ | 18 | 6 | 3 | 3 | $2\frac{3104}{15194}$ |
| 1506 | | | | | | |
| 班贝克、维尔茨堡和勃兰登堡之间协定的金古尔登 | $71\frac{1}{3}$ | 18 | 6 | 3 | 6 | $\frac{132}{7597}$ |
| | | （含白银 3 | 6） | | | |
| 1509 | | | | | | |
| 神圣罗马帝国议会在法兰克福采用的金古尔登 | $71\frac{1}{3}$ | 18 | 6 | 3 | 6 | $1\frac{3185}{7597}$ |
| | | （含白银 4 | 0） | | | |
| 1524 | | | | | | |
| 根据神圣罗马帝国皇帝查理五世在埃斯林根发布的帝国铸币条例采用的金古尔登 | 89 | 22 | 0 | 2 | 54 | $3\frac{5019}{6319}$ |
| 1551 | | | | | | |
| 根据神圣罗马帝国皇帝查理五世在奥格斯堡发布的帝国铸币条例决定的金古尔登 | $71\frac{1}{3}$ | 18 | 6 | 3 | 6 | $\frac{3682}{7597}$ |
| | | （含白银 3 | 8） | | | |

续 表

| | | | | | | |
|---|---|---|---|---|---|---|
| 1559<br>根据神圣罗马帝国皇帝斐迪南一世的帝国铸币条例决定发行的金古尔登 | 72 | 18<br>(含银 3 | 6<br>8) | 3 | 4 | $1\frac{2267}{3834}$ |
| 金币杜卡特（如下） | 67 | $23\frac{2}{3}$ | | | 10 杜卡特 = 1 弗罗林<br>44 克罗伊茨 | |

| 时间 | 事件 |
|---|---|
| 1585 年的商品交易会 | 规定 1 莱茵金古尔登或 1 腓力塔勒的价值为 82 克罗伊茨 |
| 1596 年 | 法兰克福的神圣罗马帝国的专员们在法兰克福规定，<br>1 金古尔登的价值为 80 克罗伊茨 |
| 大约 1600 年 | 1551 年相当于 72 克罗伊茨的 1 古尔登，<br>按现在的规定，相当于 94 克罗伊茨。<br>1559 年相当于 60 克罗伊茨的 1 古尔登，<br>按现在的规定相当于 79 克罗伊茨 |
| 1602 年 4 月 10 日 | 勃兰登堡的 1 杜卡特的价值规定为 2 弗罗林 |
| 1601 年和 1602 年 | 规定 1 腓力塔勒或 1 帝国金古尔登相当于 20 巴岑<br>法兰克尼亚 / 巴伐利亚 / 施瓦本 杜卡特，纯度为 23 克拉 8 格令的<br>每科隆马克黄金铸造 67 枚 |
| 1604 年 | 法兰克尼亚、巴伐利亚和施瓦本的 1 金古尔登，<br>纯度为 18 克拉 6 格令每科隆马克黄金铸造 72 枚 |
| 1623 年 7 月 31 日 | 萨克森公爵约翰·乔治一世的铸币法令，1 莱茵金古尔登<br>的价值规定为 1 古尔登 6 优质格罗申 |
| 1623 年 | 高级流通圈的 1 金古尔登 = 1 弗罗林 44 克罗伊茨 |
| 1623 年 | 高级流通圈的 1 金杜卡特 = 2 弗罗林 20 克罗伊茨 |
| 1623 年 8 月 23 日 | 符腾堡的 1 金古尔登 = 1 弗罗林 44 克罗伊茨 |
| 1623 年 8 月 23 日 | 符腾堡的 1 金杜卡特 = 2 弗罗林 20 克罗伊茨 |
| 1623 年 8 月 29 日 | 奥地利大公利奥波德五世规定，1 金古尔登 = 1 弗罗林 52 克罗伊茨 |

续 表

|  |  |
|---|---|
| 1623年8月29日 | 奥地利大公利奥波德五世规定，1杜卡特=2弗罗林30克罗伊茨 |
| 1623年10月19日 | 斯特拉斯堡的1金古尔登=1弗罗林52克罗伊茨 |
| 1623年10月 | 斯特拉斯堡的1杜卡特=2弗罗林30克罗伊茨 |
| 1623年 | 萨克森选侯国的1腓力金币或1金古尔登=30格罗申 |
| 1623年 | 萨克森选侯国的1杜卡特=36格罗申 |
| 1623年 | 勃兰登堡的1金古尔登=27格罗申 |
| 1623年 | 勃兰登堡的1杜卡特=38格罗申 |
| 1623年10月23日 | 法兰克福的1金古尔登=1弗罗林44克罗伊茨 |
| 1623年10月 | 法兰克福的1杜卡特=2弗罗林24克罗伊茨 |
| 1623年 | 下萨克森的1金古尔登=$26\frac{2}{3}$格罗申（=1弗罗林40克罗伊茨） |
| 1624年 | 三个流通圈子（法兰克尼亚、巴伐利亚、施瓦本）的1金古尔登=1弗罗林50克罗伊茨，一杜卡特=2弗罗林30克罗伊茨 |
| 1637年 | 1金古尔登以相当于2弗罗林的价值被接收 |
| 1637年 | 1杜卡特以相当于3弗罗林的价值被接收（但实际价值分别降至1.5弗罗林和2弗罗林24克罗伊茨） |
| 1659年 | 三个流通圈子的1金古尔登=2弗罗林10克罗伊茨 |
| 1659年 | 三个流通圈子的1杜卡特=3弗罗林 |
| 1665年 | 三个流通圈子（法兰克尼亚、巴伐利亚、施瓦本）的1杜卡特=3弗罗林 |
| 1669年 | 三个流通圈子的1杜卡特=3弗罗林 |
| 1669年 | 二个流通圈子的1金古尔登=2弗罗林20克罗伊茨 |
| 1690年 | 根据莱比锡标准，1金古尔登=2弗罗林56克罗伊茨 |
| 1690年 | 根据莱比锡标准，1杜卡特=4弗罗林 |
| 1695年 | 奥地利的1杜卡特=4弗罗林 |
| 1736年 | 奥地利的1金古尔登=3弗罗林 |
| 1738年 | 奥地利的1杜卡特=4弗罗林（但在实际流通中相当于4弗罗林15克罗伊茨） |
| 1748年 | 奥地利的1杜卡特=4弗罗林10克罗伊茨 |

续　表

| | |
|---|---|
| 1751年5月2日 | 奥地利的1杜卡特=4弗罗林10克罗伊茨 |
| 1751年5月2日 | 奥地利和克雷姆尼茨的1杜卡特=4弗罗林12克罗伊茨 |
| 1751年5月2日 | 奥地利的1其他杜卡特=4弗罗林7.5克罗伊茨 |
| 1771年3月23日 | 奥地利专用和雷姆尼茨的1杜卡特=4古尔登18克罗伊茨 |
| 1771年3月23日 | 巴伐利亚、萨尔茨堡的1杜卡特=4古尔登16克罗伊茨 |
| 1771年3月23日 | 荷兰和其他地区的1杜卡特=4古尔登14克罗伊茨 |
| 1783年9月1日 | 克雷姆尼茨的1杜卡特或1泽奇尼=4古尔登22克罗伊茨 |
| 1783年9月1日 | 奥地利的1杜卡特=4古尔登20克罗伊茨 |
| 1783年9月1日 | 荷兰的1杜卡特=4古尔登18克罗伊茨 |
| 1786年1月12日 | 奥地利的1杜卡特=4古尔登30克罗伊茨 |
| 1786年1月12日 | 克雷姆尼茨、巴伐利亚、萨尔茨堡的1杜卡特=4古尔登20克罗伊茨 |
| 1786年1月12日 | 荷兰的1杜卡特=4古尔登18克罗伊茨。<br>（相当于4弗罗林30克罗伊茨，一直维持到《维也纳公约》（纯度为二十三又三分之二克拉的每科隆马克铸造67枚杜卡特，荷兰的1杜卡特=4.5古尔登，金银兑换比率=1：15　，1786年1月12日，神圣罗马帝国皇帝约瑟夫二世的法令规定的比率） |
| 1756年 | 君主币，或者起源于荷兰的君主金币[102]，在维也纳铸币厂铸造，纯度为二十二克拉四分之三格令的每马克粗金铸造42.091枚（每马克纯金铸造45.874枚），1君主币=6古尔登11克罗伊茨1芬尼） |
| 1786年1月12日 | 1宗主币或1君主币=6古尔登40克罗伊茨，使白银兑换黄金的比率变为15.2923：1 |
| 1750年 | 普鲁士的腓特烈金币，纯度为二十一又四分之三克拉的每马克黄金铸造35枚，相当于每枚腓特烈金币含261格令纯金 |
| 1770年 | 普鲁士的腓特烈金币，纯度为二十一又三分之二克拉的每马克黄金铸造35枚，相当于每枚腓特烈金币含260格令纯金 |
| | 由1821年9月30日的法律认可 |
| 1857年 | 《维也纳公约》的贸易货币 |
| 1871年 | 10-马克，纯度为0.900的德意志的1磅黄金铸造一百三十九又二分之一枚 |

1555年，在不伦瑞克、吕讷堡、汉诺威等地，一塔勒相当于三十二马里安格罗申，或者二十四银格罗申。

1558年，《萨克森铸币条例》[①]——塔勒或古尔登，纯度为十四洛特八格令的每马克白银铸造八枚，相当于每马克纯银铸造八又六十五分之五十六枚，一塔勒等于二十四格罗申。因此，一马克纯银的价值为十弗罗林三十八克罗伊茨。

1559年，帝国货币条例禁止铸造塔勒。

1566年，在奥格斯堡的神圣罗马帝国议会再次允许铸造塔勒。纯度为十四洛特八格令的每马克白银铸造八枚塔勒，一塔勒相当于七十二克罗伊茨。因此，每马克纯银相当于九塔勒六十八克罗伊茨，或者十弗罗林十二克罗伊茨。

1585年，在法兰克福的商品博览会上，一腓力塔勒相当于八十二克罗伊茨。

1596年，神圣罗马帝国专员在法兰克福做出决定，规定一腓力塔勒暂时相当于七十二克罗伊茨。

1596年12月，神圣罗马帝国的专员在斯特拉斯堡做出决定，根据每马克纯银相当于十二弗罗林三十六克罗伊茨，一帝国塔勒相当于八十四克罗伊茨，或者二十一巴岑。

17世纪初，在神圣罗马帝国铸币许可证上，一帝国塔勒被认可的最高价值相当于九十克罗伊茨。

1603年，在高级流通圈中，认可的一帝国塔勒的价值被定为九十克罗伊茨。

在萨克森选侯国，一帝国塔勒相当于二十四优质格罗申。

---

[①] 尽管已经有了帝国货币条例，但萨克森当局还是修订了以前的条例。——原注

1610年，在下萨克森，一帝国塔勒相当于二十八优质格罗申。一腓力塔勒相当于三十又三分之一优质格罗申，每马克纯银相当于十二弗罗林九克罗伊茨。

1617年，在下萨克森，一帝国塔勒相当于三十银格罗申。

1667年，法兰克尼亚、巴伐利亚和施瓦本三个流通圈子协商一致，一帝国塔勒相当于九十六克罗伊茨，每马克纯银相当于十四弗罗林二十四克罗伊茨。

1667年，萨克森和勃兰登堡当局采用津纳标准。一帝国塔勒相当于一弗罗林四十五克罗伊茨，相当于二十八优质格罗申，每马克纯银相当于十五又四分之三弗罗林。

1669年，法兰克尼亚、巴伐利亚和施瓦本三个流通圈子将一帝国塔勒的价值降到九十克罗伊茨，每马克纯银相当于十三弗罗林三十克罗伊茨。

1680年，经过法兰克尼亚、巴伐利亚和施瓦本三个流通圈子协商，一帝国塔勒的价值降到九十克罗伊茨，每马克纯银相当于十三弗罗林三十克罗伊茨。

1681年，萨尔茨堡的神圣罗马帝国皇帝利奥波德一世规定一帝国塔勒的价值相当于九十六克罗伊茨。

1690年，萨克森、勃兰登堡、布伦瑞克、吕讷堡当局均执行莱比锡铸币标准。根据这一标准，每马克纯银相当于十二塔勒，或者十八弗罗林；一帝国塔勒相当于两弗罗林，或者一百二十克罗伊茨。

1691年，汉堡、吕贝克和不来梅拒绝采用莱比锡的铸币标准，规定一帝国塔勒相当于二十四格罗申，或四十八先令，或九十克罗伊茨，或三马克。因此，帝国塔勒相对格罗申、先令或者克罗伊茨三种货币的价值降低了。

1750年，腓特烈大帝推行新的铸币标准。每马克纯银铸造十四枚

神圣罗马帝国皇帝利奥波德一世统治时期发行的货币

十四塔勒或者二十一古尔登,相当于二十四格罗申,一格罗申相当于十二芬尼。

1821年,一塔勒相当于三十格罗申。

1857年,纯度为0.900的每磅白银铸造三十枚塔勒。

1871年,一塔勒相当于三马克。

**格罗申表**

| 年份(年) | 每科隆马克铸造的货币数量 | 标准 | |
|---|---|---|---|
| | | 洛特 | 格令 |
| 1226 | | | |
| 法兰西图尔城铸造的图尔格罗斯(每金衡马克铸造58枚) | $55\frac{1}{10}$ | 15 | 6 |
| 1296 | | | |
| 波希米亚和迈森的格罗申 | $63\frac{1}{2}$ | 15 | 0 |
| 1324 | | | |
| 迈森的格罗申 | $64\frac{1}{2}$ | 15 | 0 |

续表

| | | | |
|---|---|---|---|
| 1341 | | | |
| 波希米亚的格罗申 | 78 | 10 | 0 |
| 1350 | | | |
| 迈森 | 91 | 14 | 0 |
| 1364 | | | |
| 波希米亚 | $74\frac{1}{2}$ | 9 | 0 |
| 1378 | | | |
| 根据神圣罗马帝国皇帝查理四世的章程和文策斯劳斯标准铸造的波西米亚的格罗申 | 70 | 14 | 1 |
| 1380 | | | |
| 迈森 | 72 | 13 | 0 |
| 1407 | | | |
| 维尔茨堡（每维尔茨堡马克铸造74枚） | $72\frac{40}{131}$ | 8 | 0 |
| 1444 | | | |
| 萨克森和迈森 | 88 | 7 | 13 |
| 1444 | | | |
| 萨克森公爵腓特烈二世（四种格罗申） | 160 | 16 | 0 |
| | 120 | 12 | 0 |
| | 104 | 8 | 0 |
| 1484 | | | |
| 奥地利大公西吉斯蒙德（每维也纳马克铸造8古尔登） | $6\frac{206}{307}$ | 16 | 0 |
| 1490 | | | |
| 施瓦特格罗申 | 103 | 5 | 0 |
| 黑森的大格罗申 | 112 | 6 | 0 |
| 汉堡 | 104 | 9 | 15 |
| 吕贝克 | 107 | 9 | 13 |

续　表

| | | | |
|---|---|---|---|
| 波希米亚 | 84 | 6 | 12 |
| （同时存在其他 18 种格罗申） | | | |
| 1524 | | | |
| 神圣罗马帝国皇帝查理五世的皇家铸币条例 | 136 | 12 | 0 |
| 1551 | | | |
| 神圣罗马帝国皇帝查理五世皇家铸币条例（同时期存在 16 种货币） | $94\frac{1}{2}$ | 7 | 5 |
| | 100 | 7 | 6 |
| 1559 | | | |
| 斐迪南一世的皇家铸币条例帝国格罗申 | $108\frac{1}{2}$ | 8 | 0 |
| 1572 | | | |
| 下萨克森——银格罗申 | $108\frac{1}{2}$ | 8 | 0 |
| 下萨克森——马里安格罗申 | $155\frac{1}{2}$ | 7 | 11 |
| 1573 | | | |
| 勃兰登堡 | 108 | 8 | 3 |
| 1610 | | | |
| 下萨克森 | 116 | 14 | 4 |
| 1617 | | | |
| 下萨克森 | 144 | 8 | 0 |
| 1622 | | | |
| 萨克森 | $108\frac{1}{2}$ | 8 | 0 |
| 1667 | | | |
| 不伦瑞克和吕贝克 | | | |
| 优质格罗申 | 160 | 10 | 0 |

续 表

| | | | |
|---|---|---|---|
| 马里安格罗申 | 192 | 8 | 0 |
| 1669 | | | |
| 法兰克尼亚、巴伐利亚和施瓦本三地流通圈 | $141\frac{2}{3}$ | 8 | 0 |
| 1680 | | | |
| 法兰克尼亚、巴伐利亚和施瓦本三地流通圈 | 141 | 8 | 0 |
| 1690 | | | |
| 莱比锡标准——优质格罗申 | 150 | 8 | 0 |
| 莱比锡标准——马里安格罗申 | $162\frac{1}{2}$ | 5 | 14 |
| 1738 | | | |
| 通过协商采用 | | | |
| 格罗申 | 125 | 6 | 2 |
| 帝国格罗申 | | 5 | $13\frac{1}{4}$ |
| 马里安格罗申 | 171 | 6 | 0 |

# 附录6 法兰西的货币体系

法兰西大革命以前,法兰西的货币在整个货币史内一直遵循着公制,实行的体系如下:

1马克=8盎司。

1马克=64格罗申(8×8)。

1马克=192但尼尔(64×3)。

1马克=4608格令(192×3×8)。

盎司的另外一种细分方法如下:

1盎司=20埃斯特林。

1盎司=320马耶(20×16)。

1盎司=640费林(320×2)。

因此,对于合金或者合乎规格的金属,每马克细分如下:

对于黄金,每马克相当于二十四克拉,每克拉分成三十二部分。

对于白银,每马克相当于十二但尼尔,每但尼尔分成二十四格令。

法兰西的黄金纯度仅提炼到二十三又三十二分之二十六克拉,白银纯度仅提炼到十一但尼尔十八格令。计算中,必须使用纯度完全为二十四克拉的黄金和纯度完全为十二但尼尔的白银。

清算体系

1里弗尔=20索尔。

1索尔=12但尼尔。

1但尼尔=2奥波尔。

1奥波尔=2皮特。

1皮特=2塞米特。

由里弗尔、索尔和但尼尔组成的清算体系源自法兰克国王。曾经有一段时间，以马克为主的清算体系曾有取代由里弗尔、索尔和但尼尔组成清算体系的趋势。但1313年，法兰西国王腓力四世再次授权采用里弗尔、索尔和但尼尔组成的清算制度。

图尔里弗尔和巴黎里弗尔的区别主要是由于寻求封建铸币特许权的男爵们各自私自铸币造成的。图尔里弗尔和巴黎里弗尔两种体系曾经一度存在25%的差异，有权铸造货币的男爵们更喜欢在图尔铸造里弗尔，或者根据图尔的重量标准铸造里弗尔。与巴黎里弗尔相比，图尔铸造的里弗尔贬值更多。在巴黎，法兰西国王试图维持更好的重量标准的传统。

图尔里弗尔和巴黎里弗尔的区别一直维持到法兰西国王路易十四时期。1667年，图尔里弗尔和巴黎里弗尔的区别被取消了，由单一的里弗尔、索尔和但尼尔组成的清算体系建立起来。

法兰克国王查理曼大帝的货币体系是中世纪和现代欧洲除西班牙以外国家的主要货币体系的先导和前身。查理曼大帝的货币体系本身就是模仿东罗马帝国货币体系的产物。

查理曼大帝货币体系的基础是利伯亚或磅，它有两种形式：金磅与银磅。最初，在法兰西国王的统治下，金币被划分如下：

一、金苏勒德斯，衍生出西班牙和意大利的索尔迪和法兰西的索尔，或者苏。

二、金苏勒德斯的第三种衍生金币：特雷斯或者西斯。能被金苏勒德斯整除的货币种类为：

一、银苏勒德斯。

二、三分之一银苏勒德斯，或者银西斯。

三、迪纳厄斯。

1金苏勒德斯=3又三分之一银苏勒德斯=40迪纳厄斯。

1银苏勒德斯=12迪纳厄斯。

在东罗马帝国的体系下，每枚金苏勒德斯重达八十五又三分之一格令。墨洛温王朝统治时期，每枚金苏勒德斯的重量为七十又二分之一格令。第二个王朝卡洛林王朝的统治下，金苏勒德斯发生了很大的变化。法兰克国王查理曼大帝采用了东法兰克或者莱茵的磅作为其货币体系的基础。这些地区的每磅比墨洛温王朝采用的每罗马磅重了四分之一。法兰克国王查理曼大帝时期的每枚迪纳厄斯的重量为三十二格令。如果合乎情理地推断查理曼大帝构建的货币体系，就关注的银币而言，将如下：

12迪纳厄斯=1苏勒德斯。

20苏勒德斯=1磅。

32×20×12=7680格令=1磅。

就关注的更贵重的金属而言，事实上，金苏勒德斯在第二个王朝统治时期很难见到。但在理论上，一金苏勒德斯仍然被认为等于四十迪纳厄斯。

40×32=1280格令。

就金苏勒德斯而言，1280/12≈106.6格令

但实际上，有一些金苏勒德斯包含一百三十二格令的黄金。

据说，为表示对第一个和第二个统治王朝的怀念，金苏勒德斯在第三个王朝卡佩王朝统治开始时仍在使用。法兰西国王腓力一世统治时期，金苏勒德斯与金法郎、金弗罗林同时存在。谈到后一个术语，佛罗

伦萨的记账货币金弗罗林时，有人指出，金弗罗林可能只是一种假想的货币名称，而不是实际的货币。

实际上，法兰西政府已经重新建立了金币体系，但金币的种类几乎无从谈起。

撇开有争议的金弗罗林，第一种被证实的金币是羔羊币，或称但尼尔金币或艾格尼埃尔。这种金币的名称源自金币上刻的羔羊图案。法兰西国王路易九世第一次规定了金币的标准，即一枚金币重量为三但尼尔五格令，纯金铸造，价值为图尔铸造的十二索尔六但尼尔。

法兰西国王腓力四世、路易十世、腓力五世和查理四世的货币体系保留了与法兰西国王路易九世相同的标准。另外，法兰西国王约翰二

路易十世

查理七世统治时期发行的金币

世的货币体系也保留了相同的标准或者纯度，但每枚货币的重量稍重一些，重量为五但尼尔十六格令。法兰西国王查理六世和查理七世统治时期，金币的重量和纯度都大大降低。金币有不同的名称，如羔羊币、莫顿币、大莱恩金币等。莫顿币和小莱恩金币在法兰西流通了将近二百年，周边无数的国家都模仿铸造了法兰西的金币。

皇室币。法兰西国王腓力四世铸造了小皇室币，每马克纯金铸造七十枚小皇室币，每枚皇室币相当于巴黎铸造的十一索尔。格罗斯小皇室币的价值是小皇室币的两倍。法兰西国王查理四世和腓力六世铸造的皇室币的标准为每马克纯金铸造五十八枚。法兰西国王约翰二世铸造了皇室币，又称但尼尔金币、罗伊阿尔，每马克纯金铸造六十六枚或者六十九枚皇室币。法兰西国王查理五世时，每马克纯金铸造六十三枚皇室币。法兰西国王查理六世时，每马克纯金铸造六十四枚或者七十枚皇室币。

法兰西国王腓力四世铸造了金王座，金王座又名马塞斯、卡迪埃、

附录6 法兰西的货币体系 | 457

皇室杜尔斯，金王座采用纯度为二十二克拉的黄金铸造，每枚金王座重量为五但尼尔十二格令。法兰西国王腓力四世的继承人路易十世对金王座进行了大规模改变。法兰西国王腓力六世采用纯金铸造金王座，每枚金王座的重量为三但尼尔十六格令。法兰西国王查理六世采用纯金铸造金王座，每枚金王座的重量为四但尼尔十八格令。到了法兰西国王查理七世统治时期，铸造金王座的黄金纯度降到了十六克拉，每枚金王座重量减少到两但尼尔二十九格令。

**其他早期金币种类**

| 莱茵斯 | 法兰西国王腓力四世铸造 |
|---|---|
| 乔治弗罗林 | 法兰西国王腓力五世铸造 |
| 巴黎金币 | 每马克铸造30.4枚，一巴黎金币相当于巴黎铸造的20索尔 |
| 狮币 | 每马克铸造50枚 |
| 帕维永 | 每马克铸造48枚 |
| 皇冠币 | 每马克铸造45枚 |
| 天使币或安吉洛特 | 每马克黄金铸造33.4枚 |
| 但尼尔金币或埃居 | 每马克铸造54枚 |

直到1354年法兰西停止铸造金币前，上述其他金币中的最后一种货币，即但尼尔金币或者埃居不断被铸造出来。在法兰西国王约翰二世统治时期，埃居成为流通最广泛的货币。然而，铸币标准的变化很大，金币包含的黄金纯度从纯金逐步变为二十三克拉、二十二又四分之三克拉、二十一克拉，甚至十八克拉。

1361年，法兰西国王约翰二世统治时期的标志性事件是法兰西开始铸造重要的纯金货币金法郎，每马克纯金铸造六十三枚金法郎，每枚金法郎的价值相当于二十索尔或者一磅黄金的价值。

法兰西国王查理五世和查理七世统治时期，法兰西继续保持了金法郎的标准，但查理七世统治时期，每枚金法郎的重量降低了，即每马克纯金铸造八十枚金法郎。

1365年，查理五世首次铸造了金百合，或称金弗罗林。查理五世铸造的金币都为纯金货币，重量接近一格罗斯。一金百合相当于一金法郎，即相当于一里弗尔或者二十索尔，并且金百合获得了与法郎相同的名字，被称为皮耶法郎，以区别原来正统的被称为西弗法郎的金法郎。

1421年，查理六世首先采用纯金铸造萨鲁特。一萨鲁特的重量与一西弗法郎的重量相同，但价值相当于二十五索尔。

1384年，法兰西国王查理六世首次铸造了纯金货币皇冠币或者皇冠埃居，一皇冠币的重量为三但尼尔四格令，即每马克黄金铸造六十四枚，价值相当于二十二索尔。皇冠币是中世纪法兰西最著名的金币。在流通中，皇冠币在整个欧洲都享有盛誉，并且一直使用到路易十四发行金路易时。

法兰西国王查理六世和查理七世统治时期，皇冠币的重量和标准有了很大改变。此时，皇冠币的标准下降到十六克拉。1436年，皇冠币再次使用纯金铸造，但每马克纯金铸造七十枚皇冠币，一皇冠币的发行价格为二十五索尔。1455年，皇冠币按纯度为二十三又八分之一克拉的每马克黄金铸造七十一枚的标准发行，一枚皇冠币，相当于二十七索尔。

1473年，法兰西国王路易十一按每马克黄金铸造七十二枚的标准发行皇冠币。但1475年，法兰西国王路易十一开始发行太阳埃居，即太阳皇冠，太阳皇冠与皇冠币包含的黄金纯度相同，但稍重一些，即每马克黄金铸造七十枚太阳皇冠。

法兰西国王查理八世时期开始，太阳皇冠，即太阳埃居或者金埃居，取代了使用时间较长的皇冠币。弗朗索瓦一世统治时期，太阳皇冠的铸造标准通常为纯度为二十三克拉的每马克黄金铸造七十又六分之一枚。查理九世统治时期，太阳皇冠的铸造标准为纯度为二十三克拉的每马克黄金铸造七十二又二分之一枚。后来，太阳皇冠的这一铸造标准一直维持到路易十四的统治时期。太阳皇冠价值的变化可以在随附的表格中查到。

在原来的埃居中，皇冠币需要与查理六世统治时期发行的少量霍姆埃居区别。在通常情况下，纯度为二十二克拉的每马克黄金铸造四十八枚霍姆埃居。

亨利金币仅出现在法兰西国王亨利二世统治时期，采用纯度为二十三克拉的黄金铸造，每枚亨利金币的重量为两但尼尔二十格令，按相当于五十索尔的价值发行。

1640年，法兰西国王路易十三首次发行了金路易，并且模仿了西班牙的货币标准。纯度为二十二克拉的每马克黄金铸造三十六又四分之一

法兰西国王路易十三

枚金路易，一金路易相当于十里弗尔。金路易的标准和重量一直维持到1709年。随后的变化请参见下面的表格。

金百合是在1656年发行的，只在短时间内具有重要性。随后不久，金百合几乎立刻停止发行。纯度为二十三又四分之一克拉的每马克黄金铸造六十又二分之一枚金百合，每枚金百合的重量为三但尼尔三又二分之一格令，相当于七里弗尔[①]。

法兰西第一种王室银币但尼尔每枚的重量为二十一格令。法兰克国王查理曼大帝发行了第二种银币，并且采用了更重的货币，每枚重量为二十八格令。"大胆"查理发行的银币每枚重量为三十二格令。法兰西发行的第三种银币仍然是纯银币，每枚重约二十三格令或者二十四格令。银币成色和重量减少始于法兰西国王腓力一世统治时期。关于银苏勒德斯是否存在的问题，请参阅前文中勒布朗、引言等处的相关介绍。如果银苏勒德斯曾经作为大银币存在过，那么银苏勒德斯的存在时间被认为早于图尔格罗斯，也称为大但尼尔银币，大但尼尔布朗或者银索尔，并且由法兰西国王路易九世发行。银苏勒德斯采用纯度为十一但尼尔十二格令的白银铸造，每枚银苏勒德斯重量为七格令，即每马克白银铸造五十八枚，并且以十二但尼尔或者一索尔的价格发行。

因此起初，一图尔格罗斯与一索尔是等值的。然而，随着货币标准的降低，图尔格罗斯与索尔分离开来，索尔仍然是组成清算体系的货币。

直到法兰西国王腓力八世统治时期，法兰西银币一直保持原有的重量和标准，获得很高的声誉。1343年，在经历了一段货币贬值时期后，作为王太子的腓力六世重新铸造优质货币。腓力六世铸造了图尔格罗斯，每马克白银铸造六十枚图尔格罗斯，并且用纯银铸造，一图尔格罗斯以十五图尔但尼尔的价格发行。银币随后的变化请参阅下文的表格。

---

[①] 这种金百合与法兰西国王约翰二世发行的金百合和法兰西国王查理五世发行的金百合有区别，所以称为第三种类型的金百合。——原注

值得注意的是，虽然图尔格罗斯在重量和价值上经常变化，但纯度没有降低。

只有法兰西国王腓力六世发行巴黎银币。巴黎银币为纯银货币，一枚巴黎银币重量为四但尼尔，相当于十五图尔但尼尔或者一巴黎索尔。

泰斯通被认为是代替图尔格罗斯的货币。最初，泰斯通由法兰西国王路易十二在1513年发行，每枚泰斯通包含的白银纯度为十一但尼尔十八格令，重量为七但尼尔十二又三分之一格令，相当于十索尔。直到1575年，泰斯通才停止使用。1575年，银法郎取代泰斯通，每枚银法郎包含的白银纯度为十但尼尔十又二十三分之十格令，重量为十一但尼尔一格令，即每马克白银铸造十七又四分之一枚银法郎，价值相当于二十索尔。银法郎一直使用到路易十三统治时期。

1656年，银百合发行几个月时，包含的白银纯度为十一但尼尔，每枚银百合重量为六但尼尔五格令，价值相当于二十索尔。

夸特由法兰西国王亨利三世发行，包含的白银纯度为十一但尼尔，一夸特的重量为七但尼尔十二又二分之一格令，价值相当于十五索尔，即一金埃居价值的四分之一。当时，一金埃居的价值为六十索尔。夸特一直使用到1646年。

银路易由路易十三发行，采用纯度为十一但尼尔白银铸造，一银路易的重量为二十一但尼尔八格令。银路易一直使用到法兰西大革命时期。

本书已经简要叙述过法兰西货币体系史。附录的表格提供了法兰西货币体系发生重大变革前的，上文提到的货币的具体信息。在很大程度上，法兰西货币史体现了法兰西货币体系在中世纪经历的无数次、任意和过度的贬值。简单地说，约翰·劳的货币体系建立起来后，法兰西货币在18世纪的贬值是一个特别的插曲，在附录中叙述可能比在正文中叙述这一插曲更合适。

1689年、1693年和1703年，法兰西政府进行了三次重要的货币重铸。第三次货币重铸使一金路易的价值相当于十五里弗尔，一银路易的价值相当于四里弗尔。1708年年底，一金路易和一银路易的价值分别下降到十二里弗尔十五索尔和三里弗尔八索尔。根据1709年4月颁布的法令，法兰西政府采用了与以往不同的货币标准。纯度为二十二克拉的每马克黄金铸造三十二枚金路易，一金路易的价值相当于十六里弗尔十索尔，纯度为十一但尼尔的每马克白银铸造八枚银路易，一银路易的价值相当于四里弗尔八索尔。1709年5月，第二项法令将一金路易和一银路易的价值分别提高到二十里弗尔和五里弗尔。1709年5月法令特别规定的价值使法兰西的商业遭到了灾难性打击。1713年9月30日的法令废除了1709年5月法令规定的金路易和银路易的价值，并且将一金路易和一银路易的价值分别降到十四里弗尔和三里弗尔十索尔。1713年12月，法兰西政府再次尝试货币改革。新货币的金属含量和纯度与原来的货币相同，但一金路易的价值被规定为二十里弗尔，一银路易的价值为五里弗尔，未经改变的一金路易和一银路易的价值分别为十六里弗尔和四里弗尔。1716年，法兰西国王路易十五统治时期，法兰西开始经历轻微的货币混乱。1716年11月，法兰西政府发行了新的金路易，纯度为二十二克拉的每马克黄金铸造二十枚金路易。1718年5月，法兰西政府再次发行新的货币，即纯度为二十二克拉的每马克黄金铸造二十五枚金路易，纯度为十一但尼尔的每马克白银铸造十枚银路易。

因此，当时，法兰西存在四种不同的金路易，具体情况如下：

| 原来的金路易 | 每马克黄金铸造 $36\frac{1}{4}$ 枚 |
| --- | --- |
| 1709 年旧的金路易 | 每马克黄金铸造 30 枚 |
| 1715 年旧的金路易 | |
| 1716 年旧的金路易 | 每马克黄金铸造 20 枚 |
| 1718 年旧的金路易 | 每马克黄金铸造 25 枚 |

同样，法兰西有三种类型的银路易或埃居：

| 原来的银路易 | 每马克白银铸造 9 枚 |
|---|---|
| 1709 年发行的银路易 | 每马克白银铸造 8 枚 |
| 1715 年发行的旧的银路易 | |
| 1718 年发行的旧的银路易 | 每马克白银铸造 10 枚 |

1719年7月25日，印尼公司获得法兰西铸币厂九年时间的利润和经营权。印尼公司铸币活动的第一个结果是根据以下价值发行了货币：

| 不同时期发行的货币 | 里弗尔 | 索尔 | 但尼尔 |
|---|---|---|---|
| 1718 年的埃居 | 5 | 13 | 4 |
| 1709 年的银路易 | 7 | 1 | 8 |
| 旧的银路易 | 34 | 0 | 0 |
| 1709 年发行的旧的银路易 | 28 | 6 | 8 |

1719年，即印尼公司获得法兰西铸币厂租约的第一年，印尼公司发行了新的币种，即坎扎因金币。一坎扎因金币相当于十五里弗尔，一里弗尔相当于六分之一埃居。此时，所有银币的含银量都遭到削减，每马克白银铸造六十五又十一分之五枚银币。1720年3月5日，所有货币的价值都提升了。因此，1709年发行的一金路易的价值上升到四十里弗尔，1709年发行的一银路易的价值上升到十里弗尔。1720年3月11日，法兰西政府禁止使用金币，并且决定重铸货币。然而，1720年3月11日的规定并没有得到执行。1720年7月，一金路易的价值已经升到六十里弗尔，每马克纯金的价值相当于一千九百六十三又十七分之七里弗尔，一银路易的价值上升到十五里弗尔，每马克纯银的价值相当于一百三十又十一

分之十里弗尔。辅币也同样升值，货币不断升值的混乱状态一直持续到1720年年底。1720年9月，一金路易的价值已经下降到四十五里弗尔，即每马克纯金的价值相当于一千四百七十二又十一分之八里弗尔，一银路易的价值下降到十一里弗尔五索尔，即每马克纯银的价值相当于九十八又十一分之二里弗尔。1720年9月，根据1718年的标准，法兰西政府发行了一种新货币，即金路易。每马克纯金铸造二十五枚金路易，并且一金路易以五十四里弗尔的价格发行。银路易，或者埃居，每马克白银铸造三十枚，并且一银路易以三里弗尔的价格发行。但从1720年10月24日起，新发行的金路易和银路易的价值逐渐下降。从1721年1月1日起，一金路易和一银路易分别以四十五里弗尔和两里弗尔十索尔的价值流通。从1721年1月1日起，在流通中，1709年发行的每枚金路易的价值为二十二里弗尔十索尔，1709年发行的每枚银路易的价值为五里弗尔十二索尔六但尼尔。

1721年1月5日，法兰西政府解除了印尼公司的铸币合同。1723年，法兰西政府采用折衷方案，尝试货币改革。改革后，一金路易的价值相当于二十七里弗尔，每马克黄金铸造三十七又二分之一枚金路易。一银路易的价值相当于六里弗尔十八索尔，每马克白银铸造十又八分之三枚银路易。在改革过程中，1723年铸造的货币贬值十分明显。1726年，一金路易和一银路易的价值分别下降到十二里弗尔和三里弗尔。货币的快速贬值催生了1726年的重要改革和货币重铸。1726年的货币重铸是根据1709年的法令确定的标准执行的。

一金路易相当于二十里弗尔，每马克黄金铸造三十枚金路易。一银路易相当于五里弗尔，每马克白银铸造九枚银路易。

根据1726年5月的法令，金路易和银路易的价值提高了20%，即一金路易相当于二十四里弗尔，一银路易相当于六里弗尔。

## 法兰西金币表[1]

| 时间（年） | | | 每马克黄金的价格 | | | 货币 | 标准 | 每马克铸造的货币数 | 价值 | |
|---|---|---|---|---|---|---|---|---|---|---|
| | | | 里弗尔 | 索尔 | 但尼尔 | | | | 索尔 | 但尼尔 |
| 1226（路易九世） | | | ... | | | 安格尔 | 纯金 | $59\frac{1}{6}$ | 12 | 6 |
| 1295（腓力四世） | | | ... | | | 大皇室币 | 纯金 | $59\frac{1}{6}$ | 25 | 0 |
| 1305 | | | 44 | 0 | 0 | 小皇室币 | 纯金 [G] | 70 | 13 | 9 |
| 1308 | 4月 | 16日 | 44 | 0 | 0 | 金王座 | 纯金 [G] | 70 | 25 | 0 |
| 1310 | 8月 | 12日 | 49 | 10 | 0 | 马塞斯 | 22克拉 | $34\frac{1}{2}$ | 30 | 0 |
| 1310 | 1月 | 22日 | 55 | 11 | 9 | 阿陧莱 | 纯金 | $59\frac{1}{6}$ | 20 | 0 |
| 1312 | 8月 | 24日 | 55 | 10 | 4 | 阿陧莱 | 纯金 | $59\frac{1}{6}$ | 15 | 0 |
| 1314（路易十世）8月25日 | | | 55 | 0 | 0 | 阿陧莱 | 纯金 | $59\frac{1}{6}$ | 20 | 0 |
| 1314 | 10月 | 29日 | 55 | 10 | 0 | 阿陧莱 | 纯金 | $59\frac{1}{6}$ | 20 | 0 |
| 1315 | 5月 | 6日 | 55 | 0 | 0 | 阿陧莱 | 纯金 | $59\frac{1}{6}$ | 20 | 0 |
| 1315 | 1月 | 15日 | 45 | 0 | 0 | 阿陧莱 | 纯金 | $59\frac{1}{6}$ | 15 | 0 |
| 1316（腓力五世）复活节 | | | 38 | 0 | 0 | 阿陧莱 | 纯金 | $59\frac{1}{6}$ | 12 | 6 |
| 1316 | 12月 | 8日 | 55 | 10 | 0 | 阿陧莱 | 纯金 | $59\frac{1}{6}$ | 20 | 0 |
| 1322（查理四世） | | | | | | | | | | |
| 1322 | 2月 | 20日 | 58 | 0 | 0 | 安格尔 [H] | 纯金 | $59\frac{1}{6}$ | 20 | 0 |
| 1322 | 10月 | 15日 | 53 | 6 | 9 | 安格尔 [H] | 纯金 | $59\frac{1}{6}$ | 18 | 9 |

[1] 1689年及以前，来自勒布朗的记录；1690年及以后，从不同的资料中收集。——原注

续 表

| | | | | | | | | | | |
|---|---|---|---|---|---|---|---|---|---|---|
| 325 | 2月 | 16日 | 67 | 10 | 0 | 双皇室币 | 纯金 | 58 | 25 | 0 |
| 1329（腓力六世）12月26日 | | | 67 | 0 | 0 | 巴黎金币 | 纯金 | $33\frac{2}{5}$ | 37 | 6 |
| | 12月26日 | | 67 | 0 | 0 | 双皇室币 | 纯金 | 58 | 22 | 6 |
| 1330年8月8日（会计科目用货币） | | | 41 | 13 | 0 | 巴黎金币 | 纯金 | $33\frac{2}{5}$ | 25 | 0 |
| | | | 41 | 0 | 0 | 双皇室币 | 纯金 | $33\frac{2}{5}$ | 15 | 0 |
| | | | 41 | 0 | 0 | 安格尔 | 纯金 | $33\frac{2}{5}$ | 14 | 7 |
| 331 | 1月 | 9日 | 39 | 0 | 0 | 皇室币 | 纯金 | $33\frac{2}{5}$ | 22 | 6 |
| 332 | 8月 | 19日 | 39 | | | 皇室币 | 纯金 | $33\frac{2}{5}$ | 15 | 0 |
| | | | | | | | | | （图尔铸造） | |
| 336 | 2月 | 1日 | 50 | 0 | 0 | 埃居 | 纯金 | 54 | 20 | 0 |
| 338 | 10月 | 14日 | 58 | 0 | 0 | 狮币 | 纯金 | 50 | 25 | 0 |
| 339 | 5月 | 25日 | 61 | 10 | 0 | 狮币 | 纯金 | 50 | 25 | |
| 339 | 6月 | 14日 | 66 | 0 | 0 | 帕维永 | 纯金 | 48 | 30 | 0 |
| 339 | 8月 | 10日 | 69 | 0 | 0 | 帕维永 | 纯金 | 48 | 30 | |
| 339 | 6月 | 20日 | 71 | 0 | 0 | 帕维永 | 纯金 | 48 | 30 | |
| 339 | 2月 | 7日 | 82 | 0 | 0 | 皇冠币 | 纯金 | 45 | 40 | 0 |
| 339 | 2月 | 15日 | 86 | 0 | 0 | 皇冠币 | 纯金 | 45 | 40 | |
| 340 | 4月 | 16日 | 96 | 0 | 0 | 双金币 | 纯金 | 36 | 60 | 0 |
| | 1340 | | 96 | | | 单金币 | 纯金 | 72 | 30 | 0 |
| 340 | 5月 | 27日 | 100 | 0 | 0 | 双金币 | 23克拉 | 30 | 60 | 0 |
| 340 | 10月 | 7日 | 108 | 0 | 0 | 双金币 | 23克拉 | 30 | 60 | 0 |
| 340 | 1月 | 31日 | 114 | 14 | 0 | 双金币 | 23克拉 | 30 | 60 | 0 |
| 340 | 2月 | 7日 | 115 | 0 | 0 | 天使币 | 纯金 | $33\frac{2}{5}$ | 75 | 0 |

| | | | | | | | | | |
|---|---|---|---|---|---|---|---|---|---|
| | 1340 | | 115 | 0 | 0 | 半天使币 | 纯金 | $67\frac{1}{3}$ | 75 | 0 |
| 1341 | 8月 | 23日 | 130 | 0 | 0 | 天使币 | 纯金 | $38\frac{1}{3}$ | 75 | 0 |
| 1341 | 1月 | 19日 | 136 | 0 | 0 | 天使币 | 纯金 | $38\frac{1}{3}$ | 75 | 0 |
| 1342 | 6月 | 28日 | 168 | 0 | 0 | 天使币 | 纯金 | 42 | 85 | 0 |
| 1342 | 9月 | 16日 | 171 | 0 | 0 | 天使币 | 纯金 | 42 | 85 | 0 |
| 1342 | 4月 | 10日 | 117 | 0 | 0 | 埃居 | 纯金 | 54 | 85 | 0 |
| 1343 | 9月 | 22日 | 117 | 0 | 0 | 埃居 | 纯金 | 54 | 45 | 0 |
| （坚挺的货币） | | | 43 | 6 | 8 | 埃居 | 纯金 | 54 | 16 | 8 |
| 1344 | 3月 | 27日 | 44 | 3 | 9 | 埃居 | 纯金 | 54 | 16 | 0 |
| 1346 | 7月 | 17日 | 50 | 0 | 0 | 金王座 | 纯金 | 52 | 20 | 0 |
| 1346 | 2月 | 24日 | 72 | 0 | 0 | 金王座 | 纯金 | 52 | 20 | 0 |
| 1346 | 3月 | 4日 | 72 | 0 | 0 | 金王座 | 纯金 | 52 | 30 | 0 |
| 1347 | 4月 | 6日 | 75 | 0 | 0 | 金王座 | 纯金 | 52 | 30 | 0 |
| 1347 | 4月 | 14日 | 44 | 3 | 4 | 埃居 | 纯金 | 54 | 16 | 8 |
| 1347 | 9月 | 27日 | 75 | 0 | 0 | 金王座 | 纯金 | 52 | 30 | 0 |
| 1347 | 1月 | 11日 | 51 | 10 | 0 | 埃居 | 23克拉 | 54 | 18 | 9 |
| 1348 | 8月 | 30日 | 51 | 0 | 0 | 埃居 | $22\frac{3}{4}$克拉 | 54 | 20 | 0 |
| 1348 | 3月 | 12日 | 51 | 15 | 3 | 埃居 | 22克拉 | 54 | 25 | 0 |
| 1349 | 5月 | 23日 | 52 | 1 | 6 | 埃居 | 21克拉 | 54 | 25 | 0 |
| 1349 | 12月 | 5日 | 53 | 0 | 0 | 埃居 | 21克拉 | 54 | 25 | 0 |
| 1350年4月22日<br>（坚挺的货币） | | | 53 | 0 | 0 | 埃居 | 21克拉 | 54 | 20 | 0 |
| 1350年9月1日<br>（约翰二世） | | | 53 | 18 | 9 | 埃居 | 21克拉 | 54 | 18 | 9 |
| 1351 | 6月 | 20日 | 54 | 17 | 6 | 埃居 | $20\frac{1}{2}$克拉 | 54 | 18 | 0 |

续　表

| | | | | | | | | | |
|---|---|---|---|---|---|---|---|---|---|
| 1351 | 7月 | 23日 | 54 | 0 | 0 | 埃居 | 20克拉 | 54 | 18 | 0 |
| 1351 | 8月 | 18日 | 96 | 0 | 0 | 埃居 | 20克拉 | 54 | 18 | 0 |
| 1351 | 8月 | 20日 | 96 | 0 | 0 | 金百合 | 纯金 | 50 | 40 | 0 |
| 1351 | 9月 | 17日 | 56 | 5 | 0 | 埃居 | 20克拉 | 54 | 18 | 9 |
| 1351 | 9月 | 24日 | 58 | 2 | 6 | 埃居 | 18克拉 | 54 | 18 | 0 |
| 1351 | 10月 | 20日 | 60 | 0 | 0 | 埃居 | 18克拉 | 54 | 18 | 0 |
| 1351 | 2月3日（坚挺的货币） | | 60 | 0 | 0 | 埃居 | 18克拉 | 54 | 15 | 0 |
| 1352 | 4月 | 21日 | 60 | 18 | 9 | 埃居 | 18克拉 | 54 | 15 | 0 |
| 1352 | 5月 | 18日 | 60 | 0 | 0 | 埃居 | 18克拉 | 54 | 20 | 0 |
| 1352 | 1月 | 18日 | 60 | 17 | 6 | 埃居 | 18克拉 | 54 | 20 | 0 |
| 1352 | 2月 | 3日 | 60 | 0 | 0 | 埃居 | 18克拉 | 54 | 37 | 6 |
| 1353 | 5月 | 1日 | 60 | 0 | 0 | 埃居 | 18克拉 | 54 | 40 | 0 |
| 1353 | 10月26日（坚挺的货币） | | 62 | 16 | 4 | 埃居 | 18克拉 | 54 | 15 | 0 |
| 1354 | 10月 | 24日 | 60 | 0 | 0 | 莫顿币 | 纯金 | 52 | 25 | 0 |
| 1355 | 1月 | 3日 | 61 | 5 | 0 | 莫顿币 | 纯金 | 52 | 25 | 0 |
| 1355 | 6月 | 19日 | 62 | 10 | 0 | 莫顿币 | 纯金 | 52 | 25 | 0 |
| 1355 | 1月3日（坚挺的货币） | | 62 | 0 | 0 | 莫顿币 | 纯金 | 52 | 25 | 0 |
| 1356 | 10月 | 25日 | 62 | 0 | 0 | 莫顿币 | 纯金 | 52 | 30 | 0 |
| 1356 | 1月 | 25日 | 63 | 2 | 6 | 莫顿币 | 纯金 | 52 | 25 | 0 |
| 1357 | 6月 | 15日 | 63 | 0 | 0 | 小莫顿币 | 纯金 | 104 | 12 | 6 |
| 1358 | 8月 | 31日 | 78 | 15 | 0 | 皇室币 | 纯金 | 66 | 25 | 0 |
| 1358 | 4月 | 20日 | 80 | 12 | 6 | 皇室币 | 纯金 | 69 | 25 | 0 |
| 1359年3月31日（坚挺的货币） | | | 80 | 0 | 0 | 皇室币 | 纯金 | 69 | 40 | 0 |
| 1360年1月12日（坚挺的货币） | | | 60 | 0 | 0 | 法郎 | 纯金 | 63 | 20 | 0 |

续　表

| | | | | | | | | | |
|---|---|---|---|---|---|---|---|---|---|
| 1361 | 4月 | 23日 | 60 | 0 | 0 | 法郎 | 纯金 | 63 | 20 | 0 |
| 1363 | 7月 | 29日 | 61 | 0 | 0 | 法郎 | 纯金 | 63 | 20 | 0 |
| 1364（查理五世）5月3日 | | | 62 | 0 | 0 | 法郎 | 纯金 | 63 | 20 | 0 |
| 1364 | 8月 | 5日 | 62 | 0 | 0 | 皇室币 | 纯金 | 63 | 20 | 0 |
| 1364 | 9月 | 10日 | 62 | 0 | 0 | 法郎 | 纯金 | 63 | 20 | 0 |
| 1365 | 5月 | 5日 | 62 | 10 | 0 | 金百合 | 纯金 | 64 | 20 | 0 |
| 1381（查理六世） | | | | | | 金百合 | 纯金 | 64 | | |
| | 4月 | 25日 | 60 | 10 | 0 | 金百合 | 纯金 | 64 | 20 | 0 |
| 1384 | 3月 | 18日 | 65 | 10 | 0 | 皇冠埃居 | 纯金 | 60 | 22 | 0 |
| 1386 | 8月 | 31日 | 66 | 0 | 0 | 皇冠埃居 | 纯金 | 60 | 22 | 0 |
| 1387 | 2月 | 28日 | 66 | 10 | 0 | 皇冠埃居 | 纯金 | $61\frac{1}{3}$ | 22 | 6 |
| 1391 | 4月 | 8日 | 67 | 0 | 0 | 皇冠埃居 | 纯金 | $61\frac{1}{3}$ | 22 | 0 |
| 1392 | 4月 | 1日 | 67 | 10 | 0 | 皇冠埃居 | 纯金 | $61\frac{1}{3}$ | 22 | 0 |
| 1394 | 9月 | 5日 | 68 | 5 | 0 | 皇冠埃居 | 纯金 | 62 | 22 | 6 |
| 1405 | 8月 | 8日 | 68 | 15 | 0 | 皇冠埃居 | 纯金 | 62 | 22 | 0 |
| 1407 | 2月 | 11日 | 68 | 5 | 0 | 皇冠埃居 | 纯金 | 62 | 22 | 0 |
| 1411 | 10月 | 7日 | 70 | 0 | 0 | 皇冠埃居 | 纯金 | 64 | 22 | 6 |
| 1411 | 2月 | 12日 | 70 | 0 | 0 | 皇冠埃居 | $23\frac{11}{28}$克拉 | 64 | 22 | 0 |
| 1411 | 3月 | 5日 | 70 | 15 | 0 | 皇冠埃居 | $23\frac{11}{28}$克拉 | 64 | 22 | 0 |
| 1414 | 9月 | 6日 | 72 | 0 | 0 | 皇冠埃居 | $23\frac{11}{28}$克拉 | 64 | 22 | 0 |
| 1417 | 5月 | 17日 | 92 | 0 | 0 | 莫顿币 | 23克拉 | 96 | 20 | 0 |
| 1417 | 10月 | 21日 | 96 | 0 | 0 | 莫顿币 | 23克拉 | 96 | 20 | 0 |
| 1417 | 10月 | 28日 | 96 | 0 | 0 | 莫顿币 | 23克拉 | 96 | 20 | 0 |

续 表

| | | | | | | | | | | |
|---|---|---|---|---|---|---|---|---|---|---|
| 1417 | 12月 | 9日 | 92 | 0 | 0 | 海姆埃居 | 22 克拉 | 48 | 40 | 0 |
| 1418 | 7月 | 2日 | 94 | 0 | 0 | 海姆埃居 | 22 克拉 | 48 | 40 | 0 |
| 1418 | 3月 | 7日 | 150 | 0 | 0 | 皇冠埃居 | 23 克拉 | 64 | 50 | 0 |
| 1419 | 6月 | 18日 | 144 | 0 | 0 | 莫顿币 | 23 克拉 | 96 | 30 | 0 |
| 1419 | 10月 | 24日 | 144 | 0 | 0 | 金王座或双金币 | 纯金 | 40 | 80 | 0 |
| 1419 | 2月 | 26日 | 171 | 13 | 4 | 皇冠埃居 | 纯金 | 67 | 50 | 0 |
| 1419 | | | 171 | 0 | 0 | 莫顿币 | 纯金 | 67 | 26 | 8 巴黎铸造 |
| 1420 | 10月 | 27日 | 171 | 0 | 0 | 双金币 | $23\frac{1}{4}$ 克拉 | 40 | 80 | 0 |
| 1421（坚挺的货币），4月26日 | | | 72 | 0 | 0 | 皇冠埃居 | 纯金 | 66 | 22 | 6 |
| 1421 | 10月 | 8日 | 76 | 5 | 0 | 萨鲁特 | 纯金 | 63 | 25 | 0 |
| 1422（查理七世） | | | 76 | 0 | 0 | 皇冠埃居 | $23\frac{1}{2}$ 克拉 | 64 | 25 | 0 |
| 1423 | 5月 | 22日 | 84 | 0 | 0 | 皇冠埃居 | 纯金 | 68 | 25 | 0 |
| 1423 | 1月 | 28日 | 84 | 0 | 0 | 莫顿币 | 22 克拉 | 96 | 20 | 0 |
| 1423 | 2月 | 8日 | 84 | 0 | 0 | 西弗法郎 | 纯金 | 80 | 20 | 0 |
| 1423 | 7月 | 1日 | 79 | 0 | 0 | 西弗法郎 | 纯金 | 80 | 20 | 0 |
| 1424 | 8月 | 23日 | 79 | 0 | 0 | 皇冠埃居 | 23 克拉 | 67 | 22 | 6 |
| 1424 | 9月 | 2日 | 87 | 0 | 0 | 皇冠埃居 | 23 克拉 | 70 | 25 | 0 |
| 1424 | 10月 | 3日 | 87 | 0 | 0 | 莫顿币 | 22 克拉 | 96 | 15 | 0 |
| 1425 | 10月 | 3日 | 87 | 0 | 0 | 皇冠埃居 | 23 克拉 | 64 | 25 | 0 |
| 1425 | 1月 | 12日 | 87 | 10 | 0 | 皇冠埃居 | 23 克拉 | 70 | 25 | 0 |
| 1426 | 8月 | 27日 | 105 | 0 | 0 | 皇冠埃居 | 23 克拉 | 70 | 25 | 0 |
| 1426 | 9月 | 11日 | 108 | 0 | 0 | 皇冠埃居 | 22 克拉 | 70 | 30 | 0 |
| 1426 | 10月 | 12日 | 108 | 0 | 0 | 皇冠埃居 | 22 克拉 | 72 | 30 | 0 |

续表

| | | | | | | | | | |
|---|---|---|---|---|---|---|---|---|---|
| 1426 | 1月 | 9日 | 90 | 0 | 0 | 皇冠埃居 | 22克拉 | 72 | 30 | 0 |
| 1426 | 1月 | 17日 | 90 | 0 | 0 | 皇冠埃居 | 23克拉 | 67 | 22 | 6 |
| 1426 | 3月 | 19日 | 90 | 0 | 0 | 皇冠埃居 | 23克拉 | 67 | 25 | 0 |
| 1427 | 5月 | 27日 | 72 | 0 | 0 | 皇冠埃居 | 23克拉 | 67 | 20 | 0 |
| 1427 | 7月 | 19日 | 72 | 0 | 0 | 皇冠埃居 | 21克拉 | 72 | 25 | 0 |
| 1427 | 8月 | 28日 | 90 | 0 | 0 | 皇冠埃居 | 22克拉 | 70 | 25 | 0 |
| 1427 | 10月 | 15日 | 90 | 0 | 0 | 莫顿币 | 20克拉 | 96 | 15 | 0 |
| 1427 | 10月 | 20日 | 80 | 0 | 0 | 皇冠埃居 | 20克拉 | 70 | 20 | 0 |
| 1427 | 2月 | 21日 | 92 | 10 | 0 | 皇冠埃居 | 21克拉 | 70 | 20 | 0 |
| 1428 | 7月 | 31日 | 97 | 10 | 0 | 皇冠埃居 | 20克拉 | 70 | 25 | 0 |
| 1428 | 10月 | 26日 | 97 | 0 | 0 | 莫顿币 | 19克拉 | 96 | 15 | 0 |
| 1428 | 4月 | | 88 | 0 | 0 | 皇冠埃居 | 18克拉 | 70 | 20 | 0 |
| 1428 | 3月 | 2日 | 105 | 0 | 0 | 皇冠埃居 | 18克拉 | 70 | 20 | 0 |
| 1429 | 6月 | 17日 | 105 | 0 | 0 | 皇冠埃居 | 16克拉 | 70 | 25 | 0 |
| 1429 | 10月14日（坚挺的货币） | | 77 | 10 | 0 | 皇室币 | 纯金 | 64 | 25 | 0 |
| 1429 | 12月 | 7日 | 77 | 0 | 0 | 皇冠埃居 | 22克拉 | $67\frac{1}{2}$ | 22 | 6 |
| 1430 | 7月 | 7日 | 97 | 0 | 0 | 金王座 | 16克拉 | 68 | 20 | 0 |
| 1430 | 10月 | 9日 | 97 | 0 | 0 | 皇冠埃居 | 22克拉 | 64 | 22 | 6 |
| 1431 | 5月 | 30日 | 77 | 10 | 0 | 皇室币 | 纯金 | 64 | 25 | 0 |
| 1431 | 9月 | 27日 | 102 | 0 | 0 | 皇室币 | 纯金 | 70 | 30 | 0 |
| 1431 | 2月 | 9日 | 102 | 0 | 0 | 皇室币 | 纯金 | 64 | 25 | 0 |
| 1431 | 3月 | 24日 | 88 | 11 | 10 | 皇冠埃居 | 20克拉 | $67\frac{1}{2}$ | 22 | 6 |
| 1432 | 1月 | 16日 | 78 | 15 | 0 | 皇冠埃居 | 20克拉 | $67\frac{1}{2}$ | 22 | 0 |
| 1432 | 12月 | 31日 | 78 | 0 | 0 | 皇室币 | 纯金 | 64 | 25 | 0 |

续 表

| 1435 | 10月 | 14日 | 103 | 10 | 0 | 皇冠埃居 | 纯金 | 70 | 30 | 0 |
| --- | --- | --- | --- | --- | --- | --- | --- | --- | --- | --- |
| 1435 | 2月 | 21日 | 86 | 5 | 0 | 皇冠埃居 | 纯金 | 70 | 25 | 0 |
| 1437 | 9月 | 1日 | 87 | 10 | 0 | 皇冠埃居 | 纯金 | 70 | 25 | 0 |
| 1437 | 10月 | 22日 | 92 | 10 | 0 | 皇冠埃居 | 21克拉 | 70 | 25 | 0 |
| 1438 | 4月 | 30日 | 86 | 5 | 0 | 皇冠埃居 | 纯金 | 70 | 25 | 0 |
| 1443 | 10月 | 19日 | 87 | 3 | 6 | 皇冠埃居 | 纯金 | 70 | 25 | 0 |
| 1444 | 12月 | 17日 | 87 | 10 | 0 | 皇冠埃居 | $23\frac{1}{4}$克拉 | 70 | 25 | 0 |
| 1445 | 9月 | 24日 | 88 | 7 | 6 | 皇冠埃居 | $23\frac{1}{4}$克拉 | 70 | 25 | 0 |
| 1446 | 6月 | 1日 | 88 | 2 | 6 | 皇冠埃居 | $23\frac{3}{4}$克拉 | $70\frac{1}{2}$ | 25 | 0 |
| 1446 | 1月 | 21日 | 97 | 15 | 0 | 皇冠埃居 | $23\frac{1}{2}$克拉 | $70\frac{1}{2}$ | 27 | 6 |
| 1447 | 7月 | 27日 | 97 | 5 | $7\frac{1}{2}$ | 皇冠埃居 | $23\frac{1}{4}$克拉 | $70\frac{1}{2}$ | 27 | 0 |
| 1447 | 10月 | 27日 | 97 | 15 | 0 | 皇冠埃居 | $23\frac{1}{2}$克拉 | $70\frac{1}{2}$ | 27 | 0 |
| 1450 | 6月 | 15日 | 99 | 0 | 0 | 皇冠埃居 | $23\frac{1}{8}$克拉 | $70\frac{1}{2}$ | 27 | 0 |
| 1450 | 2月 | 3日 | 99 | 5 | 0 | 皇冠埃居 | $23\frac{1}{8}$克拉 | $70\frac{1}{2}$ | 27 | 0 |
| 1454 | 5月 | 18日 | 99 | 10 | 0 | 皇冠埃居 | $23\frac{1}{8}$克拉 | $70\frac{1}{2}$ | 27 | 0 |
| 1456 | 6月 | 26日 | 100 | 0 | 0 | 皇冠埃居 | $23\frac{1}{8}$克拉 | 71 | 27 | 0 |
| 1472（路易十一），3月12日 | | | 100 | 0 | 0 | 皇冠埃居 | $23\frac{1}{8}$克拉 | 71 | 28 | 4 |
| 1473 | 6月 | 18日 | 103 | 0 | 0 | 皇冠埃居 | $23\frac{1}{8}$克拉 | 71 | 28 | 0 |
| 1473 | 1月 | 8日 | 110 | 0 | 0 | 皇冠埃居 | $23\frac{1}{8}$克拉 | 72 | 30 | 3 |

续 表

| | | | | | | | | | |
|---|---|---|---|---|---|---|---|---|---|
| 1475 | 10月 | 2日 | 118 | 10 | 0 | 太阳埃居 | $23\frac{1}{8}$ 克拉 | 70 | 33 | 0 |
| 1487（查理八世），7月30日 | | | 118 | 0 | 0 | 皇冠埃居 | $23\frac{1}{8}$ 克拉 | 70 | 35 | 0 |
| 1487 | | | 118 | 0 | 0 | 太阳埃居 | $23\frac{1}{8}$ 克拉 | 70 | 36 | 3 |
| 1488 | 4月 | 24日 | 130 | 3 | 4 | 太阳埃居 | $23\frac{1}{8}$ 克拉 | 70 | 36 | |
| 1498（路易十二），4月7日 | | | 130 | 3 | 4 | 太阳埃居 | $23\frac{1}{8}$ 克拉 | 70 | 36 | 3 |
| 1507 | 10月 | 24日 | 130 | 0 | 0 | 改变后的埃居 | $23\frac{1}{8}$ 克拉 | 70 | 36 | 3 |
| 1515（弗朗索瓦一世），1月1日 | | | 130 | 0 | 0 | 太阳埃居 | $23\frac{1}{8}$ 克拉 | 70 | 36 | 3 |
| 1516 | 10月 | 27日 | 130 | 0 | 0 | 太阳埃居 | $23\frac{1}{8}$ 克拉 | 70 | 40 | 0 |
| 1516 | | | 130 | 0 | 0 | 皇冠埃居 | $23\frac{1}{8}$ 克拉 | 70 | 39 | 0 |
| 1517 | 5月 | 25日 | 130 | 0 | 0 | 太阳埃居 | $23\frac{1}{8}$ 克拉 | 70 | 36 | 3 |
| 1519 | 6月 | 10日 | 147 | 0 | 0 | 太阳埃居 | $23\frac{1}{8}$ 克拉 | $71\frac{1}{2}$ | 40 | 0 |
| 1519 | 8月 | 18日 | 147 | 0 | 0 | 太阳埃居 | 23 克拉 | $71\frac{1}{6}$ | 40 | 0 |
| 1532 | 3月 | 5日 | 147 | 0 | 0 | 太阳埃居 | 23 克拉 | $71\frac{1}{6}$ | 45 | 0 |
| 1539 | 2月 | 24日 | 147 | 0 | 0 | 萨利德埃居 | 23 克拉 | $71\frac{1}{6}$ | 45 | 0 |
| 1540 | 5月 | 18日 | 165 | 7 | 6 | 克鲁瓦塞特埃居 | 23 克拉 | $71\frac{1}{6}$ | 45 | 0 |
| 1549（亨利二世），1月23日 | | | 172 | 0 | 0 | 亨利金币 | 23 克拉 | 67 | 50 | 0 |
| 1561（查理九世），8月30日 | | | 185 | 0 | 0 | 太阳埃居 | 23 克拉 | $72\frac{1}{2}$ | 50 | 0 |
| 1569 | 10月 | 23日 | 185 | 0 | 0 | 太阳埃居 | 23 克拉 | $72\frac{1}{2}$ | 53 | 0 |

续 表

| | | | | | | | | | |
|---|---|---|---|---|---|---|---|---|---|
| 1570 | 8月 | 30日 | 185 | 0 | 0 | 太阳埃居 | 23克拉 | $72\frac{1}{2}$ | 54 | 0 |
| 1572 | 7月 | 1日 | 185 | 0 | 0 | 太阳埃居 | 23克拉 | $72\frac{1}{2}$ | 52 | 0 |
| 1573 | 6月 | 9日 | 200 | 0 | 0 | 太阳埃居 | 23克拉 | $72\frac{1}{2}$ | 54 | 0 |
| 1574（亨利三世）9月22日 | | | 200 | 0 | 0 | 太阳埃居 | 23克拉 | $72\frac{1}{2}$ | 58 | 0 |
| 1575 | 6月 | 17日 | 200 | 0 | 0 | 太阳埃居 | 23克拉 | $72\frac{1}{2}$ | 60 | 0 |
| 1575 | 5月 | 31日 | 222 | 0 | 0 | 太阳埃居 | 23克拉 | $72\frac{1}{2}$ | 60 | 0 |
| 1575 | 6月 | 15日 | 222 | 0 | 0 | 太阳埃居 | 23克拉 | $72\frac{1}{2}$ | 65 | 0 |
| 1575 | 10月 | 20日 | 222 | 0 | 0 | 太阳埃居 | 23克拉 | $72\frac{1}{2}$ | 60 | 0 |
| 1602（亨利四世），9月 | | | 240 | 10 | 0 | 太阳埃居 | 23克拉 | $72\frac{1}{2}$ | 65 | 0 |
| 1615（路易十三），2月5日 | | | 278 | 6 | 6 | 太阳埃居 | 23克拉 | $72\frac{1}{2}$ | 75 | 0 |
| 1630 | 2月 | | 278 | 0 | 0 | 太阳埃居 | 23克拉 | $72\frac{1}{2}$ | 80 | 0 |
| 1631 | 8月 | | 278 | 0 | 0 | 太阳埃居 | 23克拉 | $72\frac{1}{2}$ | 83 | 0 |
| 1633 | 7月 | | 278 | 0 | 0 | 太阳埃居 | 23克拉 | $72\frac{1}{2}$ | 86 | 0 |
| 1636 | 3月 | 5日 | 278 | 0 | 0 | 太阳埃居 | 23克拉 | $72\frac{1}{2}$ | 94 | 0 |
| 1636 | 5月 | 8日 | 320 | 0 | 0 | 太阳埃居 | 23克拉 | $72\frac{1}{2}$ | 94 | 0 |
| 1636 | 6月 | 28日 | 320 | 0 | 0 | 太阳埃居 | 23克拉 | $72\frac{1}{2}$ | 104 | 0 |
| 1636 | 9月 | 22日 | 384 | 0 | 0 | 太阳埃居 | 23克拉 | $72\frac{1}{2}$ | 104 | 0 |
| 1640 | 4月 | 3日 | 384 | 0 | 0 | 金路易 | 22克拉 | $36\frac{1}{4}$ | 200 | 0 |

| | | | | | | | | | |
|---|---|---|---|---|---|---|---|---|---|
| 1652（路易十四），4月4日 | | | 384 | 0 | 0 | 金路易 | 22克拉 | $36\frac{1}{4}$ | 220 | 0 |
| 1655 | 12月 | 23日 | 384 | 0 | 0 | 金路易 | $23\frac{1}{4}$克拉 | $60\frac{1}{2}$ | 140 | 0 |
| 1662 | 7月 | 7日 | 423 | 10 | 11 | 金路易 | $23\frac{1}{4}$克拉 | $60\frac{1}{2}$ | 140 | 0 |
| 1679 | 4月 | 10日 | 437 | 9 | $8\frac{1}{2}$ | 金路易 | $23\frac{1}{4}$克拉 | $60\frac{1}{2}$ | 140 | 0 |
| 1686 | 7月 | 29日 | 437 | 7 | 5 | 金路易 | $23\frac{1}{4}$克拉 | $60\frac{1}{2}$ | 230 | 0 |
| 1687 | 10月 | 27日 | 447 | 7 | 2 | 金路易 | $23\frac{1}{4}$克拉 | $60\frac{1}{2}$ | 225 | 0 |
| 1689 | 12月 | 10日 | 447 | 0 | 0 | 金路易 | $23\frac{1}{4}$克拉 | $60\frac{1}{2}$ | 232 | 0 |
| | | | 447 | 0 | 0 | 金埃居 | $23\frac{1}{4}$克拉 | $60\frac{1}{2}$ | 120 | 0 |
| 1693 | | | $514\frac{1}{11}$ | 0 | 0 | 金路易 | $23\frac{1}{4}$克拉 | $60\frac{1}{2}$ | 260 | 0 |
| 1703 | | | $584\frac{1}{4}$ | 0 | 0 | 金路易 | $23\frac{1}{4}$克拉 | $60\frac{1}{2}$ | 300 | 0 |
| 1708 | | | $584\frac{1}{4}$ | 0 | 0 | 金路易 | $23\frac{1}{4}$克拉 | $60\frac{1}{2}$ | 255 | 0 |
| 1709 | 4月 | | 576 | 0 | 0 | 金路易 | 22克拉 | 32 | 330 | 0 |
| 1709 | 5月 | | $654\frac{6}{11}$ | 0 | 0 | 金路易 | 22克拉 | 30 | 400 | 0 |
| 1713 | 9月 | 30日 | $654\frac{6}{11}$ | 0 | 0 | 金路易 | 22克拉 | 30 | 280 | 0 |
| 1713 | 12月 | | $654\frac{6}{11}$ | 0 | 0 | 金路易 | 22克拉 | 30 | 400 | 0 |
| 1716（路易十五），10月 | | | $654\frac{6}{11}$ | 0 | 0 | 金路易 | 22克拉 | 22 | 400 | 0 |
| 1718 | 5月 | | $654\frac{6}{11}$ | 0 | 0 | 金路易 | 22克拉 | 25 | 400 | 0 |
| 1719 | 7月 | 25日 | $927\frac{3}{11}$ | 0 | 0 | 金路易 | 22克拉 | 25 | 680 | 0 |

续表

| | | | | | | | | | |
|---|---|---|---|---|---|---|---|---|---|
| 1719 | | | 1008 | 15 | 0 | 坎扎因金币 | 22 克拉 | 25 | 300 | 0 |
| 1720 | 3月 | 5日 | 1008 | 0 | 0 | 金路易 1709年发行 | 22 克拉 | 25 | 800 | 0 |
| 1720 | 3月 | 11日 | $1963\frac{7}{11}$ | 0 | 0 | 金路易 | 22 克拉 | 25 | 1200 | 0 |
| 1720 | 9月 | | $1472\frac{8}{11}$ | 0 | 0 | 金路易 | 22 克拉 | 25 | 900 | 0 |
| 1720 | | | $1472\frac{8}{11}$ | 0 | 0 | 金路易 | 22 克拉 | 25 | 1000 | 0 |
| 1721 | 1月 | 1日 | $1472\frac{8}{11}$ | 0 | 0 | 金路易 | 22 克拉 | 25 | 900 | 0 |
| 1723 | | | $1472\frac{8}{11}$ | 0 | 0 | 金路易 | 22 克拉 | $37\frac{1}{2}$ | 540 | 0 |
| 1726 | | | $1472\frac{8}{11}$ | 0 | 0 | 金路易 | 22 克拉 | $37\frac{1}{2}$ | 240 | 0 |
| 1726（货币重铸） | | | 678 | 15 | 0 | 金路易 | 22 克拉 | 30 | 400 | 0 |
| 1726 | 5月 | | 740 | 9 | 1 | 金路易 | 标准提高20% | 30 | 480 | 0 |
| 1726 | | | 740 | 0 | 0 | 埃居 | 标准提高20% | 30 | 120 | 0 |
| 1785（路易十六）10月30日（货币重铸造） | | | 828 | 12 | 0 | 金路易 | 22 克拉 | 32 | 480 | 0 |
| 1803 | 3月 | 28日 | 1千克纯金的价值为$3444\frac{4}{9}$法郎。相当于纯度为0.9的1千克黄金的价值为3100法郎 | | | 40-法郎和-20法郎 | 根据$3434\frac{4}{9}$枚法郎的价值相当于1千克纯金的价值发行，纯度为0.9的1千克黄金价值为3091枚法郎 | 32 | 480 | 0 |
| 1830 | 10月 | 8日 | 1千克纯金的价值为$3444\frac{4}{9}$法郎。相当于纯度为0.9的1千克黄金的价值为3100法郎 | | | 100-法郎和10-法郎 | 根据$3434\frac{4}{9}$枚法郎的价值相当于1千克纯金的价值发行，纯度为0.9的1千克黄金价值为3091枚法郎 | 32 | 480 | 0 |

附录6 法兰西的货币体系 | 477

| 1850 | | | 1千克纯金的价值为 $3444\frac{4}{9}$ 法郎。相当于纯度为0.9的1千克黄金的价值为3100法郎 | 10-法郎 | 根据 $3434\frac{4}{9}$ 法郎的价值相当于1千克纯金的价值发行，纯度为0.9的1千克黄金价值为3091法郎 | 32 | 480 | 0 |
|---|---|---|---|---|---|---|---|---|
| 1835 | 2月 | 25日 | 铸币变更：6法郎的重量为1千克 | 10-法郎 | 根据 $3434\frac{4}{9}$ 法郎的价值相当于1千克纯金的价值发行，纯度为0.9的1千克黄金价值为3091法郎 | 32 | 480 | 0 |
| 1835 | 6月 | 30日 | 每千克纯金的价值从 $3434\frac{4}{9}$ 法郎变为 $3437\frac{7}{9}$ 法郎 | 10-法郎 | 根据 $3434\frac{4}{9}$ 法郎的价值相当于1千克纯金的价值发行，纯度为0.9的1千克黄金价值为3091法郎 | 32 | 480 | 0 |

[G]参见路易·费利西安·德·索尔西的记载，第73页，陈述了这些货币包含的黄金纯度会不定期降到二十克拉以下。

[H]英格兰国王爱德华三世时期的四千四百九十六枚刻有羔羊头像的弗罗林价值相当于八百七十一英镑二先令，每枚刻有羔羊头像的弗罗林价值为三先令十又二分之一便士。根据财政部的《古老的杂录》记载，伍斯特教区主教亚当·奥莱顿前往罗马的支出为 $\frac{624}{3}$ 枚刻有羔羊头像的弗罗林。

## 法兰西银币表[①]

| 时间（年） | 每马克纯银的价值 | | | 货币名 | 合金重量 | | 每马克白银铸造的数量 | 价值 | |
|---|---|---|---|---|---|---|---|---|---|
| | 里弗尔 | 索尔 | 但尼尔 | | 但尼尔 | 格令 | | 索尔 | 但尼尔 |
| 1144 | 0 | 40 | 0 | … | | … | … | … | |

① 1689年及以前的资料来源与法兰西金币表的资料来源相同，1690年及以后的资料从不同的资料中收集。——原注

续 表

| | | | | | | | | | |
|---|---|---|---|---|---|---|---|---|---|
| 1158 | 0 | 53 | 4 | ... | ... | ... | ... | ... | |
| 1207 | 0 | 50 | 0 | ... | ... | ... | ... | ... | |
| 1222 | 0 | 50 | 0 | ... | ... | ... | ... | ... | |
| 1226 | 0 | 54 | 7 | 图尔格罗斯 | 11 | 12 | 58 | 0 | 12 |
| 1283 | 0 | 54 | 0 | ... | ... | ... | ... | ... | |
| 1285 | 0 | 54 | 6 | ... | ... | ... | ... | ... | |
| 1293 | 0 | 61 | 0 | ... | ... | ... | ... | ... | |
| 1295 | | ... | | 小图尔格罗斯 | 9 | 12 | 116 | 0 | 6 |
| 1296年5月20日 | 3 | 8 | 0 | ... | ... | ... | ... | | |
| 1297年7月4日 | 3 | 10 | 0 | ... | ... | ... | ... | | |
| 1298年5月25日 | 3 | 15 | 0 | ... | ... | ... | ... | | |
| 1299年6月7日 | 3 | 18 | 0 | ... | ... | ... | ... | | |
| 1302年4月23日 | 4 | 8 | 0 | ... | ... | ... | ... | | |
| 1302年2月2日 | 5 | 4 | 0 | ... | ... | ... | ... | | |
| 1303年8月15日 | 6 | 0 | 0 | ... | ... | ... | ... | | |
| 1304年5月7日 | 6 | 5 | 0 | ... | ... | ... | ... | | |
| 1304年6月25日 | 6 | 14 | 0 | ... | ... | ... | ... | | |
| 1304年9月8日 | 6 | 15 | 0 | ... | ... | ... | ... | | |
| 1304年12月13日 | 7 | 5 | 0 | ... | ... | ... | ... | | |
| 1304年3月1日 | 7 | 10 | 0 | ... | ... | ... | ... | | |
| 1305年4月18日 | 8 | 10 | 0 | ... | ... | ... | ... | | |
| 1306年10月1日 | 2 | 15 | 6 | ... | ... | ... | ... | | |
| （坚挺的货币） | | ... | | | | | | ... | |
| 1308年4月16日 | 2 | 19 | 0 | 图尔格罗斯 | 11 | 12 | 58 | 0 | 12 |
| 1310年1月20日 | 3 | 7 | 6 | 布尔乔亚的福特 | 6 | 0 | 189 | 0 | 2 |
| | | ... | | | | | | 巴黎铸造 | |

续表

| 日期 | | | | 币种 | | | | | |
|---|---|---|---|---|---|---|---|---|---|
| 1311年7月8日 | 3 | 5 | 1 | 布尔乔亚的单银币 | 6 | 0 | 378 | 0 | 1 |
| ... | | | | | | | | 巴黎铸造 | |
| 1313年6月 | ... | ... | ... | ... | ... | ... | ... | 0 | 1 |
| ... | | | | | | | | 图尔铸造 | |
| 1313年9月19日 | 2 | 14 | 7 | 图尔格罗斯 | 11 | 12 | 58 | 0 | 12 |
| ... | ... | ... | ... | ... | ... | ... | ... | ... | ... |
| | | | | 图尔但尼尔 | 3 | 18 | 220 | 0 | 1 |
| | | | | | | | | ... | |
| | | | | 巴黎但尼尔 | 4 | 12 | 221 | 0 | 1 |
| | | | | | | | | 巴黎铸造 | |
| 1314年10月29日 | 2 | 4 | 7 | ... | ... | ... | ... | ... | |
| 1315年5月6日 | | | ... | 巴黎但尼尔 | 4 | 12 | 221 | 0 | 1 |
| | | | | | | | | 巴黎铸造 | |
| 1315年1月15日 | 2 | 4 | 0 | 图尔但尼尔 | 3 | 18 | 220 | 0 | 1 |
| | | | ... | | | | | 图尔铸造 | |
| 1317年3月1日 | 3 | 7 | 6 | 图尔格罗斯 | 11 | 12 | $59\frac{1}{6}$ | 1 | 3 |
| ... | | | ... | 巴黎但尼尔 | 4 | 12 | 282 | 0 | 1 |
| 1321年2月20日 | 3 | 7 | 6 | 图尔格罗斯 | 11 | 12 | $59\frac{1}{6}$ | 1 | 3 |
| 1322年10月15日 | 3 | 8 | 9 | 巴黎但尼尔 | 3 | 18 | 218 | ... | |
| 1322年3月2日 | 4 | 0 | 0 | 银奥波尔 | 10 | 0 | 118 | 0 | 6 |
| | | | ... | | | | | 巴黎铸造 | |
| 1326年7月24日 | 4 | 10 | 0 | ... | 9 | 0 | 135 | 0 | 8 |
| | | | ... | | | | | 图尔铸造 | |
| 1326年1月20日 | 5 | 0 | 0 | ... | ... | ... | ... | ... | |
| 1327年1月8日 | 5 | 8 | 0 | ... | ... | ... | ... | ... | |

续 表

|  | | | | | | | | |
|---|---|---|---|---|---|---|---|---|
| 1328年10月7日 | 5 | 11 | 0 | ... | ... | ... | ... | |
| 1329年12月26日 | 4 | 4 | 0 | 图尔格罗斯 | ... | ... | 1 | 6 |
| | ... | | | | | | 图尔铸造 | |
| 1330年4月8日 | 2 | 18 | 0 | " | 11 | 12 | 60 | 1 | 0 |
| （坚挺的货币） | ... | | | | | | 图尔铸造 | |
| ... | ... | | | 巴黎格罗斯 | 11 | 12 | 48 | 1 | 0 |
| | ... | | | | | | 巴黎铸造 | |
| 1331年1月9日 | 2 | 17 | 6 | ... | ... | ... | ... | |
| 1333年6月12日 | 2 | 15 | 6 | 巴黎但尼尔 | 4 | 4 | $138\frac{1}{2}$ | ... |
| 1336年2月13日 | 3 | 12 | 6 | 皇冠格罗斯 | 10 | 16 | 96 | 1 | 10 |
| | ... | | | | | | 图尔铸造 | |
| 1338年10月14日 | 4 | 12 | 0 | " | 8 | 0 | 96 | 0 | 10 |
| 1338年1月3日 | 5 | 0 | 0 | ... | ... | ... | ... | |
| 1339年8月19日 | 5 | 0 | 0 | ... | ... | ... | ... | |
| 1339年2月5日 | 6 | 15 | 0 | | 7 | 0 | 105 | 0 | 10 |
| 1339年4月6日 | ... | | | | 6 | 0 | 108 | 0 | 10 |
| 1340年8月1日 | 7 | 0 | 0 | ... | ... | ... | ... | |
| 1340年12月4日 | 7 | 10 | 0 | ... | ... | ... | ... | |
| 1340年1月27日 | 8 | 14 | 0 | 百合花格罗斯 | 6 | 0 | 84 | 1 | 3 |
| | ... | | | | | | ... | |
| 1340年2月8日 | 9 | 4 | 0 | ... | ... | ... | ... | |
| 1340年2月13日 | 9 | 12 | 0 | ... | 6 | 0 | 95 | 1 | 3 |
| 1342年6月30日 | 12 | 10 | 0 | ... | 6 | 0 | 120 | 1 | 3 |
| 1342年9月7日 | 13 | 0 | 0 | ... | ... | ... | ... | |
| 1343年4月9日 | 13 | 10 | 0 | ... | ... | ... | ... | |
| 1343年9月22日 | 9 | 10 | 0 | ... | ... | ... | ... | |

续 表

| | | | | | | | | | |
|---|---|---|---|---|---|---|---|---|---|
| ... | | ... | | 图尔格罗斯 | 11 | 12 | 60 | 3 | 9 |
| 1343年10月26日 | 3 | 4 | 0 | ... | ... | | ... | 1 | 3 |
| （坚挺的货币） | | ... | | | | | | ... | |
| 1344年2月16日 | 3 | 8 | 0 | ... | ... | | ... | ... | |
| 1345年4月9日 | 3 | 10 | 6 | ... | ... | | ... | ... | |
| 1346年7月17日 | 4 | 10 | 0 | 双巴黎银币 | 3 | 18 | 180 | 0 | 2 |
| | | ... | | | | | | 巴黎铸造 | |
| 1346年1月27日 | 5 | 0 | 0 | ... | ... | | ... | ... | |
| 1346年2月24日 | 6 | 15 | 0 | ... | ... | | ... | ... | |
| 1346年3月3日 | | ... | | ... | 3 | 0 | 216 | 0 | 2 |
| | | ... | | | | | | 巴黎铸造 | |
| 1347年7月21日 | 7 | 10 | 0 | ... | ... | | ... | ... | |
| 1347年1月11日 | 4 | 16 | 0 | 双图尔格罗斯 | 3 | 8 | $183\frac{1}{3}$ | 0 | 2 |
| | | ... | | | | | | 图尔铸造 | |
| 1348年8月31日 | 5 | 0 | 0 | ... | 3 | $1\frac{1}{3}$ | $183\frac{1}{3}$ | 0 | 2 |
| | | ... | | | | | | 图尔铸造 | |
| 1348年12月31日 | 6 | 0 | 0 | ... | 2 | 12 | 200 | 0 | 2 |
| | | ... | | | | | | 图尔铸造 | |
| 1349年5月12日 | 6 | 13 | 0 | ... | ... | | ... | ... | |
| 1349年8月7日 | 6 | 15 | 0 | ... | ... | | ... | ... | |
| 1349年12月5日 | 7 | 7 | 0 | ... | ... | | ... | ... | |
| 1349年1月20日 | 7 | 15 | 0 | ... | ... | | ... | ... | |
| 1350年4月23日 | 5 | 0 | 0 | 双巴黎银币 | 3 | 12 | 168 | 0 | 2 |
| （坚挺的货币） | | ... | | | | | | 巴黎铸造 | |
| 1350年8月23日 | 5 | 5 | 0 | " | 2 | 8 | 168 | 0 | 2 |
| | | ... | | | | | | 巴黎铸造 | |

续　表

|  | | | | | | | | | |
|---|---|---|---|---|---|---|---|---|---|
| 1350年10月26日 | 5 | 12 | 0 | ... | | ... | | ... | ... |
| 1350年2月5日 | 6 | 0 | 0 | ... | | ... | | ... | ... |
| 1350年3月6日 | 6 | 8 | 0 | ... | | ... | | ... | ... |
| 1351年5月17日 | 6 | 18 | 0 | 布兰克 | 4 | 12 | 144 | 0 | 6 |
| | | | | | | | | 巴黎铸造 | |
| | | ... | | | | | | | |
| 1351年6月23日 | 7 | 8 | 0 | ... | | ... | | ... | ... |
| 1351年8月18日 | 8 | 15 | 0 | ... | | ... | | ... | ... |
| 1351年9月12日 | 10 | 0 | 0 | 布兰克 | 4 | 0 | 144 | 0 | 6 |
| | | | | | | | | 巴黎铸造 | |
| | | ... | | | | | | | |
| 1351年10月10日 | 10 | 10 | 0 | ... | | ... | | ... | ... |
| 1351年12月16日 | 11 | 0 | 0 | ... | | ... | | ... | ... |
| 1351年1月25日 | 12 | 0 | 0 | ... | | ... | | ... | ... |
| 1351年2月4日 | 14 | 12 | 0 | 图尔格罗斯 | 4 | 8 | $87\frac{1}{4}$ | 0 | 8 |
| | | ... | | 布兰克 | | | | 图尔铸造 | |
| 1351年3月27日（坚挺的货币） | 5 | 6 | 0 | ... | | ... | | ... | ... |
| | | ... | | | | | | | |
| 1352年6月2日 | | ... | | ... | | ... | | ... | ... |
| 1352年7月24日 | 6 | 2 | 0 | ... | 4 | 0 | 100 | 0 | 8 |
| | | ... | | | | | | 图尔铸造 | |
| 1352年8月16日 | 6 | 10 | 0 | ... | | ... | | ... | ... |
| 1352年10月24日 | 6 | 18 | 0 | ... | | ... | | ... | ... |
| 1352年10月25日 | 8 | 0 | 0 | ... | 4 | 0 | 120 | 0 | 8 |
| | | ... | | | | | | 图尔铸造 | |
| 1352年12月31日 | 9 | 0 | 0 | ... | | ... | | ... | ... |
| 1352年2月6日 | 10 | 0 | 0 | ... | | ... | | ... | ... |
| 1353年4月22日 | 12 | 0 | 0 | ... | 3 | 12 | 140 | 0 | 8 |

续 表

|  | | | | | | | | | |
|---|---|---|---|---|---|---|---|---|---|
| | | ... | | | | | | 图尔铸造 | |
| 1353年7月30日 | 12 | 15 | 0 | ... | ... | ... | ... | | |
| 1353年8月2日 | 13 | 15 | 0 | ... | ... | ... | ... | | |
| 1353年10月26日 | 4 | 15 | 0 | ... | ... | ... | ... | | |
| （坚挺的货币） | | ... | | | | | ... | | |
| 1353年10月27日 | | ... | | ... | 3 | $8\frac{4}{5}$ | 65 | 0 | 8 |
| | | ... | | | | | 图尔铸造 | | |
| 1353年2月5日 | 5 | 7 | 0 | ... | ... | ... | ... | | |
| 1353年2月17日 | 5 | 17 | 0 | ... | ... | ... | ... | | |
| 1354年4月26日 | 6 | 15 | 0 | ... | ... | 96 | 0 | 8 | |
| | | ... | | | | | 图尔铸造 | | |
| 1354年5月28日 | 9 | 12 | 0 | ... | 3 | 0 | 120 | 0 | 8 |
| | | ... | | | | | 图尔铸造 | | |
| 1354年6月5日 | 10 | 12 | 0 | ... | ... | ... | ... | | |
| 1354年9月7日 | 12 | 0 | 0 | ... | ... | ... | ... | | |
| 1354年10月24日 | 4 | 4 | 0 | 银皇冠 | 3 | 8 | 80 | 0 | 5 |
| （坚挺的货币） | | ... | | | | | 图尔铸造 | | |
| 1354年1月23日 | 4 | 16 | 0 | ... | 2 | 12 | ... | | |
| 1354年4月4日 | 5 | 6 | 0 | ... | 3 | 0 | 120 | ... | |
| 1355年5月20日 | 6 | 10 | 0 | ... | 2 | 12 | ... | ... | |
| 1355年7月6日 | 7 | 10 | 0 | ... | ... | ... | ... | | |
| 1355年7月17日 | 10 | 0 | 0 | 银皇冠 | 3 | 9 | 72 | 1 | 3 |
| 1355年8月22日 | | ... | | ... | 3 | 0 | ... | ... | |
| 1355年8月26日 | 11 | 0 | 0 | ... | ... | ... | ... | | |
| 1355年9月28日 | 12 | 10 | 0 | ... | 3 | 0 | 80 | ... | |
| 1355年10月9日 | 14 | 0 | 0 | ... | 3 | 0 | 100 | ... | |

续 表

| | | | | | | | | | |
|---|---|---|---|---|---|---|---|---|---|
| 1355年11月10日 | 16 | 0 | 0 | ... | 2 | 12 | 100 | ... | |
| 1355年12月15日 | 18 | 0 | 0 | ... | ... | ... | ... | ... | |
| 1355年1月3日 | 5 | 5 | 0 | ... | ... | ... | ... | ... | |
| （坚挺的货币） | | ... | | | | | ... | | |
| 1355年1月5日 | | ... | | 银皇冠 | 8 | 0 | 96 | 0 | 10 |
| 1355年1月16日 | | ... | | 银百合 | 4 | 0 | 60 | 0 | 8 |
| 1356年8月3日 | 6 | 10 | 0 | ... | 3 | 0 | 90 | | |
| 1356年9月19日 | 7 | 5 | 0 | ... | 3 | 0 | $112\frac{1}{2}$ | ... | |
| 1356年10月28日 | 8 | 17 | 0 | ... | ... | ... | ... | | |
| 1356年11月23日 | 7 | 8 | 0 | 格罗斯 | 6 | 0 | 80 | 1 | 0 |
| 1356年11月28日 | 7 | 8 | 0 | 布兰克格罗斯 | 4 | 0 | 80 | 1 | 0 |
| 1356年2月7日 | | ... | | ... | 3 | 0 | $112\frac{1}{2}$ | 1 | 0 |
| 1356年3月26日 | 6 | 10 | 0 | 皇冠格罗斯 | 5 | 0 | 70 | 0 | 10 |
| 1357年1月23日 | 8 | 10 | 0 | 银百合 | 4 | 0 | 60 | 1 | 3 |
| 1358年5月9日 | 10 | 0 | 0 | ... | 3 | 8 | ... | ... | |
| 1358年7月1日 | 12 | 0 | 0 | ... | 3 | 0 | 64 | ... | |
| 1358年8月8日 | 13 | 10 | 0 | ... | 3 | 0 | 96 | ... | |
| 1358年8月30日 | 6 | 15 | 0 | 银皇冠 | 4 | 0 | $53\frac{1}{3}$ | 1 | 0 |
| 1358年11月13日 | 7 | 0 | 0 | | | 75 | | ... | |
| 1358年11月22日 | 8 | 0 | 0 | | 3 | 0 | 75 | ... | |
| 1358年12月3日 | 8 | 12 | 0 | | | | ... | | |
| 1358年12月9日 | 9 | 10 | 0 | | | | ... | | |
| 1358年2月22日 | 7 | 0 | 0 | | 3 | 0 | 90 | 0 | 6 |
| 1358年2月27日 | | ... | | | 3 | 0 | 100 | ... | |
| 1359年4月20日 | 7 | 10 | 0 | | 3 | 0 | 120 | ... | |

续　表

|  | | | | | | | | | |
|---|---|---|---|---|---|---|---|---|---|
| 1359年5月28日 | 11 | 10 | 0 | | 2 | 12 | 150 | ... | |
| | | ... | | 布兰克格罗斯 | 3 | 0 | 72 | 1 | 3 |
| 1359年6月5日 | 9 | 0 | 0 | 图尔银百合 | 3 | 12 | 70 | 1 | 3 |
| 1359年6月12日 | | ... | | | 3 | 0 | | ... | |
| 1359年7月9日 | | ... | | | | | | ... | |
| 1359年7月12日 | | ... | | | 2 | 15 | | ... | |
| 1359年7月31日 | 16 | 4 | 0 | | 2 | 12 | 80 | ... | |
| 1359年9月18日 | 22 | 13 | 0 | | 2 | 6 | 90 | ... | |
| 1359年10月5日 | | ... | | | | | $112\frac{1}{2}$ | ... | |
| 1359年10月22日 | 29 | 8 | 0 | | 2 | 0 | 120 | ... | |
| 1359年11月27日 | 12 | 0 | 0 | 埃图瓦勒格罗斯 | 4 | 0 | 48 | 2 | 6 |
| 1359年12月5日 | 15 | 0 | 0 | | 3 | 0 | | ... | |
| 1359年12月19日 | 18 | 9 | 0 | | | | | ... | |
| 1359年12月31日 | 23 | 12 | 6 | | | | | | |
| 1359年1月2日 | 24 | 12 | 6 | | 2 | 12 | 60 | ... | |
| 1359年1月22日 | 34 | 12 | 6 | | 2 | 0 | 72 | | |
| 1359年2月17日 | | ... | | | | | 80 | | |
| 1359年2月27日 | 53 | 17 | 6 | | | | 100 | ... | |
| 1359年3月4日 | 77 | 16 | 0 | | 1 | 12 | 100 | | |
| 1359年3月21日 | 102 | 0 | 0 | | | | 125 | | |
| 1359年3月31日 | 11 | 0 | 0 | 布兰克格罗斯 | 4 | 0 | 64 | ... | |
| （坚挺的货币） | | ... | | | | | | ... | |
| 1360年4月27日 | | ... | | | 3 | 0 | | ... | |
| 1360年5月4日 | | ... | | | 2 | 12 | | ... | |
| 1360年5月26日 | | ... | | | 2 | 0 | | ... | |
| 1360年6月2日 | 7 | 0 | 0 | 银百合 | 2 | 0 | 64 | 0 | 6 |

续 表

|  | | | | | | | | | |
|---|---|---|---|---|---|---|---|---|---|
| 1360年6月27日 | ... | | | | | | 80 | 0 | $7\frac{1}{2}$ |
| 1360年6月28日 | 9 | 0 | 0 | | 1 | 12 | 80 | ... | |
| 1360年6月29日 | 10 | 10 | 0 | | | | ... | | |
| 1360年8月7日 | 15 | 0 | 0 | | | | 100 | ... | |
| 1360年8月18日 | 17 | 0 | 0 | | | | 120 | ... | |
| 1360年8月22日 | 18 | 10 | 0 | | | | ... | | |
| 1360年9月7日 | 7 | 0 | 0 | 皇冠布兰克 | 4 | 0 | 66 | 0 | 10 |
| 1360年10月22日 | ... | | | ... | 2 | 12 | | | |
| 1360年11月13日 | 8 | 0 | 0 | ... | ... | | ... | ... | |
| 1360年11月19日 | 9 | 0 | 0 | ... | ... | | ... | | |
| 1360年1月12日 | 5 | 8 | 0 | 银百合 | 4 | 12 | 54 | 0 | 10 |
| 1360年4月3日 | 5 | 0 | 0 | 图尔格罗斯 | 11 | 12 | 84 | 1 | 3 |
| （坚挺的货币） | | | ... | | | | ... | | |
| 1364年5月3日 | 5 | 0 | 0 | 银格罗斯 | 11 | 12 | 84 | 1 | 3 |
| 1365年5月2日 | 5 | 5 | 0 | 布兰克 | 4 | 0 | 96 | 0 | 5 |
| 1370年6月19日 | 5 | 15 | 0 | 银格罗斯 | 11 | 3 1/4 | 96 | 1 | 3 |
| 1372年8月9日 | 5 | 16 | 0 | ... | 11 | 17 | ... | | |
| 1374年8月12日 | ... | | | ... | 11 | 6 | ... | | |
| 1378年8月19日 | ... | | | ... | 11 | 17 | ... | | |
| 1381年4月16日 | 5 | 8 | 0 | 银格罗斯 | 11 | 6 | 96 | 1 | 3 |
| 1381年8月15日 | 5 | 16 | 0 | ... | ... | | ... | | |
| 1384年3月22日 | ... | | | 银埃居 | 6 | 0 | 75 | 0 | 10 |
| 1386年10月31日 | ... | | | ... | 5 | 12 | $74\frac{1}{2}$ | ... | |
| 1389年10月30日 | 5 | 18 | 0 | ... | 5 | 12 | ... | ... | |
| 1389年7月4日 | 6 | 3 | 9 | ... | 5 | 12 | | 1 | 0 |
| 1391年4月8日 | 6 | 5 | 0 | ... | ... | | ... | | |

续表

|  | | | | | | | | | |
|---|---|---|---|---|---|---|---|---|---|
| 1399年10月27日 | 6 | 8 | 0 | ... | ... | ... | ... | | |
| 1401年7月26日 | ... | | | 格罗斯 | 9 | 0 | 81 | 1 | 3 |
| 1405年7月6日 | 6 | 12 | 6 | 银埃居 | 5 | 6 | $76\frac{1}{2}$ | 0 | 10 |
| 1411年11月5日 | 6 | 15 | 0 | ... | 5 | 0 | 80 | ... | |
| 1413年7月12日 | 7 | 0 | 0 | 格罗斯 | 11 | 16 | $84\frac{7}{12}$ | 1 | 8 |
| 1414年6月26日 | 7 | 2 | 0 | 银埃居 | 5 | 0 | 80 | 0 | 10 |
| 1417年5月17日 | 8 | 0 | 0 | 格罗斯 | 8 | 0 | 80 | 1 | 8 |
| 1417年10月21日 | 9 | 0 | 0 | | 5 | 8 | ... | ... | |
| 1418年5月28日 | 9 | 10 | 0 | ... | ... | ... | ... | | |
| 1418年1月19日 | 10 | 0 | 0 | ... | ... | ... | ... | | |
| 1418年3月 | 14 | 0 | 0 | ... | ... | ... | ... | | |
| 1418年3月7日 | 16 | 10 | 0 | ... | 3 | 8 | ... | ... | |
| 1419年2月17日 | ... | | | 布兰克 | 2 | 0 | 168 | 0 | 5 |
| 1420年4月9日 | 18 | 0 | 0 | ... | ... | ... | ... | | |
| 1420年5月8日 | 26 | 0 | 0 | 格罗斯 | 2 | 12 | 100 | 1 | 8 |
| 1420年2月11日 | ... | | | ... | ... | ... | ... | | |
| 1421年4月26日 | 7 | 0 | 0 | 格罗斯 | 11 | 12 | $86\frac{1}{4}$ | 1 | 8 |
| 1422年10月30日 | 7 | 10 | 0 | 布兰克 | 4 | 12 | 90 | 0 | 10 |
| 1423年12月31日 | 7 | 0 | 0 | ... | 5 | 0 | 80 | ... | |
| 1423年3月10日 | ... | | | ... | 6 | 0 | 90 | ... | |
| 1424年3月17日 | ... | | | 布兰克 | 5 | 0 | 80 | 0 | 10 |
| 1425年6月9日 | 6 | 5 | 0 | 格罗斯 | 8 | 0 | 90 | 1 | 0 |
| 1425年8月17日 | 7 | 0 | 0 | 布兰克 | 4 | 0 | 128 | 0 | 5 |
| 1425年1月23日 | 7 | 10 | 0 | 大布兰克 | 9 | 0 | 96 | 1 | 3 |
| 1425年3月16日 | 7 | 5 | 0 | 布兰克 | 5 | 0 | 80 | 0 | 10 |

续　表

|  | | | | | | | | | |
|---|---|---|---|---|---|---|---|---|---|
| 1426年5月28日 | 8 | 10 | 0 | ... | 4 | 0 | ... | ... | |
| 1426年8月20日 | 9 | 10 | 0 | ... | 3 | 8 | ... | ... | |
| 1426年11月19日 | 11 | 0 | 0 | ... | 3 | 0 | 81 | ... | |
| 1426年1月11日 | 7 | 0 | 0 | ... | 4 | 12 | 72 | ... | |
| 1427年8月26日 | 8 | 0 | 0 | ... | 4 | 0 | 80 | ... | |
| 1427年10月4日 | 8 | 10 | 0 | ... | ... | ... | ... | ... | |
| 1428年7月31日 | 11 | 0 | 0 | ... | 3 | 0 | 81 | ... | |
| 1428年1月24日 | 13 | 10 | 0 | ... | 2 | 8 | 84 | ... | |
| 1428年3月2日 | 15 | 0 | 0 | ... | 2 | 0 | ... | ... | |
| 1429年5月4日 | ... | | | | 1 | 18 | ... | ... | |
| 1429年6月10日 | 20 | 0 | 0 | ... | 1 | 12 | ... | ... | |
| 1429年10月5日 | 7 | 0 | 0 | ... | 5 | 0 | 80 | 0 | 8 |
| （坚挺的货币） | ... | | | | | | ... | | |
| 1429年1月16日 | 7 | 0 | 0 | ... | 5 | 0 | 80 | 0 | 10 |
| 1430年12月22日 | 6 | 15 | 0 | 格罗斯 | 11 | 12 | $120\frac{3}{4}$ | 1 | 3 |
| 1431年1月9日 | 7 | 5 | 0 | 布兰克 | 5 | 0 | 80 | 0 | 10 |
| 1432年4月11日 | 9 | 6 | 1 | ... | ... | ... | ... | ... | |
| 1432年8月22日 | 9 | 10 | 2 | 格罗斯 | 4 | 18 | 68 | 1 | 2 |
| 1432年9月29日 | 9 | 16 | 0 | ... | ... | ... | ... | ... | |
| 1432年1月16日 | 7 | 5 | 0 | ... | ... | ... | ... | ... | |
| 1434年5月28日 | ... | | | 小布兰克 | 4 | 0 | 128 | 0 | 5 |
| 1435年9月22日 | 9 | 0 | 0 | 布兰克 | 4 | 0 | 80 | 0 | 10 |
| 1435年2月21日 | 7 | 0 | 0 | ... | 5 | 0 | ... | ... | |
| 1436年5月24日 | ... | | | 银埃居 | 5 | 0 | ... | ... | |
| 1436年4月21日 | 7 | 8 | 0 | ... | ... | ... | ... | ... | |
| 1437年11月27日 | 9 | 0 | 0 | ... | 3 | 8 | ... | ... | |

续　表

|  | | | | | | | | | |
|---|---|---|---|---|---|---|---|---|---|
| 1437年4月3日 | 7 | 10 | 0 | ... | ... | ... | ... | | |
| 1440 | 7 | 8 | 0 | ... | ... | ... | ... | | |
| 1441 | 7 | 10 | 0 | ... | ... | ... | ... | | |
| 1447年7月7日 | 8 | 0 | 0 | 银埃居 | 4 | 21 | $82\frac{3}{4}$ | 0 | 10 |
| 1447年7月27日 | 8 | 10 | 0 | 格罗斯 | 11 | 15 | 68 | 2 | 6 |
| ... | 7 | 10 | 0 | 布兰克 | 5 | 0 | 90 | 0 | 10 |
| 1456年6月26日 | 8 | 10 | 0 | 布兰克 | 4 | 12 | 81 | 0 | 10 |
| ... | 8 | 15 | 0 | 格罗斯 | 11 | 12 | 69 | 2 | 6 |
| 1465年7月 | | ... | | ... | ... | ... | $69\frac{5}{6}$ | ... | |
| ... | 8 | 10 | 0 | 布兰克 | 4 | 12 | 81 | 0 | 10 |
| 1473年1月8日 | 10 | 0 | 0 | ... | ... | ... | 86 | 0 | 11 |
| ... | | ... | | 格罗斯 | 11 | 12 | 69 | 2 | 9 |
| 1475年11月2日 | | ... | | 太阳布兰克 | 4 | 12 | $78\frac{1}{2}$ | 1 | 0 |
| 1488年4月24日 | 11 | 0 | 0 | 太阳布兰克 | 4 | 12 | $78\frac{1}{2}$ | 1 | 1 |
| 1497年4月7日 | 11 | 0 | 0 | 银皇冠 | 4 | 12 | 86 | 1 | 0 |
| 1513年4月6日 | 12 | 10 | 0 | 泰斯通 | 11 | 18 | $25\frac{1}{2}$ | 10 | 0 |
| 1514年1月1日 | 11 | 0 | 0 | 布兰克 | 4 | 12 | 86 | 1 | 0 |
| 1514年2月17日 | 12 | 15 | 0 | 泰斯通 | 11 | 18 | $25\frac{1}{2}$ | 10 | 0 |
| 1519年6月10日 | 12 | 10 | 0 | 皇冠布兰克 | 4 | 6 | $92\frac{1}{2}$ | 1 | 0 |
| 1521年9月20日 | 13 | 5 | 0 | 泰斯通 | 11 | 6 | $25\frac{1}{2}$ | 10 | 0 |
| 1532年3月1日 | | ... | | ... | ... | ... | ... | 10 | 6 |
| 1539年2月24日 | 12 | 10 | 0 | 银萨利曼德 | 4 | 6 | $92\frac{1}{2}$ | 1 | 0 |

续 表

| 日期 | | | | 货币 | | | | | |
|---|---|---|---|---|---|---|---|---|---|
| 1540年5月18日 | 14 | 0 | 0 | 泰斯通 | ... | | ... | 10 | 8 |
| 1541年5月4日 | ... | | | 克鲁瓦塞特杜赞 | 3 | 16 | $91\frac{1}{4}$ | 1 | 0 |
| 1547年3月31日 | ... | | | 杜赞 | ... | | $91\frac{1}{2}$ | 1 | 0 |
| 1549年10月25日 | 14 | 10 | 0 | 泰斯通 | ... | | ... | 11 | 0 |
| 1549年1月23日 | 15 | 0 | 0 | ... | ... | | ... | 11 | 4 |
| 1550年4月20日 | 14 | 5 | 0 | 杜赞 | 3 | 12 | $93\frac{1}{2}$ | 1 | 0 |
| 1561年8月30日 | 15 | 15 | 0 | 泰斯通 | 10 | $18\frac{3}{4}$ | $25\frac{1}{2}$ | 12 | 0 |
| 1572年6月13日 | ... | | | 杜赞 | 3 | 杜赞 | 102 | 1 | 0 |
| 1573年6月9日 | 17 | 0 | 0 | 泰斯通 | ... | | ... | 13 | 0 |
| 1575年6月17日 | ... | | | 泰斯通 | ... | | ... | 14 | 6 |
| 1575年5月31日 | 19 | 0 | 0 | 法郎 | 10 | $10\frac{10}{23}$ | $17\frac{1}{4}$ | 20 | 0 |
| 1575年5月 | 17 | 15 | 0 | 杜赞 | 3 | 0 | 102 | 1 | 0 |
| 1577年6月15日 | ... | | | 泰斯通 | ... | | 泰斯通 | 16 | 0 |
| 1577年11月20日 | ... | | | 泰斯通 | ... | | ... | 14 | 6 |
| 1580年10月17日 | 19 | 0 | 0 | 夸特 | 11 | 0 | $25\frac{1}{3}$ | 15 | 0 |
| 1602年9月 | 20 | 5 | 4 | 夸特 | ... | | ... | 16 | 0 |
| 1602年9月 | ... | | | 法郎 | ... | | ... | 21 | 4 |
| 1602年9月 | ... | | | 泰斯通 | ... | | ... | 15 | 0 |
| 1636年5月8日 | 23 | 10 | 0 | ... | ... | | ... | ... | |
| 1636年6月28日 | ... | | | 法郎 | ... | | ... | 27 | 0 |
| 1636年9月22日 | 25 | 0 | 0 | ... | ... | | ... | ... | |
| 1641年11月18日 | 26 | 10 | 0 | 银路易 | 11 | 0 | $8\frac{11}{12}$ | 60 | 0 |
| 1652年4月4日 | ... | | | 银路易 | ... | | ... | 66 | 0 |

续 表

| 日期 | | | | 币种 | | | | | |
|---|---|---|---|---|---|---|---|---|---|
| 1655年12月23日 | ... | | | 银路易 | 11 | 12 | $30\frac{1}{2}$ | 20 | 0 |
| 1679年4月10日 | 29 | 11 | 0 | 银路易 | ... | | ... | 60 | 0 |
| 1689年12月10日 | ... | | | 银路易 | ... | | ... | 62 | 0 |
| 1689年12月 | ... | | | 重新铸造了新的银路易 | ... | | ... | 66 | 0 |
| 1693年12月 | 33 | 16 | 0 | 银路易 | ... | | ... | 68 | 0 |
| 1703年12月10日 | $38\frac{10}{11}$ | 0 | 0 | 银路易 | ... | | ... | 80 | 0 |
| 1709年4月 | 38 | 8 | 0 | 银路易 | 11 | 0 | 8 | 88 | 0 |
| 1709年5月 | $43\frac{7}{11}$ | 0 | 0 | 银路易 | ... | | 100 | 0 | |
| 1713年9月30日 | ... | | | 银路易 | ... | | ... | 70 | 0 |
| 1718年5月 | ... | | | 银路易或埃居 | 11 | 0 | 10 | 80 | 0 |
| 1719年7月25日 | $61\frac{9}{11}$ | 0 | 0 | ... | ... | | ... | 113 | 4 |
| 1719年 | $69\frac{1}{8}$ | 0 | 0 | 银里弗尔 | ... | | $65\frac{5}{11}$ | ... | |
| 1720年9月 | $98\frac{2}{11}$ | 0 | 0 | 银路易 | ... | | ... | 235 | 0 |
| ... | ... | | | 银路易 | ($=\frac{1}{4}$埃居) | | 30 | 60 | 0 |
| 1721年1月1日 | ... | | | 银路易 | ($=\frac{1}{4}$埃居) | | ... | 50 | 0 |
| 1723 | ... | | | 银路易 | ... | | $10\frac{3}{8}$ | 138 | 0 |
| 1726 | 46 | 18 | 0 | 银路易 | ... | | 8 | 100 | 0 |
| 1726年5月 | 51 | 3 | 3 | 银路易 | ... | | ... | 120 | 0 |
| 1785 | 银币没有改变 | | | ... | ... | | ... | ... | |
| 1803 | 1千克纯银 = $222\frac{2}{8}$ 法郎（$218\frac{8}{9}$ 法郎返回给进口商） | | | 法郎 | 纯度0.900 | | 重量为5克 | ... | |

续 表

| | | | | | |
|---|---|---|---|---|---|
| 1835年6月30日 | 1千克纯银=$222\frac{2}{9}$法郎（220法郎返回给进口商） | 法郎 | 纯度0.900 | … | … |
| 1865，拉丁货币联盟 | … | … | 面值5法郎以下的货币的白银纯度降低到0.835 | | |

# 译名对照表

| | |
|---|---|
| Jews | 犹太人 |
| Italians | 意大利人 |
| Adolf Soetbeer | 阿道夫·索特贝尔 |
| Hamburg | 汉堡 |
| London | 伦敦 |
| Samuel Delucenna Ingham | 塞缪尔·德卢森纳·英厄姆 |
| Senate | 参议院 |
| John White | 约翰·怀特 |
| Sir Isaac Newton | 艾萨克·牛顿爵士 |
| Comte de Mirabeau | 米拉波伯爵 |
| Honoré Gabriel Riqueti | 奥诺雷·加里布埃尔·里凯蒂 |
| Charles Alexandre de Calonne | 夏尔·亚历山大·德·卡洛纳 |
| Alexander Hamilton | 亚历山大·汉密尔顿 |
| Austria | 奥地利 |
| Ottomar Haupt | 奥托马尔·豪普特 |
| *The American Mint Reports* | 《美国铸币报告》 |
| Henry Maxwell Lyte | 亨利·麦克斯韦尔·莱特 |
| Edna Shaw | 埃德娜·肖 |
| Italian | 意大利 |
| Florence | 佛罗伦萨 |
| Roman Empire | 罗马帝国 |
| Spain | 西班牙 |
| Moors | 摩尔人 |

| | |
|---|---|
| Christianity | 基督教 |
| Mediterranean | 地中海 |
| Eastern empire | 东罗马帝国 |
| Byzantium | 拜占庭 |
| Charlemagne | 查理曼大帝 |
| gold Byzants | 拜占庭金币 |
| Saxon | 撒克逊人 |
| Henry III | 亨利三世 |
| Venice | 威尼斯 |
| Pisa | 比萨 |
| Genoa | 热那亚 |
| Siena | 锡耶纳 |
| Sicily | 西西里岛 |
| Frederick II | 腓特烈二世 |
| Augustale | 奥古斯都 |
| Giovanni Dandolo | 乔瓦尼·丹多洛 |
| Count of Flanders | 佛兰德斯伯爵 |
| Baldwin IX | 鲍德温九世 |
| Latin Emperor | 拉丁帝国 |
| Peloponnesus | 伯罗奔尼撒半岛 |
| Aegean | 爱琴海 |
| Constantinople | 君士坦丁堡 |
| Black Sea | 黑海 |
| Crimea | 克里米亚 |
| Holland | 荷兰 |
| Germany | 德意志 |
| Hanse Towns | 汉萨同盟 |
| Louis IV | 路易四世 |
| Philip VI | 腓力六世 |
| Edward III | 爱德华三世 |
| Castle of Louvain | 鲁汶城堡 |
| Antwerp | 安特卫普 |

| | |
|---|---|
| Bavarian | 巴伐利亚 |
| Archbishop of Cologne | 科隆大主教 |
| Walram of Jülich | 于利希的瓦尔拉姆 |
| Duke of Brabant | 布拉班特公爵 |
| John III | 约翰三世 |
| Count of Hainault | 埃诺伯爵 |
| William II | 威廉二世 |
| Count of Holland | 荷兰伯爵 |
| William IV | 威廉四世 |
| Duke of Gueldres | 盖尔德雷斯公爵 |
| Rainhold II | 赖因霍尔德二世 |
| Lübeck | 吕贝克 |
| Charles IV | 查理四世 |
| *Golden Bull* | 《金玺诏书》 |
| Frederick Count of Nürnberg | 纽伦堡伯爵弗雷德里克 |
| Zutphen | 聚特芬 |
| Jacob Grell | 雅各布·格雷尔 |
| Michaelmas | 米迦勒节 |
| Baptist John | 施洗者约翰 |
| Louis IX | 路易九世 |
| St. Louis | 圣路易 |
| Sixth Crusade | 第六次十字军东征 |
| Louis VII | 路易七世 |
| Philip IV | 腓力四世 |
| Louis II | 路易二世 |
| William V | 威廉五世 |
| Alfonso XI | 阿方索十一世 |
| Pedro IV | 佩德罗四世 |
| Renaissance | 文艺复兴 |
| Reformation | 宗教改革 |
| Americas | 美洲 |
| Hungary | 匈牙利 |

| | |
|---|---|
| Transylvania | 特兰西瓦尼亚 |
| Saxony | 萨克森 |
| Bohemia | 波希米亚 |
| Henry VII | 亨利七世 |
| Giovanni Villani | 乔瓦尼·维拉尼 |
| Guelfi Grossi | 归尔浦格罗斯 |
| Milan | 米兰 |
| Peter of Castile | 残暴的彼得 |
| Henry II | 亨利二世 |
| Henry III | 亨利三世 |
| John II | 胡安二世 |
| Medina del Campo | 梅迪纳·德尔·坎波 |
| Valladolid | 巴利亚多利德 |
| Henry IV | 亨利四世 |
| Segovia | 塞哥维亚 |
| Netherlands | 尼德兰 |
| Rhenish gulden | 莱茵盾 |
| Frankfort | 法兰克福 |
| Speyer | 施派尔 |
| Worms | 沃尔姆斯 |
| Rhine | 莱茵河 |
| Friedrich III von Saarwerden | 弗里德里希·冯·萨尔韦登三世 |
| Archbishop of Trier | 特里尔大主教 |
| Kuno II von Falkenstein | 法尔肯施泰因的库诺二世 |
| Adolf Bishop of Mainz | 美因茨主教阿道夫 |
| Count Palatine of the Rhine | 莱茵河的巴拉丁伯爵 |
| Rupert I | 鲁珀特一世 |
| Rupert II of Mainz | 美因茨的鲁珀特二世 |
| John Bishop of Mainz | 美因茨大主教约翰 |
| Werner von Falkenstein | 法尔肯施泰因的维尔纳 |
| Elector of Brandenburg | 勃兰登堡选帝侯 |
| Frederick I | 腓特烈一世 |

| | |
|---|---|
| Sigismund Holy Roman Emperor | 神圣罗马帝国皇帝西吉斯蒙德 |
| Eger | 埃格尔 |
| Nürnberg | 纽伦堡 |
| Frederick III | 腓特烈三世 |
| Meissen | 迈森 |
| Valois | 瓦卢瓦王朝 |
| Philip VI | 腓力六世 |
| Charles V | 查理五世 |
| Pope Gregory XI | 教皇格里高利六世 |
| Charles VI | 查理十一世 |
| Scotland | 苏格兰 |
| Navarre | 纳瓦拉 |
| Charles VII | 查理七世 |
| Louis XI | 路易十一 |
| Charles VIII | 查理八世 |
| Westminster | 威斯敏斯特 |
| George Kirkyn | 乔治·柯金 |
| Lotte Nicholyn | 洛特·尼科林 |
| Tower of London | 伦敦塔 |
| Luxembourg | 卢森堡 |
| Lombard | 伦巴第人 |
| *Chronicle* | 《纪事报》 |
| Commons | 下议院 |
| Ireland | 爱尔兰 |
| Calais | 加来 |
| Lords | 上议院 |
| Richard Leye | 理查德·莱耶 |
| Lincoln | 林肯 |
| Cranten | 克莱恩 |
| John Hoo | 约翰·胡 |
| Richard Aylesbury | 理查德·艾尔斯伯里 |
| Richard II | 理查二世 |

| | |
|---|---|
| Earl of Suffolk | 萨福克伯爵 |
| Michael de la Pole | 迈克尔·德·拉·波尔 |
| Henry V | 亨利五世 |
| Henry VI | 亨利六世 |
| Devon | 德文郡 |
| Cornwall | 康沃尔郡 |
| Wars of the Roses | 玫瑰战争 |
| Harz | 哈茨山脉 |
| Tyrol | 蒂罗尔 |
| Salzburg | 萨尔茨堡 |
| Portugal | 葡萄牙 |
| Mexico | 墨西哥 |
| Potosi | 波托西 |
| Low Countries | 低地国家 |
| Elizabeth I | 伊丽莎白一世 |
| Privy Council | 枢密院 |
| Sir Thomas Gresham | 托马斯·格雷沙姆爵士 |
| Charles V | 查理五世 |
| United Netherlands | 尼德兰联省共和国 |
| Valkenburg | 法尔肯堡 |
| Dalen | 达伦 |
| Limburg | 林堡 |
| Francis I | 弗朗索瓦一世 |
| Marseilles | 马赛镇 |
| Blois | 布洛瓦 |
| Aix | 艾克斯 |
| Pontoise | 蓬图瓦兹 |
| Le Blanc | 勒布朗 |
| Forchheim | 福希海姆 |
| Esslingen | 埃斯林根 |
| Nördlingen | 讷德林根 |
| Burgundians | 雷根斯堡 |

| | |
|---|---|
| Regensburg | 勃艮第人 |
| Switzerland | 瑞士 |
| Archduke of Austria | 奥地利大公 |
| Ferdinand II | 斐迪南二世 |
| Franconia | 法兰克尼亚 |
| Swabia | 施瓦本 |
| Rudolph II | 鲁道夫二世 |
| Mecklenburg | 梅克伦堡 |
| Schleswig-Holstein | 石勒苏益格－荷尔斯泰因 |
| Amsterdam | 阿姆斯特丹 |
| Senate | 参议院 |
| Thirty Years' War | 三十年战争 |
| Charles I | 查理一世 |
| Philip II | 腓力二世 |
| Philip III | 腓力三世 |
| Philip IV | 腓力四世 |
| Herman King | 赫尔曼·金 |
| Thomas Wolsey | 托马斯·沃尔西 |
| Mechlyn | 梅克琳 |
| William Knight | 威廉·奈特 |
| Hutton | 赫顿 |
| Brussels | 布鲁塞尔 |
| Thomas Cromwell | 托马斯·克伦威尔 |
| Guelderland | 海尔德兰省 |
| Coventry | 考文垂 |
| Elizabeth Lamond | 伊丽莎白·拉蒙德 |
| Hugh Latimer | 休·拉蒂默 |
| Francis Walsingham | 弗朗西斯·沃尔辛汉姆 |
| James I | 詹姆斯一世 |
| House of Tudor | 都铎王朝 |
| House of Stuart | 斯图亚特王朝 |
| Charles I | 查理一世 |

| | |
|---|---|
| Francis Bacon | 弗朗西斯·培根 |
| Earl of Salisbury | 索尔兹伯里伯爵 |
| Robert Cecil | 罗伯特·塞西尔 |
| East India Company | 东印度公司 |
| Raleigh | 罗利 |
| Star Chamber | 星室法庭 |
| Poland | 波兰 |
| Turkey | 土耳其 |
| Eastland | 伊斯特兰 |
| Locke | 洛克 |
| Carleton | 卡尔顿 |
| Gloucestershire | 格洛斯特郡 |
| Worcester | 伍斯特 |
| Reading | 雷丁 |
| Somerset | 萨默塞特 |
| Suffolk Hall | 萨福克郡 |
| Blackwell Hall | 布莱克威尔郡 |
| Manchester Hall | 曼彻斯特郡 |
| Kent | 肯特 |
| Wiltshire Hall | 威尔特郡 |
| Leadenhall | 利德贺街 |
| Essex | 埃塞克斯 |
| Devonshire | 德文郡 |
| Kerseys | 粗绒布 |
| Nottingham | 诺丁汉 |
| Royal Exchange | 皇家交易所 |
| *Treatises on Exchanges* | 《货币兑换的论述》 |
| Goldsmiths' Company | 金匠公司 |
| Secretary of State | 国务大臣 |
| Baron Baltimore | 巴尔的摩男爵 |
| George Calvert | 乔治·卡尔弗特 |
| Robert Heath | 罗伯特·希思 |

| | |
|---|---|
| Wales | 威尔士 |
| Commonwealth | 英格兰共和国 |
| Barrett | 巴雷特 |
| Ralph Maddison | 拉尔夫·麦迪逊 |
| Thomas Roe | 托马斯·罗 |
| Norway | 挪威 |
| Denmark | 丹麦 |
| Long Parliament | 长期国会 |
| Robert Stone | 罗伯特·斯通 |
| Andrew Palmer | 安德鲁·帕尔默 |
| Rogers | 罗杰斯 |
| Cojan | 科扬 |
| Lombard Street | 朗伯德街 |
| Californian | 加利福尼亚 |
| Australian | 澳大利亚 |
| Mercantile | 重商主义 |
| Physiocratic | 重农主义 |
| Smithian economics | 古典经济学 |
| Protectionist | 贸易保护主义 |
| Charles II | 查理二世 |
| Berwick | 贝克里郡 |
| Lords of the Treasury | 财政大臣 |
| William III | 威廉三世 |
| Louis XIV | 路易十四 |
| John Law | 约翰·劳 |
| Louis XV | 路易十五 |
| Louis XVI | 路易十六 |
| National Assembly | 制宪议会 |
| French First Republic | 法兰西第一共和国 |
| Directoire | 督政府 |
| Pierre Louis Prieur | 皮埃尔·路易·普里厄 |
| Council of the Five Hundred | 五百人院 |

| | |
|---|---|
| Council of Senators | 元老院 |
| Consuls | 执政官 |
| Martin-Michel-Charles Gaudin | 马丁－米歇尔－夏尔·戈丹 |
| Council of State | 国务委员会 |
| Financial Committee | 财务委员会 |
| Napoleon Bonaparte | 拿破仑·波拿巴 |
| Latin Union | 拉丁货币联盟 |
| Bank of France | 法兰西银行 |
| de Bosredon | 德·博斯勒东 |
| Belgium | 比利时 |
| Léon Say | 莱昂·赛 |
| Frederick William I | 腓特烈·威廉一世 |
| Elector of Saxony | 萨克森选帝侯 |
| Julius Francis | 尤里乌斯·弗朗茨 |
| Zinnaische | 津纳 |
| Leopold I | 利奥波德一世 |
| Leipzig | 莱比锡 |
| John George III | 约翰·乔治三世 |
| Sweden | 瑞典 |
| Francis I | 弗朗茨一世 |
| *Vienna Coinage Convention* | 《维也纳铸币公约》 |
| Brabant thaler | 布拉班特塔勒 |
| Prussia | 普鲁士 |
| Kronthaler | 克朗塔勒 |
| Laubthalers | 劳布塔勒 |
| Johann Philipp Graumann | 约翰·菲利普·格劳曼 |
| Frederick the Great | 腓特烈大帝 |
| French Revolution | 法兰西大革命 |
| Hesse | 黑森 |
| Seven Years War | 七年战争 |
| *Peace of Hubertusburg* | 《胡贝尔图斯堡和约》 |
| Oldenburg | 奥尔登堡 |

| | |
|---|---|
| Munich | 慕尼黑 |
| Würtemberg | 符腾堡 |
| Baden | 巴登 |
| Darmstadt | 达姆施塔特 |
| Hohenzollern | 霍亨索伦王朝 |
| Zollverein | 关税同盟 |
| *General Mint Convention* | 《总体铸币公约》 |
| Dresden | 德累斯顿 |
| Saxe-Weimar | 萨克森-魏玛 |
| Eisenach | 爱森纳赫 |
| Saxe-Meiningen | 萨克森-迈宁根 |
| Saxe-Altenburg | 萨克森-阿尔滕堡 |
| Saxe-Coburg | 萨克森-科堡 |
| Gotha | 哥达 |
| Nassau | 拿骚 |
| Schwarzburg-Rudolstadt | 施瓦茨堡-鲁多尔施塔特 |
| Schwarzburg-Sondershausen | 施瓦茨堡-松德斯豪森 |
| Reuss | 罗伊斯 |
| Reuss-Schleiz | 罗伊斯-施莱茨 |
| Reuss-Lobenstein | 罗伊斯-洛本施泰因 |
| Ebersdorf | 埃伯尔斯多夫 |
| *Convention of Vienna* | 《维也纳公约》 |
| Lichtenstein | 列支敦士登 |
| San Franciscan | 旧金山 |
| Heidelberg | 海德堡 |
| German Handelstag | 德意志商业交易会议 |
| Berlin | 柏林 |
| German Monetary Union | 德意志货币联盟 |
| North German Union | 北德意志联邦 |
| Otto von Bismark | 奥托·冯·俾斯麦 |
| Franco-German War | 法德战争 |
| Commissioners of Trade | 贸易委员会 |

| | |
|---|---|
| Sir Dudley North | 达德利·诺思爵士 |
| *Discourses upon Trade* | 《贸易论》 |
| William III | 威廉三世 |
| Sir Richard Temple | 理查德·坦普尔爵士 |
| James II | 詹姆斯二世 |
| Neale | 尼尔 |
| William's wars | 威廉王之战 |
| Earl of Halifax | 哈利法克斯伯爵 |
| Charles Montagu | 查尔斯·蒙塔古 |
| John Locke | 约翰·洛克 |
| Edward VI | 爱德华六世 |
| Gilbert Burnet | 吉尔伯特·伯内特 |
| Anne Queen | 安妮女王 |
| John Aislabie | 约翰·艾斯拉比 |
| Geroge Caswall | 乔治·卡斯沃尔 |
| George I | 乔治一世 |
| China | 中国 |
| Japan | 日本 |
| Earl of Liverpool | 利物浦伯爵 |
| Charles Jenkinson | 查尔斯·詹金森 |
| Frederick North | 弗雷德里克·诺思 |
| Bank of England | 英格兰银行 |
| *Bullion Report of 1810* | 《1810年的黄金报告》 |
| Continental Congress | 大陆会议 |
| Georgia | 佐治亚州 |
| North Carolina | 北卡罗来纳州 |
| New York | 纽约州 |
| Virginia | 弗吉尼亚州 |
| Thomas Jefferson | 托马斯·杰斐逊 |
| Secretary of State | 美国国务卿 |
| John Quincy Adams | 约翰·昆西·亚当斯 |
| House | 众议院 |

| | |
|---|---|
| William Harris Crawford | 威廉·哈里斯·克劳福德 |
| Lowndes | 朗兹 |
| Richard Rush | 理查德·拉什 |
| Wilde | 怀尔德 |
| Thomas Hart Benton | 托马斯·哈特·本顿 |
| Thirty Years' View | 《三十年观察》 |
| *Campbell H. White* | 坎贝尔·H. 怀特 |
| Abraham Alfonse Albert Gallatin | 亚伯拉罕·阿方斯·艾伯特·加勒廷 |
| South Carolina | 南卡罗来纳州 |
| William Kennedy Clowney | 威廉·肯尼迪·克洛尼 |
| Ransom Hooker Gillet | 兰塞姆·胡克·吉勒特 |
| Churchill Caldom Cambreleng | 邱吉尔·卡尔多姆·坎布伦 |
| Indiana | 印第安纳州 |
| John Ewing | 约翰·尤因 |
| Maryland | 马里兰州 |
| Isaac McKim | 艾萨克·麦金 |
| Massachusetts | 马萨诸塞州 |
| Benjamin Gorham | 本杰明·戈勒姆 |
| Dudley Selden | 达德利·塞尔登 |
| Pennsylvania | 宾夕法尼亚州 |
| Binney | 宾尼 |
| John Caldwell Calhoun | 约翰·考德维尔·卡尔霍恩 |
| Daniel Webster | 丹尼尔·韦伯斯特 |
| Henry Clay | 亨利·克莱 |
| Ezekiel Forman Chambers | 埃策希尔·福曼·钱伯斯 |
| Rhode Island | 罗得岛州 |
| Nehemiah Rice Knight | 尼赫迈亚·莱斯·奈特 |
| Kentucky | 肯塔基州 |
| Louisiana | 路易斯安那州 |
| Alexander Porter | 亚历山大·波特 |
| Nathaniel Silsbee | 纳撒尼尔·西尔斯比 |
| New Jersey | 新泽西州 |

| | |
|---|---|
| Samuel Lewis Southard | 萨缪尔·刘易斯·索瑟德 |
| Maine | 缅因州 |
| Peleg Sprague | 皮莱格·斯普拉格 |
| Dunham | 邓纳姆 |
| Nevada | 内华达州 |
| Richard Bland | 理查德·布兰德 |
| Rutherford Birchard Hayes | 拉瑟福德·伯查德·海斯 |
| presidential message | 总统咨文 |
| Benjamin Harrison | 本杰明·哈里森 |
| William Windam | 威廉·温德姆 |
| Sherman | 谢尔曼 |
| Treasury notes | 国库券 |
| Brussels | 布鲁塞尔 |
| Governor-General | 印度总督 |
| Marquess of Lansdowne | 兰斯多恩侯爵 |
| Henry Petty-Fitzmaurice | 亨利·佩蒂－费茨莫里斯 |
| Lille | 里尔 |
| Java | 爪哇岛 |
| Lisbon | 里斯本 |
| Oporto | 波尔图 |
| Félix Esquirou de Parieu | 费利克斯·费利西安·德·帕里克 |
| *Legal Tender Law* | 《法定货币法》 |
| Scandinavian | 斯堪的纳维亚 |
| George Goschen | 乔治·戈申 |
| Bogy | 博吉 |
| Willard | 威拉德 |
| William Slocum Groesbeck | 威廉·斯洛克姆·格罗斯贝克 |
| Canada | 加拿大 |
| Magnin | 马尼安 |
| Henri Cernuschi | 亨利·塞努斯基 |
| Farrer Herschell | 法勒·赫舍尔 |
| Sir Charles Fremantle | 查尔斯·弗里曼特尔爵士 |

| | |
|---|---|
| Baron Avebury | 埃夫伯里男爵 |
| John Lubbock | 约翰·卢伯克 |
| Thomas Henry Farrer | 托马斯·亨利·法勒 |
| Baron Courtney of Penwich | 佩尼奇的考特尼男爵 |
| Leonard Henry Courtney | 伦纳德·亨利·考特尼 |
| Sir Louis Malet | 路易斯·马利特爵士 |
| Baron Kinross | 金罗斯男爵 |
| John Balfour | 约翰·鲍尔弗 |
| Henry Chaplin | 亨利·查普林 |
| David Barbour | 戴维·巴伯 |
| Houldswort | 霍兹沃思 |
| Samuel Montague | 塞缪尔·蒙塔古 |
| Paris Exhibition | 巴黎世博会 |
| free International Monetary Congress | 自由国际货币大会 |
| Romania | 罗马尼亚 |
| Auguste Beernaert | 奥古斯特·贝尔纳特 |
| Georges Montefiore-Levi | 乔治·蒙特菲奥里－利瓦伊维 |
| Edwin H. Terrell | 埃德温·H.特雷尔 |
| Moritz Levy | 莫里茨·利维 |
| Alfred de Rothschild | 艾尔弗雷德·德·罗斯柴尔德 |
| Adolphe Boissevain | 阿道夫·布瓦塞万 |
| Richard Strachey | 理查德·斯特雷奇 |
| Allard | 阿拉德 |
| Sir Charles Rivers Wilson | 查尔斯·里弗斯·威尔逊爵士 |
| Creary | 克里里 |
| Pierre Tirard | 皮埃尔·蒂拉尔 |
| Austria Hungary | 奥匈帝国 |
| Democratic party | 民主党 |
| Chester Alan Arthur | 切斯特·阿伦·阿瑟 |
| David Barbour | 戴维·巴伯 |
| George Nathaniel Curzon | 乔治·纳撒尼尔·寇松 |
| Reginald Welby | 雷金纳德·韦尔比 |

| | |
|---|---|
| Arthur Godley | 阿瑟·戈德利 |
| Bertram Wodehouse Currie | 伯特伦·沃德豪斯·柯里 |
| Grand Duke of Tuscany | 托斯卡纳大公 |
| Cosimo I | 科西莫一世 |
| Louis the Pious | "虔诚者"路易 |
| Vitale II | 维塔莱二世 |
| Sebastiano Ziani | 塞巴斯蒂亚诺·齐亚尼 |
| Lorenzo Tiepolo | 洛伦佐·蒂耶波洛 |
| Nicolo Tron | 尼科洛·特隆 |
| Nicolo Marcello | 尼科洛·马塞洛 |
| Pietro Mocenigo | 彼得罗·莫切尼戈 |
| Lira Tron | 里拉特隆 |
| Nicoló da Ponte | 尼科洛·达蓬特 |
| Toller | 托勒罗 |
| Lombardo-Venetian | 伦巴多-威尼斯 |
| Trono | 特罗诺 |
| Gothic | 哥特人 |
| Roman libra | 罗马磅 |
| Ferdinand II | 斐迪南二世 |
| Isabella I | 伊莎贝拉一世 |
| Toledo | 托莱多 |
| Alfonsi | 阿尔方西 |
| Alfonso VI | 阿方索六世 |
| Sancho IV | 桑乔四世 |
| Alfonso XI | 阿方索十一世 |
| Pedro I | 佩德罗一世 |
| John I | 胡安一世 |
| Blanca | 布兰卡 |
| Agnus Dei | 上帝羔羊 |
| Seville | 塞维利亚 |
| Excellent | 艾克塞琳 |
| Medino del Campo | 梅迪诺·德尔坎波 |

| Excellente de la Granada | 艾克塞琳·德·拉·格拉纳达 |
| --- | --- |
| Carlos Prince of Asturias | 阿斯图里亚斯亲王卡洛斯 |
| Ferdinand VII | 斐迪南七世 |
| Isabella II | 伊莎贝拉二世 |
| Carlovingian | 加洛林王朝 |
| Floris V | 弗洛里斯五世 |
| Jan I | 扬一世 |
| Count of Flanders | 佛兰德斯伯爵 |
| Arnulf II | 阿努尔夫二世 |
| Countess of Flanders | 佛兰德斯女伯爵 |
| Marguerite II | 玛格丽特二世 |
| Louis de Crécy | 路易·德·克雷西 |
| Maximilian I | 马克西米利安一世 |
| St. Andries florin | 圣安德里斯弗罗林 |
| Batavian Republic | 巴达维亚共和国 |
| Magdeburg | 马格德堡 |
| Joachims thaler | 约阿希姆塔勒 |
| Schlicken thaler | 西里西亚塔勒 |
| Lowen thaler | 洛温塔勒 |
| Maurice Elector of Saxony | 萨克森选帝侯莫里斯 |
| Zahender | 扎亨德 |
| Lower Westphalian | 下威斯特伐利亚 |
| Misnian | 米斯尼亚 |
| Kammer-Gerichts | 卡米尔-杰里希特 |
| Bremen | 不来梅 |
| Pomerania | 波美拉尼亚 |
| Pfalz | 普法尔茨 |
| war of the Austrian Succession | 奥地利王位继承战 |
| Maria Theresa | 玛丽亚·特蕾莎 |
| Frederick Augustus III | 腓特烈·奥古斯特三世 |
| Brandenburg-Ansbach | 勃兰登堡-安斯巴赫 |
| Bayreuth | 拜罗伊特 |